서울 컨센서스: 21세기 신발전패러다임 ①

나남
nanam

나남신서 1579

서울 컨센서스: 21세기 신발전패러다임 ①

2011년 9월 20일 발행
2011년 9월 20일 1쇄

편자_ 한반도선진화재단
발행자_ 趙相浩
발행처_ (주) 나남
주소_ 413-756 경기도 파주시 교하읍
출판도시 518-4
전화_ (031) 955-4600 (代)
FAX_ (031) 955-4555
등록_ 제 1-71호(79.5.12)
홈페이지_ http://www.nanam.net
전자우편_ post@nanam.net

ISBN 978-89-300-8579-3
ISBN 978-89-300-8001-9(세트)
책값은 뒤표지에 있습니다.

나남신서 · 1579

서울 컨센서스: 21세기 신발전패러다임 ①

한반도선진화재단 편

나남
nanam

발간사

시대는 항상 그 시대를 이끌어 가는 생각이 있다. 한 시대를 이끌고 지도하는 '시대정신' 내지 '발전 패러다임'이 있다. 정치발전과 경제발전도 마찬가지이다. 선도국가들의 발전이론과 발전경험이 후진국과 개도국의 지침이 되면서 하나의 시대정신 내지 발전 패러다임을 형성한다. 그리고 그것이 후진국과 개도국이 따라가야 할 발전모델로서의 역할을 한다. 1980년대와 90년대는 워싱턴 컨센서스(Washington Consensus, 1989)가 이런 역할을 해왔다. 그러나 2008년 금융위기 이후 워싱턴 컨센서스는 발전모델로서의 기능을 크게 상실했다. 세계는 벤치마킹할 대상을 잃으면서 새로운 '발전 교과서', 새로운 '발전 패러다임(*Paradigm*)'의 출현을 목말라하고 있다.

그동안 한때 이런 시대적 요구에 부응하려는 시도가 있었다. 경제발전만 추구하고 정치발전을 도외시한 비자유(非自由) 국가인 중국을 모델로 한 베이징 컨센서스(Beijing Consensus, 2004), 그리고 역사와 문화를 중요시하면서 시장과 정부의 균형을 강조한 바르셀로나 선언(Barcelona Agenda, 2004) 등이 나오기도 했다. 하지만 베이징 컨센서스도 바로셀로나 선언도 21세기 새로운 시대를 이끌기에는 역부족이었다. 바로 이러한 때 우리는 21세기 지구촌에서 이 시대가 요구하는 새로운 발전 패러다임으로 서울 컨센서스(Seoul Consensus, 2010)를 제안하고자 한다. 서울 컨센서스 : 21세기 신발전패러다임은 한국의 성공적 발전모델을 후진국 및 개도국에 전수하면서 21세기 새로운 상황을 반영한 대한민국의 선진국 진입을 위한 발전전략이라고 볼 수 있다.

오늘날 우리는 시대의 변곡점에 있다. 도도한 시대의 흐름이 그동안 지배했던 세계질서를 바꾸고 있다. 9·11테러로 상징되는 미국의 위상약화와 중국의 부상에 따른 세계정치역학의 재편, 1997년 아시아 경제위기와 2008년 세계 금융위기로 유발된 세계경제구조의 재편, 그리고 재스민 혁명으로 일컬어지는 튀니지발 민주화 혁명은 이집트를 거쳐 리비아 등으로 확산되고 있고 중동을 뒤흔들고 있다. 세계화시대 모바일혁명으로 유발된 민주화 열기는 이 지역에만 국한된 것이 아니라 범세계적으로 확산될 가능성이 커지고 있다. 이렇듯 오늘날 세계는 정치, 경제, 사회, 문화에 이르기까지 구체제를 벗어나고 신체제를 만들려는 용틀임을 하고 있다.

국내적으로는 성장과 고용의 괴리로 인한 실업문제, 복지욕구의 증대, 정치인과 정부에 대한 불신, 지역·계층·이념 간 다양한 사회갈등이 가라앉지 않고 있다. 여기에 안보 및 통일 문제가 내일의 문제가 아닌 오늘의 문제로 다가오고 있다.

한 시대의 판을 바꾸는 도도한 역사의 흐름에서 국가발전을 이끌어 갈 새로운 국가발전전략 모색은 더욱더 필요해지고 있다. 서울 컨센서스 : 21세기 신발전패러다임은 바로 이런 시대적 배경에서 나온 고민의 산물이다.

대한민국은 제 2차 세계대전 이후 산업화와 민주화에 성공하여 원조를 받던 국가에서 원조를 주는 나라로 변신한 유일한 나라이다. 올림픽과 월드컵을 개최한 나라이고, IT 강국이면서 세계 8위의 무역 대국이고,

세계경제를 이끌어가는 G20국가의 일원이 된 나라이다. 이처럼 우리나라의 국제적 존재감이 높아지는 시점에서 서울 컨센서스에 우리 대한민국의 과거 경험과 정신, 미래에의 희망과 각오를 담고자 했다. 그래서 많은 나라들이 참고하고 의지할 수 있는 보편적 내용을 가진 새로운 '21세기형 발전모델'을 만들고자 노력했다.

그렇다고 서울 컨센서스가 지난 50여 년간 이룩한 대한민국의 산업화와 민주화의 발전경험을 단순히 자랑하고 그를 일반화하려는 것은 아니다. 후진국에서 중진국으로 올 때까지의 모델인 '동아시아 발전모델'을 넘어서, 중진국에서 선진국 도약을 위한 '대한민국형 선진화전략'을 담고자 노력했다. 지금까지 동아시아발전모델의 하나인 박정희 모델은 분명 후진국과 개도국이 중진국 진입까지는 참고할 성공적 모델이었다. 그러나 중진국을 지나 선진국 진입을 위한, 즉 대한민국의 선진화를 위한 발전모델은 분명 아니다. 그래서 서울 컨센서스가 필요한 것이다.

더 나아가 현재 우리가 구상하는 서울 컨센서스는 개도국은 물론 선진국으로 진입하려는 국가뿐만 아니라 이미 선진국이 된 나라까지도 아우르는 발전모델로 발전시켜 나갈 수 있을 것이다. 서울 컨센서스는 신자유주의에 기반을 둔 미국 중심의 워싱턴 컨센서스나 권위주의 체제하에서 시장경제 발전을 일컫는 중국 중심의 베이징 컨센서스 등의 비판적 검토 위에 서 있다. 그리고 21세기 초세계화와 초정보화라는 새로운 경제적 기술적 환경의 변화를 충분히 반영하려 했다. 동시에 각국이 어떻게 자국의 고유한 문화와 전통, 제도와 의식 등을 감안하면서 새로운 '21세기형 발전모델'을 창조적으로 만들어 갈 것인가라는 문제의식을 가지고 있다. 그래서 서울 컨센서스는 후진국이든 선진국이든 지구촌의 많은 나라들이 새로운 '21세기형 발전전략'을 고민할 때 큰 길라잡이가 될 것이다.

이 책은 한 사람의 저작물이 아니다. 2009년 여름부터 다양한 분야의

40여 명이 넘는 많은 교수, 학자, 정책전문가들이 참여하여 1년여에 걸쳐 벌인 열정적 연구와 토론을 담아낸 결과물이다. 총론과 10대 분야의 주제별로 연구진을 구성하고 각 과제별로 여러 차례의 토의를 거쳐서 문제점을 탐색하고 새로운 발전 패러다임을 발굴, 제시코자 했다. 나아가 단순한 아이디어 차원이 아니라 실행가능한 대안이 될 수 있도록 과제별 실행방법도 함께 제시하고자 했다.

이 책자가 세상에 나오기까지 많은 분들의 도움이 컸다. 특히 바쁜 가운데서도 원고를 집필해주신 각 분야 전문가 여러분에게 심심한 감사의 말씀을 드린다. 특히 각 분야별 PM을 맡아 처음부터 끝까지 함께 뛰어주신 김종석, 강석훈, 김용호, 김원식, 모종린, 박정수, 신도철, 이홍규, 장훈, 황성돈 교수님들께 각별한 감사의 마음을 드린다. 또한 이 연구가 시작되어 성공적으로 마무리될 때까지 헌신적 노력을 아끼지 아니하신 한선재단의 이용환 선임연구위원과 조영기 초빙연구위원께도 특별한 감사의 뜻을 전한다. 그리고 출판을 기꺼이 맡아주신 나남출판의 조상호 대표님께도 감사의 말씀을 드린다.

아무쪼록 이 책자가 널리 읽히고 뜨겁게 토론되어 우리가 제시하는 21세기 대한민국의 신 발전전략이 세계의 발전모델이 될 수 있는 날이 오기를 기대한다. 이제 우리 대한민국도 세계에 우리의 '생각'을 발신(發信) 하는 날이 오기를 간절히 기대한다.

2011년 9월
한반도선진화재단
이사장 박 세 일

머리말

왜 서울 컨센서스인가?

박세일

1. 서울 컨센서스의 모색

나라발전은 저절로 되지 않는다. 반드시 그 시대에 맞는 올바른 '발전의 교과서', 올바른 '국가발전전략'이 있어야 한다. 그런데 지금 세계는 2008년 세계금융위기 이후 발전의 모범답안을 잃어버렸다. 그래서 글로벌 경제를 지속적으로 발전시킬 새로운 '21세기 신 발전패러다임'을 찾고 있다. 동시에 우리 대한민국도 이제는 지난 50년간의 산업화와 민주화의 성공을 배경으로 21세기 대한민국을 선진국에 진입시킬 수 있는 새로운 국가발전모델 내지 전략을 찾고 있다. 과거 후진국에서 중진국까지 올라올 때까지의 발전모델과는 다른 선진국 진입전략, 즉 '대한민국의 선진화 전략'이 필요한 것이다. 이와 같이 세계와 대한민국이 모두 새로운 발전패러다임, 새로운 발전모델과 전략을 찾고 있다. 이 두 가지 시대적 요구에 답하려 하는 것이 바로 **서울 컨센서스**(Seoul Consensus)이다.

지난 20년간 세계를 지배하였던 발전패러다임은 신자유주의적(*Neo-liberal*)인 워싱턴 컨센서스(Washington Consensus)였다. 1989년부터 이론화된 워싱턴 컨센서스는 기본적으로 선진경제의 경험을 배경으로 워싱턴에 있는 세계은행(World Bank), 국제통화기금(IMF) 등의 국제기구들이 라틴 아메리카의 경제발전을 위하여 제시한 발전전략이었다. 그것이 그 이후 아프리카, 아시아 등 다른 지역에 대해 선진국과 국제기관들이 권장하는 경제발전모델로 확산되었다. 워싱턴 컨센서스는 (1) 거시경제의 안정, (2) 대외개방과 규제완화, 즉 경제의 자유화, (3) 공기업의 민영화와 사유화라는 3가지 주장을 기본으로 하고 있다. 이 워싱턴 컨센서스라는 발전패러다임이 지난 20여 년간 지구촌의 많은 나라의 국가발전전략을 지배하여 온 셈이다.

그런데 이 선진국의 발전경험을 일반화한 선진국발전모델인 워싱턴 컨센서스가 2008년 미국발 세계금융위기를 계기로 그 타당성에 대한 신뢰를 크게 잃게 되었다.

2008년 세계금융위기는 기본적으로 다음과 같은 새로운 문제들을 제기하였다. (1) 세계의 경제적 금융적 기술적 상호의존성과 불확실성이 크게 높아졌다. 그래서 단순한 성장보다 경제의 안정성과 지속가능성의 확보, 그리고 고용의 창출이 핵심적 정책가치가 되고 있다. (2) 동시에 세계화가 진전되는 부문과 비(非) 세계화부문 간의 이중구조(二重構造)의 심화가 분배의 악화와 사회적 불안을 증폭시키고 있다. 그래서 어떻게 이 이중구조를 극복할 것인가가 핵심적 정책과제가 되고 있다. 또한 (3) 전 세계적으로 '경제의 세계화'뿐 아니라 '정치의 민주화'가 확산되면서 각종의 국가과제 — 성장, 안정, 분배 등 — 를 민주주의 틀 속에서 얼마나 효과적으로 풀 수 있는가라는 문제가 등장하고 있다. 잘못하면 민주화 이후 인기영합의 포퓰리즘이 등장하여 민주화가 국가능력을 크게 약화시키는 경우가 많을 수 있기 때문이다. 그래서 민주주의의 성숙 없이 경제성장만으로 국가성공을 기대하기 어려운 시대가 되고 있는 셈이다.

이러한 새로운 문제의식이 신자유주의적 워싱턴 컨센서스에는 전혀 없을 뿐 아니라 (1) 과도한 시장만능주의, 특히 금융시장에 대한 맹목적 신뢰가 세계경제의 불확실성과 불안정성을 크게 높였다는 비판을 받고 있다. 그리고 또한 (2) 경제사회정책 면에서 선진국의 성공경험을 너무 일반화하여 모든 개도국에 일률적으로 강요하려 한다는 비판을 받고 있다. 개도국의 역사적, 문화적, 제도적 차이에 대한 고려가 전혀 없다는 지적이다. 2008년 이후 워싱턴 컨센서스에 대한 이상과 같은 새로운 문제제기와 비판들은 많지만 그러나 아직 새로운 대안적 발전패러다임은 나오지 않고 있다.

물론 대안적 발전패러다임을 만들려는 노력이 전혀 없었던 것은 아니다. 2004년 바르셀로나에서 조지프 스티글리츠(J. Stiglize), 폴 크루그먼(P. Krugman), 제프리 삭스(J. Sachs), 댄 로드릭(D. Rodrik) 등 이른바 진보적 학자들 — 정부의 중요성을 강조하는 학자들 — 이 모여 워싱턴 컨센서스 이후의 대안적 발전패러다임을 만들어 보려는 노력을 하였다. 그러나 크게 성공하지 못하였다. 개도국 발전전략에 있어 (1) 역사와 문화와 제도의 중요성, (2) 시장과 정부의 균형, (3) 소득분배와 환경에 대한 관심, (4) 단기국제자본에 대한 규제 등을 강조하는 선에서 끝났다. 진보적 입장에서 기존의 워싱턴 컨센서스의 문제점을 지적하고 이를 보완하는 차원에 그치고 만 것이다.

2004년 중국의 발전경험을 배경으로 쿠퍼 라모(Joshua Cooper Ramo)가 베이징 컨센서스(Beijing Consensus)를 주장하기 시작하였다. 그러나 그 내용이 (1) 형평과 평화를 중시하는 양질의 성장, (2) 단일해법보다 실험적 해결의 선호, (3) 이념적이면서도 실용적 접근이라는 대단히 애매모호하고 추상적인 주장에 그쳤다. 뿐만 아니라 실제 베이징의 발전경험은 기본적으로 일당(一黨) 지배의 국가주의적 발전모델이기 때문에, 비록 형식적이라도 선거민주주의를 택하고 있는 다른 개도국에게는 실제로 도움이 되는 대안이 될 수 없다.

그래서 워싱턴 컨센서스에 대한 신뢰의 추락을 배경으로 2008년 세계금융위기 이후 앞으로 어떠한 새로운 발전모델과 패러다임에 의지하여 국가경제의 발전을 도모할 것인가에 대하여 세계는 고민하고 있다. 교과서가 없는 오늘의 세계는 혼란스러워하고 있다. 이에 답하려는 것이 바로 서울 컨센서스를 구상하는 제 1목적이다.

서울 컨센서스 구상의 제 2목적은 오늘날 우리 대한민국의 발전단계에 맞는 새로운 발전패러다임을 찾으려는 것이다. 우리 대한민국은 건국 후 1960~1970년대 동아시아 발전모델(박정희 모델)을 국가발전전략으로 하여 산업화에 성공하였다. 기본적으로 (1) 수출지상주의와 대외지향, (2) 정부주도의 경제발전, (3) 양질의 인적자본육성, (4) 선(先) 경제발전 후(後) 정치발전 등에 기초한 동아시아발전모델로 우리는 1963년 1인당 100달러에서 1995년 1인당 1만 달러라는 한강의 기적을 이루어 내었다. 그러나 이 동아시아모델은 기본적으로 후진국에서 중진국으로 뛰어 오르는 단계에 필요한 **후진국의 중진국화 발전모델**이고 전략이다.

그래서 대한민국은 이제 중진국 선두주자로서 선진경제로 도약하려는 **중진국의 선진국화 발전모델**을 필요로 하고 있다. 그런데 지난 20년간 대한민국은 워싱턴 컨센서스의 영향 아래 있었다. 박정희 발전모델은 산업화세력의 주체적 결단에 의한 발전전략이었으나, 지난 20년간의 신자유주의적 발전모델인 워싱턴 컨센서스는 우리에게 외생적으로 주어지고 때로는—특히 1997년의 아시아 금융위기 이후에는—일방적으로 강요된 발전전략이었다. 그러던 신자유주의적 모델이 지금 좌초되어 버렸다. 이제 우리 대한민국은 동아시아 발전모델과 워싱턴 컨센서스 모델이라는 지난날의 경험을 배경으로 이를 뛰어넘는, 그리고 우리의 주체적 결단에 기초한 대한민국의 선진화를 위한 새로운 **중진국의 선진국화 발전모델**이 필요한 시점이 되었다.

또한 이러한 의미의 서울 컨센서스를 찾는 노력은 우리나라 내부에서 그동안의 좌와 우 혹은 진보와 보수 간의 철학과 견해의 차이를 줄이는 사회통합 내지 국민통합의 과정이기도 하다. 우파(右派)는 권위주의적인 박정희모델과 신자유주의적인 워싱턴 컨센서스에 대하여 우호적이었고 좌파(左派)는 이들 모두에 대하여 비판적이었기 때문에, 이 두 모델을 발전적으로 계승하면서도 그 한계를 뛰어 넘는 **공동체 자유주의적**

(*Communitarian Liberalism*) 인 중진국의 선진국화 발전모델은 결국 우와 좌의 견해의 차이를 크게 줄이게 될 것이다. 이제 서울 컨센서스는 합리적 좌와 우가 모두 동의하는, 아니 적어도 진보와 보수가 80% 이상 동감하고 지지하는 발전패러다임이 될 것이다. 이를 우리가 제시하려 한다.

요약하면 이러한 두 가지 시대적 요구 — 워싱턴 컨센서스 이후의 대안적 발전패러다임의 모색과 대한민국의 선진화를 위한 중진국의 선진국화 발전모델의 모색 — 에 대한 답이 바로 서울 컨센서스이다.

첫째, 우리는 신자유주의적, 워싱턴 컨센서스에 대한 대안으로서 공동체 자유주의적 서울 컨센서스를 제시하고자 한다. 신자유주의는 시장과 성장 그리고 효율에 대한 맹목적 신뢰가 많았다면 공동체 자유주의는 기본적으로 시장과 정부, 성장과 복지, 정신과 물질의 조화를 목표로 한다. 공동체 자유주의는 개인의 창의와 선택을 중시하는 자유주의를 기본으로 하되 사회공동체, 역사공동체, 환경공동체의 가치와 연대를 존중하는 자유주의이다.

둘째, 우리는 기본적으로 후진국의 중진국화 발전모델이었던 동아시아발전모델(박정희모델)을 넘어서는 대한민국의 선진국 진입을 위한 중진국의 선진국화 발전모델로서의 서울 컨센서스를 제시한다. 후진국의 중진국화 발전모델이 경제와 효율중심의 전략, 정부주도와 수출지향이 중심이었다면 중진국의 선진국화 발전모델은 민주주의와 시장경제의 조화, 공생적 발전과 발전균형의 유지, 역사와 문화와 정신의 중시 등을 목표로 한다.

이러한 배경과 문제의식에서 2009년 여름부터 한반도 선진화재단에 분야별로 모인 40여 명의 학자들이 다음과 같은 10개의 패러다임으로 구성된 '서울 컨센서스'(안)을 중심에 놓고 열띤 토론을 벌였다. 그러면서 '서울 컨센서스'를 보다 구체화하기 시작하였다.

• 서울 컨센서스의 10대 패러다임(안) — 서울 컨센서스 1[1] •

첫째, 정신자본(精神資本, *Mental Capital*)을 중시해야 한다.

둘째, 지구촌과 통합(*global integration*)을 지속적으로 확대하여야 한다.

셋째, 세계화부문과 비(非)세계화부문을 병진(竝進) 발전시켜 이중(二重) 구조를 축소시켜 나가야 한다.

넷째, 교육투자의 효율을 높이고 세계지식생태계를 활용해야 한다.

다섯째, 투자가 선도하는 공생적(共生的) 발전 — 성장, 분배, 환경 간의 조화 — 을 도모해야 한다.

여섯째, 경제발전의 목표를 '성장극대화'가 아니라 '고용극대화'에 두어라.

일곱째, 정부의 역할을 민관협치(民官協治)로 바꾸고 지방주권(地方主權)의 시대를 열어라.

여덟째, 포퓰리즘(*populism*)을 극복하고 자유민주주의를 성공적으로 정착시켜라.

아홉째, 통일한반도 시대를 열어 '세계공헌국가, 세계모범국가'로 거듭나라.

열째, 현장주의, 역사주의, 제도주의를 소중히 하는 '국가전략'을 가져야 한다.

우리는 이 서울 컨센서스의 10대 패러다임(안)은 아직도 발전과 심화 과정에 있다고 생각한다. 보다 많은 토론과 비판 그리고 분석과 논리가 필요하다고 본다. 여하튼 우리는 이 서울 컨센서스가 후진국을 벗어나 중진국의 선두주자가 된 대한민국이 한 번 더 도약하여 선진국으로 뛰어 오르는 성공적인 중진국의 선진국화 발전전략이 되기를 기대한다. 한마

---

1) 10대 발전패러다임 각각에 대한 보다 자세한 설명은 이 책 제 2권의 제 12장 "서울 컨센서스를 향하여"의 제 2절을 참조.

디로 '대한민국의 국민통합과 선진화의 길'이 되기를 기대한다. 또한 신자유주의적 워싱턴 컨센서스가 실패한 이후 — 엄밀하게 말하면 부분적으로 실패한 이후 — 혼란스러워하고 동요하고 있는 많은 후진국과 중진국들에게 새로운 방향과 희망을 주는 공동체 자유주의에 기초한 새로운 대안적 발전패러다임이 되기를 기대한다. 그래서 이제 우리의 발전경험과 미래구상이 이웃나라들에게 큰 참고와 희망이 되는 국가발신(國家發信)의 시대에 들어갈 수 있기를, 환언하면 우리 대한민국이 세계 공헌국가가 될 수 있기를 간절히 희망한다.

2. 두 가지 서울 컨센서스

지금까지 우리는 서울 컨센서스를 (1) 신자유주의에 기초한 워싱턴 컨센서스에 대한 대안으로 (2) 대한민국의 선진화를 위한 신 발전패러다임으로 제시하였다. 이것을 서울 컨센서스 1 (Seoul Consensus 1) 이라고 부르자. 엄밀히 이야기하면 우리는 서울 컨센서스 1 말고도 서울 컨센서스 2를 구상해야 한다고 본다. 서울 컨센서스 1은 대한민국 같은 중진국이 선진국이 되기 위한 발전전략이다. 즉, 중진국의 선진국화전략이다. 이것은 우리나라에 참고가 되고 우리와 유사한 발전단계에 있는 다른 중진국들에게도 참고가 될 것이다. 이 서울 컨센서스 1을 구상하기 위하여 우리는 3가지 작업을 해야 한다. 첫째, 대한민국이 중진국까지 올 때까지의 발전전략 — 이른바 동아시아 발전모델 — 중에서 앞으로 선진화를 위해 유지 발전시킬 것이 무엇이고 버릴 것이 무엇인가를 정리하여야 한다. 둘째, 중진국을 지나 선진국에 진입하던 나라들 중에서 실패한 나라들 — 아르헨티나, 브라질, 포르투갈, 아일랜드 등 — 에서 무엇을 배워야 하는가를 정리해야 한다. 그들과 같이 실패하지 않으려면 무엇을 주의해야 하는가를 살펴보아야 한다. 셋째, 21세기 초세계화 초정보화라는 새로운 환경과 기술의 변화 속에서 — 과거 20세기적 국가발전의 시대와는 다른 환경과 기술조건 속에서 — 국가발전전략 일반에 어떠한 수정 보완이 요구되는가를 정리해야 한다. 이 3가지 작업을 균형 있게 결합하면 우리는 훌륭한 중진국의 선진국화 전략, 즉 **서울 컨센서스 1**을 찾아낼 수 있다. 앞에서 제시된 서울 컨센서스 10대 패러다임(안)이 바로 이러한 지적 모색과 종합과정을 통하여 나온 **서울 컨센서스 1**이다.

서울 컨센서스 2(Seoul Consensus 2)는 개발도상에 있는 후진국들에게 제시할 수 있는 발전전략 내지 발전패러다임이라고 볼 수 있다. 대한민국 스스로가 후진국에서 중진국으로 올라오는 과정에서의 성공한 개발경험에 기초하여 후진국들에게 참고가 될 발전전략 내지 신 발전패러다임을 제시하는 것이다. 다만 주의할 것은 우리가 중진국에 올라오던 1960~1990년의 국제정치경제 및 기술환경과 21세기 오늘의 국제환경이 질적으로 크게 다르기 때문에 이러한 차이를 충분히 감안한 새로운 전략이 되어야 한다는 점이다.

따라서 우리는 3가지 작업을 하여야 한다. 첫째, 대한민국의 개발경험, 즉 후진국에서 중진국까지 이르는 과정의 개발경험 중에서의 — 실패한 전략을 빼고 — 성공적인 개발전략은 무엇이었는가? 둘째, 이미 중진국에 오른 다른 나라들이 후진국을 벗어나려 할 때 — 오늘의 구미(歐美) 선진국들의 19세기 내지 20세기 초의 전략과 오늘날의 NICS 등의 초기발전경험을 성찰하여 — 어떠한 개발전략을 채택하여 성공하였는가? 셋째, 21세기적 국제환경의 변화 — 초세계화, 초정보화 등 — 가 주는 국가발전의 새로운 기회와 동시에 그 위험과 한계를 이해하고 이를 감안한 후진국 발전전략은 무엇이어야 하는가? 이 3가지를 찾아내야 한다. 그래서 이 모두를 균형 있게 결합하면 우리가 오늘의 후진국들에게 권할 수 있는 발전전략 내지 발전 패러다임을 만들어 낼 수 있다. 즉, **후진국의 중진국화 전략**, 바로 다음과 같은 **서울 컨센서스 2**(안)을 만들어 낼 수 있다.

• 서울 컨센서스 2: 후진국의 중진국화 전략 (안)[1] •

첫째, 가능한 세계화를 하라. 어느 나라든 경제도약은 항상 세계화의 흐름을 타고 성공하였다. 현재 진행 중인 제 2차 세계화의 흐름을 타라.

둘째, 정치안정, 강력한 국가리더십, 그리고 우수한 관료가 필수조건이다.

셋째, 교육 등 인적자원을 위한 투자는 다다익선이다.

넷째, 국민들의 애국심이 발전의 원동력이다. 어떻게 하여서든 국민들에게 꿈과 자신감을 주라.

다섯째, 관(官) 주도의 경제개발계획이 중요하다. 적극적 산업정책도 필요하고 중앙집권적 국가운영도 필요하다.

여섯째, 모든 국가정책에서는 항상 상과 벌을 통한 유인체계(*incentive*)가 명확하여야 한다.

일곱째, 정치적, 경제적 부패는 줄일수록 좋다.

여덟째, 수출지향의 발전전략은 핵심적으로 중요하다. 다만 해외시장의 불안정성이 크게 증대하는 21세기이기 때문에 상당량의 외환보유고는 유지하는 것이 바람직하다.

아홉째, 금융의 세계화는 적극 활용하는 것이 좋다. FDI는 가능한 많이 유치하라. 그러나 들어오는 단기외채에 대하여는 적절한 규제가 필요하다.

열째, 민관합작(民官合作) 하여 성장극대화에 온힘을 다하여야 한다. 목표관리가 필요하다.

이상에서 각각 10가지씩의 서울 컨센서스 1과 서울 컨센서스 2를 보았다. 각각 10가지 모두가 중요하나 이들 중 가장 어렵고 중요한 과제는 무

---

1) 각각의 주장의 내용과 나오게 된 배경에 대한 보다 자세한 설명은 이 책 제 2권의 제 12장 "서울 컨센서스를 향하여"의 제 2절을 참조하라.

엇일까? 서울 컨센서스 1에서 가장 '중요한 과제'는 한 단계 높은 국가리더십과 한 단계 높은 국민의 에토스를 모아 새로운 '국가의 정신자본'을 구축하는 일일 것이다. 그리고 가장 '어려운 과제'는 세계화와 비(非) 세계화부문의 격차를 어떻게 줄여 나가는가 라는 문제라고 생각한다. 그리고 서울 컨센서스 2에서 가장 '어려운 과제'는 국가리더십과 정치안정 그리고 유능한 관료를 확보하는 것이다. 이것이 아마 후진국들에게는 사실 가장 난제가 될 것이다. 그리고 가장 '중요한 과제'는 제 2차 세계화(1980년 이후~)의 물결을 타고 수출지향의 발전전략을 선택하는 것이 될 것이다.

서울 컨센서스 1과 관련하여 가장 어려운 문제는 세계화부문과 비(非) 세계화부문 간의 생산성 소득 등의 차이를 어떻게 줄일 것인가 혹은 커지는 것을 어떻게 막을 것인가 하는 문제이다. 세계화부문의 소득수준은 세계에서 가장 발전이 빠른 지역(내지 산업), 가장 세계화된 지역(내지 산업)의 생산성증가율 내지 소득증가율을 따라갈 것이다. 그러나 비세계화부문의 소득수준은 국내부문, 특히 비(非) 세계화된 부문(지역 내지 산업)의 생산성증가율 내지 소득증가율을 따라갈 것이다. 따라서 양자 사이의 소득과 생산성 격차가 증가하는 경향을 가진다. 그리고 그것은 누증되어 분배의 심각한 악화로 나타난다.

어떻게 할 것인가? 두 가지 방향을 생각해 볼 수 있다. 하나는 생산과정, 즉 소득창출 과정에서의 이중구조를 줄이는 노력, 즉 세계화부문과 비세계화부문의 이중구조를 줄이는 노력이다. 그리고 다음은 일단 소득이 창출된 다음 재분배과정에서 이중구조를 좀더 줄여 분배의 개선을 도모하는 노력이다. 전자와 관련하여 생각해 볼 수 있는 정책방향은 결국 세계화부문에 대하여는 자유화 정책, 즉 규제를 풀어 각자 마음껏 나가 경쟁하도록 하고, 비(非) 세계화부문에 대하여는 생산성을 높이기 위한 정부의 지원, 즉 상대적 낙후부분에 대한 산업정책 — 반면에 서비스산업의 경우에는 규제완화를 통한 생산성제고 등 — 을 시행하는 것이다. 그리고 이러한 산업정책은 교육정책과 노동정책과 긴밀히 연계되어 추진되어야 하고 민과

관이 함께 협치하는 형식을 택하는 것이 바람직할 것이다.

재분배과정을 통한 이중구조의 축소는 두 가지 방향을 생각할 수 있을 것이다. 하나는 노동-교육-복지의 3각망을 대대적으로 개편하는 것이다. 일생 동안 2 내지 3모작을 해야 하는 시대에 걸맞게, 또한 노동의 유연성과 고용의 안정성이 모두 요구되는 세계화시대에 걸맞게, 기존의 노동-교육-복지의 3각 관계를 보다 유연하고 긴밀하게 개혁해야 한다. 이 과정에서 유럽의 이동노동시장정책(*transitional labor market policy*)이나 미국의 임금보험제(*wage insurance*) 등도 참고가 될 수 있다.

다른 하나는 국민 모두가 세금을 내는 것을 원칙으로 하면서도 고소득자—특히 금융소득자의 한계세율을 높이고 '새로운 사회안전망'을 창조하는 것이다. 이와 동시에 기존의 각종 사회안전망의 낭비를 줄이고 효율성, 효과성을 높이는 문제도 함께 다루어야 한다. 경계할 것은 특히 '재분배과정을 통한 이중구조의 해소'가 단순한 20세기적 복지정책의 확대 심화로 가면 안 된다는 것이다. 선진화될수록 성장률은 떨어지고 특히 21세기 인구의 고령화가 급속히 진행되면서 20세기적 선진국의 복지정책은—이것은 높은 성장률과 젊은 인구구조를 전제로 만들어진 제도이므로—유지 자체가 어려워지고 있다. 따라서 중진국들이 기존의 선진국의 복지제도를 무조건 따라가면 반드시 실패하게 된다. 자신들의 조건과 상황에 맞는 복지제도를 스스로 창조해야 한다. 여하튼 앞으로 세계화부문과 비세계화부문, 선진부분과 낙후부분 간의 불균형의 문제는 중진국의 선진국화전략, 즉 서울 컨센서스 1에서 가장 풀기 어려운 과제가 될 것이다.

다음 서울 컨센서스 2와 관련하여 국가리더십의 창출, 정치안정 그리고 유능하고 부패하지 않은 관료의 확보 등이 사실은 많은 후진국이 가장 달성하기 어려운 과제가 될 것이다. 이와 관련하여 한 가지 이론적 문제가 있다. 구미의 자유민주주의가 후진국의 발전에 과연 맞는 바람직한 정치제도인가 하는 문제이다. 특히 많은 비(非)서구 개도국의 경우에 선거민주주의가 과연 후진국의 중진국화에 도움이 되는가 하는 문제이다. 생각건대 이념형으로서의 자유민주주의는 바람직하고 이론적으로는 후진국의 경제발전과 양립할 수 있지만, 사실 거의 모든 후진국에서 서구적 의미의 성숙한 자유민주주의 성공적 도입은 사실상 불가능하다고 본다. 가장 큰 이유가 바로 비서구 후진국의 경우 자유주의의 전통이 거의 없거나 대단히 약하기 때문이다.

그래서 후진국의 경우 제도로서의 선거민주주의가 도입되면 불가피하게 비자유민주주의(*illiberal democracy*)가 될 위험이 대단히 크다. 즉, 형식적 선거민주화와 권위주의의 결합이 나타날 위험이 크다. 그런데 이러한 권위주의적 민주주의도 두 가지 방향으로 발전할 수 있다. 하나는 경제발전을 수반하는 개발독재로 발전할 수 있고 아니면 경제발전이 아니라 지배층의 이익만을 강화하는 — 예컨대 수입대체전략을 통하여 국내독과점산업의 보호 — 비(非)개발독재로 발전할 수 있다. 다행히 대한민국은 비(非)개발독재가 아니라 개발독재였기 때문에 후진국 탈출에 성공하였다고 보아야 한다. 따라서 후진국들에게 진정한 선택은 자유민주주의냐 비(非)자유민주주의냐, 라기보다는 비자유민주주의, 즉 권위주의적 민주주의 중에서 개발독재형인가 아니면 비(非)개발독재형인가가 될 가능성이 크다. 이 중에서 개발독재형이 되는 것이 바람직한데 그 문제는 결국 누가 리더가 되는가, 어떠한 철학을 가진 사람들이 국가 리더가 되는가의 문제로 귀착한다. 물론 국민들의 일반 교육수준, 정치수준 등도 상당 정도 영향을 미칠 것이다. 그러나 가장 중요한 것은 역시 지도자의 선택이다.

앞으로 21세기 국가발전 — 중진국화전략이든 선진국화전략이든, 서울 컨센서스 1이든 서울 컨센서스 2 든 — 에서 가장 어려운 문제는 민주주의문제가 아닐까 생각한다. 과연 현재의 민주주의 — 특히 절차적 민주주의로서의 선거민주주의(*electoral democracy*) — 라는 제도가 21세기 초 세계화 초정보화의 시대, 냉전 이후 신 국제질서형성의 시대에, — 불확실성과 불안정성이 극히 높아지는 시대에 — 국가발전을 성공시킬 수 있을까? 국가발전을 성공시킬 수 있는 올바르고 강력한 국가리더십을 만들어 낼 수 있을까?

21세기적 불확실성과 불안정성은 국가전략의 중요성을 크게 높이고 있다. 이러한 때 우리는 현재의 민주주의정치를 어떻게 수정 보완하여 당리당략과 포퓰리즘의 정치에서 벗어나 국가전략과 국가경영을 중시하는 정치로 바꿀 수 있을까? 이것이 사실 선·후진국을 막론하고 오늘날 많은 나라들이 당면한 고민이다. 이 문제가 올바로 풀려야 우리가 서울 컨센서스 1이든 서울 컨센서스 2든 제대로 실천할 수 있을 것이다. 이러한 고민에서는 우리 대한민국도 예외가 아니다. 사실 새로운 21세기 신발전패러다임을 찾고 제안하는 것만으로는 부족하다. 어떻게 하여야 21세기 신발전패러다임을 성공적으로 추진할 수 있는가? 어떻게 하여야 신발전패러다임을 성공적으로 추진할 수 있는 민주주의를 가질 것인가? 아니 그러한 민주주의를 성공적으로 창출할 것인가? 이것이 사실 21세기가 제기하는 또 하나의 새로운 시대적 화두이다. 우리나라도 사실 이 민주주의가 큰 문제가 되고 있다. 본래 새로운 시대적 과제에 대한 해결의 길을 밝히는 것이 지식인들이 사명이다. 그러한 의미에서 지금은 대한민국 지식인들의 분발이 각별히 요구되는 시대라고 볼 수 있다.[1)]

---

1) 민주주의문제와 관련하여 베이징 컨센서스(Beijing Consensus)가 후진국들에게 국가발전의 하나의 매력적 대안이 될 수 있지 않을까 하는 주장이 있다. 일당지배이기 때문에 인기영합의 포퓰리즘을 걱정할 필요가 없기 때문이다. 그러나 베이징의 경우는 비(非)자유민주주의가 아니라 비(非)자유 비(非)민주주의이기 때문에 현실적이고 미래지향적인 대안이 될 수 없다. 현실적이 아니라는 것은 이미 대부분의 후진국에도 절차적 민주주의, 즉 선거민주주의는 도입된 지가 오래되어서 이미 하나의 관행이 되어 있기 때문이다. 그래서 비(非)민주주의로, 즉 과거로 돌아가는 것이 정치적으로 가능하지 않다. 또한 미래지향적 대안이 아니라는 것은 시장경제와 세계화는 원리적으로 자유주의와 법치주의와 다원주의를 기반으로 하기 때문에 비록 불안정한 자유 법치 다원주의로 시작하지만 시간이 감에 따라 점차 성숙한 자유 법치 다원주의로 가야 세계화 속에서 시장경제가 더욱 발전하게 되기 때문이다. 따라서 비(非)자

유 비(非) 법치 비(非) 다원주의는 미래지향적 대안이 될 수 없다. (참고로 중국에는 법률주의는 있지만 아직 법치주의는 없다).

나남신서 · 1579

서울 컨센서스: 21세기 신발전패러다임 ①

차 례

서울 컨센서스: 21세기 신발전패러다임 ② 차 례

01

총론
문명사적 전환과 새 항로의 모색

손 동 현

1. 변화의 진원(震源), 변화의 실체

1) 문명사적 전환의 예고

이성의 빛을 통해 각 개인은 공동체적 삶의 주체가 되어 역사를 발전시킴으로써 인류의 이상을 지상에 실현시켜 간다는 '근대성'의 정신에 회의와 비판의 목소리를 높인 것은 니체를 비롯한 반주지주의적 철학자들이었다. 비합리적 의지와 정서의 힘을 강조함으로써 과학적 합리성을 토대로 하는 근대문명의 종언을 예고한 것이다. 그러나 근대에 뒤이어 나온 현대도 원리적으로는 근대의 연장 · 강화 · 변용일 뿐이라는 주장도 어느 정도 타당한 상황에서, 진정한 탈근대적 문명의 새로운 면모를 예견한 지성이 있었으니, 이들은 구체적으로 산업과 사회의 변화에서 이를 간파한 사람들이었다.

벨(Daniel Bell)은 이미 1973년에 동명의 저서에서 "후기산업사회의 도래"를 예견하고, 그런 사회의 특성을 ① 제조업보다는 서비스업이 더 우세해지고, ② 지식 · 정보가 기반이 되는 산업이 산업계의 중심을 차지하며, ③ 새로운 사회계층원리가 등장하여 기술엘리트가 발흥한다는 데서 찾는다.

벨은 특히 이 후기산업사회에서 핵심적 역할을 하는 지적 지형에 관해 ① 경험세계를 기술하는 자료, ② 이 자료를 의미 있는 체계로 구성하는 정보, ③ 그리고 판단을 내리기 위해 이 정보를 활용하는 지식 등 세 국면을 구분하여 제시함으로써, 지식의 역할이 전에 없이 중요해졌음을 강조한다.

후기산업사회의 사회상을 새로운 패턴의 문명으로 이해하고 이를 '정보사회'로 개념화하는 데 본격적인 영향을 미친 사람은 1980년에 《제 3의 물결》을 펴낸 토플러(Alvin Toffler)이다. 그는 벨보다도 더 적극적으로 새 시대의 도래를 '혁명'의 결과로 본다. 그는 새 시대가 농업혁명과 산업혁명에 이은 제 3의 혁명, 즉 '정보혁명'을 통해 등장하고 있음을 갈파한다. 벨이 지적한 바와 유사하게 정보가 물질적 자원을 대신하는 사회, 즉 지식을 기반으로 하는 생산활동이 산업의 중심이 되는 사회로 이 '정보화사회'를 이해한다. 이 지식기반 정보사회의 특성으로 그가 열거한 것은 변화의 탈선형(脫線形)적 가속화 · 라이프스타일 등 다양성의 확대 · 사회조직의 유동성 · 세계의 지구촌화 · 상품생산의 소량화 · 생산자와 소비자의 수렴, 즉 '프로슈머'의 등장 등이다.

새 시대의 도래에 대한 이들의 선구적 진단에서 핵심적인 것은 '지식'의 성격과 사회적 역할의 변화에 대한 지적이다. 프랑스의 철학자 장 프랑수아 료타르(Jean-François Lyotard)는 새 시대의 도래에 관한 진단에서 이를 주제화한다. 그는 1979년에 《포스트모던적 조건》이라는 책을 펴내면서 부제를 "정보사회에서의 지식의 위상"이라고 닮으로써 이를 분명히 했다. 새 시대의 지적 지형은 역사의 발전 · 과학에 의한 세계의 인식 · 절대적인 자유의 가능성 등 '거대담론'이 신뢰를 잃고, 차이 · 다양성 · 병립불가능성 등이 주목받고 인정되어 '미시담론'이 풍성해지는 방향으로 변모했다는 것이 그의 진단이다. 통일적 의미체계로서의 언어세계가 해체됨으로써 지식의 체계적 세계구성의 역할도 약화되었다는 것이다. 그런가 하면 의미공동체가 복수적이고, 수많은 의미생성 및 교류시스템들이 서로 고립된 채 통약불가능하므로 보편명제의 성립이 불가능하고, 따라서 윤리도 붕괴된다는 것이 그의 지적이다.

문명사적 전환을 가져온 변화의 핵심은 지적 지형의 변모에 있고, 이는 다름 아니라 지식의 창출·확산·활용을 정초하는 의사소통방식의 변화에 기인한다. 20세기 후반에 융성한 디지털기술의 획기적 발전이 '혁명'을 불러온 이유도 그것이 의사소통을 중심으로 한 지적 지형의 변화에 결정적 역할을 했기 때문이다.

2) 변화의 진원, '디지털혁명'

(1) 지각과 사유의 호환

2000년대의 새 밀레니엄에 들어서면서 인류문명이 겪고 있는 전환의 진원은 실은 '디지털기술'(*Digital Technology*)에 있다. 전자공학의 첨단에서 성취된 이 새로운 기술은 두 가지 영역에서 그간 불가능했던 일을 가능하게 만듦으로써 이른바 '디지털혁명'이라 불리는 문명사적 전기(轉機)를 마련했다. 그 하나는 인간의 논리적 사유과정을 기계의 물리적 과정으로 변환시키되, 정밀도, 정확도, 속도에서 인간의 자연지능을 크게 능가하는 기술로, 이른바 '인공지능'(*Artificial Intelligence*)을 통한 '정보산출·처리기술'(*Information Technology*)이다. 또 다른 하나는 이렇게 산출·처리된 정보내용을 종전의 전자기적 방식보다 훨씬 더 신속하고 정확하게 지구 전체의 원거리에 전달하는 통신기술, 즉 '커뮤니케이션기술'(*Communication Technology*)이다.

그런데 문제의 중대성은 이 두 가지 기술이 하나로 수렴-융합되어 제 3의 기술로 출현했다는 점이다. 이른바 '정보통신기술', 즉 '컴퓨니케이션'(*Compunication*) 기술이 그것이다. 바로 여기에 디지털기술의 '혁명적 성격'이 있다. 왜냐하면 이 기술은 인간의 신체가 아닌 물리적 기계 속에서 사고활동과 감각활동을 결합시키기 때문이다. 정보(산출·처리) 기능은 인간의 사고기능의 확장을, 그리고 통신기능은 감각적 지각기능의 확장을 실현한 것이다. 따라서 이 두 기술의 수렴-융합은 사유와 지각의 수렴-융합 및 호환(互換)을 비생명적 물리공간 속에서 현실화시킨 것이다.

디지털(*digital*) 방식이란 어떤 형태의 정보든지 바이너리 코드를 이용해 정보의 단위를 1과 0이라는 비트(*bit*)로 분화시켜 이의 연속된 흐름으로 '해체'했다가 다시 '복원'하는 방식이다. 이 디지털방식의 정보처리 및 전달과정에서는 음성·문자·영상 등 모든 정보형태가 등질화되어 획일적으로 처리된다. 한마디로 말해 각종 정보를 그 질적 특성에 구애받지 않고 오직 0과 1로 환원시키는 디지털코드로 전환시킴으로써 정보자료에 대한 동일한 방식의 수학적 연산처리가 가능해졌고, 나아가 정보의 전달이 주변 조건에 구애받지 않고 신속, 정확해졌다는 점이 획기적이다. 이 두 과정이 하나로 통합된다는 것이 바로 사유와 지각의 수렴-융합 및 호환(互換) 작용이다.

(2) 커뮤니케이션의 변화

바로 이 디지털코드화에 의한 기술융합은 우선 커뮤니케이션 영역에서 '멀티미디어'를 개발, 시간적·공간적·도구적 제약을 거의 남김없이 극복하는 '유비쿼터스 커뮤니케이션'(*Ubiquitous Communication*) 까지도 가능하게 만들었다. 물론 정보통신기술은 이 단계에 이르기까지 발전하면서 여러 가지 획기적인 변화를 불러왔다.

무엇보다도 ① 모든 커뮤니케이션 체계가 상호작용에 의거한 쌍방향적인 것으로 바뀌어가고 있으며, ② 이와 연계되어 커뮤니케이션의 '탈집단화-개인화'가 가능해졌다. 즉, 대규모 집단에게 획일적 메시지를 일방적으로 전달하는 것이 아니라, 특정대상과 특정메시지를 상호교환하는 '대면'(對面) 형태의 커뮤니케이션이 가능해졌다. ③ 종전처럼 송신자와 수

신자가 동시에 커뮤니케이션에 참여해야 하는 시간적 제약을 벗어나는 '비동시적' 커뮤니케이션이 가능해졌으며 ④ 커뮤니케이션이 네트워크화하고 광역화되었다. 디지털기술이 보편화됨에 따라 각종 미디어시스템 사이의 상호호환성이 높아지고, 그 결과 전 체계가 네트워크화하여 자연히 그 범위가 광역화된 것이다.

이상과 같은 커뮤니케이션 방식의 변화와 더불어 이루어진 커뮤니케이션 시스템상의 기술적 변화로는 ① 미디어들 간의 수렴-융합(*convergence*)과 ② 이에 기초한 종합화(*integration*)를 들 수 있다. 어떤 데이터를 전하든 그 기술적 과정은 디지털방식이라는 하나의 공통된 메커니즘으로 이루어지기 때문에 미디어 간의 벽이 허물어졌으며, 이에 힘입어 각 미디어마다 개별적으로 자체의 통신망을 갖지 않고 하나의 물리적인 디지털통신망으로 통합시키는 것이 가능해졌다는 것이다. 융합화, 종합화와 더불어 부수현상으로 생각해 볼 수 있는 것이 ③ 영상화(映像化, *visualization*) 현상이다. 활자미디어뿐 아니라 음성이나 음향 같은 청각미디어도 영상을 동반하는 시각중심으로 변모해가고 있다는 것이다.

그러나 디지털기술이 가져온 성과 중 더 엄청난 것은 사이버공간(*cyber space*)을 토대로 하는 가상현실(*virtual realty*)의 출현이다. 사이버공간은 자연적인 물리공간과 존재성격을 달리한다. 물리적 공간의 핵심원리인 공간관계의 '배타성'이 더 이상 작동되지 않음으로써 연장성, 즉 거리가 사라지고, 그 귀결로 이 공간 안에서의 사건들은 역시 자연적인 실제시간의 흐름에서 벗어난다. 한마디로 시공적 제약을 벗어나는 세계, 즉 가상세계가 여기에 출현한다.

'커뮤니케이션' 기술을 통한 '유비쿼터스'(*ubiquitous*) 커뮤니케이션의 현실화, 가상세계의 생활세계 편입, 이런 기술적 성취는 인간의 삶의 양식을 개인차원에서건 공동체차원에서건 근본적으로 변화시킨다. 세계체험의 근본양식, 즉 시공(時空) 체험의 양식이 바뀌고 공동체구성 및 운영의 원리가 바뀐다. 가상세계는 오늘날 더는 가상(假相)이나 가상(假像)

의 세계가 아니다. 그것은 오히려 형상화(形象化) 된 가상(可想)의 세계로서, 자연적 현실보다도 더 광범하게 삶의 현실에 들어와 있는 생활세계의 일부가 되었다. 따라서 삶의 양식에 변화가 오지 않을 수 없다.

사유와 감각의 호환이 가능해짐에 따라, 사유대상을 감각대상으로 변환시켜 놓은 정보들이 일상의 삶에 만연하게 되고, 사람들을 선형적(線形的) 사유를 위한 긴장(緊張)을 피하고 모자이크적 지각의 이완(弛緩)을 즐기게 된다. 젊은이들이 도서보다는 영상물을 즐기는 이유가 여기에 있고, 비디오 콘텐츠의 범람이 이를 말해 준다.

(3) 욕구 및 욕구충족방식의 변화

구텐베르크의 활자인쇄술은 도서의 다량보급을 가능케 했으며 이는 여러 방면에서 이성적 사유가 삶의 원리가 되는 근대를 연 문명사적 전환의 기점이 되었다. 글을 통한 커뮤니케이션은 말에 의한 커뮤니케이션의 선형성(線形性)을 더욱 극단화시켜, 마침내 선형적 커뮤니케이션이 (시각이 중심이 되는) 모자이크적 커뮤니케이션을 압도하기에 이르렀다. 그리고 이는 순차적·논리적 사고를 강화시켜 결국 교육받은 대중이 합리성을 삶의 원리로 받아들이게 함으로써 근대의 정치사회적 신질서의 토대가 되었다.

구텐베르크의 활자인쇄술이 의사소통, 정보습득의 양식을 논리의 원리에 따르게 했다면, 디지털기술은 그와 반대로 우리의 사고활동을 논리를 넘어서는 총체적 지각의 차원으로 확산시켰다. 사유와 감각의 호환기술은 이제 감각내용의 논리화, 사유내용의 감각화를 수행함으로써 합리성의 문명을 해체시키고 그 자리에 초(超)합리성의 문화를 구축하려 하고 있다. 감각이 사유를 능가하는 삶의 방식과 문화의 양식은 급속도로 광범하게 지구촌을 덮고 있다.

자연적·물리적 세계의 시간적 순차성(順次性)과 공간적 배타성을 극복하는 기술은 거리(距離)의 소멸, 시간의 증발을 결과로 가져와 사람들로 하여금 욕구충족의 순차성과 단계성을 뛰어넘어 동시적·총체적 욕구충족의 가능성을 기대하게 만들고, 지식산업은 이를 현실화시킬 수 있는 알고리즘(*algorithm*)의 개발에 주력한다. 이른바 기술의 융복합과 이에 기초한 산업의 융복합이 이를 말해 준다.

디지털기술은 인공지능기술과 통신기술 간의 수렴-융합만 가능하게 한 것이 아니라 여타의 다양한 기술들 사이에서도 수렴-융합이 가능하게 한다. 이를 '디지털 컨버전스'(*digital convergence*)라 한다면, 이는 먼저 기기와 서비스가 융합하는 단계를 거쳐, 기기끼리 융합되는 단계로 나아가고, 그 다음에는 네트워크와 서비스가 융합되는 단계로 나아가며, 앞으로는 모든 기기와 서비스가 네트워크 안에서 융합되는 단계로 나아갈 것이다. 언제 어디서나 필요한 정보를 누구와도 교환할 수 있는 '유비쿼터스'(*ubiquitous*)의 세계가 바로 그것이다.

정보기술과 통신기술의 융합을 가능케 한 '디지털' 혁명은 다른 분야에서도 기술의 수렴-융합(*convergence*)을 가능케 하고 또 촉진한다. 기술 간의 경계가 약화되어 고유영역이 붕괴되고 그 기술들이 새로운 형태로 수렴-융합한다는 것이다. 근래 어떤 기술분야에서든지 정보통신기술을 이용하지 않고 이와 연계되지 않는 기술개발이란 생각하기 어렵게 된 사정이 이를 말해 준다. 기계공학기술, 전자공학기술, 재료공학기술, 화학공학기술, 광학기술 등이 수렴-융합되어 나온 반도체기술은 대표적인 예다. 통신기능뿐 아니라 정보검색-처리-관리 기능, 카메라기능, 게임기능 등을 함께 수행하는 휴대전화의 개발에서 이를 본다.

무엇보다도 가까운 장래에 정보기술(IT)을 중심으로 생명공학기술(BT)과 나노기술(NT)이 융복합되어 새로운 기술이 나오리라고 예상하고 있다. 이미 BT가 IT를 활용하는 '생물정보학'(*Bio-Informatics*)과 '생체전자공학'(*Bio-Electronics*) 기술이 개발중이다. 또 새로운 '연금술'이라 할 수 있는 NT의 발전으로 첨단제품에 사용되는 부품의 가공이 나노미터 단위까지 가능하게 되어 제품 초소형화가 가속되고 있는 실정이다. 특히 생물체를 구성하는 바이오물질을 나노미터 수준에서 조작 · 분석 · 제어할 수 있게 됨으로써 바이오기술도 더욱 발전하고 있다. BT, NT에 의한 IT의 진화, IT와 BT의 융복합 등이 현실로 나타나면서 이제 IT · BT · NT는 더 이상 독자적인 기술이 아니라 상호보완적으로 수렴-융합하며 발전하게 될 기술들이라는 것이다.

기술의 수렴-융합은 자연히 산업계에도 획기적인 변화를 가져온다. 산업 간의 고정된 경계가 허물어지고 산업들의 융복합 현상이 일어난 것이다. 휴대전화의 제조산업에는 이제 통신산업만이 아니라 정보산업, 카메라산업, 게임산업, 금융산업 (그리고 조만간 운수산업, 유통산업) 등이 한데 어우러져 융복합 현상을 일으키고 있다. 방송산업과 통신산업의 융복합, 보험산업, 금융산업과 정보통신산업의 융복합, 전력 · 가스 · 석유 · 석탄산업 등 에너지산업의 융복합, 자동차 · 철도 · 항공 · 선박 등 수송 및 운수산업의 융복합이 이미 이루어지기 시작했다. 조만간 이 모든 산업들이 총체적으로 융복합하는 시대가 와서 '산업종합적'인 기업의 출현도 기대할 수 있을 것이다.

기업은 소비자의 물질적 욕구를 충족시키는 산업을 추구한다. 그 물질적 욕구가 당대인의 어떤 사회적 · 문화적 욕구와 결합되어 있는지, 그 욕구의 내용에 어떤 변화가 있는지를 간파하는 것은 기업의 성패를 좌우한다. 기술의 발달도 많은 경우 이러한 산업적 요구에 부응하려는 데서 이루어진다. 정보시대의 현대인이 융복합적 욕구충족을 요구한다면, 그리고 이에 부응할 수 있는 융복합적 기술이 개발된다면 산업형태도 이에 걸맞은 변화를 겪는 것이 당연하다. 기업이 이를 요구할 것이다. 이런 맥락에서 오늘날 산업의 융복합 현상을 이해하는 것은 어려운 일이 아니다.

(4) 지적 지형의 변화

산업에서의 융복합 현상은 지식사회에서의 지형변화에도 영향을 미친다. 새로운 산업의 전망과 기획에는 정치경제적 사회의 변화, 그 기초를 이루는 문화의 흐름, 현대의 역사적 위상, 시대의 사상적 기조 등에 기초한 이해와 안목, 더 나아가 규범적 · 가치론적 문제에 대한 인문적 소양 또한 동시에 요구된다. 이는 모두, 그 근원에 들어가 보자면, 시간과 공간의 제약을 현격히 약화시키는 정보통신기술의 등장이 인간의 다양한 복합적 욕구를 한꺼번에 충족시킬 수 있는 길을 열어가기 때문이다. 인간이 넘어설 수 없는 시간적 공간적 제약은 인간으로 하여금 그 욕구충족의 활동을 오직 순차적 단계적으로만 수행할 수 있게 해왔는데, 이제 그 기본양식이 변모하고 있는 것이다.

전통적으로 지식인이 추구해 온 '학적 지식'(*episteme*)은 보편적 · 불변적 · 필수적 · 통일적 · 절대적 존재에 대한 보편타당한 지식이었다. 그것은 가능한 한 일상적 삶이 직접 접하는 현실로부터 한 걸음 뒤로 물러섬으로써 직접적인 이해관계를 넘어서는 불편부당(不偏不黨)한 입장에 설 때 얻을 수 있는 객관적인 진리의 체계였다. 이런 지식은 쉽게 얻어지지도 않았거니와 일단 공준을 받으면 그 타당성은 장구한 기간 동안 지속적으로 영향력을 행사하는 '힘의 원천'이기도 했다. 그리고 그런 지식은 장기간의 노력 끝에 다음 세대에 전수되었고 언제나 사회상층부의 지배엘리트에 의해 독점되는 것이 보통이었다.

그러나 오늘의 정보사회에서는 지식의 본성과 사회성을 둘러싼 상황이 확연히 변모하였다. 전 세계가 하나의 촌락으로 좁아질 만큼 교통과 정보통신기술의 영향이 혁명적으로 변모한 오늘날, 광범한 문화의 교류와 공존은 불가피한 것이 되었고 이 다문화적(*multi-cultural*) · 교류문화적(*inter-cultural*) 시대의 문화적 지형(地形)은 관계성 · 다양성 · 상대성 · 가변성으로 특징지어지게 되었다. 체계적 통일성을 선호하던 전통적인 지적 활동은 현대의 사회적 삶이 고정적 체계보다는 유동적인 그물망(*network*) 형태로 이루어지고 있음을 깨닫고, 이러한 삶의 상황에 걸맞은 지식, 즉 우리의 현실적 삶에 상황적응의 형식-형태를 부여하는(*in-formatio*) '정보'를 중시하게 되었다. 그 자체로서 지속적 독자성을 갖는

'지식'이 수행하던 역할은 이제 더없이 유동적이 된 현실의 삶에 형식을 부여하는 '정보'에게 넘겨진 것이다.

이러한 정보는 장기간에 걸쳐 어렵게 창출·전수·활용되던 '지식'과는 달리 매우 용이하게 산출·복제·유통·소비된다. 산출되는 정보의 양은 천문학적으로 급증하며, 이렇게 생산되는 정보의 유통에는 시간적·공간적 제약이 거의 없다. 이에 따라 정보의 소비가 오히려 더 어렵게 된다. 삶의 질을 고양시키는 정보를 취사선택하는 일이 어려울 뿐 아니라 삶의 질을 떨어뜨리는 저질 정보의 홍수 속에서 유혹을 물리치는 일 또한 어렵다. 정보의 효용기간이 급속히 단축되는 것도 심각한 문제다. 결과적으로 지식사회는 고정된 지식의 비축과 독점에 머물 수 없고 유동적 정보의 유통과 공유를 향해 개방될 수밖에 없으며, 부와 권력의 형성이나 작용양상도 다원화, 다양화하게 된다.

2. 새로운 현상, 새로운 문제

디지털기술의 발달이 모든 다른 기술의 획기적 변화를 불러오고, 이를 기초로 의사소통의 방식 및 욕구충족의 방식이 달라질 뿐 아니라, 그 결과 지식사회의 지형 자체가 변모함에 따라, 이 새로운 탈현대의 '고도기술사회', '지식기반사회'에서 관찰되는 현상 가운데에는 종전대로라면 이해하기 어려운 새로운 것들이 나타나게 마련이다. 그리고 거기서 제기되는 문제 또한 종래와는 다른 새로운 것일 수밖에 없다. 이 포스트모던시대에 관찰되는 새로운 사회적 현상에는 어떤 것들이 있을까? 그리고 거기서 제기되는 새로운 문제들이란 어떤 것일까?

1) 이념적 실체적 구심점을 상실한 정치

먼저 정치영역부터 살펴본다. 국가란 인간이 형성한 공동체의 단위 중 통일성과 정체성을 갖는 가장 큰 규모의 것으로 어떤 형태가 되었든 해당 사회공동체를 총체적으로 조정하고 통제하여 운영하는 최종적인 단위이기도 하다. 따라서 국가는 이러한 역할을 수행할 수 있는 최고의 배타적 독점적 권력을 갖는다. 그리고 이 국가권력은 정치권력을 그 핵심에 지니게 되는데, 이는 국가가 그 역할을 수행함에 있어 의거하는 최종적인 최고의 결정은 곧 정치영역에서의 결정이기 때문이다.

그러나 산업사회가 절정기를 넘어 '탈현대적' 후기산업사회에 들어서면서 사회 각 분야의 독자성이 강화되고 특히 경제적인 힘이 정치적 결정에 점차 더 큰 영향력을 행사하게 되자, 정치권력의 위세가 줄어들고 이에 따라 국가권력도 약화되는 경향을 보였다. 모든 것을 국가가 관장하는 국가주의가 약화되고 '국가'의 실체성 자체가 크게 약화되는 현상이 나타났다. 이는 자본과 물자, 노동력의 유동이 전에 없이 대규모로 자유로워져 '자유시장'이 국경을 넘어 확장되어, 이른바 '다국적기업'이 크게 번성하게 되면서 더욱 뚜렷해진 현상이다. 사회공동체의 전 영역을 국가가 주관하는 '국가주의'는 이와 더불어 분명 퇴조하게 되었다. 1990~95년 사회주의국가들의 연쇄적인 파상적 붕괴를 이러한 국가주의 약화에 따른 증상으로 이해할 수도 있다. 국가의 구심적 실체성의 약화에도 불구하고 여러 선진국들이 다국적기업과의 '동거'를 환영하고 이런 맥락에서 이른바 'FTA'를 다각도로 체결코자 하는 것은 아이러니라 아니할 수 없다.

국가주의의 약화는 다른 한편 근대 이래 국가의 전형이 되다시피 한 이른바 '국민국가'(*nation state*)의 이념도 약화시키는 경향을 보인다. 세계화가 다른 한편으로 지역주의 또는 '부족주의'를 불러오는 것도 국민국가 중심의 국가주의의 약화와 이에 대한 '유목적 집단'의 도전으로 해석되기도 한다. '알 카에다'로 상징되는 이러한 국가 외(다국적기업과는 다른 의미에서의 초국적인) '비대칭적 세력'은 국가 간 관계로 정형화된 종래의 국제질서에 대한 하나의 새로운 위협이 되고 있다.

이러한 국가주의의 약화현상은 국제정치의 맥락이 각국의 국내정치에 미치는 영향이 전과 다르게 결정적으로 중요해지는 결과를 낳기도 한다. 국내정치와 국제정치는 서로를 구분할 수 없을 정도로 양자가 긴밀히 연관되었다. 국가의 실체적 정체성을 유지하면서도 초국적인 네트워크의 유연한 탄력을 수용하는 것이 어떻게 양립될 수 있을까?

정치권력이 형성되는 과정이나 실행되는 과정에서도 전에 없던 현상이 나타나는데, 한마디로 말해 '포퓰리즘'이라고 부를 수 있는 것이 그것이다. 권력은 다수의 지지에서 나온다는 대의민주주의의 형식적 기본원리가 지켜지기는 하지만, 이때 그 '다수의 지지'라는 것이 질적으로 종전과는 현저히 다른 내용이 된 것이다. 정치적 이념이나 정책보다는 정치인 개인의 대중적 인기가 '다수의 지지'를 얻는 데 있어 더 큰 영향력을 가지게 되었다. 흔히 '이미지정치'라는 것이 이를 말해주는 것이다. 이념이나 정책이라고 표명된 것도 긴 안목으로 공동체 전체의 이익을 도모하는 것보다는 파편적 개인의 감각적 호감에 호소하는 근시안적인 것이 더 광범한 지지를 받게 된 것이다. 디지털기술에 힘입어 정보유통이 혁명적으로 용이해진 터라 이러한 '미디어의 확장'이 이른바 '미디어정치'를 낳았고, 대중민주주의는 아리스토텔레스가 이미 설파한 '중우(衆愚)정치'로 타락한 것이다. 국가구성원 다수의 의견을 존중해야 한다는 민주주의 이념을 포기하지 않으면서도 그 다수가 매스미디어의 범람 속에서 감각적 이미지에 휩쓸리지 않도록 하는 길은 없을까?

정보사회로 진입하면서 변화된 정치양상 중 그나마 긍정적인 현상은, 특히 국제정치에서 종전처럼 국력이 경제력과 군사력에만 의존하는 것이 아니라, '문화적 매력 및 도덕적 호소력'이 국제정치적 영향력을 발휘하게 되었다는 점이다. 이를 하버드대학의 조지프 나이(J. Nye) 교수는 '소프트파워'라고 표현한 바 있다.

2) 가상이 현실을 소외시키는 거품경제

경제활동에서는 어떤 변화가 있는가? 국가주의의 퇴조는 국가권력의 시장개입을 비판하고 시장의 기능과 민간의 자유로운 활동을 중시하는 경제정책을 불러오게 되었는데, 이른바 '신자유주의'이론이 그것이다. 신자유주의는 1970년대부터 케인스이론을 도입한 수정자본주의의 실패를 지적하고 경제적 자유방임주의를 주장하면서 본격적으로 대두되었다.

그런데 문제는 이 자유주의 경제환경의 중심에 실물산업이 아닌 금융산업이 자리 잡게 되었다는 데 있다. 화폐란 고전적 의미의 경제활동에서는 실질적인 경제가치를 대신하는 단순한 수단, 즉 경제가치의 교환과 축적의 수단에 불과한 매체였으나, 후기산업사회에 들어와서는 실물은 증발되고 화폐 자체가 상품이 되는 현상이 보편화되었다. 경제 선진국이 화폐의 상품화를 선도적으로 추진하는 가운데 이른바 '금융자본주의'가 '글로벌화'하여, 경제활동의 불안정성이 국제적으로 확산되었다. 이것도 물론 정보혁명을 통해 가능해진 일이다. 즉, 인터넷의 등장으로 거래회로가 사이버공간을 횡단하게 됨으로써 화폐의 물질성과 공간적 위치마저도 사라지는 '금융자본주의의 세계화'가 촉진된 것이다.

신자유주의는 보호무역정책이나 고도금융억제책이나 복지대책 등 어느 정도 사회주의적 성격을 띠는 요소는 배제하고 가능한 한 자본의 논리만으로 경제활동을 수행하도록 조장하였다. 따라서 이런 분위기 속에서는 물질적 기반 위에서 복잡하고 긴 가치창출과정을 차근차근 밟아가야 하는 실물산업이 경시되고, 물질적 저항 없이 오직 가상공간 위에서 벌이는 치밀한 공학적 계산과 민첩한 거래만으로 엄청난 이익창출을 기대할 수 있는 금융산업이 더 큰 관심을 끌고 또 환영받기 쉬운 법이다. 바로 여기서 신자유주의는 세계화된 금융자본주의와 손쉽게 결합하게 되었다.

2008년의 미국발 금융위기가 세계를 덮친 것은 바로 이로부터 비롯된 것이다. 이러한 경제환경에 더하여, 다양한 분야에서 디지털기술과 융합된 고도기술의 획기적 발달은 이른바 '고용없는 성장'을 낳기도 하였다.

세계경제의 불안정성은 다국적기업의 무방향성, 글로벌시장의 무방위성, 세계경제의 글로벌 불균형 등으로부터 '시너지효과'를 얻어 더욱 심화되었고, 이는 국가경제와 세계경제가 구분되기 어려운 21세기에 각국의 경제를 불안정하게 만드는 데 결정적 영향을 미쳤다. 세계가 하나의 경제권으로 연계되고 디지털기술이 자본과 기술의 이동을 용이하게 한다 하더라도, 화폐의 기능이 산업 자체를 왜곡시키지 않도록 하여 경제활동에서 사이비수요와 사이비가치를 제거할 방도는 없을까?

세계경제를 불안하게 만드는 또 하나의 요소는 중국경제의 급부상이다. 중국경제는 아직 값싼 노동력에 힘입어 상품을 대량생산하여 저가로 세계시장에 공급함으로써 인플레압력을 흡수해주는 순기능 역할을 했다. 그러나 최근 임금의 급격한 상승으로 이제는 세계물가를 인상시키는 동인으로 작용하고 있다. 나아가 에너지 등 자원의 소모 및 환경파괴의 관점에서 볼 때, 세계경제에 암운을 드리우고 있다. 기술발달이 가져오는 문명의 자기파괴현상이 거대 중국의 급격하고 광범위한 산업화과정에서 그 최악의 모습을 보이지 않을지 미지수다. 그것이 중국에 그치지 않고 인도로까지 확장되는 것은 당연한 일일 것이다.

3) 둥지 없는 디지털 유목사회

정치든 경제든 기본적으로는 인간의 공동체적 삶의 방식을 토대로 이루어진다. 디지털기술이 불러온 혁명적 변화로 인해 세계체험의 근본이 되는 시공체험양식이 달라지고, 특히 커뮤니케이션양식이 달라짐에 따라 인간의 사회적 관계와 공동체적 삶의 방식에도 변화가 왔다. 무엇보다도 눈에 띄는 것은 공동체를 구성하는 각급의 조직이 구성되고 운영되는 방식의 변화다. 한마디로 말해 '공동체적 삶의 유목화' 현상이 나타난다. '세계화'(*Globalization*) 라는 것도, 이념이나 정책으로서가 아니라 현상으로서 이해하자면, 실은 가장 넓은 영역에서 전개되는 이 유목화현상과 다를 바가 없다.

공동체적 삶의 유목화과정에서 개인의 삶에서는 개인 간의 직접적인 인격적·인간적 사적 관계가 축소·약화·피상화되는 변화가 일어난다. 개인의 고립화현상이 심화된다. 혈연적·지역적 연고에 의한 공동체적 유대도 약화·와해한다. 사회구성원의 개체화가 강화된다. 그 대신 익명적 '사이버커뮤니티'의 형성·해체가 늘어난다.

공동체 삶에서는 계층의 다원화·분산화가 이루어지고, 사회조직의 탈위계화·네트워크화가 진행된다. 사회조직은 점차 축소되어, 거대하고 강고한 고정적 피라미드형 체계에서 작고 유연한 유동적 네트워크로 변화한다. 중앙과 주변이 구분되고 주변은 중앙으로만 연결됨으로써 정보가 집중되는 중앙이 주변을 통제하고 지시하는 중앙집중화 조직에서 정보를 고루 공유하는 모든 노드(*node*) 가 서로 연결됨으로써 어떤 노드도 다른 노드를 지시·통제하지 않는 분산적 네트워크로 바뀐다. 이것이 '탈중심화' 현상이다. 그런가 하면 사회적 활동영역의 경계가 흐려지는 이른바 '탈영토화' 현상도 확산된다. 그리고 이와 더불어 자연히 사회조직의 폐쇄적 독자성이 와해되는 가운데 개방적 관계가 지배한다.

정보혁명으로 인해 지식과 정보의 습득이 손쉬워지고 의사소통이 더 원활해진다 해도 개인이 주체성을 갖고 각자의 삶을 영위하되 공동체 안에서 소속감과 유대를 갖고 공동의 관심사를 두고 협력하는 것은 더는 불가능한가? 그리고, 이렇듯 더 유연해진 공동체의 구성형태 아래에서는 공동체의 자기정체성이 유지되기 어려운가? 통일적 실체성은 실종되고 마는가?

4) 가상현실과 다문화 지평에 펼쳐지는 불안정의 유목문화

포스트모던사회에 들어서면서 문화세계도 큰 변모를 겪는다. 산업사회를 지배하던 원리는 효율성과 합리성이었으며, 이는 인간의 이성적인 삶의 태도를 전제로 작동되는 것들이었다. 그러나 포스트모던 정보사회에 들어오면서 이성의 통제적 역할은 더 이상 감성의 분출을 감당하지 못하게 되었다. 문화생활의 기조가 '읽고 생각하는' 데서 '보고 듣고 느끼는' 데로 옮아간 것이다. 모든 문화정보(문화재)가 문자보다는 영상을 통해 표현되고 또 전달 · 수용되는 것이 훨씬 더 친숙한 것이 되었다. 이 감성 중심의 '표현과 이해' 방식은 특히 디지털기술에 의거한 새로운 매체의 본성, 즉 감성적인 것과 수학적인 것의 호환을 가능케 하는 기능에 의해 더욱 증폭 · 확산되었다. 디지털기술은 감각적 지각의 내용을 고도의 알고리즘을 통해 논리적 사유자료로 '환원'하고, 또 그 역방향으로 사유내용을 감각적 지각의 대상으로 '번역'할 수 있다는 점에서 혁명적인 것이다.

산업의 발전이 중산층의 확장으로 이어진 20세기 초부터 이미 대중문화는 성장하기 시작했지만, 포스트모던시대의 기술적 변화는 대중문화를 더욱더 확장시켜 그 문화적 수준을 우려할 정도에까지 이르렀다. 상류층이 향유하던 문화가 대중도 접근 가능한 것이 되었을 뿐 아니라, 다수의 대중을 위한 새로운 양태의 문화재가 탄생하기도 했다. 전혀 다른 별개의 영역이라고 여겨져 온 산업과 문화가 서로 접근 · 융합하여 이른바 '문화상품'을 다량으로 개발하여 판매하는 '문화산업'이 새로운 장르의 산업으로 등장하였다. 이는 문화의 향유자로 다수의 대중이 등장하지 않았더라면 상상하기 힘든 일이다.

'즉물적 이미지'의 문화가 확산되어 보편화되는 것도 이런 맥락에서 이해할 수 있는 일이다. 정제되지 않은 감성적 표현과 수용이 문화활동의 주축을 이룬다면, 이는 정신의 고양에 기여한다는 문화의 본래 과제에 비추어볼 때, 우려할 만한 일이다. 이미지에 감성적으로 매료될 뿐 그 실체적 · 정신적 내용은 문제 삼지 않는다면, 이러한 대중적 문화활동은 특히 '시뮬라시옹' 문화의 확산에 크게 기여할 것이다.

시뮬라시옹이란 사물의 자연적 실재 여부와 무관하게 그에 대한 감각적 지각을 가능하게 하는 메커니즘이다. 상상적인 것과 실재적인 것의 구별 자체가 불필요하거나 불가능하게 된 것이 바로 시뮬라시옹이다. 상상적인 것을 실재하는 것으로 지각하게 하는 프로세스인 것이다. 즉물적 이미지에 경도되는 감성이 주축이 된다면, 문화생활에서 자연적 현실(*Natural Reality*)이 오히려 가상적 현실(*Virtual Reality*)에 의해 압도당하는 일도 생길 것이다. 시뮬라시옹의 원리가 이렇듯 우리의 삶을 지배하게 된다면, 자연적 현실 속의 '사물' 자체가 그 존재감을 상실하여 우리의 삶 자체가 가상의 세계에서 부유(浮遊)하게 되는 불확실성에 빠질 것이다.

문화 내부로부터 문화적 현실의 외부로 눈을 돌려보면, 우리는 거기서 고도의 다양성과 만나게 된다. 문화가 한편으로는 정치 · 경제 · 사회 · 기술 등 공동체 내부의 다양한 영역과 착종하고 있고, 다른 한편으로는 이질적인 타문화와의 접촉을 피할 수 없게 된다.

디지털기술의 발달은 다양한 매체가 서로 접속하는 멀티미디어의 환경을 만들었고, 멀티미디어의 환경은 사회를 구성하는 다양한 요소가 자유로운 접속을 통해서 역동적으로 변모해가도록 만들었다. 현대의 문화는 공동체 내의 다양한 영역과 복잡하게 착종하면서 '공진화'하고 있고, 마찬가지로 이질적인 타문화와도 끊임없이 융합하면서 여러 양태의 '잡종'(*hybrid*)을 낳고 있다. 여기에는 보편성과 특수성의 상충 혹은 종합, 문화상대주의와 문화통합의 길항관계 등이 문제로 제기되고 있다. 글로벌문화가 다양한 문화를 융합시킨 진정한 의미의 보편문화가 되기 위해서는 역설적이게도 각 문화권에서 소중하게 여기는 고유한 특수문화를 지켜나가야 한다는 주장이 '글로컬(*glocal*) 문화'의 이념으로 표출되기도 한다.

생활세계의 확장과 안정성을 동시에 확보하기 위해 가상현실과 자연현실의 뒤섞임을 어떻게 관리해야 할까? 생존과 번영을 위해 불가결한 문화다양성 요인을 어떤 범위까지 어떤 방향성 아래 수용해야 할까? 문화란 전체를 관장하는 의도된 기획으로 이루어지는 것이 아니라 자생적으로 전개되는 것이라 해도, 이런 문제는 포스트모던시대를 맞아 간절한 것이 아닐 수 없다.

3. 새로운 세계상, 새로운 시각

새로운 현실에서 나온 새로운 문제는 새로운 발상에서만 그 해결의 실마리를 찾을 수 있다. 사물을 바라보는 새로운 안목, 세계이해의 새로운 시각이 요구된다는 말이다. '정보사회'로 특징지어지는 포스트모던사회에서 드러나는 새로운 현실과 새로운 문제가 살펴본 바와 같다면, 우리에겐 어떤 발상의 전환이 요구될까? 어떤 세계상이 새로운 현실의 이해에 더 적합한 발판이 되고, 어떤 이론이 새로운 문제의 해결에 더 적합한 지침을 제공할까?

1) 물리주의적 세계상에서 생명주의적 세계상으로

지식사회의 변화는 그 지형에 그치는 것이 아니라 물론 그 세계인식의 내용에도 찾아온다. 세계인식의 근본이라 할 수 있는 세계상 자체가 바뀐다는 말이다. 새로운 밀레니엄에 들어서면서 근대를 주도했던 물리주의적 세계상이 물러서고 그 자리에 생명주의적 세계상이 들어서는 가운데, 이 시대의 선도적 세계상이 변전하고 있다. 이 광범하고도 급속한 변화의 실질적 동인(動因)은 '정보화'에 있다. 정보교환, 의사소통의 시공적 제약이 극소화되고, 동시에 사유내용과 감각내용을 융합 · 호환할 수 있게 됨으로써, 사물을 보는 눈이 달라졌으며 세계인식의 기본 틀이 달라지고 있다. 이 새로운 인식 틀 속에서는 고정된 불변의 존재보다는 유동적으로 변화하는 생성과정이 더 큰 관심거리가 되고 있거니와, 현대인의 삶 자체가 이러한 새로운 세계상에 정향(定向)되어 가고 있다.

물리주의적 세계상 아래에서는 공간적 세계 안에 자리 잡고 반복적으로 전개되는 고정불변의 실체가 추론적 탐구의 중심에 놓였으나, 생명주의적 세계상 아래서는 부단한 시간의 흐름 속에서 창발(創發)하는 생명적 활동이 직관적 파악의 대상이 된다. 전자에서는 전체가 부분으로 분할되고 재조립되는 것이 대상의 세계였으나, 후자에서는 부분으로 분할되지도 않고 분할된 부분들이 다시 전체를 이룰 수도 없는 세계 전체가 체험의 생활세계이다. 인간의 사실적 경험세계를 고정·분석·조작하는 것이 전자의 세계상에 어울리는 것이었다면, 인간의 삶을 포함한 세계 전체의 생명적 흐름을 조망하고 이에 조응하는 것이 후자에 어울리는 것이다.

최근에 과학과 철학에서 모색하고 있는 여러 새로운 이론들이 이를 말해 준다. 코스모스보다는 카오스를, 불변의 평형상태보다는 급변하는 불연속을, 동일성의 반복보다는 차이의 생성을, 주어진 결정성의 질서보다는 새롭게 창발하는 비결정의 질서를 주목하고 이를 이해하려는 새로운 이론이 모색되고 있다.

2) 새로운 철학이론들

철학분야에서는 누구보다도 프랑스철학자 베르그송(H. Bergson)과 영국철학자 화이트헤드(A. N. Whitehead)를 그 현대적 기원으로 삼을 수 있을 것이다. 베르그송에 따르면 우주의 참모습은 그 심층에 있어 '생명적 약동'(*élan vital*)이요, 이는 본질적으로 끊임없는 흐름, 즉 '지속'(*durée*)의 과정이다. 이 지속은 어떤 정해진 법칙에 따라 일정하게 반복되는 것이 아니다. 물론 이 '지속'의 순수성에는 정도의 차이가 있어서, 물질적 사물에서부터 인간의 의식에 이르기까지 다양한 편차를 보이기는 한다.

그러나 우주는 전체적으로 볼 때 단절 없는 지속 가운데서 매 순간 스스로를 새로이 창조해나간다. 인간정신의 '자유의지', 우주의 '창조적 진화'(*évolution crêatrice*)를 주창한 베르그송의 철학은 이러한 세계상을 이론적으로 정립한 주목할 만한 전형이다.

베르그송과 나란히 생명주의적 철학사상을 펼친 영향력이 컸던 또 한 사람의 철학자가 화이트헤드이다. 그도 전 우주를 유동과 변화의 과정(*process*) 속에 있는 하나의 유기체로 본다. 그는 이러한 우주의 근원인 신(神)도 성장하고 변화한다고 주장한다. 그는 정신이나 물질을, 혹은 정신과 물질 각각을 그 자체 완결된 실체로 보는 데카르트 이래의 '실체철학'을 거부하고, 실재하는 것은 오직 '현실적으로 작용하고 있는 계기'(*actual occasion*)라며 '융합의 과정'(*process of concrescence*)을 세계의 실상으로 이해한다. 그는 데카르트 식의 심신이원론, 즉 정신과 물질이 각각 실체라는 주장에 대해 그것들은 다만 구체적인 현실의 추상물에 불과한 것이라고 비판한다. 그는 이러한 구체적 실재를 관계 속의 '연관'(*nexus*)으로 이해하며, 이런 의미에서 생명 그 자체를 탐구하는 생물학을 분석적·환원주의적 물리학 못지않게 형이상학적 의미를 갖는 기초과학으로 본다.

그리고 이러한 철학사상에 기원을 갖는 들뢰즈(G. Deleuze)의 '차이생성'(*Differentiation*) 이론, 즉 세계는 동일성으로 통약되거나 환원될 수 없는 각기 서로 다른 모습의 사물들이 다름, 즉 차이를 생성해 나아가고 있다는 이론이다. 종래의 '실체형이상학'에 따르면, A와 B가 다르다고 말하는 것은 이미 A와 B가 각기 자기 동일적인 실체임을 인정하는 것이다. 즉 차이란 동일성에서 파생되어 나오는 것이다. 그러나 들뢰즈는 이와 반대로 동일성이야말로 차이의 결과로 나오는 것이라고 반박한다. 모든 '정체성', 혹은 '자기동일성'(*identity*)이란 추상적 명명에 지나지 않는다. 같은 종류의 사물들에도 본성상 차이가 있는 것을 보면, 논리적으로나 형이상학적으로나 '동일성'이 '차이'에 선행할 수는 없다는 것이다. 사물

자체는 끊임없이 차이를 생성하는 작용이요 그 차이의 총합이 그 사물의 정체성이므로, 그 정체성이란 잠재적인 것이 차이를 드러내며 현실화되는 과정에서 누층적(累層的), 계층적으로 무한히 형성되는, 실제로는 결코 완결되지 않는 그런 것이다. 세계는 부단히 차이를 생성하는 유기적 전체로 그 참모습은 '힘의 작용'이고, '기관 없는 신체'이고, '카오스모스'(*chaosmos*)다. 따라서 우리가 사물 그 자체를 파악고자 한다면 우리는 바로 이 차이의 연속적 생성에 주목해야 한다.

3) 새로운 과학이론들

근대적 세계상을 넘어서는 새로운 발상은 철학에만 있는 게 아니라 과학이론에도 있다. 얼핏 생각해 보면 과학 자체가 근대적 사고의 산물이므로 과학은 위에서와 같은 철학적 사변을 전면 거부할 것 같지만, 실은 그렇지 않다. 과학도 그저 중립적인 것이 아니라 특정한 형이상학적 세계상을 전제로 하는 것이요, 철학도 실은 과학적 탐구성과를 존중할 때에만 공허한 사변을 면할 수 있는 법이다. 이제 새로운 세계상을 반영하는 주목할 만한 과학이론을 몇 가지 일별해 보자. 철학에서보다 오히려 이 과학이론들로부터 탈현대사회의 새로운 문제를 풀어가는 해결의 실마리를 더 쉽게 찾을 수 있을지 모른다.

(1) 사이버네틱스, 자기조절 이론

고전적인 과학적 탐구는 자연에 하나의 시스템이 실재함을 전제한다. 그리고 그 시스템을 유지·지배하는 자연법칙이 일정하게 작동함을 전제하고 이를 발견코자 힘쓴다. 그러나 혼돈으로부터 새로운 질서가 빚어져 나오는 '창발적 생성'의 맥락을 발견하려는 탐색은 시스템을 이렇게 정적(靜的)인 것으로 보지 않는다. 자기조절이론을 중심으로 하는 위너(N. Wiener)의 사이버네틱스가 그런 이론적 시도의 하나이다. 여기서는 고정된 법칙에 따른 불변의 작동으로 자기정체성을 유지하는 정적 시스템이 아니라 그 운동이 부단히 변하면서도 자기동일성을 견지하는 동적 시스템이 관심의 대상이다. 생명체가 그 대표적 예다. 생명체는 차이의 생성을 통해 부단히 스스로를 새로운 존재로 형성해 나아간다. 즉 자신의 활동을 변화시켜 나가면서도 자기정체성을 견지한다. 이 과정을 사이버네틱스의 관점에서 기술하자면 이렇다 — 한 시스템의 작용이 주변에 어떤 변화를 불러오고 그 변화가 시스템에 환류되어(*feedback*) 그 시스템이 변화된 새 환경에 잘 적응하도록 한다. 시스템 자체가 이러한 폐쇄된 신호순환체계를 갖는다. 이 순환적 인과관계는 유기적 시스템의 자기조절에 필요충분한 사이버네틱적 조건이다. 이 이론은 공학 · 신경과학 · 진화생물학 · 인류학 등에 원용될 뿐 아니라, 포스트모던사회의 새로운 현상을 이해하고 설명하는 데에도 큰 함의를 갖는 이론이다.

(2) 카타스트로피 이론, 급변론

사이버네틱스가 역동적으로 변화하는 시스템의 역동적 변화를 설명하면서도 그 변화를 수용하는 정체성을 견지하는 자기조절활동의 설명에 중점을 두었다면, 카타스트로피 이론, 즉 급변론은 기본적으로 불연속적인 급변사태, 즉 일정한 평형상태가 깨지면서 갑작스럽게 등장하는 불연속적인 운동, 변화를 개념화하고자 한다. 톰(R. Thom), 지만(E. C. Zeeman) 등에 의해 제시된 이 이론은 불연속을 수학적으로 설명하려는 미분기하학(*differential geometry*) 및 대수적 위상수학(位相數學, *Algebraic Topology*)을 출현시켰는데, 구체적으로는 생물학이나 행동과학에도 많이 원용되는 이론이 되었다. 이론 전개에서 중요한 개념은 '특이성'(*singularity*) 및 '특이점'(*singular point*) 개념인데, 이들은 지금까지의 평형이 깨지고 어떤 전혀 새로운 상태가 나타나는 곳, 즉 비연속적 급변사태(*catastrophe*)가 일어나는 지점을 가리키는 개념이다.

(3) 비선형성 이론, '나비 효과'

자연현상 가운데는 변화의 정도가 일정한, 즉 특정 입력에 대해 일정한 예측 가능한 출력을 빚어내는 선형적 변화도 있지만, 그보다는 변화의 정도가 예측할 수 없을 만큼 복잡한 증폭현상을 보이는 비선형적 변화가 더 많다. 자기조절과정에서 되먹임구조에 이러한 비선형성이 곁들여진다면, 그 변화는 더욱 복잡해질 것이다. 이 비선형성(非線型性, *non-linearity*)은 기상학자 로렌츠(E. N. Lorenz)가 발견한 이른바 '나비 효과', 즉 초기조건에서의 미세한 변화가 결과에 있어 엄청난 변화를 가져오는 현상을 설명하는 기초가 되었고, 나아가 '카오스이론' 및 이것이 더 발전해 구성된 '복잡계이론'의 단초가 되었다.

(4) 엔트로피(*entropy*) 이론

열역학 제 1법칙은 '에너지 불변의 법칙'이다. "에너지는 그 형태가 바뀔 수는 있지만 총량에는 변화가 있을 수 없다"는 법칙이다. 자연에서 에너지는 스스로 생성되지도 소멸되지도 않아, 항상 일정한 양을 유지한다는 것이다. 그러나 열역학 제 2법칙은 이러한 자연의 평형을 반증하는 듯이 보인다. "엔트로피는 증가할 뿐 감소하지는 않는다"는 법칙이 그것이기 때문이다. '에너지 전환과정에서 일어난 변화량'이라는 뜻의 엔트로피란 말하자면 소모된 에너지, 폐기된 에너지를 뜻한다. 따라서 클라시우스(R. Clausius)가 주창한 열역학 제 2법칙이 말하는 엔트로피의 증가는 자연의 종말을 예고하는 듯하다.

그러나 슈뢰딩거(E. Schrödinger)는 음(陰)엔트로피 개념을 창안해내 생명체는 주변에서 음엔트로피(*negative entrophy*)를 끌어들여 생명을 유지한다고 주장했다. 즉 생명체는 그 자체의 낮은 엔트로피 수준을 유지하여 자연 전체의 엔트로피 수준을 낮추어 나간다는 것이다. 슈뢰딩거의 견해는 의미 있는 것이지만, 네겐트로피(*negentrophy*) 개념은 자연의 한 부분에 국한될 뿐 자연 전체의 엔트로피를 감소시키는 현상을 설명하는 것은 아니다. 우주의 어느 곳에 질서 정도가 증강된다는 것, 즉 엔트로피가 감소된다는 것은 다른 어디에선가 무질서가 늘어난다는 것, 즉 엔트로피가 증대된다는 것을 의미할 뿐이다.

(5) 자기조직이론, 카오스이론, 복잡계이론

생명현상을 포함한 자연의 역동적 변화에 대한 설명의 어려움에 처해 프리코진(I. Prigogine)은 새로운 이론으로 출구를 마련한다. '자기조직'(*self-organization*) 이론이 그것이다. 그에 따르면, 비평형상태는 단순히 무질서만을 만들어내는 것이 아니라 새로운 질서의 근원이 되기도 한다. 자연이 비평형상태에 들어가면, 구성요소들 간의 상호작용이 긴밀해지고 상호영향의 범위가 급격히 확장된다. 이 작용이 특정 임계점을 넘어서면 멀리 떨어진 요소들끼리도 상호작용을 하기 시작하여 시스템 전체를 뒤흔드는 거시적 현상으로 증폭되고, 그 결과 전혀 새로운 질서가 빚어져 나온다. 그의 저서명이 말하듯, "혼돈으로부터 질서가 형성되어 나온다"(*Order out of Chaos*)는 것이다. 그리고 이렇게 새로운 질서가 생기면 주위의 엔트로피, 즉 무질서는 무산(霧散)되어 감소한다. 이렇게 새로운 질서가 자생적으로 생기는 과정을 그는 '자기조직'이라 불렀고 이를 '창발'(創發, *emergence*)로 이해한다. '무산구조'와 '자기조직'이 바로 혼돈으로부터 질서를 빚어내는 메커니즘이자, 생명현상의 신비를 푸는 실마리가 된다고 보는 것이다.

그렇다고 이 자기조직 이론이 열역학 제 2법칙을 전면적으로 부정하는 새로운 법칙을 발하고 있는가? 그렇진 않다. 지구는 태양으로부터 엄청난 에너지를 공급받고 있는 자연계이므로 닫힌 체계라고 볼 수 없다. 지구의 자연계에는 엔트로피를 스스로 낮추는 현상들이 있다. 토네이도나 허리케인 같은 기상현상과 광합성작용 같은 생명현상이 그 예다. 이는 새로운 생성이 창발되는 것이다. 존재의 안정된 평형상태에 준거하여 자연을 보면 자기조직을 통한 창발이 일시적인 예외적 현상으로 보이겠지만,

생성의 불안정한 비평형상태에 준거하여 자연을 보면 이것이 오히려 보편적인 현상이다. 프리고진은 생성의 관점에서 자연을 보고자 했던 것이다.

자기조직을 통한 새로운 질서의 등장은 질서와 무질서의 사이에서 일어난다. 즉 카우프만(S. Kauffmann)의 표현대로 '혼돈의 가장자리'에서 일어난다. 혼돈이란 어떤 원리나 법칙으로 합리적 설명을 할 수 없으며 따라서 미래를 예측할 수도 없는 상태를 가리킨다. 그런데 새로운 상태란 지금의 상태를 설명하는 원리로 더는 설명이 안 되는 상태다. 따라서 혼돈을 통해서가 아니고선 새로운 상태의 출현이 불가능하다. 새로운 원리로써만 설명이 가능한 새로운 상태를 빚어내는, 임계치에 이른 이 혼돈의 상태가 곧 혼돈의 가장자리다.

물의 결빙(結氷)이나 비등(沸騰) 같은 물리적 사건에서도 이 창발 현상은 일어나지만, 자연에서는 특히 모든 생명현상에서 보이는 현상이다. 복잡계의 내부에서 일어나는 현상은 모두 이런 종류의 것이라고 봐야 할 것이다. 이러한 현상은 사회혁명에서도, 문화의 변천에서도, 조직의 혁신에서도 볼 수 있는 현상이다. 생명체는 스스로 이 혼돈의 가장자리를 찾아가는 노력을 한다는 점에서 단순한 물리적 사건과 다르며, 인간의 문화적・역사적 삶에서도 발전이란 정체성의 원리에 매몰되지 않고 스스로 혼돈의 가장자리를 찾아 새로운 질서를 창출하려는 노력으로부터 얻어지는 것이다.

(6) 링크이론, 네트워크이론

모든 사물은 그 자체 자기동일성을 견지하면서도 독자적으로 존재하지는 않고 다른 사물과 관계를 맺음으로써 존재한다. 사물의 속성에 상관없이 관계가 좀더 열려 있으면 그 세계는 그만큼 유동적이고 개방적이고 역동적이다. 이는 인간사회에서도 마찬가지다. 관계는 여러 관계들이 모인 관계망의 일부로 존재한다. 그런데 인간의 사회에서는 이 관계망이 비록 인간의 주관적 활동의 산물이긴 하지만, 일단 형성되고 나면 쉽게 바꿀 수 없는 '객관적 실체'가 된다. 즉 관계는 주관적 측면과 객관적 측면을 다 갖는다.

고도로 발달한 정보통신기술은 오늘날 사람들 사이의 접속경로를 매우 가볍고 용이하고 단순하게 만들었고, 이로써 사람들 사이의 '링크'는 매우 풍성하고 복잡하게 변했다. 링크는 둘, 또는 그 이상의 '노드'(*node*)를 잇는 선이다. 그런데 이 링크는 복잡한 그물, 즉 '네트워크'를 형성한다. 그런데 현실의 이 네트워크를 살펴보면 무작위적이고 균일한 양태로 구성되어 있지 않다. 거기엔 링크가 집중되는 '허브'(*hub*)가 있고, 또 노드들이 모여 있는 '클러스터'(*cluster*)가 있다. 그런데 이들의 형성에는 미규정적이고 자생적인 링크들이 서로 교차하면서 일정한 규정성을 구성해내는데, 이는 위에서 본 '자기조직'과 유사한 과정이다. 즉 여기서도 '혼돈으로부터의 질서'와 유사한 양상이 엿보인다. 그리고 이 모든 과정은 고정되지 않고 부단히 유동적이다.

4. 한국발 글로컬 해법

이상과 같은 새로운 세계상, 새로운 철학이론 및 과학이론의 틀로 볼 때, 우리에게 낯선 포스트모던 후기산업사회의 복잡하고 다양한 현실은 좀더 깊이 이해될 수 있을 것이다. 물론 거기서 제기되는 문제에 대한 해결책의 모색에도 도움을 줄 것이다.

한국사회는 시대상이 중첩된 복잡한 양상을 보이고 있기 때문에 '포스트모던'사회에서 제기되는 문제라 하더라도 그 해법을 모색할 때 이 점이 항상 함께 고려되어야 할 것이다. 시대상들의 병존이라는 특수상황에서 오는 고유한 한국적 문제는 단순히 세대 간 갈등, 동서양문화 간 갈등에 그치지 않고, 이른바 '디지털격차'가 불러오는 사회-문화적 양극화로 이어지기도 하고, 그것이 다시 경제적 양극화, 이념적 갈등 등과도 얽히는 복잡한 양상을 띤다.

따라서 우리의 '새 항로' 모색은 포스트모던 시대의 '글로벌' 환경을 의식하되, 병행하여 언제나 한국의 고유한 역사적·사회문화적 상황을 염두에 두면서 이루어져야 할 것이다. 즉 정책적 대안을 비롯한 우리의 해결책 모색은 언제나 지역적 특수성도 감안하는 '글로컬'한 성격을 띠어야 할 것이다. 그렇게 된다면 우리가 모색한 '새 항로'는 비록 한국에서 발원하지만 유독 한국적 상황에만 유효한 것이 아니라, 포스트모던시대를 헤쳐가고 있는 모든 국가들에게 유의미한 '향도'(嚮導)가 될 것이다.

이런 비전과 방향성 아래, 서울 콘센서스의 형성에 매진하려는 우리는 현실적인 문제에 대한 해결책을 모색함에 있어 다음과 같은 문제의식을 갖고 출발할 것이며, 또한 이런 문제들의 해결을 위한 가능한 현실적인 방책을 제시코자 노력할 것이다.

(1) 국가발전을 위해 요구되는 무형의 '정신자본'을 중시하고 이를 '축적'하기 위한 노력을 기울여야 한다. 이 정신자본이 영양원이 되어 한편으로는 건전한 '국민적 에토스'가 집결 응축되고, 다른 한 편으로는 수준 높은 '국가리더십'이 형성되어 나와야 한다. 가장 중요한 과제는 한 단계 높은 국가리더십과 한 단계 높은 국민의 에토스를 모아 새로운 국가의 정신자본을 구축하는 일일 것이다.

(2) 수준 높은 '국가리더십'을 중심으로 정치가 안정되어야 할 뿐 아니라, 정치적 이념을 구현하는 양질의 관료집단 및 이를 비판·보완하는 성숙한 시민사회의 지원이 뒤따라야 한다.

(3) 경제에서 이제는 '발전' 못지않게 '안정'이 중요한 가치가 되어야 한다.

(4) 따라서 '성장극대화'에서 '고용극대화'로 중점을 옮겨야 한다. 성장에서 복지로의 진화는 고용극대화를 통해서 이루어져야 한다.

(5) 수출증대는 여전히 옳은 방향이다. 그리고 경제안정을 위해 적절

한 외환보유고의 유지가 필요하다.

(6) 이와 관련해 금융의 국제화는 불가피한 방향이나, 단기자본의 이동에는 적절한 규제가 필요하다.

(7) 교육과 과학기술관련 정책을 수행하는 데 고도의 전략적 선택과 집중이 있어야 한다.

(8) '성장-분배-환경' 간의 '공생적' 발전과 '교육-고용-복지' 간의 연계적 발전을 도모해야 한다.

(9) 지방주권에 기초한 '분권형 국가경영'이 시급하다.

(10) '세계화와 비세계화 부분'의 격차를 줄이는 노력이 필수적이다.[1)]

---

1) 세계화부분과 비세계화부분 간의 생산성, 소득 등의 차이를 어떻게 줄여나가는가? 이것이 가장 어려운 문제이다. 세계화부분의 소득수준은 세계에서 가장 발전이 빠른 지역(내지산업), 가장 세계화된 지역(내지산업)의 생산성증가율 내지 소득증가율을 따라갈 것이다. 그러나 비세계화부분의 소득수준은 국내부문, 특히 비세계화된 부분(지역 내지 산업)의 생산성증가율 내지 소득증가율을 따라갈 것이다. 따라서 양자 사이의 소득과 생산성 격차가 증가하는 경향을 가진다. 그리고 그것은 누증되어 분배의 심각한 악화로 나타난다.

어떻게 할 것인가? 두 가지 방향을 생각해 볼 수 있다. 하나는 생산과정 즉 소득창출과정에서의 이중구조, 즉 세계화부분과 비세계화부분의 이중구조를 줄이는 노력이다. 그리고 다음은 일단 소득이 창출된 다음에 재분배과정에서 이중구조를 줄여 분배의 개선을 도모하는 노력이다.

전자와 관련하여 생각해 볼 수 있는 정책방향은 결국 세계화부분에 대하여는 자유화 정책, 즉 규제를 풀어 각자 마음껏 경쟁하도록 하고, 비세계화부분에 대하여는 생산성을 높이기 위한 정부의 지원 즉 상대적 낙후부분에 대한 산업정책 — 반면에 서비스산업의 경우에는 규제완화를 통한 생산성제고 등 — 을 시행하는 것이다. 그리고 이러한 산업정책은 교육정책 및 노동정책과 긴밀히 연계되어 추진되어야 하고 민과 관이 협치하는 형식을 택하는 것이 바람직할 것이다. 이 과정에서 특히 비세계화부분에 투입되는 인력의 노동생산성을 높이기 위한 — 예컨대 노인부양서비스 산업에서 종사할 인력 등 — 교육훈련 강화가 대단히 중요할 것이다.

재분배과정을 통한 이중구조의 축소는 두 가지 방향을 생각할 수 있을 것이다. 하나는 단순한 실업보험제도에서 탈피하여 재고용제도(*re-employment*

가장 어려운 과제는 이 격차를 어떻게 줄여나가는가 하는 문제라고 생각한다. 선진부분과 낙후부분 간의 불균형의 문제는 중진국의 선진국화 전략에서 가장 어려운 과제가 될 것이다.

(11) '세계전략'을 세우고 이에 따라 '국가능력'을 제고하려는 노력을 기울여야 한다.

---

system)로 바꾸는 일이다. 이를 위해 임금보험제(*wage insurance*), 훈련임금제 등의 도입을 생각해 볼 수 있다. 동시에 노동시장의 유연안전성을 높이기 위한 이동노동시장(*transitional labor market*)정책 등도 크게 도움이 될 것이다. 다른 하나는 국민 모두가 세금을 내는 것을 원칙으로 하면서도 고소득자, 특히 금융소득자의 한계세율을 높이는 문제가 중요할 것이다. 물론 이와 동시에 각종 사회적 안정망의 낭비를 줄이고 효율성과 효과성을 높이는 문제도 함께 다루어야 할 것이다.

02
21세기 한국 정신자본의 발전방향

이 홍 규

1. 21세기 사회의 주요 특징

인류는 지금 21세기에 살고 있다. 현재 진행되는 변화의 추세를 볼 때, 21세기는 20세기와 다른 시대로 보인다. 다시 말해 우리는 지금 하나의 변곡점(*inflection point*)을 지나고 있다. 앞으로의 시대는 자원의 시대가 아닌 지식의 시대이며, 조직의 시대가 아닌 네트워크의 시대이다. 변화는 언제나 미래의 기회를 의미한다. 그러나 이 변화는 기회와 희망만을 의미하지는 않는다. 오히려 갈등과 위험이 더 크게 보일 수 있는 시대이기도 한다. 그런 의미에서 21세기 사회란 고도의 창조적 지식사회, 고도의 복합적 네트워크사회이면서, 동시에 그 어느 때보다 마찰과 갈등이 높을 것으로 예견되는 사회라 할 수 있다.

1) 고도의 창조적 지식기반사회

지식은 역사적으로 인류진보의 가장 큰 동력이었다. 농업기술, 산업기술, 정보기술 등의 기술혁명이 인류의 삶을 변화시켰다.[1)] 산업시대에

〈표 2-1〉 산업혁명의 역사

		기술혁신		경제상황	
		돌입	확산(충돌)	시너지	성숙
1	산업혁명시대	1771	1797	• 제조업의 대두 • 곡물법의 폐지	1829
2	증기기관 및 철도의 시대	1829	1847	• 주식회사 대두 • 규모경제 활용	1873
3	철강, 전기, 중공업의 시대	1875	1893	• 상업은행 및 투자은행의 분리 • FDIC, SEC의 성립	1920
4	석유, 자동차, 대량생산의 시대	1908		• 州間 고속도로 건설 • IMF, IBRG, BIS 성립	1974
5	정보통신의 시대	1971	닷컴 붕괴	• 제도적 적응 진행	

자료: C. Perez, *Technology revolutions and financial capital*, 2002.

들어와서 이런 기술혁명이 인류의 삶에 끼친 영향은 더욱 분명해진다. 페레즈(C. Perez, 2002)에 따르면 〈표 2-1〉에서 보는 바와 같이 산업혁명 이후 5번의 기술혁명이 있었다고 한다. 1차 면방직기계, 2차 증기기관과 철도, 3차 철강·전기·중공업, 4차 석유·자동차·대량생산기술, 5차 정보통신기술 등 5번의 과학기술혁명이 그것이다. 그는 한 번의 기술혁명이 약 50년의 주기를 갖고 인류의 사회경제적 삶에 영향을 미친다고 한다. 이러한 기술들은 20~30년간의 기술확산시기를 거치며, 중간에 투자버블로 인해 금융시장 붕괴가 초래되기도 하지만, 그 기술에 기반한 시스템이 안정되면서 산업적으로 큰 부가가치를 창출하게 된다는 것이다.

지식이란 것이 인류 역사발전의 오랜 동력이었음에도 불구하고, 오늘날 다시 인류의 새로운 관심을 끄는 것은 지식의 발전과 영향력이 가히 폭발적이기 때문이다. 〈표 2-2〉와 같이 산업시대와 지식시대는 다르다.

---

1) 한국정보화진흥원, "트렌드로 보는 미래사회의 5대 특징과 준비과제", 2009. 10. 20.

〈표 2-2〉 산업경제와 지식경제 비교

	산업경제	지식경제
원자재	자연자원, 노동, 자본	아이디어
소비자	대량생산	정보기술과 제품디자인 기반의 대량생산
조직	대기업, 규모경제	기업가, 소규모, 무료에이전트, 네트워크
성공요인	노동, 품질, 저비용, 안정성(통제)	재능발전속도, 혁신, 유연성, 고객맞춤화

자료: Collaborative Economics, *Silicon Valley's 2006 Index*, Joint Venture, 2006.

그만큼 우리는 지금 새로운 지식혁명의 시대에 살고 있다. 나노·바이오·IT·인지과학 등 많은 새로운 과학기술들이 출현하면서, 이러한 기술이 비즈니스모델, 생산프로세스 등과 결합하여 새로운 제품과 서비스를 만들어내고 있다. 바이오기술이 식량·건강·기후 등에 있어 새로운 생활환경을 만들고 있으며, IT기술이 금융·통신, 수송 등의 분야에서 새로운 글로벌 인프라를 형성하고 있다. 혁신의 가속화로 제품의 수명주기(*life cycle*)는 급속히 짧아지고, 지식산업의 비중은 빠르게 커지고 있다.

21세기 지식사회에서 특히 중요한 것은 창조적 지식역량이다. 이제 웬만한 지식정보는 사회의 중요한 공유자원(*commons*)이다. 지식정보의 전이가 빠르고 광범하게 일어나고 있으며 IT기술의 발달, 교육인프라의 확산 등이 이를 가능케 하고 있다. 기존 지식은 급속도로 진부해지고, 이는 누구에게나 무료로 제공된다. '공짜수익'(*Freemium*) 모델이 그 한 예이다.[2] 그러기에 남과 다른 창조적인 지식의 한계효용이 점점 더 커지고 있는 것이다. 조지프 슘페터(J. Schumpeter)의 말대로 자본주의사회란

2) 앤더슨(C. Anderson)은 95% 이상의 지식서비스는 공짜로 제공되고 나머지 지식에서 수익을 얻을 수 있다는 점에서 '공짜수익'(*Freemium*) 모델을 제창하였다(위클리비즈, 〈조선일보〉, 2009. 11. 28.).

창조력에 기반한 사회이고, 경제성과는 창의성에 기반한 혁신의 산물이다. 이 창의성이 기업가정신으로 꽃필 때 경제는 발전하는 것이다.

이러한 창조적 지식역량에 대한 논의는 기술영역에만 국한되는 것이 아니다. 사회적 영역에서도 창조적 역량이 필요한 시대이다. 조지프 나이(J. Nye)가 새로운 사회를 하드파워가 아닌 소프트파워가 지배하는 사회라 한 것도 세계의 최강대국을 만드는 요소들이 과거에는 군사력·인구·자원 같은 유형자원, 물적자원이었으나, 이제는 기술·교육·문화·가치규범 등 무형자원, 지적자원이기 때문이다. 문제는 이러한 자원들이 타인에게로 이전이 어려운 암묵지라는 점이다. 암묵지란 사람에게 체화되어 있는 비구조화된(*unstructured*) 지식이기에 저장과 이전이 어렵다(Kogut/Zander, 1992, Nonaka, 1994). 저장과 이전이 어려운 것은 지식의 획득 및 사용에 지식의 특정성(*knowledge specificity*), 시간의 특정성(*time specificity*)이란 문제가 있기 때문이다(Sampler, 1998). 지난 20세기에 신흥개도국들이 서구의 기술·산업·제도·규범을 그렇게 빨리 받아들일 수 있었던 것은 그것의 상당부분이 형식지화되어 있었기 때문이었다. 그러나 이제 그 국가들이 개도국단계를 지나면서 봉착하는 문제들은 형식지의 문제가 아닌 암묵지의 문제라 할 수 있다. 즉, 형식지의 모방을 통해 경제발전을 이루는 시대는 이제 지나가고 있는 것이다.

2) 복합적 네트워크의 연결사회

20세기는 국가의 시대였다. 국가라는 경계가 국민들의 삶의 조건을 결정짓는 가장 중요한 단위였으며, 국가에는 부국강병(富國强兵)이라는 뚜렷한 목표가 있었다. 대외적으로는 군사적·외교적 측면에서의 강한 나라, 대내적으로는 국민들에게 물질적인 부와 풍요를 구가하는 나라라는 목표가 있었다. 이 시대는 국가우선주의시대이며, 상대를 지배하고 복종시키려는 '하드파워의 시대'이었다. 20세기는 또한 조직의 시대였다.

관료나 기업과 같은 위계조직이 국가와 기업을 경영하고 부가가치를 창출하는 중요한 기제였다. 그러나 이러한 국가의 경영원리가 변하고 있다. 20세기가 국가·공조직·경성적·중앙집권적 조직의 시대였다면, 21세기는 사조직·시민사회·연성적·분권적 조직의 시대이다. 20세기의 화두가 조직·자원·제품·독립성·대립/배제·비대칭적 정보라 한다면, 21세기의 화두는 네트워크·사람·혁신·서비스·연결성·조화/소통·대칭적 정보라 할 것이다.

이러한 변화는 과거 국가와 조직시대에 안주하던 부문들이 와해될 수 있음을 의미한다. 네트워크시대에는 국가와 조직에 기반한 기존의 경계가 허물어지고 크고 작은 공동체들이 좋든 싫든 더욱 긴밀한 상호관계를 갖게 된다. 다양한 조직·집단·개인 등 수많은 참여자들(*players*)이 한데 어우러져 무엇을 만들어내는 복잡한 세계이다. 그리고 이는 세계차원에서 지방차원까지, 거대조직에서부터 개인에 이르기까지, 모든 관계가 재설정됨을 의미한다. 특히 디지털시대의 지식정보인프라가 세계를 하나로 묶고 있다. 디지털시대의 협력체제는 참여와 공유, 협력과 상생을 기본 정신으로 한다. 웹 1.0의 시대를 지나 웹 2.0, 웹 3.0의 시대로 나아가는 이유이다. 시장은 이미 하나의 지구촌시장으로 변모하였고, 생산기지는 세계에 산재하게 되었으며, 기술혁신은 세계 곳곳의 기술센터들이 서로 연결되는 개방혁신(*open innovation*) 체계를 통해 이루어지고 있다. 위키피디아와 같이 사회구성원들의 자발적 협력으로 집단지성(*collective intelligence*)이 만들어지기도 한다. 기술과 산업이 융복합화(*convergence*)되고, 자본·기술·산업이 하나의 네트워크로 묶이고 있다. 세계의 금융은 2008년 금융위기에서 보는 것처럼 전염력이 강한 강력한 동조체제를 구축하였고, 세계의 문화는 다문화, 다민족의 혼성공동체로 발전하고 있다.

네트워크는 조직과 달리 그 구조가 비정형화되어(*unstructured*) 있다. 그것은 구성원 간의 상호작용(*interaction*)을 통해 진화해나가는 시스템이다. 네트워크에 작동되는 규칙은 조직에서 작동되는 규칙과 다르다. 데이비스 외(S. Davis et al., 1998)에 의하면 네트워크에서는 상호연결(*connectivity*), 속도(*speed*), 무형가치(*intangible value*)의 성장이란 3요소가 결합하여 기존 규칙을 무의미하게 만든다고 한다.[3] 또한 상호연결이 빈번한 네트워크에서는 분화(*divergence*)와 동시에 통합(*convergence*)이 일어난다. 구성원의 다양성과 자유를 보장하는 동시에 그들을 통합하고 조정하는 능력이 있어야 하며, 경쟁을 촉진시키면서도 협력을 확보하여야 한다. 네트워크란 분명한 경계를 가진 조직과 다르다. 조직은 외부와 단절되는 데 비해 네트워크는 개방적이고 유동적이다. 그러기에 외부와 쉽게 연결될 호환성(*compatibility*)이 필요하다. 그만큼 외부와의 상호보완적인(*complementary*) 협력이 강조된다.

네트워크는 상대적으로 불안정한 구조이다. 네트워크를 통해 거래비용의 감소와 상호교류를 촉진할 수도 있지만, 한편으로는 거래상의 위험이 증폭될 수도 있다. 예를 들어, 국제금융분야만 하더라도 각국 금융 네트워크상의 상호의존성은 매우 높아졌지만,[4] 2008년의 금융위기에서 보듯이 금융위험의 상호전염력(*contagion*)도 크게 높아졌다고 할 수 있다. 그러나 이런 기회와 위험을 같이 보고 관리할 국제적인 거버넌스 능력은 아직 취약해 보인다. IMF, IBRD의 브레턴우즈체제는 이미 약화될 대로 약화되었다. 이념적인 방향성 또한 불확실하다. 1980년대 자유주의를 근간으로 하는 워싱턴 컨센서스(Washington Consensus)가 쇠퇴하면서 사회

---

3) Connectivity는 제품·사람·기업·국가 등 모든 것들의 전자적 상호연결을 말하며, speed는 사업들의 모든 부문과 조직들이 실시간으로 작동되는 것을 말하며, intangible value는 모든 경제적 가치가 유형 또는 무형가치를 가지며 또한 무형의 가치가 더 빨리 성장함을 말한다.

4) 카스텔(M. Castells, 2000)은 지구적 금융네트워크화의 근원으로 ① 각국의 금융시장의 탈규제 및 자유화, ② 첨단정보통신 기술인프라의 발전, ③ 파생상품 등 새로운 금융상품의 발전, ④ 투기적 이동 증대, ⑤ 시장평가기관의 발전 등을 들고 있다.

적 요소들의 중요성을 인식하는 후기 워싱턴 컨센서스(Post-Washington Consensus)까지 대두되고 있다고는 하나(Fine et al., 2001),[5] 아직 그 방향은 불확실하다고 할 수 있다.

3) 마찰과 갈등의 위험사회

(1) 자원·자연·환경의 위험

사람의 끝없는 욕망은 이제 자원·자연·환경을 위협하고 있다. 고도의 산업사회라는 빛의 반대편에는 자원낭비적·자연파괴적·환경위협적인 구조라는 그림자가 발생한다. 아마존의 밀림, 중국의 장강(長江) 생태계, 남극 및 히말라야의 빙하 등 지구 곳곳에 그 그림자가 드리우고 있다. 이미 1972년 로마클럽은 〈성장의 한계〉라는 보고서를 통해 2010년 지구에 에너지·환경·식량위기가 닥칠 것으로 전망했다. 시간예측이 빗나갔다 해서 그 위험이 사라진 것은 아니다. 특히 친디아 30억 인구의 급속한 산업화는 그들에게는 우선 축복일지 모르지만, 획기적인 기술적, 환경적 대안이 마련되지 않는 한 인류에게 재앙을 가져올 수도 있는 문제이다. 위험은 목전에 다가오는데, 2009년 코펜하겐정상회의에서 보듯이 그 근원인 경제구조를 바꾸는 데는 너무 인색한 것이 오늘의 현실이다. 인류의 물질적 풍요욕망이 이 지구가 감내하기에 너무나 많은 선택을 요구하고 있고 위험을 외면하게 만들고 있다. 인기영합주의에 물든 정치 또한 인류의 미래를 두고 큰 내기를 하고 있는 듯이 보인다. 환경의 후진국이라 할 한국의 경우도 그 예외가 아님은 물론이다. 세계 13위의 경제대국이면서 그 환경지속성지수는 세계 122위에 머물고 있는 것이 작금의

5) Post-Washington Consensus가 Washington Consensus와 다른 점은 ① 시장시스템의 전체적인 성과제고를 위하여 시장실패에 대한 제한적인 정부의 개입여지를 인정하고 보다 완만한 시장개방 및 자유화를 지지하며, ② 사회적 결속을 이루는 비경제적 속성인 사회적 자본과 같은 것의 중요성을 인식하고 이것이 성장과정에 영향을 미친다고 보는 것 등임.

〈표 2-3〉 한국의 환경 위상

환경지속성지수(2006): 세계 122위
1인당 온실가스 배출(2005): 세계 9위
이산화탄소 배출 증가율(2006): OECD 1위
에너지 소비 증가율(2008): 세계 9위

자료: 전홍택, "새로운 발전패러다임", 경제인문사회연구회 발표자료, 2009. 11. 18.

우리 모습이다.

(2) 사회경제적 불안과 갈등의 위험

다양성을 존중하는 민주주의는 갈등을 내포하고 있다. 경제규모가 일정 수준에 도달하고 민주화가 진전될수록 형평성문제는 더욱더 중요한 사회적 과제가 되는 법이다. 더구나 사회구성원들의 이해관계가 파편화, 복잡화된 현대사회에서 대립과 갈등은 더욱 첨예해지기 쉬운 법이다. 이러한 사회적 갈등을 증폭시키는 가장 큰 요인 중 하나는 개인·부문·사회 간의 빈부격차이다. 조지프 스티글리츠(J. Stiglitz)가 《인간의 얼굴을 한 세계화》에서 지적했듯이 세계적으로 빈익빈 부익부 구조가 심화되고 있다. 이런 양극화의 심화는 결국 마찰과 갈등, 긴장과 불안, 테러와 전쟁의 위협을 증가시킨다. 특히 우리의 경우 1997년 이후 빈부격차가 급속히 확대되고 있다는 데 문제의 심각성이 있다.[6] 외환위기 이후 중간

6) 다행히도 우리는 지난 성장과정에서 소득분배 문제가 그렇게 심각한 문제가 아니었다. 상위 20% 소득계층의 소득집중도가 1989년에는 39.6%이던 것이 1993년에는 37.6%로 낮아진 바 있고, 하위 20% 소득계층의 소득집중도는 1989년 8.1%이던 것이 1993년 8.9%로 높아져 불평등도의 개선을 보였다. 그러나 1997년 외환위기 이후 이러한 추세가 반전되어 소득불평등이 확대된 것으로 보인다. 한 조사에 의하면 지니계수가 0.298(1996년)에서 0.358(2000년)로, 가처분소득이 최저생계비에 못 미치는 절대빈곤층의 비율이 5.92%(1996

〈그림 2-1〉 한국의 소득분포 변화 추이

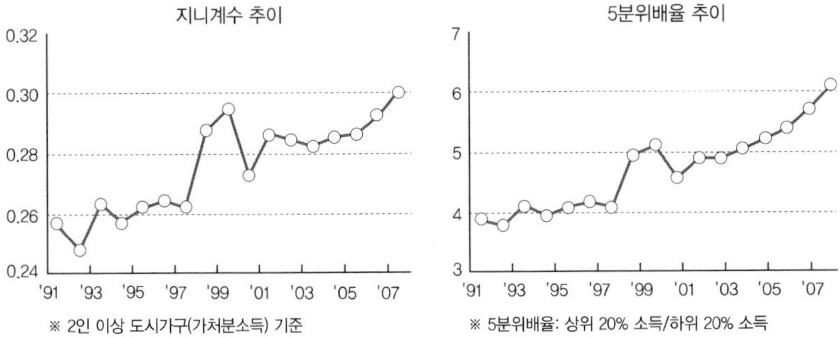

자료: 통계청, 〈향후 10년간 사회변화요인 분석 및 시사점〉, 2009. 1. 20.

계층이 붕괴하고 신빈곤층이 늘어나는 것이다. 가족의 연대의식까지 약화되는 상황에서 '빈곤의 함정'(*poverty trap*)에 빠질 가능성이 높은 계층이 증가하고 있는 것이다. 빈부격차의 심화는 시민적 덕성을 사라지게 하고 사회적 병리현상을 증대시키고, 사회의 가치체계를 파편화시킨다. 극단적 선택이 일상화되기 쉬운 이런 사회에서는 탈레브(N. Taleb)가 말하는 '검은 백조'(*black swan*)가 나타나기 쉽다.

주목해야 할 또 다른 사회적 위험은 고령화현상의 심화이다. 우리나라의 경우 2000년 7.2%에 달한 65세 이상 고령인구의 비율이 2010년에는 11.0%, 2026년에는 20%가 될 것이라 한다. 현재 정년에 가까워지고 있는 베이비붐세대가 은퇴하면 우리의 생산가능인구도 대폭 줄어들게 될 것이다. 고령화의 진전은 우리사회에 숙련노동력의 부족, 신규실업의 증가 등 다양한 문제들을 발생시킬 수 있다. 성장의 동력과 사회활력은 저하되고 경제는 저성장체제가 될 것이다. 노인부양에 관한 세대 간의 갈등도 증가할 것이다. 15~64세의 생산가능인구는 2016년부터 감소할 전

년)에서 11.47%(2000년)로 악화된 것으로 나타난다. 또한 1997년에는 상위 20% 소득계층의 소득집중도가 37.2%이던 것이 2003년에는 38.8%로 높아졌으며, 하위 20% 소득계층의 소득집중도도 8.3%이던 것이 7.4%로 낮아졌다. (유경준, "복지정책의 방향연구", KDI, 2004.6. 등을 참조)

〈그림 2-2〉 한국의 인구변화 전망

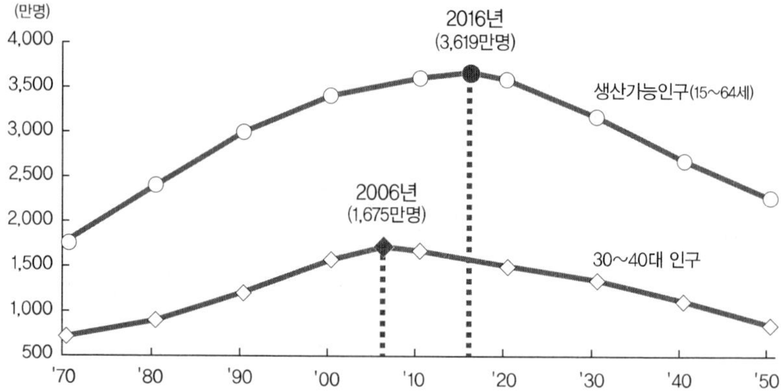

자료: 통계청, 〈향후 10년간 사회변화 요인분석 및 시사점〉, 2009. 1. 20.

망이다. 노동력의 주축인 30~40대는 2006년부터 이미 감소하고 있다. 노인 1명을 부양해야 하는 생산가능인구는 2009년 6.8명에서 2020년 4.6명, 2040년 1.8명으로 급속히 감소할 전망이라 한다. 이러한 상태에서 과연 우리 경제가 지속가능할 것인가? 이에 대한 대답이 필요하다.

21세기는 또한 불안과 갈등의 시대이다. 평생직장의 개념은 붕괴하고 지식경쟁은 더욱 더 첨예화되고 있으며, 급속한 노령화·이상기후의 점증·테러위협의 증가 등 다양한 불안요소들이 가중되고 있다. 일시적으로 일자리를 나누고, 복지수당을 약간 올리는 정책으로는 이런 불안을 해소할 가능성이 별로 없다. 그러니 갈등 또한 증가하기 마련이다. 갈등이 특히 문제를 초래하는 것은 그 갈등 정도가 매우 크거나 이에 대한 해결능력이 부족한 때이다. 갈등의 창출구조뿐 아니라, 갈등을 여하히 조정·통제·관리하느냐는 것도 국가마다 다르다. 사회적 갈등은 큰데 그 갈등이 효율적으로 통제 관리되지 못한다면 사회의 거래비용은 매우 클 것이다. 갈등의 해결능력은 갈등조정과 관련된 공식적인 제도뿐 아니라, 그 구성원들이 얼마나 상호신뢰를 하느냐에 따라 다를 것이다. 불안을 최소화하고 갈등을 조기에 해결하며 살아갈 수 있는 사회적 가치관과 제도적 뒷받침이 필요하다.

신뢰는 사회적 자본이다. 사회적 자본이란 '서로의 상호이익을 위한 협력과 조정을 용이하게 하는 사회적인 특성'이기에(Putnam, 2000), 그 크기가 커야 경제상의 거래비용이 낮아지고 경제적 성과를 높일 수 있다. 협력이란 신뢰가 전제되었을 때 가능하다. 신뢰는 정부의 개입이 없어도 시장에서 계약·교환·사업관계 등을 조직화할 수 있게 한다. 그런 의미에서 후쿠야마(F. Fukuyama, 1995)는 시장에서의 신뢰의 중요성을 강조하며, 시장에 필요한 협동능력이 시장 이전의 습관·전통·규범에 의존한다고 한다. 현재 한국사회의 가장 큰 문제 중 하나는 국민들 간의 신뢰가 취약해 합리적인 합의메커니즘이 작동하지 않는다는 점이다.[7] 서로를 믿지 못하니 합의도출이 어렵다. 저신뢰는 거래비용을 높여 결국 지속가능한 발전을 이루기 어렵게 한다.

2. 정신자본의 기본 방향

어떤 나라의 경제는 흥하고, 어떤 나라의 경제는 쇠퇴한다. 과연 그것을 결정하는 요소는 무엇인가? 모든 성공이란 자신의 역량이 자신이 처한 환경조건들과 잘 맞아떨어질 때 가능한 것이다. 즉 역량이 상황특정적(*context-specific*)이어야 한다. 자연계의 모든 시스템은 환경변화에 적응하여 새로운 질서를 자발적으로 만들어내는 '자기조직화'(*self-organizing*) 능력을 갖고 있다. 즉 시스템은, 외부의 개입에 의해서가 아니라, 자기 자신을 구성하고 있는 요소들 간의 복잡한 상호작용을 통해 자신의 생태계를 만들어 나간다.[8] 일종의 복잡한 적응시스템(*complex*

7) 예를 들어 송전탑을 건설하려면 5년이 걸리는데, 그것은 공사기간은 1년 반이지만 주민설득에 3년 반이 걸리기 때문이다(〈중앙일보〉, 2004. 3. 2. : E4).

〈표 2-4〉 물적자본, 인적자본, 정신자본

	물적자본	인적자본	정신자본
주요 특징	조직역량 자원·노동 중심 생산성 중시 제품적 경쟁력	개인역량 지식·기술숙련 중심 창조·혁신 중시 기술적 경쟁력	사회역량 〈지식+도덕+신뢰〉 중심 창조·혁신, 협력·조화 중시 사회적 경쟁력

adaptive system)인 것이다. 경제도 하나의 적응시스템이다. 경제시스템이 작동하기 위해서는 사람·자원·제도·리더십·타 네트워크와의 협력 등 다양한 능력이 있어야 한다. 이 중에서 특히 중요한 것이 사람이다. 사람의 중요성은 말할 필요가 없다. 구성원의 역량이 높다면 불가능해 보이는 일도 성취할 수 있다. 지혜로운 지도자의 리더십 또한 그렇다. 제도 역시 일의 성취에 중요한 역할을 한다. 제도는 사람들을 일정한 방향으로 이끌고 가는 유인체계를 의미하며,[9] 그러기에 시스템에 변화를 유발시킨다.

사람의 역량은 일의 성패를 결정짓는 중요한 요소이다. 문제는 이 사람의 역량을 어떻게 볼 것이냐 하는 것이다. 사람의 역량에는 기술적·지식적 역량도 있지만, 성취욕·도덕심과 같은 정신적 역량도 있다. 경제를 움직이는 동력을 3가지로 나눈다면 이는 물적자본, 인적자본, 정신자본이고, 정신자본은 '제 3의 자본'이라 할 수 있다(이동원 외, 2009). 이러한 정신자본의 중요성은 날로 커지고 있다. 물적자본, 인적자본의 투입만으로 경제발전을 이루기가 어려운 것이다. 조지프 나이(J. Nye)는 21세기가 기술·규범·문화 등의 소프트파워를 요구한다고 하며, 세

8) 크루그만(P. Krugman, 1996)은 자기조직화 시스템이란 동질적인 혹은 무작위한 상태에서 자발적으로 대규모의 패턴을 형성해 가는 시스템이라고 한다.

9) 제도란 노스(D. North)에 의하면 한 사회에서 "역사적 조건에 자리 잡고 있는 게임법칙의 조합, 또는 사람들의 상호관계를 결정하는 사람들에 의해 고안된 제약"이다.

〈표 2-5〉 경제발전을 위한 정신자본의 작동 모델

발전역량	핵심요소	기대성과	실천 메커니즘
수월성	욕망, 이기심의 발현, 차별적 보상의 수용	단기적 성장촉진	교육: 창의성 강화 제도: 성과보상 유인 강화 리더십: 전문지식인 역할 강화
역동성	유연한 사고, 자신감의 발현	변화에의 적응	교육: 유연한 사고 강화 제도: 변화와 개혁 촉진 리더십: 변혁적 지도력
도덕성	이기적 욕망의 절제, 타인에의 배려 확산	사회갈등 축소, 사회적 신뢰 확충	교육: 학교/종교의 도덕 교육 제도: 도덕적 행동 유인 강화 리더십: 지도층의 자기희생
협력성	사회적 신뢰 확충, 공정한 법질서 구축 상생조화의 정신	장기적 성장촉진	교육: 공정질서, 민주적 책임 제도: 법치주의, 갈등조정역량 리더십: 개방적/상생적 지도력

계은행(World Bank, 2006)은 경제발전을 지속하기 위해서 물질적인 유형자원보다 신뢰, 규범 등의 정신적 무형자본이 중요하다고 한다. 이런 정신자본의 중요성은 한국경제에서도 마찬가지이다. 한국도 이제는 군사적, 물질적으로만 강한 국가이기보다는 지성적 · 도덕적 · 문화적으로도 강한 국가가 되는 것을 생각할 때가 되었다.

이러한 점에서 이 글이 제시하는 21세기 정신자본의 요소는 수월성 · 도덕성 · 협력성 · 역동성이다.[10] 이는 21세기가 갖는 시대적 특성에서 연유한다. 21세기는 창조적 지식기반의 사회인 동시에 복합적인 네트워크사회이며, 마찰과 갈등이 높은 위험사회이다. 그러한 점에서 수월성은

10) 볼탄스키 · 치아펠로(Boltanski & Chiapello, 2002)는 자본주의의 정신으로 욕망(*excitement*), 안전성(*security*), 공정성(*fairness*)이라는 3가지 요소를 꼽는다. 욕망은 개인들이 경제적 성과를 거두게 하는 힘으로 개인들에게 주어지는 자유와 밀접한 관련을 갖는다. 안전성은 개인들에게 주어지는 부와 복지를 말하며, 공정성은 성과의 평가와 배분이 정의롭게 이루어지느냐 하는 것이다.

지식기반의 강화를 위해, 도덕성은 탐욕과 이기심이 부르는 위험의 예방을 위해, 협력성은 네트워크사회에의 대응을 위해, 역동성은 변화하는 환경에의 적응을 위해 필요로 한다. 수월성은 경제적 가치를 창출하는 동력으로 개인들의 욕망과 열정에 기반을 두고 있으며, 이런 욕망과 열정은 그들이 이룩해 놓은 성과에 대해 차별적 보상이 이루어질 때 더욱 촉진될 것이다. 도덕성은 과도한 욕망과 이기심이 가져오는 파멸과 부작용에 대한 자기통제의 장치로 욕망의 절제와 타인에 대한 배려를 핵심으로 한다. 협력성은 구성원들이 협력을 이루어 시너지를 창출하게 하는 사회통합의 동력으로서 신뢰·공정한 규범·조화 등을 기반으로 한다. 역동성은 변화하는 여건에 자신을 적응시켜 갈 수 있는 동력으로서 유연한 사고, 자신감 등을 기반으로 한다.

3. 정신자본의 4요소

1) 수월성 — 창조의 시대를 향하여

(1) 수월성이란 무엇인가?

경제발전이란 산업역량의 고도화를 의미한다. 자본주의사회에서 역량의 수월성이 중요한 것은 그것이 부를 창조하는 능력이기 때문이다. 과연 어떻게 이 역량을 높일 것인가?

① 욕망과 이기심의 고취

수월성은 기본적으로 개인적인 욕망과 이기심에 기반한다. 수월성에 대한 욕망과 열정, 이기심이 클수록 수월성의 성취도가 높다는 것은 당연한 일이다. 욕망은 결핍감을 낳고 결핍감은 더 큰 욕망을 원하게 한다. 리처드 도킨스(R. Dawkins, 1976)는 인간에게 이기적 유전자가 있다고

하였다. 그는 사람과 동물이란 이기적 유전자들을 보존하도록 프로그램화되어 있는 기계에 불과하다고까지 한다. 경제의 발전은 역사적으로 욕망과 이기심의 산물이다. 과열(*boom*)과 파국(*bust*)이 반복되기도 하지만, 그 욕망과 이기심 덕분에 성장이 만들어진다. 욕망과 이기심을 억압하였던 사회주의 계획경제의 멸망이 이를 반증하고 있다. 그러니 개인의 욕망과 열정이 발휘되도록 경제는 자유로워야 하고, 그 자유로운 욕망이 창조와 혁신을 만들어내도록 고취되어야 한다. 이런 욕망과 열정의 대상이 되는 역량은 경제의 발전단계에 따라서 다를 것이다. 개도국의 경우에는 빈곤과 결핍으로부터의 탈피역량이 우선할 것이나, 중진국의 경우에는 경제의 지속적 발전역량에 보다 더 초점이 맞추어질 것이다. 그러면 중진국으로서 필요한 수월성은 과연 어떤 것이어야 하는가?

〈그림 2-3〉 정신자본의 4대 요소

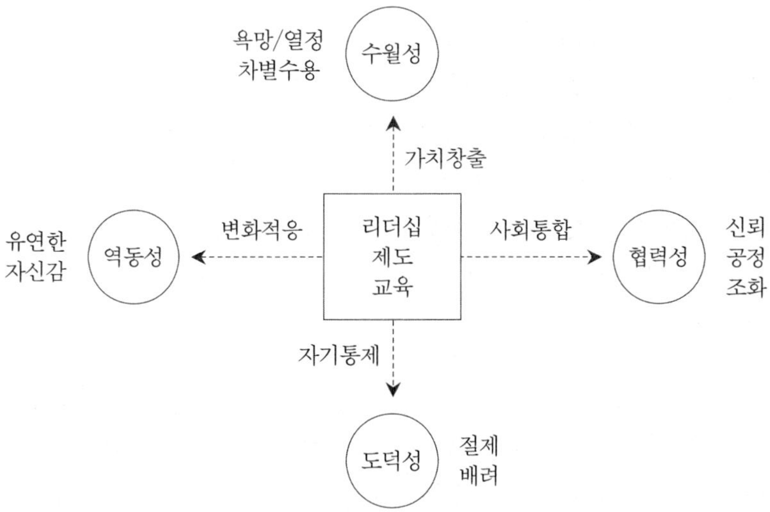

• 과학기술적 수월성

기술적 수월성이 중요한 시대가 되었다. 한 사람의 인재가 만 명을 먹여 살린다고 한다. 그러나 이런 수월성은 창조적 수월성이다. 특히 21세기가 모방이 아닌 창조적·지적 역량이 필요한 시대라는 점에서 창조적 수월성은 더욱 더 중요하다. 과학기술에서 창조적인 수월성을 만들어낼 욕망과 열정을 고취하는 노력이 필요하다. 그러나 이러한 창조적 수월성의 추구에는 많은 위험이 내재되어 있기도 하다. 첫째, 수월성의 추구에 대한 투자위험이 증가한다. 기술개발에 많은 투자가 필요하고, 개발된 제품의 수명은 점점 더 짧아지고, 시장경쟁은 더욱 더 치열해지니 혁신자의 위험은 증가할 수밖에 없다. 인텔의 CEO인 오텔리니(P. Otellini)는 다음과 같이 말한다. "해마다 제품성능은 향상되는데 반대로 가격은 떨어진다. 기술혁신으로 참신한 제품을 내놓지 못하면 내 제품은 순식간에 값싼 소모품이 되고 만다."[11] 둘째, 수월성의 경쟁은 승리자와 패배자를 나누고 이를 양극화시키기 쉽다. 마이크로소프트와 인텔의 윈텔리즘(*Wintelism*)과 같이 지식경쟁의 승리자는 시장을 독점하고 지배하는 표준(*domestic standard*)을 만들어내기 쉽다. 셋째, 수월성을 충족할수록 수월성에 대한 욕망은 더 커지기 쉽다. 욕망과 이기심에는 창조와 파멸의 두 얼굴이 있다고 한다. '어플루엔자 바이러스'(*affluenza virus*)라는 말과 같이(James, 2009), 현대사회의 많은 사람들이 풍요로울수록 더 많은 것을 욕망하고, 그럴수록 자신들의 불안감·소외감·무능감은 더 커지는 심리적 악순환에 빠져 있다.

• 제도적 수월성

자국의 제도와 정책을 놓고 각국들이 경쟁하는 글로벌 경쟁시대가 도래하였다. 공항과 항구의 물류·기술과 산업의 클러스터·우수인재의 유치를 놓고 제도와 정책이 경쟁하고 있다. 우수한 제도는 거래비용을

---

11) 〈조선일보〉, 2009. 11. 7: C1.

낮춰 효율적 인프라를 제공하므로 더 많은 기업과 사람들이 몰려들기 마련이다. 그러기에 제도의 실패는 그 사회에 위험을 초래할 수 있다. 후쿠야마(Fukuyama, 2005)는 우리의 1997년 외환위기도 자본거래자유화를 단행하면서 증권시장 개방, FDI 개방조치를 취하지 않은 제도적 잘못에 기인한다고 한다. 제도의 품질은 그 사회구성원들의 의식수준과 긴밀히 관련된다. 제도적 수월성은 그 사회의 집단지성(*collective intelligence*)의 산물이다. 서로위키(Surowiecki, 2004)는 '대중의 지혜'(*wisdom of crowds*)가 존재한다고 한다. 제도적 수월성을 촉진하고 그리고 수월성이 가져올 위험까지도 고려하는 지혜가 여러 사람으로부터 모아져야 한다. 이 지혜를 모으는 시스템이 잘 작동하여야 집단지성이 발현될 수 있다.

집단지성은 고도의 민주주의 역량에서 나온다. 소수 기득권층의 권익을 보호하는 목소리만 들리거나 일부 선동가의 국지적이고 편파적인 주장에나 휩쓸리는 시스템이라면 집단지성은 발휘되기 어려울 것이다. 베이츠(Bates, 1988)의 말과 같이 "필요한 대가는 지불하지 않고 제도에서 오는 혜택을 공짜로 얻으려 하는" 구성원들이라면 제도는 실패할 수밖에 없는 것이다.

② 차별의 수용

욕망과 열정을 불러일으키려면 성과에 따른 차별이 불가피하다. 가치창출을 더 많이 이루려면 보상의 차별은 불가피한 것이고, 차별이 있기에 욕망과 열정이 생기는 것이다. 시장의 가장 큰 특징은 선택이 자유롭다는 것이고, 이 자유에는 기본적으로 차별을 확대하고자 하는 이기심의 자유가 내포되어 있다. 활동영역과 전략의 자유로운 선택과 그 선택이 가져오는 성과에 대한 보상의 차별이야말로 혁신을 만들어내는 가장 큰 동인이다. 예를 들어 주식시장에서 성공적인 기업의 주식가격을 차별화하는 것이야말로 기업에 대한 가장 확실한 동기부여일 것이다.

(2) 수월성과 한국의 경제성장

한국은 20세기 후반 가장 성공적인 경제개발의 사례이다. 세계 최빈국 중 하나이었던 한국은 불과 40여 년 만에 세계 13위의 경제대국이 되었으며 조선·가전·반도체·합성섬유 등 많은 산업분야에서 세계 1위의 경쟁력을 갖게 되었다. 산업적으로 지체아였던 대한민국이 이렇게 압축적 산업화에 성공할 수 있었던 것은 세계 1등이라 하는 한국인의 평균지능지수(IQ 107)의 덕분이기도 하겠지만, 다른 한편으로는 선진경제의 과학·기술·지식을 빠르게 습득하고 모방할 수 있었기에 가능한 것이었다. 비록 지식과 기술의 선구적 창조자는 아니었다 할지라도, 외국 선진기술과 지식의 빠른 학습자이자 추종자(*fast follower*)이었다고 할 수 있다. 근대화의 성공은 이와 같이 국민들이 가진 내재적 우수성과 함께 그 욕망이 발현된 결과라 할 수 있다.

한국의 산업화에 불을 붙인 박정희 대통령은 '잘 살아보세'란 구호로 국민의 잠자는 욕망을 불러 깨웠고, '할 수 있다'는 자신감을 국민들에게 전염시켰다. 리더십이 중요한 이유는 국민들에게 그들이 나아갈 방향을 제시하고 그들의 자신감을 고취시키기 때문이다. 자신감도 때에 따라서는 '전염병'과 같이 주위로 쉽게 확산시켜나갈 수 있다(Akerlof/Schiller, 2009). 이병철, 정주영과 같은 수많은 기업가들이 드러커(P. Drucker)가 말한 기업가정신을 보여주었고, 수많은 근로자들의 팔로십(*followship*)이 이를 뒷받침하였다. 이러한 리더십은 교육과 제도로 연결되어 인재개발을 위한 교육시스템의 구축, 경제개발5개년계획의 수립, 기업에 대한 금융·조세상의 지원 등으로 구체화되었다. 특히 교육은 사회적 신분상승의 중요한 수단이었고, 이는 그 어느 나라보다 높은 부모들의 자녀에 대한 교육열로 나타났다. 〈그림 2-4〉에서 보듯이 OECD 국가 중에서도 가장 높은 대학진학률이 그 증거라 할 수 있다. 이러한 교육열에 교육낭비라는 비판도 있겠지만, 그 열망이 비교적 효율적인 대중교육시스템과 함께 산업화를 뒷받침하였다고 할 수 있다. 특히 이공계부문에

〈그림 2-4〉 대학진학률

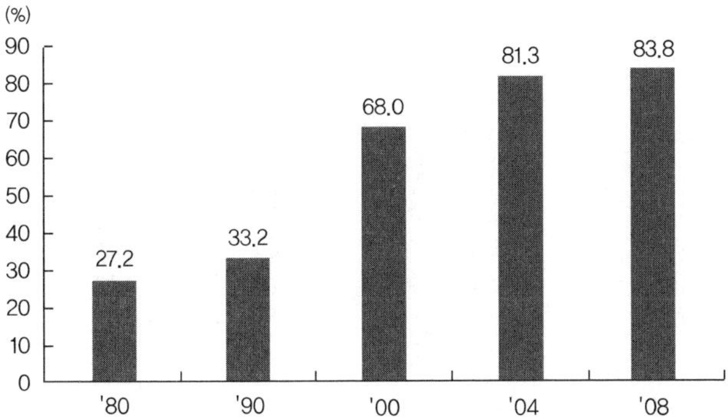

자료: 통계청, 〈향후 10년간 사회변화 요인분석 및 시사점〉, 2009. 1. 20.

우수한 인재들이 몰림으로써 압축적인 산업화의 중요한 인적 자원이 되었다.

한편 산업화전략은 '잘할 수 있는 사람, 잘할 수 있는 부문'을 좀더 밀어주자는 불균형성장의 차별화전략이었다. 자원빈국이란 환경적 조건하에서 제조업 및 대기업중심의 불균형성장 전략은 자원의 효율적 이용으로 압축적 성장을 가능케 하였다. 이런 성장전략의 성공은 고급엘리트 관료주의라는 전통적 문화의 힘이 컸다(Fukuyama, 2005). 그러나 이러한 압축적 성장은 그만큼 내재적 갈등과 모순이 큼을 의미하는 것이기도 하다. 정책적 금융으로 인해 기업들은 차입위주의 외형성장에 매달리게 되었고, 산업에 있어서는 수출과 내수, 제조업과 비제조업, 대기업과 중소기업 간의 불균형이 심화되었다. 정치적으로는 정경유착구조의 만성화란 부작용을 낳게 하였다. 1997년의 외환위기는 이러한 구조가 낳은 하나의 산물이었다. 지금 한국경제는 다시 중대한 전환기에 처했다. 잠재성장률은 4% 밑으로 하락하고 있고, 일자리는 줄어들고 있으며, 고령화로 사회발전 동력은 급속히 약화되고 있다. 산업 경쟁력의 근본이라 할 연구개발능력은 선진국(G7국가) 평균수준의 69%에 머물고 있는 실정이다(정성철, 2009). 그럼에도 젊은이들에게는 이공계 기피현상이 심

〈그림 2-5〉 한국의 잠재성장률 추이

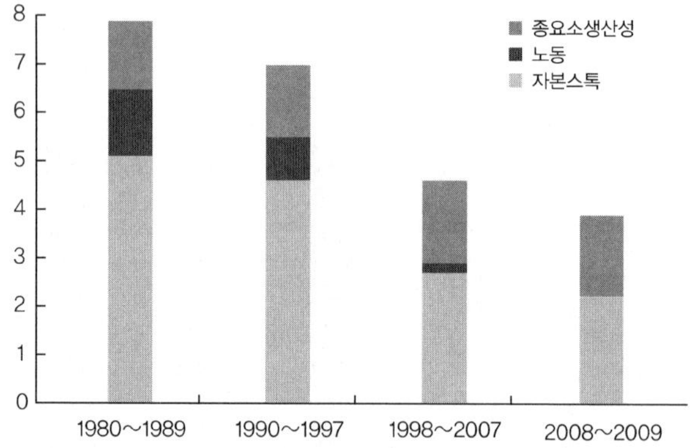

자료: 황인성, "잠재성장률 추이와 부진의 원인", SERI, 2009.

각하다. 한국경제를 다시 성장의 궤도에 올릴 수월성 확보가 시급한 때이다.

(3) 수월성의 발전방향 - 창조적 욕망의 발현

한국경제는 새로운 성장동력을 필요로 하고 있다. 그 해답은 새로운 수월성의 확보에 있다. 21세기 고도 지식기반시대의 수월성은 창조적 수월성이어야 한다. 특히 한국의 입장에서 그렇다. 과거 한국의 산업화에 필요한 지식이 형식지, 모방지였다면 이제는 암묵지, 창조지가 필요하다. 문제는 이러한 지식의 획득이 어렵다는 것이다. 창조적 수월성을 위해서는 대대적인 사회시스템의 개조가 선행되어야 한다. 과거의 정량적·형식적·하드웨어적 사고를 벗어나 정성적·실질적·소프트웨어적으로 문제를 푸는 사고가 필요하다.

① 교육

과거의 교육시스템이 한계에 도달했음은 자명하다. 기술교육만 보더라도 이공계 학생의 숫자는 세계최고의 수준이지만(한 해 7만 명의 이공계 졸업생이 배출되는 등), 중등교육에서 과학교육의 중요성이나 학생들의 관심도는 나날이 추락하고 있다.[12] 교육내용, 교육방식에 있어 획기적인 개혁이 필요하다.

• 교육콘텐츠의 변화

기존 지식을 반복시키는 교육이 아니라 새로운 지식의 문을 여는 창의적 교육이 되어야 한다. 결과만 중시하는 정답과 암기위주의 교육이 아니라, 문제해결과정이 중시되는 사고위주의 교육이어야 한다. 노력하지 않고 책임도 지지 않으려는 사지선다형 질문이 아니라 사고를 하고 이야기를 만들 서술형 답을 요구하는 질문이 되어야 한다. 이런 창조적 지식의 수월성은 교사의 교육능력을 개선하고 그들의 평가와 인센티브를 바꾸어야 가능한 일이다. 대학의 입학시험 또한 이런 방향으로 개선되어야 할 것이다. 우리의 교육현실에 적합한 창의적인 교육시스템과 리소스의 개발이 시급한 형편이다.

• 교육다양성의 확산

창조는 다양성에서 이루어진다. 학문 간의 통섭이 확대되어야 하고, 학제 간의 연구가 확산되어야 한다. 현장과 이론, 산업계와 학계 간의 교류가 더욱 더 심화되어야 한다. 교육제도의 획일성이 탈피되고, 학생선발권 등 각 학교에 자율성이 주어져 학교의 미래를 스스로 만들어 갈 수 있어야 한다.

• 평생학습사회의 실현

현대의 지식기반사회는 고도의 학습, 그리고 지속적 학습을 요구한다. 피터 센지(Peter Senge, 1990)는 기업이 파편화된 의사결정을 하지 않으려면 기업조직이 '학습조직'이 되어야 한다고 하였다. 학습조직이 되기

12) 한국공학한림원, 〈창조적 혁신으로 새 성장판을 열자〉, 정책총서, 2009.

위해서는 개인적 숙련·비전의 공유·세계관의 검토 및 수정·대화를 통해 학습하고 성취하는 팀 차원의 학습·다양한 원인과 결과 사이의 관계를 고려하는 통합적인 시스템사고 등이 있어야 한다고 하였다. 그가 첫 번째로 꼽은 개인적 숙련은 특히 조직의 성장이 결국 학습하는 개인들이 모여 만들어내는 것이란 점에서 중요하다. 사회에서도 그 수월성이 높아지려면 무엇보다 학습의 기쁨을 느끼고 존중하는 사회가 되어야 한다. '학이시습지 불역열호'(學而時習之 不亦說乎)라고 하였다. 끊임없이 배우고 그것을 제때에 실행하려는 태도야말로 진실한 창조적 지식인의 자세라 할 것이다.

② 제도

• 수월성에 대한 차별적 보상

창조적인 능력은 개인의 능력으로만 가능한 것이 아니고, 사회제도적인 차원에서 그런 능력을 유도할 수 있어야 한다. 즉 욕망과 열정은 개인적 차원의 문제이기도 하지만, 한편 그것은 사회적 차원의 유인시스템(*incentive system*)의 문제이기도 하다. 사회적 차원에서 개인적 욕망을 고취시키는 최대의 유인은 자유와 경쟁, 그리고 성과에 기반한 보상의 차별이다. 그러나 보상의 차별이란 사회의 갈등을 유발하는 측면이 있다. 특히 성과의 평가가 공정하지 않을 때 그러하다. 그런 점에서 평가의 왜곡을 경계하여야 한다. 평가하기 쉽다 하여 정량적 평가에 의존하는 것은 평가를 왜곡시키기 쉽다. 평가가 왜곡되면 차별에 대한 수용이 이루어지기 어렵다. 개인의 가장 큰 사회적 욕구 중 하나는 차별받지 않는 것이다. 따라서 이러한 차별의 순기능과 역기능을 어떻게 조화시키느냐가 핵심이고, 그것이 그 나라의 제도가 해결하여야 할 숙제이다.

• 시장과 정부의 조화

창조와 혁신의 수월성은 기본적으로 자유와 경쟁을 필요로 한다. 이 점에서 특히 중요한 것이 시장과 정부의 관계이다. 시장과 정부의 관계는 기본적으로 '시장 혹은 국가'가 아니라 '시장과 국가'이다(McMillan, 2002). 자유와 경쟁을 강조하는 시장경제라 하더라도 그것이 성공하려면 시장경제의 규칙들(사유재산 · 계약관계 · 유한책임 · 노동권 등)의 이행력과 공정성이 담보되어야 하며, 이를 위해 정부가 그 심판자로서의 역할을 제대로 할 수 있어야 한다(Lane, 2002). 수월성도 시장경제의 규칙들이 제대로 지켜질 때 가능한 것이다. 그러나 수월성이 중요하다 해서 정부가 나서 경제주체들을 지원하고 보호하는 일에 몰두한다면 시장의 자유는 제약되고 혁신의 능력은 오히려 저하된다.[13] 정부가 차별을 억제하고 평등을 강조하여도 그렇다. 특히 사전적이(*ex ante*) 아닌 사후적인(*ex post*) 평등을 강조하게 되면 그 사회에는 기회주의(*opportunism*), 안주주의(*entrenchment*)가 나타나기 쉽다. 자유가 넘쳐나는 사회는 갈등과 분열을 염려해야 하지만, 평등이 넘쳐나는 사회는 도덕적 해이와 혁신의 상실을 우려하여야 한다. 더구나 평등이 무리하게 추구될 경우 그 해악은 더욱 더 커진다. 교육의 평준화가 그 한 사례이다. 설혹 평준화가 필요하다 해도 이를 위해 시험의 변별력까지 약화시키려 한다면 이는 결국 성실한 공부의 노력에 대한 차별까지 부정하는 것이며 어릴 때부터 도덕적 해이와 요행심리를 키우는 것이 되기 쉽다. 보상과 성과를 위한 노력을 정합시키는 것이야말로 교육의 중요한 일부이다.

• 독창적인 발전 모델의 구축

창조적 사회를 지식적인 수월성만으로 이룰 수는 없다. 제도 또한 수

13) 정부는 그 방식에 있어서도 신중하여야 한다. 경쟁의 소외계층을 지원한다 하더라도 그것은 정부의 재정을 통해서여야 한다. 기업에 직접적으로 그 부담을 떠 넘겨서는 안 된다.

월성을 갖추고 있어야 한다. 문제는 중진국을 넘어서는 한국의 입장에서 모방할 벤치마킹의 대상이 이제 더 이상 없다는 것이다. 그동안 우리의 벤치마킹 대상이 되어온 미국과 일본의 제도도 이제는 더 이상 그 대상이 아니다. 이제는 외형적 · 유형적 · 표준적 시스템이 아닌 실질적 · 무형적 · 독창적인 시스템으로 경쟁을 하여야 하기 때문이다. 변화하는 환경에 맞추어 사회 발전을 촉진할 모델을 이제 우리 스스로 만들어야 할 때가 되었다.

③ 리더십

• 지식인의 역할

피터 드러커(P. Drucker)는 지식사회에서 지식근로자의 중요성을 역설하였다. 지식근로자란 자신의 업무를 끊임없이 개선 · 개발 · 혁신하는 사람이다. 지식사회에서는 이런 지식근로자들의 역할이 강화되어야 한다. 수월성이 높은 사회란 이러한 지식전문가가 존중받는 사회이다. 그러나 우리사회는 아직 '전문가의 충고'를 신뢰하지도 존중하지도 않는 경향을 보인다. 막대한 돈을 들여 컨설팅을 받아놓고도 정작 그 의견은 한 귀로 듣고 한 귀로 흘리는 사례를 자주 보게 된다. 그러나 이제는 진정 지식이 중요한 시대가 되었다. 특히 그 차별화가 중요한 세상이 되었다. 지식전문가들이 확대되고 그들 목소리가 커지는 것은 지식사회의 고도화를 위해서 필수적인 일이다. 그러나 지식전문가가 존중받으려면 그의 말과 의견에 신의도 있어야 한다. 지금 우리의 수준은 세종시라는 행정도시 이전 하나를 놓고도 178조 원의 경제적 이익이 있다는 보고서(2004년)와 100조 원의 경제적 손실이 예상된다는 보고서(2009년)를 내놓았던 사회이다. 영리병원의 허용 여부에 관한 연구기관들의 보고서 또한 마찬가지이다. 국민이 과연 누구의 말을 믿을 수 있단 말인가?

〈그림 2-6〉 전통적인 전문가-일반인 관계

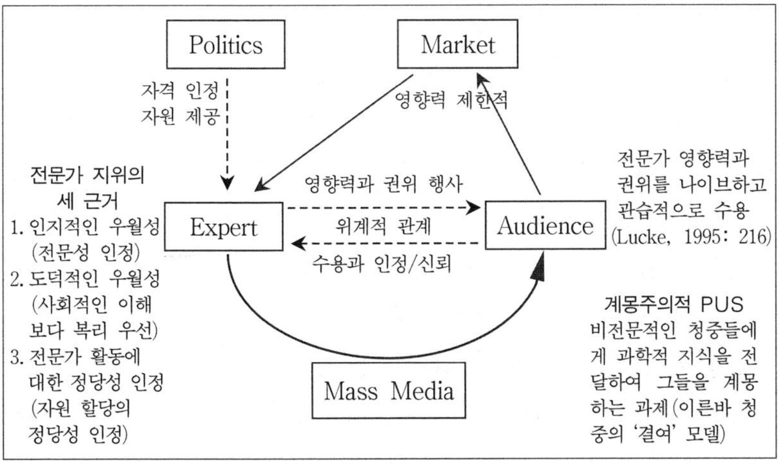

청중의 반란

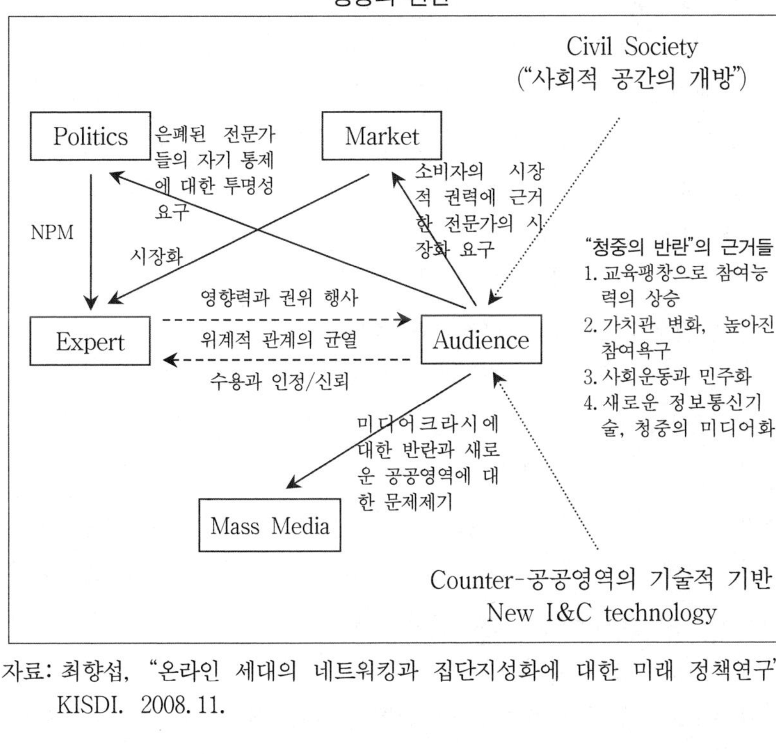

자료: 최향섭, "온라인 세대의 네트워킹과 집단지성화에 대한 미래 정책연구", KISDI. 2008. 11.

• 지식인의 소통

네트워크시대, 융복합시대인 21세기의 지식전문가는 개방적, 소통적인 리더십을 가져야 한다. 현대지식사회의 수월성은 개방과 공유에서 시작된다. 다양한 지식전문가들의 협력이 중요한 시대이다. 지식의 창조가 개방적 시스템의 협력을 통해 이루어지고 있다. 이른바 집단지성(*collective intelligence*)의 시대이다. 학문 간 통섭, 학제 간 연구가 새로운 창조의 동력이 되고 있다. 그러기에 지식독점을 통한 권력은 휘두르기 어렵게 되었다. 이미 인터넷에서는 지식의 탈독점화 현상이 벌어지고 있다. 전문가의 권위에 대한 맹목적인 존중은 약화되고 지식의 공유가 강조되고 있다. 개인들이 지식전문가로서 등장하는 '청중들의 반란'도 일어나고 있다. 파워블로거(*power bloger*) 같이 1인미디어로서의 똑똑한 개인의 영향력도 강화되고 있다. 위키피디아처럼 대중들이 협력하여 만드는 지식공유체제도 나타나고 있다. 이러한 인터넷사이트들은 전통적인 지식전문가들에게는 하나의 무덤이 될 수도 있다. '군자불기'(君子不器)라고 하였다. 리더십 있는 전문가는 자기전문성이 있으면서도 개방적이어서 폭이 넓으며 소통능력이 있는 사람이다. 타 분야 전문가들과 신뢰를 쌓고 협력을 할 수 있는 사람이다.

2) 도덕성 — 인간적 자본주의를 향하여

(1) 도덕성이란 무엇인가?

사람은 사회적 동물이다. 즉 타인과의 관계 속에서 살아간다. 자신의 욕망과 이기심이 타인의 욕망, 이기심과 부딪히는 곳이 사회이다. 이와 같이 욕망과 이기심이 서로 부딪히는 곳에 그 사회의 도덕이 존재한다. 매트 리들리(M. Ridley, 1998)는 인간에 있어 사회성은 유전자의 명령이라고 한다. 그는 인간에게는 이기적 유전자뿐 아니라 이타적 유전자도 있다 하였다. 인간의 본성에는 사회적 본능이 자리 잡고 있다는 것이다.

이와 같이 사람의 행동을 결정하는 기본요소는 개인의 욕망과 함께 개인의 사회성을 대변하는 도덕적 가치관이라 할 수 있다. 전자가 사심(私心)이라면, 후자는 공심(公心)이다. 사회가 발전하려면 사심과 공심이 조화를 이룰 수 있어야 한다.

경제가 발전하려 해도 도덕적 역량이 필요하다. 샌델(M. Sandel, 2010)은 "경제중심의 사회도 도덕적 갈증을 채워야 한다"고 하였다. 자본주의에도 도덕적 수월성이 중요한 것은 그것이 사회의 거래비용을 저하시키기 때문이다. 도덕적 해이는 거래를 불공정하게 만든다. 개인들의 도덕적 해이가 커지면 피해를 볼 가능성이 있는 거래당사자들이 상대의 도덕적 해이에 대항하는(*counteractive*) 대책을 강구하게 될 것이고, 그 결과 계약은 복잡하게 되고, 거래비용은 증가하게 된다. 이러한 거래비용의 증가는 결국 그 사회에 비효율을 가져온다. 일종의 '죄수의 딜레마'(*prisoner's dilemma*) 게임이 되는 것이다. 반면에 도덕성이 높은 사회는 그만큼 신뢰가 높게 되고 그에 따라 거래비용이 낮아진다. 도덕의 발달은 정의·평등·협동 등에 관한 사람들의 판단구조를 변화시키고(Turiel, 2002), 따라서 사회는 변화하게 된다. 그러면 우리는 과연 어떻게 도덕성을 가져야 하는가?

① 욕망과 이기심의 절제

사회에 도덕적 가치가 필요한 것은 그것이 사람의 욕망을 절제하기 때문이다. 욕망을 절제하지 못하는 사람은 그 욕망의 노예가 되는 것이다. 시장에도 절제가 있어야 한다. 개인들의 욕망과 열정이 필요하다 해도 그것이 과잉으로 흐르지 않도록 하는 절제의 힘이 없다면 욕망이 사회에 해를 끼칠 수 있다. 공자는 말하기를 "욕망은 갖되 탐욕을 부려서는 안된다"(欲而不貪)고 하였다. 아리스토텔레스(Aristoteles)는 물질에의 과도한 탐욕을 자신뿐 아니라 사회까지도 해치는 병적이고 파괴적인 현상으로 보았다. 《자유론》을 쓴 존 스튜어트 밀(J. S. Mill) 또한 자유를 통한 인간의 발전에 최고의 가치를 부여하면서도 인간의 이기심을 억제하여야 하는 '공리주의 도덕률'을 강조하였다(서병훈, 2010). 애덤 스미스(A. Smith)는 자유로운 시장을 말한 《국부론》에 앞서 《도덕감정론》을 먼저 썼다. 그는 거래의 균형이 당사자의 사려분별·엄격한 정의감·적절한 자비심 없이는 이루어지기 어렵다고 하였다(Smith, 1759). 경제에 이기심이 중요하지만 그 이기심은 동감(나와 같은 입장에 있다면 다른 사람도 나와 똑같은 행동을 했을 것이라는 감정)이란 도덕심을 기초로 하고 있어야 하는 것이다. 그런 이기심이어야 '보이지 않는 손'에 의해 사회적 공공선으로 귀결될 수 있는 것이다. 역설적으로 말해 시장경제란 도덕이 없으면 잘 작동하지 않는 제도이다. 시장주의가 해결책이라는 하이에크(F. Hayek) 또한 시장에는 경쟁과 함께 '자발적 질서'(*spontaneous orders*)를 가져오는 책임이 있어야 한다 하였다. 케인스(J. Keynes) 또한 자본주의에 내재된 '야성적 충동'(*animal spirit*)이 가져올 결과를 우려해 정부 역할의 중요성을 주장하였다(Akerlof/Shiller, 2009). 이 같은 절제와 책임의 기반이 도덕성이고, 이는 개인들이 이 사회에 대해 갖는 일종의 '정신적 안전망'이다. 이 안전망은 개인적인 것으로 '사회적 안전망'과 함께 사회에 필요한 또 하나의 안전망이다. 개인들에 도덕심이 없으면 세상은 이기적인 욕망들로 인해 Gridlock(사방에서 차량들이 몰려들어 옴짝달싹할 수 없는 상태)의 상태에 빠져들 것이기 때문이다.

도덕은 일종의 자신의 내면적 '행동강령'(*code of conduct*)이다.[14] 정약용은 인간의 마음에 이기적 욕구의 인심(人心)과 윤리적 덕목을 실천하려는 도심(道心)이 있다고 하였다. 우리의 내면에는 항상 이 양자의 전쟁이 일어나고 있는 것이다. 이 전쟁에서 도심이 이기게 하려면 자신에 대한 성찰이 필요하다. 성찰이란 자신의 행동에 대한 사회적인 가치를

---

14) 《스탠퍼드백과사전》(http://plato.stanford.edu/entries/morality-definition)

재정의하는 것이다. 과연 어떻게 가치를 찾아야 하는가? 동양의 사회적 도덕관은 예(禮)에서 찾을 수 있다. 예(禮)는 개인이 가진 일종의 내면적 행동강령이다. 이러한 예는 인의(仁義)에 기반을 둔다. 공자는 "자기의 주관성을 극복하여 객관적인 예(禮)로 돌아가는 것이 인(仁)이다"고 하였다.[15] 인의의 정신은 맹자의 사단(四端)에서 찾아볼 수 있다. 맹자는 인간의 마음이 갖는 도덕적 능력으로 사단을 이야기하였는데, 사단이란 남을 불쌍히 여기는 측은지심(仁), 자신의 옳지 못함을 부끄러워하는 수오지심(義), 겸손하여 남에게 양보하는 사양지심(禮), 잘잘못을 분별해 가리는 시비지심(智)을 말한다. 특히 도덕성이란 측면에서는 의(義)가 중요하다. 의는 이(利)에 대비되는 개념이다. 맹자에 있어 의는 개인이 이기심이나 욕망을 따랐을 때 느끼게 되는 수치심에 기반을 둔다. 수치심이 있어야 정의가 세워진다. 동양의 도덕에는 이런 수오지심이 녹아 있다. 유학이 수덕자강(修德自强), 수기치인(修己治人)의 학문으로서 특히 수덕(修德)과 수신(修身)을 말하는 것은 이러한 자신의 성찰과 수양이 도덕적 가치를 찾는 기본이기 때문이다. 서양의 도덕관 또한 자기성찰을 내포하고 있다. 캘비니즘(*Calvinism*)은 개인들의 근면·정직·검약 정신을 강조하고 있다. 부(富)란 근면한 사람이 열심히 일하여 얻는 것이고, 세속적 욕망을 위해 쓰는 것이 아니라 신의 의지를 수행하기 위하여 써야 하는 것이었다. 이런 종교적 신념이 서구자본주의의 정신적 자본이 된 것이다.

도덕성이 중요한 것은 그것이 사회규율에 영향을 미치기 때문이다. 도덕은 비공식적 규범인 윤리와 공식적 규범인 법의 기반이 되는 가치관이다. 따라서 도덕은 개인의 이기적인 욕망과 공동체의 공생적 규율의 균형을 찾아주는 중요한 기준이 된다. 도덕은 그래서 때에 따라 상식·양심·염치·겸손·분수·윤리 등의 다양한 말로 불리는 것이다. 사람은

15) 子曰 克己復禮爲仁 (《논어》, 안연편).

도덕에 기초하여 나름대로 옳고 그름을 판단한다. 물론 옳고 그름을 판단하기란 쉽지 않은 일이다. 샌델(Sandel, 2009) 교수가 말하듯이 무엇이 과연 옳은 것인가 하는 '도덕적 딜레마'에 빠지기 쉽다. 그의 말대로 많은 도덕적 질문들은 '상황에 따라 무엇이 더 중요하고 무엇이 더 적절한지 찾아내야' 하는 대답하기 어려운 우선순위의 문제이다. 그러나 한 사회에 보다 많은 사람들이 자신의 판단에 있어 이기적 욕망을 절제하고 이타적 합리성에 비중을 두려고 하면 할수록 그 사회는 보다 도덕적인 사회라 할 것이다. 물론 도덕적으로 완벽한 사회란 존재할 수 없다. 한 시대에 높은 도덕성을 가졌더라도 그것이 그대로 유지될 수 있는 것도 아니다. 2002년의 엔론사태, 2008년 금융위기에서 일부 기업들이 보여준 미국사회의 도덕적 해이는 그 어느 사회도 도덕으로부터 자유로울 수 없음을 보여준다.[16] 그러나 나라에 따라 도덕심은 다를 수 있고, 그 도덕심의 차이가 제도와 선택의 차이를 가져오며, 그것이 장기적으로 서로 다른 모습과 성과를 가져오는 것이 아닌가?

② 타인에 대한 배려

욕망의 절제만으로 도덕사회가 되는 것은 아니다. 도덕적 개인주의를 주장한 뒤르켐(E. Durkheim)은 그 실천적 대안으로서 배려문화의 확산, 박애정신의 생활화, 직업윤리의 정착, 분배적 사회정의의 실현이란 4가지 특징을 들었다(민문홍, 2001). 한 사회가 도덕적이 되려면 무엇보다 타인에 대한 배려가 있어야 한다. 배려에는 소극적 배려와 적극적 배려가 있다. 소극적 배려는 유학에서 말하는 충서(忠恕)를 의미한다. 논어에 "기소불욕(己所不欲) 물시어인(勿施於人)"이라 하였다. 즉 자기가 원

---

16) 언론들은 2008년 금융위기를 초래한 금융가의 임원들은 자신의 잘못을 반성하기보다 정부의 구제금융 자금에서 자신의 성과급을 챙기는 몰염치를 보였으며, 자동차회사의 CEO는 국민의 세금에 구걸해야 하는 입장에서도 자가용비행기를 타는 행태를 보였다는 비판을 하였다.

하지 않는 것은 남에게도 요구하지 말라는 것이다. 적어도 남에게 피해를 주지 않을 염치와 책임감이 있어야 한다는 것이다. 한편 적극적 배려는 타인에 대한 사랑이다. 인(仁) 또한 측은지심을 의미한다. 모든 종교의 중심테마도 사랑이고, 모든 존경받는 지도자들의 중심테마도 사랑이다. 생명에 대한 존중, 자연과 약자에 대한 사랑이 있는 사회는 도덕성이 높은 사회이다.

동양의 사상은 지도자가 되려면 먼저 배려의 정신이 있어야 한다고 가르친다. 지식인은 수기치인(修己治人)의 학문을 닦은 자이고, 이는 이른바 군자론(君子論)으로 대변된다. 즉 선비란 한 개인으로서의 존재를 넘어 사회에 대한 책임을 지고 인(仁)을 실천해야 하는 사회적 존재이다. 자신이 비록 탁월한 지적 수월성을 가졌더라도 남을 배려할 줄 아는 마음을 먼저 닦아야 하는 존재이다. 그러기에 선비는 "만물을 부양해 주고 감싸 안아주며 성취시켜 줌으로써 자아의 완성을 기할 수 있는 것"이다(중용). 그런 선비가 많을 때, 사회에는 절제의 미덕과 배려의 정신이 높아질 것이고, 국민은 그만큼 안심하고 세상을 살아갈 수 있을 것이다.

(2) 도덕성과 한국의 경제성장

한국의 근대화란 전통적 가치관과 서구적 가치관의 만남과 충돌 속에 이루어졌다. 근대문명 속에 녹아있는 서구적 가치관이 물밀듯 들어오면서 한국사회의 가치관도 큰 변화를 겪지 않을 수 없었다. 아직까지도 가치관의 혼란상태에 있다 할 수 있다. 전통적 가치관은 그동안 이중적 평가 속에 있어왔다 할 수 있다. 경제성장이 빠를 때에는 권위의 용이한 수용, 규율이 잡힌 근로의식 등 긍정적 평가가 주류를 이루다가도, 1997년 외환위기와 같이 위기적 상황이 도래되면 연고주의·불투명한 거래·정경유착 등 부정적 측면만이 부각되었다.

우리의 근대화과정이란 우선 가치관의 중심을 사회에서 개인으로 옮긴 것이라 할 수 있다. 서구적 가치관으로의 변화가 개인의 욕망과 열정을 불렀고, 이는 압축적 성장으로 발현되었다. 그러나 근대의 물질문명이 강조하는 것은 눈에 보이는 유형적 가치들이기에 상대적으로 사회가 가져야 할 무형의 가치들을 소홀하게 만드는 폐단이 있다. 우리사회에도 물질적인 욕망과 실리(實利) 중심의 사고가 확대재생산되며 정신적인 인의(仁義) 중심의 도덕적 사고는 빠르게 사라져 갔다. 인의에 대한 관심과 배려는 그 어느 곳에서도 찾아보기 어렵게 되었다. 그나마 박정희 대통령시대에는 세종대왕과 이순신에 대한 강조, 그리고 정신문화연구원의 설립 등 정신적인 측면에 대한 관심이라도 있었으나, 그 이후의 정부들에서는 그런 노력조차도 찾아보기 힘들었다.

사회성과 도덕성에 대한 취약성은 우리의 경제성장과정에 그대로 반영되었다. 우리의 물질주의가 미국인의 3배, 일본인의 2배에 달한다는 보고도 있듯이,[17] 돈이 만능이라는 사고가 지배하는 사회가 되었다. 사회전반에 수단과 방법을 가리지 않고 부를 취하려는 결과중심의 사고가 지배하면서 정경유착의 행태가 확산되었다. 탐욕으로 상식과 윤리가 붕괴하고 탈법과 부패가 증가하였으며 '승자독식'의 논리가 확산되었다. 본능적 수치심까지 사라지니 패륜의 죄를 범하고도 자신의 잘못을 인정하지 않게 되었다. 사회적 신뢰기반이 취약하니 기업지배구조에서는 혈연관계의 틀을 벗어나기 힘들었다. 가정에서도 학교에서도 기술적, 과학적 지식만 강조되니 자연히 도덕과 인성의 교육적 중요성은 빠르게 감소되었다. 사회의 학습기구라 할 방송·신문 등이 쏟아내는 저질콘텐츠와 퇴폐적 프로그램으로 예의·절제·규율 등의 사회적 덕목도 그 자리를 잃었고 저속비어·악성댓글·음란·방종 같은 것이 자유라는 미명하에 그 자리에 들어섰다. 이러한 변화는 지도층에서도 마찬가지였다. 과거 조선시대에 강조되었던 지도층의 '수기치인'의 선비정신이 퇴색되며 그 자리를 기능적·물질적·실리적 사고가 차지하게 되었다. 그러니 그들에게 남다른

---

17) 〈조선일보〉, "2011년 한국인이여 행복하라 - 한국의 역설", 2011. 1. 1: A5.

도덕심을 기대하는 것 자체가 연목구어(緣木求魚)의 일이 아닌가?

서구의 근대문명에도 도덕적 가치관이 없었던 것이 아니다. 도덕은 서구에서도 역시 중요한 사회적 인프라였다. 문제는 서구문명의 근저에 있는 캘비니즘의 금욕과 절제, 노블레스 오블리주의 자기희생정신과 같은 것들이 우리에게 유입될 수 없었던 데 문제가 있었다. 서구문명이 도입되는 데 있어 기술적 지식과 물질적 가치는 들어왔지만, 이를 떠받치는 정신적 인프라는 들어올 수 없었다. 그것은 사람과 사회에 녹아 있는 암묵지이니 애초에 들어올 수가 없는 것이었다. 과학은 들어왔으나 진정 과학을 가능케 하는 사랑의 덕목은 뿌리를 내리지 못하였다. 서구의 지도층들이 보여주었던 사회에 대한 배려와 책임의식도 이전되지 못하였다. 그래서 우리 근대사회에는 정신적, 도덕적 측면이 비어있는 것이다. '물질적 성공, 정신적 실패', '경제적 성공, 사회적 실패'가 초래된 것이다. 남들이 부러워하는 경제기적을 이루고 우리 역사상 이렇게 잘살던 때가 없었음에도, 그 어느 나라보다 불행한 국민, 다른 나라로 떠나고 싶은 국민이 가장 많은 나라가 바로 우리의 모습이다. 그런 점에서 우리의 근대화는 아직도 먼 미완의 과제이다.

우리는 지금 중진국에서 선진국 경제형태로 변모하는 전환기에 있다. 〈표 2-6〉에서 보는 바같이 경제 발전궤적단계(4 → 2 → 1 → 3)에서 4에서 2를 거쳐 현재 1로 가는 중이다. 외형적으로는 세계 13위의 규모에까지 도달하였으나, 개인적 행복과 사회적 책임이라는 측면에서는 아직 후진국이라 할 만하다. 개인적 성취욕망에 기반하여 물질적인 성장은 이루었으나 그에 합당한 책임의식은 발달하지 못하였고 삶의 질도 상대적으로 취약하다 할 수 있다. 어찌 보면 압축성장의 불가피한 그늘이라 할 수 있다. 우리에게 지금 필요한 것은 수월성과 함께, 선진국에 암묵지로 존재하는 철학 · 경험 · 책임감 · 통찰력 · 제도운영능력과 같은, 우리 자신의 정신적 자본, 도덕적 가치라 할 수 있다.

〈표 2-6〉 경제발전의 모형

		제도·질서	
		성숙	미성숙
개인적 욕망	미충족	1. 선진경제형 기업가정신의 발현 - 기회의 평등 - 개인적 욕망 지배 - 개인적 책임 지배 - 사회적 규율 작동	2. 중진경제형 기업가정신의 발현 - 기회의 불평등 - 개인적 욕망 지배 - 개인적 책임 취약(대리인 비용) - 사회적 부정·부패 만연
	충족	3. 과잉복지형 기업가정신의 취약 - 기회의 평등 - 개인적 욕망 미약 - 사회적 규율 작동	4. 저개발형 기업가정신의 부재 - 기회의 불평등 - 개인적 욕망 부재 - 사회적 부정·부패의 만연

(3) 도덕성의 발전방향 - 인의를 존중하는 실리

사회주의의 몰락은 세계를 자본주의체제로 귀일시켰다. 소비자주의·자유무역·경제성장을 중심으로 하는 세계자본주의는 이제 피할 수 없는 명제이다. 그러나 자본주의는 다른 한편 인간적 자본주의의 얼굴을 바라고 있다. 부의 확대에만 집착하는 자본주의는 그 지속가능성을 의심받고 있다. 자원고갈·자연파괴·환경재앙이란 위험뿐 아니라, 점증하는 사회적 갈등과 자본주의에 내재된 '야성적 충동'이 자본주의를 위협하고 있다. 기업이 원하는 인재도 이제는 똑똑한 전문가가 아니라, 도덕성을 갖춘 휴먼형 인재이다.[18] 이는 지금까지의 경제운용방식에 대해 반성이 요구된다는 의미이다. 지금까지의 물질주의 가치관을 벗어나 과거 우리의 전통에 녹아있던 도덕심을 다시 찾아보아야 하는 이유이다.

---

18) 〈조선일보〉. "세계는 착한 소비로, 한국은 타이거로믹스", *Weekly Biz*, 2009. 12. 26.

① 교육

• 도덕교육의 강화

절제와 배려는 자신에 대한 성찰이 그 출발점이다. 성찰을 유도할 교육이 필요하다. 인간 안에 이기주의와 도덕적 본성이 공존한다고 한 뒤르켕(E. Durkheim)도 도덕교육의 중요성을 강조하였다(민문홍, 2001). 그러나 우리사회에서 도덕교육은 그 가치가 잊혀져왔다. 그동안 학교에서 도덕과목은 국·영·수 과목에 밀려 거의 잊힌 존재라 하여도 과언이 아니다. 대학에서도 인문학이 과학기술지식, 전문지식에 밀리면서 그 명맥을 유지하기 어렵게 되었다. 그러나 선진경제일수록 도덕교육에 쏟는 열정은 남다르다 할 수 있다. 영국은 5~16세를 대상으로 한 의무교육과정에서 사회도덕적으로 책임감 있게 행동하는 방법 및 태도, 가치공유 등을 전수한다고 한다(이동원 외, 2009). 미국에서는 금욕과 절제를 위한 교육에 상당한 예산이 쓰인다고 한다. 이제 우리의 가정·학교·사회에서도 인성교육, 도덕교육이 다시 제자리를 찾고, 문사철(文史哲) 교육의 중요성이 강조되어야 한다. 학교도 중요하지만, 아이들에게 가장 큰 영향력을 가진 사람이 부모라는 점에서 부모들에게 도덕교육을 받을 기회를 활성화하는 것도 필요하다. 외국에서는 이미 부모교육을 위한 여러 가지 프로그램이 실시되고 있다고 한다. 교육의 콘텐츠만 마련되면 전문적인 교육기술을 제공하는 워크숍을 개최할 수 있고, 학부모들이 모여 경험을 나누고 관련주제에 대해 토론하면서 자신을 무장시킬 수도 있다. 도덕교육에 대한 언론의 관심과 역할도 중요하다. 교육이 중요한 것은 습관을 만들기 때문이다. 습관이란 관련되는 다양한 정보를 무시하고 만들어진 양식대로 행동하게 하는 것이다. 따라서 교육을 통하여 도덕적으로 생각하는 습관을 만들 수 있다.

• 경제교육의 변화

경제에 관한 교육의 질적 변화도 필요하다. 전통적으로 동양에서 말하는 부는 사회와 공존하는 부이다. 다시 말해 부귀와 도(道)는 함께 가야 하는 것이다. 《논어》 태백편(13장)은 이르기를 "나라에 올바른 도가 행해지는데도 가난하고 비천하다면 부끄러워해야 할 일이고, 나라에 올바른 도가 없는데도 부유하고 고귀하다면 이 또한 부끄러운 일이다"고 하였다. 도덕적 자본주의의 핵심은 부에 대한 개인의 욕망을 억제하는 것이 아니라, 욕망이 발현되더라도 그 욕망을 성취하는 데 있어 올바른 사고와 행동을 요구하는 것이다. 즉 돈을 벌더라도 올바르게 벌고 쓰더라도 올바르게 쓰게 하는 데 있다. 한국의 자본주의가 천민자본주의란 비판을 받는 것은 돈을 벌고 쓰는 데 이런 도덕성이 부족하기 때문이다. 돈을 벌더라도 그 돈을 자식에게 물려주는 것이 아니라, 사회와 국가의 인의와 도덕을 높이는 데 사용한다면 그것이야말로 도덕적 자본주의인 것이다(시부사와 에이이치, 1927).

② 제도

• 도덕적 명예심의 고취

사람들이 절제와 배려가 있는 행동을 하게 하려면 명예심이 있어야 한다. 명예가 중시되는 사회라면 비도덕적인 일에 사람들이 빠져들기 어렵다. 도덕적인 행동은 자발적이어서 지속적이지만, 법규범으로 강제되는 것은 당장에는 효과가 있는 것처럼 보일지라도 시간이 지남에 따라 그 죄의식과 처벌에 대한 두려움이 변할 수도 있다. 부정부패와 악의적 행동이 반복적으로 나타나는 이유이다. 정부의 부정부패 단속에 대한 기억도 시간이 지나면 희미해진다. 시간의 경과에 따라 진행되는 이 과정은 비도적적 행위에 복잡한 역동성을 부여한다(Akerlof & Schiller, 2009). 그러므로 사회적으로 도덕적 명예심을 지속적으로 키울 수 있어야 한다.

도덕적 명예심은 한번 사회에 정립되면 쉽사리 부서지지 않는다. 사회가 도덕적 영웅들을 발굴하고 키울 수 있어야 한다. 그들의 존재 자체가 사회구성원들에게 하나의 살아있는 교과서가 될 수 있을 것이다.

• 도덕적 법규범의 준수

욕망이 탐욕으로 흐르지 않게 하는 또 하나의 중요한 기제는 법규범이다. 효과적인 도덕적 법규범은 탐욕에 의한 탈법적 행동을 막는 매우 유익한 기제이다. 우리가 가진 문제는 도덕적 법규범들에 너무 비현실적 규정들이 많다는 점이다. 벌칙이 비현실적으로 낮아 징벌 효과가 없다거나 법의 준수율이 낮아 법규범으로서 역할을 하지 못하는 경우이다. 사(Sah, 1991)가 지적했듯이 개인적 관계망을 통해 특정 범죄에 대한 처벌 가능성이 낮다는 정보가 확산되면 도덕의식이 약화된다. 일단 유효한 법규정이 되려면 실효성이 있는 징벌이 있어야 하고 법 준수율도 높아야 한다. 그런 점에서는 법규범에 대한 신뢰를 무력화시키는 대통령의 사면권도 보다 엄격하게 제한되어야 한다. 법규정의 모호성도 고쳐져야 할 것이다. 어느 것이 되고 안 되는지가 분명해야 부정부패의 만연과 규범의 이행비용이 상승하는 것을 막을 수 있다. 그러나 다른 한편으로는 도덕적인 사회를 만드는 데만 탐닉하여 사회를 하나의 감옥으로 만드는 잘못을 범해서도 안 될 것이다. 과연 규제되어야 할 도덕적 규범이 무엇이냐에 있어 그 대상을 최소화하는 노력이 있어야 할 것이다.

③ 리더십

• 노블레스 오블리주의 실천

국민들의 도덕심을 고취하는 데 있어 무엇보다 중요한 것이 지도자들이다. 지도층의 언행도 국민들에게는 하나의 살아있는 도덕교과서라 할 수 있다. 동양에서는 전통적으로 지도자들에게 선비정신을 요구하였다.

맹자는 말하기를 "삶과 의로움 모두 내가 원하는 바이지만, 두 가지를 다 취할 수 없다면 삶을 버리고 의로움을 취하겠다"고 하였다. '선공후사'(先公後私)의 정신이야말로 지도자들이 가져야 할 덕목이다. 지도자들이 인의를 따르면 국민들도 인의를 따르게 된다. 미국에서 국민들이 기본적으로 지도자에 대해 신뢰를 갖는 것은 그들의 행동 때문이다. 자본주의를 일군 미국의 힘은 부자들의 수에 있는 것이 아니라, 그들이 대부분 대규모 기부자라는 데 있다. 록펠러의 과학분야에 대한 지원은 분자생물학과 유전학의 성장을 가능케 했고, 빌 게이츠는 전 세계 빈민국의 어린이들을 질병과 죽음으로부터 지켜내기 위해 애쓰고 있다. 철도 재벌 밴더빌트는 생전에는 사기꾼이란 비난을 들으며 돈을 모았지만 그 돈으로 명문 밴더빌트대학을 세웠다. 정치지도자들도 중요하다. 플라톤과 아리스토텔레스는 도덕적 성품이 정치에서 특히 중요하다는 것을 깨닫고 있었다. 그들은 권력을 갖고 있다는 것과 그것을 적합하게 사용한다는 것이 서로 다른 것임을 알고 있었다(Trigg, 2005).

• 신르네상스 운동의 전개

물질적 탐욕으로 인간존중에 대한 중요성이 잊혀 가고 있다. 이제 인간이란 화두를 다시 찾아야 할 때이다. 15세기 유럽은 르네상스를 통해 인간을 재발견하였다. 르네상스를 통해 인류는 중세의 암흑에서 벗어나 근대문명의 단초를 마련하였다. 새로운 문명의 역사를 써나가야 할 21세기 우리사회도 도덕이란 차원을 넘어 인간의 중요성을 새롭게 재인식하는 휴머니즘정신이 필요하다. 인간중심의 새로운 가치관의 집단학습이 필요한 시점이다.

3) 협력성 — 사회의 시너지 창출을 향하여

(1) 협력성이란 무엇인가?

경제적 성과를 높이려면 구성원들의 협력이 높아 시너지를 창출할 수 있어야 한다. 개미나 꿀벌은 혼자 있을 때는 매우 연약한 개체이다. 그러나 우리에게 그것이 강력한 생명력을 가진 존재로 느껴지는 것은 그들이 바로 집단을 이루며 살아가기 때문이다. 문제는 무엇이 이러한 협력을 가능하게 하는가 하는 것이다. 리들리(M. Ridley, 1998)는 인간에게 있어 이러한 협동성이 본성에 있다고 하였다. 개미와 벌이 보이는 호혜성과 협동성이 하나의 생존양식이듯 협력을 하게 되면 생존과 번영에 도움이 된다는 것을 인간의 유전자는 알고 있다는 것이다. 퍼트넘(R. Putnam, 1993)은 사회에 사회적 자본이 필요하다고 하였다. 사회적 자본은 사회의 공동목표를 추구하기 위하여 그 구성원들이 좀더 효과적으로 함께 활동할 수 있게 하는 것이다. 사회적 자본을 구성하는 요소는 사회적 신뢰, 공정한 질서(규범), 조화의 정신(네트워크) 등이라 할 수 있다. 이러한 신뢰 · 공정성 · 조화정신의 근저에는 그 사회구성원들이 갖는 도덕적 가치관이 자리 잡고 있다고 하겠다.

① 사회적 신뢰

협력이 만들어지려면 상호 간 신뢰가 전제되어야 한다. 일반적으로 신뢰는 친밀도에 비례한다. 그러나 사회적 신뢰란 서로 잘 모르는 사람 사이의 신뢰이다. 이런 신뢰는 한 사회에서 갖는 '삶의 공동의 유전자'라 할 수 있다. 이 공동의 유전자가 클수록 사회의 통합은 쉽게 이루어진다. 이러한 신뢰는 호혜성에 의해 확대강화될 수 있다. 사람에게는 호의와 호의에 대한 상대방의 보답을 감시하는 기능이 있다. 기회주의적 행동으로 배신당할 우려가 있음에도 상대방에 선의를 보이는 사람에 대해서는 상대도 선의를 가지고 대하려는 경향이 있기에 신뢰는 나름대로 선순환적 궤적을 그릴

〈그림 2-7〉 신뢰와 1인당 GDP의 상관관계

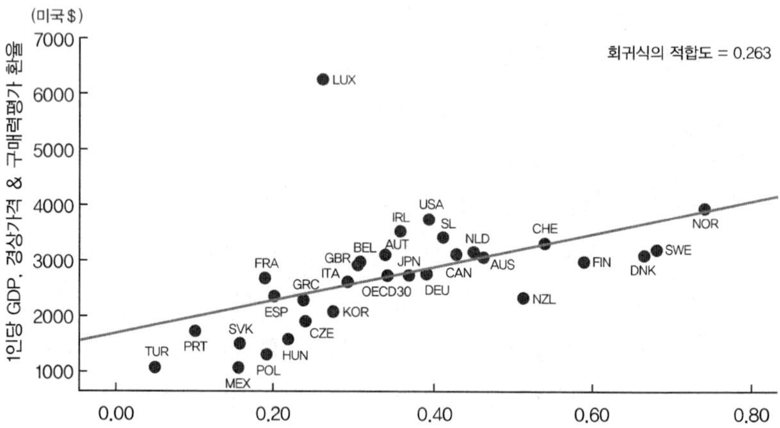

자료: Morrone, Tontoranelli, & Ranuzzi, 2009.

수 있다(김태종, 2007).

후쿠야마(Fukuyama, 1996)는 시장경제가 지속적으로 발전하려면 경쟁시스템과 함께 사회구성원 간의 신뢰가 필수적이라 하였다. 경제적 성공은 궁극적으로 서로에 대한 믿음과 그 믿음이 어떻게 공동의 에너지로 강화되느냐에 달려 있다.

모론, 톤토라넬리, 라누치(Morrone, Tontoranelli, & Ranuzzi, 2009)는 〈그림 2-7〉에서 보는 바같이 신뢰가 GDP의 증가 등 경제성장을 촉진한다고 하면서, 이는 주로 사회적 신뢰가 낮은 개도국에서 현저하다고 하였다. 낵과 키퍼(S. Knack & P. Keefer, 1997)는 신뢰가 10% 하락하면 성장률이 0.8% 저하된다는 조사결과를 발표하였다. 신뢰는 또한 지식, 자원의 결합과 교환을 증진함으로써 신기술 창출과 제품혁신을 촉진할 수 있다(Nahapiet & Ghoshal, 1998). 신뢰는 나아가 삶의 만족도를 향상시켜 사회복지를 높이는 등(Morrone et al., 2009) 사회안정에도 기여할 수 있다.

② 사회적 공정성

사회에 신뢰가 있으려면 그 사회에 공정성이 살아있어야 한다. 사람들은 공정하지 않을 때 분노한다. 개인에 있어 공정성의 동기는 경제적 동기보다 더 강하게 작용할 가능성이 높다(Kahnerman, Knetsch & Thaler, 1986a, 1986b).[19] 공정하다는 것은 어떤 의미인가? 공정하다는 개념은 주관적이고 상황특정적인 개념이다. 그래서 공정함을 논한다는 것은 어려운 일이다. 우선 무엇이 공정하다는 것은 평등을 전제로 한다. 역사적으로 인류사회는 불평등한 사회이었다. 서구사회에서도 자유와 평등이 자리를 잡은 것은 비교적 최근의 일이다.[20] 현대민주주의가 발전하면서 비로소 평등의 개념이 자리를 잡았다. 그러면 경쟁과 차별이 중요한 자본주의사회에서 평등이란 어떻게 해석되어야 하는가? 그것은 합리적 불평등을 내포한다. 불평등이 있더라도 사회가 그것을 합리적이라고 받아들일 수 있어야 한다. 불평등한 것은 참을 수 있어도 불공평한 것은 참을 수 없다고 한다. 그러므로 합리적 불평등은 부당한 보상을 배제한다. 특권을 가진 귀족이 자신의 노력을 들이지 않은 것에 대해 보상을 받는 것과 같은 일이 참된 민주정치에서는 가능하지 않다. 합리적 불평등은 또한 기회의 평등을 의미한다. 고려시대 무신정권에 반기를 들었던 만적은 "왕후장상의 씨가 따로 있느냐"고 하였다. 이는 사람들에게 기회가 평등하다는 것이 얼마나 중요한지를 말해 준다. 합리적 불평등, 기회의 평등이 과연 어느 수준을 말하는 것이냐는 것은 그 사회, 그 시대에 상식적으로 받아들여지는 보편적 기준에 의해 판단되어야 할 것이다.

---

19) 공정성은 경제학의 한 주제이면서도, 경제학적 사고에서 뒷전으로 밀려나 있던 주제이다(Akerlof & Schiller, 2009).

20) 자유민주주의가 발전하면서 일반인들의 평등의식도 확고해졌다. 자유민주주의는 경제발전의 중요요소이다. 자유민주주의가 경제발전을 약속하는 것은 아니라 하더라도, 장기적으로 작동을 못하면 경제발전은 제약을 받을 수 있다. 그러나 자유민주주의에서는 자유와 평등 간에 긴장이 조성될 수 있다.

한 사회에서 공정성의 개념은 법치주의로서 구체화된다. 법 앞에는 만인이 평등한 것이다. 공정성은 또한 경쟁규칙의 공정성과 밀접히 관련되어 있다. 자본주의에서 경쟁질서가 중요한 것은 '시장은 약속을 지키는 선한 이기적 사람들로 붐비는 곳이기보다 약속이란 개념이 별로 없는 기회주의자들이 설쳐대는 곳'이기 쉽기 때문이다. 기회주의적인(*opportunistic*) 행동이 판치는 시장은 정글의 시장이고 거래비용이 높은 시장이다. 공정한 경쟁질서란 특히 시장에 필요한 하나의 공유재(*commons*)이다. 공유재의 사용에는 개인과 공동체 사이에 인센티브의 차이가 존재하고, 이로 인해 '죄수의 딜레마'(*prisoner's dilemma*)가 발생할 수 있다. 부정부패, 권력남용, 반경쟁적 행태로 자신의 단기적 개인이익을 극대화하는 노력이 장기적으로나 사회 전체적으로는 손실을 초래하는 것이다. 그러므로 사회는 공정한 경쟁질서가 확립되도록 노력하여야 한다. 공정성에 대한 신뢰를 잃어버리면 사회에는 갈등이 증대하기 마련이다. 2009년 노벨경제학상을 받은 오스트롬(E. Ostrom, 1990)은 사회제도란 신뢰할 만한 '약속의 이행'이 있어야 하고 규칙위반자들을 쉽게 발견해 낼 수 있도록 '상호감시'가 이루어져야 작동된다고 한다. 이러한 장치들이 사회에 만들어질 수 있다면 또한 구성원들의 신뢰가 높아지게 된다. 사회구성원 간의 상호의존성을 인식케 하는 신뢰가 만들어질 수 있다면 서로 자발적으로 협조하는 제도는 쉽게 만들어질 수 있는 것이다.

③ 상생조화의 정신

공동체에는 상생과 조화의 정신이 필요하다. 유럽식으로 표현하면 연대의식(*solidarity*)이다. 특히 21세기 네트워크시대에는 이런 상생과 조화의 협력이 필요하다. 가족공동체를 넘어서는 사회공동체 차원의 이런 유대가 있어야 공동의 목표달성을 위한 시너지가 창출될 수 있다. 이는 신체적 · 문화적 · 절차적 정체성에 대한 공동의 이해를 공유하는 것이다. 유학은 충서(忠恕)를 강조하고 있는데, 이는 어떤 위치나 자리에 누구를

〈표 2-7〉 사회적 자본의 국제비교

	신뢰	사회규범	네트워크	사회구조
네덜란드	7.60(2)	7.33(9)	9.65(1)	7.10(8)
한국	5.21(24)	5.19(22)	6.00(13)	5.77(22)
OECD 평균	6.18	6.32	5.99	6.31

주: ( )는 순위.
자료: 이동원, "사회적 자본 확충을 위한 정책과제", SERI CEO Information, 2009.

갖다 놓아도 똑같이 할 수 있는 것이다. 그런 의미에서 동양의 질서는, 가부장적 위계를 의미하기도 하지만, 역할의 개념도 내포하고 있다. 한 사람의 역할은 부자·군신·부부·장유·붕우 등 사회적 관계에서 규율된다. 부자·부부는 가정에서, 군신·장유·붕우는 국가와 사회에서 자신의 역할을 나타낸다. 이러한 역할은 인의와 맞닿아 있다. 순자는 〈王制〉편에서 말하기를 "사람이 사회를 구성할 수 있는 것은 분(分)이 있기 때문이고, 이는 바로 의(義)가 있기 때문이다. 의를 바탕으로 분을 정하면 서로 화합하고, 화합하면 통일되고, 통일되면 힘이 많아지고, 힘이 많아지면 강해지고, 강하면 만물을 제압할 수 있다"고 하였다.

조화란 또한 서로 다른 것을 끌어안아 함께 새로운 것을 만드는 것이다. 이처럼 다른 정체성을 이해하는 정신은 그 사회의 갈등조정능력과 밀접한 관련을 갖는다. 갈등이 문제되는 것은 다른 정체성을 인정하지 않을 때이다. 즉 이해갈등 자체에 집착하여 조정이 이루어지기 어려운 것이다. 상생과 조화의 정신이 없는 사회에서 갈등은 이처럼 끝장식 갈등으로 가는 경우가 흔하기에 큰 사회적 비용을 초래하기 쉽다. 이념이 다를 때도 상생과 조화의 정신이 있다면 갈등이 끝장식으로 가지 않을 것이다. 사회에 갈등을 풀어낼 충분한 능력이 없다면 갈등은 경제성장에 중대한 장애요인이 될 수 있다. 상생과 조화의 정신은 또한 공동의 비전을 마련해 준다. 갈등이 극단으로 가는 것은 그 사회구성원들의 공동의 비전이 취약하다는 의미이다. 어느 사회이고 비전은 구성원들을 한 방향으로 정렬시키는 의사소통 수단이다. 비전과 목표가 분명하고 일관적이면 그만큼 힘이 합쳐진다. 그러나 하나 유념할 것은 갈등이 없으면 조화도 없는 것이고, 그러기에 갈등을 백안시할 필요는 없다는 것이다.

(2) 협력성과 한국의 경제성장

이동원(2009)은 〈표 2-7〉에서 보는 바 같이 우리의 경우 사회적 자본을 구성하는 요소 중에 특히 신뢰와 사회규범(공정성) 측면에서 선진국에 비해 낮은 상태에 있다고 한다. 그는 2005년 조사에서 한국인의 30.2%만이 타인을 믿는다고 응답하였다고 한다. 이는 스웨덴의 68.0%는 물론 중국의 52.3%, 베트남의 52.1%보다도 낮은 수치이다. 김태종(2007)은 한국의 사회적 신뢰도가 선진국들에 비해 낮은 수준일 뿐 아니라, 특히 지난 20여 년간 지속적으로 그리고 빠르게 하락하는 추세를 보이고 있다고 한다. 임영재(2007)도 신뢰도가 1982년부터 2001년까지 0.36에서 0.27로 9% 하락하였으며, 이는 국제적으로 비교해 보더라도 상당히 큰 하락폭이라고 한다. 최항섭(2007)은 현 한국사회에서 보이는 신뢰의 특징을 ① 다른 사람들이 법을 잘 지킬 것이라고 믿을 수 없는 사회, ② 공정한 경쟁이 이루어질 것이라고 믿을 수 없는 사회, ③ 다른 사람을 희생시켜서라도 자신의 이익을 챙기는 사회라는 3가지 특징으로 요약하였다.

한국사회에서 사회적 협력을 결정하는 사회적 자본의 중요요소 또한 공정성이다. 공정성은 법치주의, 정부에 대한 신뢰 등과 긴밀한 관련이 있다. 한국사회에 만연한 혈연·지연·학연 등의 연고주의 행태, 일부 사회지도층들의 부정부패와 같은 도덕적 해이와 편의적 법적용 행태들이 나타나면서 정부와 법질서에 대한 신뢰가 크게 약화되었다. 유전무죄, 무전유죄가 하나의 속설로 받아들여졌다.

사회구조적 요인들 또한 신뢰약화에 기여하였다. 이동원(2009)은 사회

협력을 악화시키는 구조적 요인으로 소득불균형, 사회적 갈등요소의 존재 등을 들고 있는데, 특히 소득불균형 문제는 우리가 특별히 관심을 가져야 할 문제라 할 수 있다. 우리 경제는 원래 비교적 평등한 소득분포를 보이는 경제였다. 일제의 식민지배와 해방 후 토지개혁 등을 거치며 부의 구조적 불균형 문제가 비교적 희박한 경제였다 할 수 있다. 경제개발 이후 박정희 대통령의 '하면 된다'는 메시지는 일부 재벌을 중심으로 한 경제력집중문제를 야기하였지만, 그래도 높은 성장이 지속적으로 이루어짐으로써 소득구조 면에서 비교적 동등한 기회를 제공하였다고 할 수 있다. 나도 열심히 하면 그 누구보다 잘살 수 있다는 희망과 믿음을 국민들에게 준 것이다. 그러나 이러한 희망은 경제가 성장하면서 오히려 점점 사라져 갔다. 1970~1980년대를 거치며 불평등구조가 고착화되었고, 1997년 외환위기를 거치며 부의 분배구조가 급속히 악화되는 양상을 보이고 있다.[21] 그 결과 구조적 불평등이 기회의 평등을 빼앗아 가고 있다고 사람들이 느끼기 시작하였다. 소득불평등이 확대되면서 이기주의가 확산되고, 사회적 마찰과 갈등 또한 증가하면서 사회적 협력은 점점 더 어렵게 되어갔다. 모든 사람들이 평등, 공정 등의 문제들에 대해 예민해졌다. 강영진(2009)은 "쓰레기매립장 등 국내의 님비분쟁 실태를 조사한 결과 시골주민들이 행정당국에 장기간 맞서 싸운 근본이유는 환경위험이나 보상액수가 아니라 자존심 손상, 공정성에 대한 의심 때문이었다"고 한다. 한국사회가 불신·불만·불안의 3불사회가 되어 버린 것이다.

현재 우리의 사회갈등으로 인한 경제적 손실이 매년 국내총생산의

---

21) 국민소득 1만 달러대에 도달했고 경제 위기가 발생했던 1997년에는 상위 20% 소득계층의 소득집중도가 37.2%이던 것이 2003년에는 38.8%로 높아졌으며, 하위 20% 소득계층의 소득집중도도 8.3%이던 것이 7.4%로 낮아져 불평등이 심화됐다. 구조조정정책의 실패 또한 부문 간 불평등을 심화시키는 요인이었다. UR이후 농촌부문의 구조조정을 위해 52조 원 이상을 지원하였지만 농가소득의 도시근로자 소득대비 비중은 95년 95.1%에서 2002년 73.0%로 오히려 하락했다.

27%에 달한다고 한다. 소득의 불평등과 민주주의의 성숙도 등을 수치화해서 만든 사회갈등지수로는 우리가 0.71로 OECD 27개 회원국 가운데 네 번째로 갈등이 심하다는 분석결과도 있다(박준, 2009). 특히 주목해야 할 것은 해방 후에 극심하였던 좌익과 우익의 대립이 21세기 지금 다시 보수와 진보의 대립으로 되살아나고 있다는 점이다. 여와 야뿐 아니라, 노와 사가 대립하고 있고 대기업과 중소기업이 갈등관계에 있다. 평등의식과 실리에의 집착이 더할 수 없이 높아지니 늘어나는 것은 갈등뿐이다. 서로가 서로에 대한 신뢰가 없다. 노는 사를 믿지 못하고, 사는 노를 믿지 못한다. 신뢰가 없으니 갈등해소의 실마리를 찾을 수가 없다. 문제는 우리사회에 갈등을 풀어갈 갈등조정능력이 매우 부족하다는 것이다. 전통적인 인의와 도덕에 대한 존중이 소멸되어가니 더더욱 갈등조정이 어렵다. 사회적 갈등은 쉽게 확대재생산되는데, 갈등조정능력은 미성숙되어 있으니 우리의 민주주의가 어려울 수밖에 없다.

국민들이 공정한 사회라 느끼기 위해서는 특히 지도층의 행태가 중요하다. 지도층의 행태가 공정한 사회인지의 준거가 된다. 즉 노블레스 오블리주가 그것이다. 지도층이 되면 지위에 상응한 책임을 다할 뿐 아니라 남다른 부담을 져야 한다. 그들의 부담이 더 커야 리더십이 생기는 것이다. 그들이 더 많은 부담을 지는 불평등이 실질적으로는 평등한 것이다. 그런 의미에서 한국의 근대화과정에서의 문제 중 하나는 노블레스 오블리주의 결핍이다. 정치·기업·관료들의 수많은 스캔들과 잘못된 행태를 보며 국민들은 낙담하였다. 〈그림 2-8〉에서 보는 바 같이 국회·정부·사법부·대통령까지 한국사회의 주요기관들이 모두 국민의 불신을 사고 있는 상황이다.[22] 지도층의 책임의식이 희박하면 그만큼 일반사람들의 사회의 불평등에 대한 인식을 촉진한다. 지도층과 일반국민들의 괴리가 벌어져서 지도층에 대한 신뢰, 사회에 대한 신뢰가 만들어지지 못하는 것

---

22) EAI - 〈한국일보〉, 2005 조사자료

〈그림 2-8〉 주요 대상별 불신 지수

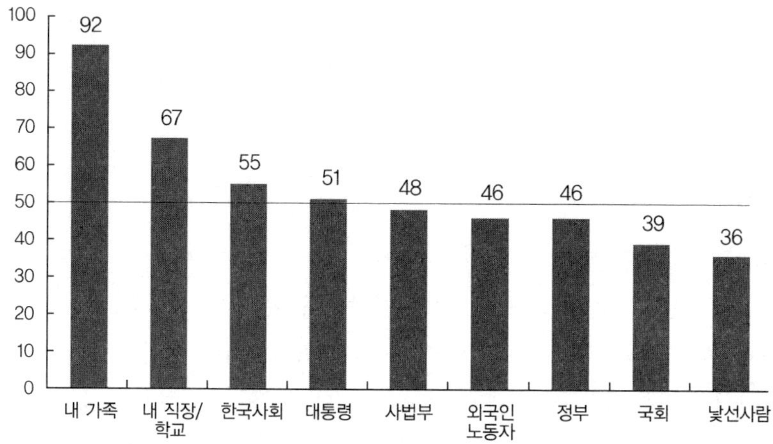

자료: EAI - 한국일보, 2005.

이다. 국민의 마음을 다시 합쳐 이끌 지도층의 비전도 마찬가지이다. 역대정부의 비전을 보면 박정희 시대의 '잘살아보세'란 비전 이후에 국민의 마음을 잡는 비전이 없다고 할 수 있다. 비전도 시대에 따라 변해야 하는 법이다. 우리는 '잘 살아 보세'란 비전 속에 너무 오래 살고 있다. 성장률에 집착하고, 외형위주의 대형아파트와 대형차에 집착하고, 대규모공사에 집착하는 그런 비전을 아직 떠나지 못하고 있는 것이다.

(3) 협력성의 발전방향 - 신뢰를 바탕으로 한 시너지창출

21세기는 변화의 시대이다. 이같이 변동이 큰 사회는 불확실하고 불완전하기에 서로의 협력이 중요하다. 왜냐하면 불확실성이 큰 사회에서는 거래비용이 커 상호협력이 어렵기 때문이다. 안정적인 사회일수록, 완전한 경쟁의 시장일수록, 거래비용이 적어 경쟁을 통한 경제적 효율이 확보된다. 불확실하거나 빠르게 변화하는 환경구조에서는 협력을 잘해야 창조적 시너지를 창출할 수 있다. 21세기는 또한 네트워크시대이다. 네

트워크에는 협력이 필요하고, 그래서 사람·서비스·연결·소통 등이 중요하다. 다시 말해 21세기는 협력과 소통을 잘할 줄 아는 사람이 승리하는 시대이다. 이러한 협력의 시대에 할 일은 무엇인가?

① 교육

• 공정성교육 강화

공정성이 작동되려면 우선 법에 대한 존중이 있어야 한다. 법치주의(*rule of law*)야말로 자본주의의 기본이다. 법치주의에 대한 교육이 생활화되어야 한다. 기초질서에 관한 교육, 경쟁질서의 중요성을 일깨우는 교육이 기본이다. 이를 위해 학교교육, 시민교육을 재정비해야 한다. 사회도 공정성에 대한 남다른 각오가 있어야 한다. 특히 법 앞에서 지도층이 어떤 태도를 보이느냐가 중요하다. 떼를 쓰면 어쩌지 못하는 사회가 되어서도 안 되고, 지도층이 법을 우습게 아는 사회가 되어서도 안 된다.

• 민주주의교육 강화

현대사회에서 합법성의 유일한 원천은 민주주의이다. 그러나 민주주의를 제대로 실천하기는 어렵다. 민주주의의 가장 중요한 덕목은 다양성의 인정과 상호소통이다. 소통의 가장 큰 적(敵)은 다른 것의 불인정과 상대에 대한 미움이다. 자기는 상대를 인정하지 않으면서 상대보고 '인정하라 소통하라' 하는 병을 갖기 쉽다. 민주사회의 역량이란 소통능력이다. 소통이 이루어져야 올바른 정책과 제도를 만들 수 있다. 그런 점에서 민주주의의 숙의능력(*deliberation capacity*)이 경제의 경쟁력을 결정한다. 시민사회의 공론의 장도 그러한 숙의능력에 의해 좌우된다. 소통이 되려면 우선 상대에 대한 배려가 있어야 한다. 즉 인의와 도덕에 대한 존중이 필요하다. 인의와 도덕 없이 어찌 상대에 대한 존중이 있을 수 있고, 상대에 대한 존중 없이 어찌 진실한 소통이 이루어지겠는가? 지금 한국은 증오와 미움의 확대재생산구조에 발목이 잡혀 있다. 그런 점에서 시민단체의 역할이 중요하다. 시민사회에의 참여는 민주주의 학습의 장이기에 그곳이 미움을 심는 장소가 아니라, 서로의 신뢰를 심는 장소가 되어야 한다. 이념, 정파 등으로 인한 증오와 미움을 극복하는 모임과 교육도 필요하다. 특히 정치인들의 성찰을 가져올 교육이 필요하다. 정치발전과 시민사회의 발전은 매우 높은 상호 보완성을 갖고 있다(Levy/Fukuyama, 2010). 구딘(R. Goodin, 2003)은 '성찰적 민주주의'(*reflective democracy*)를 주장한다. 그는 외적인 단순대화보다 내적성찰이 더 중요하다면서, '내적인 민주적 숙의'(*democratic deliberation within*)를 주장한다. 정치인들이 상대방의 위치에 자신을 놓고(마음속에서 감정이입을 하고), 과연 내 입장과 어떻게 어우러질 수 있을지, 또한 무엇이 최선의 결론일지 등을 스스로 성찰하도록 해야 하는 것이다.

• 세계적 책임과 다양성에 대한 교육

이제는 인류가 공동으로 부담하여야 할 인류의 공공재(*public goods*)에 대해 우리가 어떤 역할을 하여야 할 것인가 하는 우리 자신의 결심이 필요하다. 개도국이란 핑계로 지구의 공공재를 외면할 단계는 지나갔다. 세계는 지금 온난화방지지원금만 해도 연 175조 원이 필요한 상황에 있다고 한다. 우리가 쓸 것을 절약하더라도 세계를 위해 우리가 할 일은 하여야 한다. 또한 우리사회가 문화적 다양성을 수용할 수 있어야 한다. 외국인 고용인력의 유입과 함께 다문화가정이 빠르게 증가하고 있다. 즉 타문화, 타민족에 대한 개방적이고 평등한 의식이 필요한 때가 되었다. 민족의식이 남다른 우리에게는 열린 민족주의의식이 필요하다. 로마의 경쟁력이 다양한 문화를 수용하였던 데서 비롯되었듯이, 베네치아의 번영이 개방적 문화에서 나왔듯이, 역사는 다양한 문화가 섞임으로써 새로운 문화가 창조됨을 보여주고 있다. 문화적 우월성을 확보하기 위해서도 섞임이 필요한 것이다. 현대경제연구원은 '외국문화에 대한 우리의 개방성이 세계 꼴찌수준'이라고 발표하였다. 문화적 자긍심과 문화적 맹목성을 국민들이 구별할 수 있는 교육이 필요하다. 글로벌 네트워크를 경험하는 교육이 강화되어야 한다. 세상이 넓고 다양한 사회라는 것을 젊은 이들이 인식할 수 있어야 한다.

② 제도

• 공정한 경쟁규칙

공정한 경쟁질서가 확보되기 위해서는 우선 기초질서가 확립되어야 한다. 무조건 떼부터 쓰는 풍토, 법망을 회피해보려는 풍토들이 불식되어야 한다. 이를 위해서는 법집행의 일관성이 중요하다. 정치적 필요에 따라 법집행이 자주 흔들리는 일이 없어야 하고, 대통령사면권의 남용도 방지되어야 한다. 정치·경제·사회 전반에 걸쳐 공정한 경쟁규칙을 만들어나가는 것도 중요하다. 공정한 규칙을 만들기 위해서는 법규범 제정을 책임지고 있는 국회와 정부의 역할이 중요하다. 법규범의 민주성과 명확성이 동시에 확보되어야 한다. 국회의 규칙제정 작업에 다양한 정파의 참여가 투명하게 이루어져야 함은 물론, 규칙 자체의 명확성이 확보되어 고품질의 규제가 이루어지도록 하여야 한다. 규제(제도)의 품질과 국민소득수준은 서로 밀접한 상관관계를 보여주고 있다(Levy/Fukuyama, 2010). IMD 경쟁력보고서에 의하면 한국의 규제품질 수준은 2009년 현재 57개국 중 52위에 불과한 실정이다. 시장참여자들이 어떤 행동을 했을 때 그것이 규칙에 해당되는지 아닌지 불명확하다면 관료들의 자의성이 증가하고 이는 시장참여자들이 정부관료들의 눈치를 보게 만들어 시장에서 자발적 경쟁에 따른 효율성이 확보되기 어렵게 한다. 특히 사법제도에 대한 신뢰가 확보되어야 한다. 법규범의 집행 또한 중요하다. 정부가 불공정거래를 예방하고 공정한 심판자로서의 역할을 하는 데 빈틈이 없어야 한다. 정부가 어떻게 하느냐에 따라 경쟁의 질서, 경쟁의 규칙

(*rule of game*)이 실질적으로 결정되는 것이다. 사법부의 역할도 중요하다. 사법부는 시민들의 자유와 계약을 보호하는 마지막 보루인 사후적 구제절차이다. 미국인들이 정부를 신뢰하는 것은 사법부에 대한 그것 때문이란 분석도 있다.

• 갈등조정 능력 확충

사회에는 조정이 필요하다. 더구나 현대사회는 다양성, 복잡성이 높아 갈등이 증가할 수밖에 없다. 문제는 갈등조정 능력이다. 현대사회의 가장 기본적인 조정메커니즘은 시장과 국가이다(Lane, 2002). 시장과 국가가 서로 보완적이고 효과적으로 작동할 수 있어야 조정이 잘 될 수 있는 것이다. 그런 점에서 시장과 국가의 갈등조정메커니즘을 강화하는 노력이 필요하다. 갈등의 예방 및 조정을 위해서는 앞서 말한 공정한 경쟁규칙의 제정 및 집행이 매우 중요한 과제이다. 그러나 이와 함께 사회의 갈등을 관리해나갈 조직적인 노력 및 의지도 중요하다. 정부조직의 운영에 있어서도 갈등이 발생할 소지를 사전에 예상하고 이에 대비할 수 있는 노력을 강화하는 것이 필요하다. 관료 또한 이해당사자들의 갈등을 합리적으로 관리할 '소통과 조정' 기술에 대한 교육을 받을 수 있어야 한다.

③ 리더십

• 수평적 리더십

민주주의가 심화됨에 따라 각 분야에서의 거버넌스 추세가 협치와 분권을 지향하고 있다. 권력의 분산이 이루어지는 가운데, 리더십의 스타일 또한 변하고 있다. 20세기 리더십이 부와 권력에서 나오는 것이라면, 21세기 리더십은 '웹 2.0의 정신'과 같이 참여와 공유에서 나온다. 리더가 대중을 가르치는 것이 아니라, 일반대중이 리더를 발견하고 따르며 그에게 지휘의 권한을 주는 것이다. 다시 말해 '수평적 리더십'이다. 20

세기형 리더가 일 자체를 목적으로 해 앞에서 이끄는 관리자라면, 21세기형 리더는 자신을 바라보는 사람들 하나하나를 목적으로 해 뒤에서 밀어주는 지도자이다. 카리스마 리더십의 시대를 지나 다양한 가치와 의견을 조화시킬 줄 아는 리더십이 필요하다.

• 공동체의 비전

한 사회가 협력의 시너지를 내려면 그 사회에 적합한 공동의 비전이 있어야 한다. 비전은 그 공동체가 나가야 할 방향을 제시할 뿐 아니라, 그 공동체의 구성원들을 결속시키는 기반이 된다. 특히 민주주의 공동체에서 비전이 중요한 것은 비전이 다양한 개인들을 묶어낼 수 있기 때문이다. 더구나 이념으로 갈라진 사회일수록, 문화적 다양성이 큰 사회일수록 공동체 내에 비전이 살아있도록 하여야 한다. 세계화 시대의 비전은 내부적으로 유효할 뿐 아니라, 또한 외부와의 공존과 번영을 위한 비전이어야 한다. 중국은 북경올림픽을 개최하면서 세계를 향하여 '유붕자원방래 불역낙호'(有朋自遠方來 不亦樂乎) 라고 하였다. 대동(大同) 사회의 정신으로[23] 세계를 하나의 친구로 만들어가겠다는 그들의 비전을 제시한 것이다. 동양의 가족공동체 중심의 인륜적 의식을 세계공동체에까지 확장시키겠다는 그들의 비전을 드러낸 것이라고 보인다. 우리도 이같이 세계공동체에 내놓을 우리 자신의 비전이 필요하다. 이는 우리의 지도자들에게 새로운 숙제를 던진다. 그것은 세계화된 사회에 걸맞은 꿈을 꾸어야 한다는 것이다. 세계는 다양하다. 다양한 세계가 하나의 유기적 네트워크로 발전하려면 그만큼 그것을 엮어낼 공동의 꿈이 있어야 한다. 일본이 장기불황에 빠진 데에는 그런 꿈을 꾸지 못한 이유도 있다.[24] 우

23) "큰 도가 행해지면 천하가 공공적인 것이 된다. — 재화는 한 사람의 소유가 되지 않고 사람의 노동도 자기만을 위해 쓰이지 않는다"고 하였다〔《예기》(禮記), 예운(禮運) 편〕.

24) 고미야마 히로시 일본 미쓰비시 총연구소장은 말하기를 "1968년 일본은 세계

리는 최근 환경보호, 개도국원조 등에 있어 우리의 책임을 강조하고 있다. 그러나 이것이 지속가능한 비전이 되기 위해서는 이러한 국제적 책임을 어떻게 우리 자신의 이기적 욕망과 조화시킬 것이냐에 관한 해답이 있어야 한다.

4) 역동성 — 새로운 활력을 향하여

(1) 역동성의 역할

사회는 다양한 요소들의 복잡한 체계로 이루어진 하나의 거대한 시스템이다. 그 요소들은 정태적으로 균형을 이루지만, 그 균형은 항상 변한다. 역동성은 시스템을 동태적으로 변화시키는 힘이다. 시스템은 시간이 지나면 외부적, 내부적 조건들이 변하기에 과거의 균형을 계속 유지할 수 없어 새로운 균형을 찾아가기 마련이다. 역동성이란 이 과정에서 변화에 민첩하게 적응시키기도 하고, 변화를 스스로 창조하기도 하는 힘이다.

그러면 과연 한 사회의 역동성의 힘은 어디서 나오는 것인가?

① 유연한 사고

역동성은 유연함에서 나온다. 유연함이 중요한 것은 새로운 환경과 변화에의 적응을 가능케 한다는 점이다. 변화는 새로운 기회를 창출한다. 경제적인 가치창출도 기회에서 비롯된다. 특히 시장경제와 민주주의는 기회에 민감한 시스템이다. 인류가 만든 가장 유연한 시스템으로서 변화를 남보다 먼저 알아보고, 그 가운데 기회를 잡아, 남다른 역량으로 가치를 창출하게 하는 시스템이다. 사고가 유연해야 변화의 국면에서 보다

2위의 GDP를 달성했다. 이때 일본은 '선진국으로서 세계를 선도하고 공헌하겠다'는 의식을 가졌어야 했다. 그렇게 하지 않았다. 그때부터 일본은 잃어버린 시기를 보냈다. '따라잡기 정신'이 깊이 박혀 새 시대에 나아가야 할 방향을 상실한 것이다"고 한다. 〈조선일보〉 인터뷰, 2009. 12. 12.

선제적이고 결단력 있는 행동을 할 수 있다. 정주영 회장은 조선소를 지어 놓고 선박건조 수주를 받은 것이 아니라, 수주를 받고 조선소를 지었다. 특히 경제발전이란 경제시스템이 새로운 균형에 이르는 과정이다. 새로운 균형이 쉽게 이루어지려면 사회계층 및 집단 간의 벽이 낮아 이동성이 커야 한다. 네트워크시대에는 특히 이동성이 중요하다. 이동의 벽이 높으면 세계네트워크에서 그만큼 왕따를 당하기 쉽다. 유연한 사고는 또한 자기개혁을 가능케 한다. 시장경제에는 지속적인 자기개혁이 필요하다. 사고가 유연하면 기존 질서에 대한 집착이 상대적으로 적어 개혁이 용이하다. 한 연구에 의하면 통화에 대한 신뢰가 무너지는 상황이었던 1930년대 초 대공황 시 금본위제를 버리지 못한 국가일수록 더 심한 고통에 시달렸다고 한다(Eichengreen/Sachs, 1985). 일본이 1990년대의 경제불황에서 회복을 보이지 못했던 것도 사회에 유연성이 없어 자기개혁이 쉽지 않았기 때문이다.

② 도전정신의 보유

성취는 도전을 통해 이루어진다. 도전의식은 긍정적 사고에서 출발한다. 불확실한 미래의 기회를 잡는 데는 미래를 긍정적으로 보는 것이 필요하다. 이러한 긍정적 사고는 자신감으로 나타날 수 있다. 세상의 일에는 자신감이 중요하다. 같은 일도 자신 있게 처리하면 결과가 다르다. 두려움이야말로 일을 처리하는 데 가장 큰 적이다. 인류역사를 돌아보아도 그렇다. 14세기의 페스트, 19세기의 콜레라, 20세기의 스페인독감 등 갑자기 낯선 병원균이 인류를 덮쳐 공포에 떨게 하였다. 그러나 그 시대를 돌아보면 사람들이 겁에 질려 공황상태에 빠지거나 인종적, 종교적 미움을 갖게 되면 오히려 더 큰 피해를 초래하였다는 것을 알 수 있다. 위험 속에서도, 변화 속에서도, 자신감은 문제를 직시하게 만든다. 미국 뉴욕의 지하철 표에는 '*optimism*'(긍정)이란 말이 새겨져 있다. 즉 긍정이 있어야 도전이 있고 변화를 이루어낼 수 있다는 의미이다. 자신감이 있으면 유연하다. 자신감은 자기정체성의 표현이다. 정체성은 다른 것과 달라지려는 힘이다. 그것이 있어야 자신의 차별화된 역량을 가질 수 있다. 그러나 그것이 잘못 흐르면 독선(*dogma*)이 될 수 있다. 즉 자신감이 아니라 자만심일 수 있다. 그런 의미에서 민족주의적 자만감을 경계할 필요가 있다. 현대자본주의의 뒤에는 민족주의가 있지만(Greenfeld, 2001), 그 민족주의가 언제나 열린 민족주의여야 하는 이유이다.

역동성은 시스템을 새로운 발전적 균형에 도달하게 하는 힘이다. 그러나 그 힘이 너무 과하면 시스템 자체를 불안정하게 할 수 있다. 자본주의 경제시스템에는 항상 이런 내재적 불안정성이 존재한다. 벤아미(Ben-Ami, 2001)의 지적처럼 제 2차 세계대전 후 IMF체제에서만 하더라도 크고 작은 수십 번의 금융위기가 반복되어왔다. 케인스(Keynes)는 대부분의 경제활동이 합리적인 경제적 동기에 따라 이루어지지만, 동시에 '야성적 충동'(*animal spirit*)의 영향을 상당히 받는다는 사실을 파악했다. 로버트 쉴러(R. Schiller, 2002)는 야성적 충동을 이상과열(*irrational exuberance*)이라 하였다. 때로는 광기와 쏠림의 비합리성이 경제적 불안정을 촉진한다. 비합리적 과열과 쏠림이 클수록 경제시스템의 적응능력이 더욱 더 중요한 것은 물론이다, 문제는 이러한 과열과 쏠림이 경제의 양극화를 더욱 촉진한다는 점이다. 충동이 클수록 불안정이 커지고, 그럴수록 사회에 불평등과 불공정이 발생할 확률이 커지고, 그에 따라 사회적 약자들이 더 고통을 받을 확률이 커진다.

(2) 역동성과 한국의 경제성장

한국은 그 어느 나라보다 역동적인 국가라 할 수 있다. 지난 50여 년의 압축적 성장과정이 그 역동성을 반영하고 있다. 국가는 새로운 산업과 도시들을 만들어 '한강의 기적'을 이루어냈고, 개인들은 신분·지위·재산·직업·주거 등에서의 사회적 이동(*social mobility*)으로 그 역동성을 보여주었다. 부와 계층을 뛰어넘는 수많은 신분상승의 혁명이 일어났다.

역동성은 한국인이라면 모두 갖고 있는 DNA이었다. 혈연·지연·학연의 연고적 집단주의가 강한 사회이면서도 한편 이를 극복해 낼 수 있었던 것은 그것이 역동적인 집단주의(*dynamic collectivism*)의 성격을 갖고 있었기 때문이다. 연고주의가 뿜어내는 사회적 분열과 갈등의 힘이 큰 반면에, 한편으로는 역동성에서 나오는 빠른 이동과 변화의 힘이 있어 분열과 갈등의 문제를 희석시키고 해결해나갈 수 있는 것이다.

이런 역동성의 DNA는 유연함을 강조하는 우리의 전통 사상에 반영되어 있다. 도교적인 전통이 이런 유연성을 보여주고 있다. 도덕경에서 말하는 군자가 궁극적으로 지향할 바는 물처럼 사는 것이라는 '상선약수'(上善若水)의 사상이 그것을 보여준다. 이렇게 유연한 주체에는 자신감이 있다. 자신감은 자신의 것을 고집하지 않고 주변의 모든 형상을 감싸안아 변화무쌍하게 변할 수 있는 포용력으로 나타난다. 그러기에 새로운 것을 쉽게 받아들인다. 신제품들이 나오면 그것을 써보겠다는 적극적인 얼리어답터들(*early adopters*)이 어느 나라보다 많고 또한 그들이 적극적으로 초기제품의 문제점을 지적함으로써 한국시장은 세계적인 시험시장(*test-bed market*)이 되고 있다. 이러한 역동성은 무모하다고 할 만한 도전의식의 발로로 나타난다. "할 수 있어"라는 말은 우리가 지난 근대화과정에서 가장 사랑했던 말이다. 기업가들은 물론 많은 상사원들이 그런 도전정신으로 세계 곳곳을 누볐다. 지난 2009년 UAE원전의 수주도 "해봅시다"(*Let's do it*)라는 말로 UAE 사람들을 감동시킨 결과였다고 한다.[25)]

이처럼 역동적이기에 경제발전에 유리한 국제환경의 시기를 놓치지 않았다. 경제개발에도 타이밍이 중요한 것이다. 우리의 경제개발이 10년이 늦었어도, 중국의 경제개방이 10년만 빨랐어도 우리의 경제모습은 지금과 상당히 다를 수 있었다. 경제성장이란 수많은 외부적 도전에 역동적

---

25) UAE 원자력공사(ENEC) 사장인 모하메드 알 하마디는 한국측의 '해봅시다' 정신에 감명을 받았다고 한다(〈조선일보〉, 2009. 12. 30.).

으로 대처해온 하나의 결과이다. 1970년대 2차에 걸친 오일쇼크가 그러했고, 가깝게는 지난 1997년 외환위기의 극복이 그러했다. 2008년의 세계적 금융위기국면에서 우리가 그 위기를 상대적으로 빨리 벗어났다는 평가를 받을 수 있는 것도 그런 역동성의 결과이다. 그러나 문제는 이런 우리의 역동성이 급격히 저하될 조짐이 있다는 것이다. 새로운 미래의 성장동력을 찾지 못하는 가운데, 소득 · 학벌 · 지역(도농) · 산업(대/중소기업) 등의 이중구조가 확대되면서 빈부격차가 커지고, 부의 세습화현상이 증가하고 있다. 이에 따라 정치 · 경제 · 사회 등 분야에서 갈등들이 증폭되고 그에 따라 국가의 의사결정능력이 급속히 퇴보하고 있는 것이다. 여야 정치권의 서로에 대한 발목잡기가 극심하여 의사결정의 능력이 퇴보하는 것처럼 보인다.

(3) 역동성의 발전방향 - 혁신의 시대를 위하여

21세기는 와해적이고 급진적인 변화가 빈번히 나타나는 시기로 예상된다. 탈레브는 '검은 백조'가 나타나는 시대라고 한다. 따라서 국가에는 예상치 못한 극단적인 사태에 대응하는 능력이 필요하다. 변화가 크면 그에 적응하는 능력도 커야 한다. 그 능력의 요체가 역동성이다. 즉 사회가 급격히 변할 때에는 신축적인 대응이 중요하다. 21세기에는 특히 중요한 도전들이 기다리고 있다. 자원, 기후 문제와 함께 사회적으로는 고령화 문제가 있다. 특히 한국은 세계에서 가장 빠른 고령화국가이다. 고령화는 그 경제적 영향도 문제지만, 사회의 활력을 떨어뜨린다는 것이 더 문제이다. 사회의 활력이 떨어지면 떨어질수록 우리가 가진 내면적 장점인 역동성을 어떻게 유지할 것인가 하는 고뇌가 필요하다.

① 교육

• 유연성의 교육

유연한 사고를 하려면 다름을 인정하고 새로움을 수용할 수 있어야 한다. 그래야 협력이 가능하고, 협력이 가능해야 창조를 할 수 있다. 그런 의미에서 우리의 획일화된 교육체계를 획기적으로 뜯어고쳐 다양성을 불어넣을 수 있어야 한다. 다름을 인정하는 다양성 교육, 이를 뒷받침할 자율성의 교육시스템이야말로 민주주의의 기반이자 경제적 역동성의 기반이다. 교육콘텐츠, 교육시스템에 이를 반영하기 위한 고뇌가 있어야 한다.

• 도전정신의 교육

우리의 젊은이들에게 도전정신을 심어주고 역동성을 고취해 나갈 교육이 필요하다. 특히 기업가정신에 대한 교육이 확산되어야 한다. 자본주의의 핵심은 기업가정신에 있다. 실리콘밸리의 생태계와 같은 도전정신으로 뭉쳐진 기업가정신 생태계를 사회 전반적으로 확대하는 노력이 필요하다.

② 제도

• 자기정체성의 확보

국가적 유연성이 유지되기 위해서는 개방성에 대한 존중이 중요하다. 한국은 조만간 어느 나라보다도 경제를 완전히 개방하는 국가가 될 것이다. 그러나 우리사회가 개방을 무리 없이 소화해 내려면 우리 자신에게 그에 걸맞은 내부역량이 있어야 한다. 역동성도 그런 내부역량의 일부라 할 수 있다. 예를 들어 경제가 자유화된 상태에서는 외부에 대한 완충장치가 없으므로 외부의 변화와 충격이 그대로 빠르게 전달될 것이고, 따라서 경제주체로서 더욱 더 변화에 기민하게 대응할 수 있는 적응역량이 중요하다. 역량이란 관점에서는 민족주의도 중요하다. 자기 것을 강하게 만들어야 여유가 있고 남들과 협력하기 쉬운 것이다. 그린펠드(L. Greenfeld, 2001)가 민족주의가, 애국심이 경제발전의 동인이라 말하는 것도 그런 이유이다.

• 제도개혁노력의 지속

인간이 만든 제도는 완벽하지 않다. 그러기에 제도는 경쟁상태에 놓여야 한다. 장소와 시간의 차원에서 다른 제도들과 끊임없이 경쟁하여야 한다. 장소적 차원에서는 다른 나라의 제도들보다 더 좋은 품질의 제도를 만들겠다는 경쟁을 하여야 하고, 시간적으로는 시간의 흐름에 따라 변화된 여건에 맞는 진화를 할 수 있도록 제도를 만들어 나가야 한다. 외부변화가 클수록 이런 제도적 혁신능력은 중요하다. 지속적 혁신을 하기 위한 제도적 개혁의 일상화가 필요하다. 특히 이제는 〈그림 2-9〉에서 보듯이 '클리코크라시'라는 전자민주주의가 확산되는 시대이다. 전자민주주의를 통해 국민들의 여론을 제도혁신에 빠르게 수용해가는 노력이 필요할 것이다.

〈그림 2-9〉 클리코크라시

전자민주주의의 새로운 키워드, '클리코크라시'(*clickocracy*)

- 기술의 발전을 바탕으로 국민들이 인터넷을 통해 직접 정치과정에 참여함으로써 대의민주주의의 한계를 극복하고 궁극적으로는 정부가 사라지고 없는 상태를 지향
- 인터넷을 통한 여론수렴 · 선거캠페인 및 홍보 · 온라인투표 · 사이버국회 · 전자공청회 · 정책결정에 따른 시민참여 및 토론 등 일련의 정치적 행위가 이에 해당

참고: 'http://miso.yeskisti.net' - 미래 키워드

자료: 한국정보화진흥원, 〈트렌드로 보는 미래사회의 5대 특징과 준비과제〉, 2009. 10. 20.

③ 리더십

• 자신감의 고취

역동성은 국민들에게 자신감이 있을 때 발휘되기 쉽다. 그런 의미에서 지도층의 리더십이 중요하다. 국민들에게 자신감을 불어넣는 것이야말로 지도층의 역할이다. 경제적 위기 시에도 이러한 자신감은 중요하다. 더구나 대부분의 경제적 어려움은 순수한 경제적 문제라기보다 정치경제적 성격이 강하다. 그러기에 더욱 더 자신감이 중요하고, 국민들이 자신감을 상실한다면 이를 치유해줄 리더십이 요구되는 것이다.

4. 정신자본의 발전방향

1) 정신자본 요소의 정합성

지금까지 우리는 정신자본의 4가지 요소와 그 요소들이 어떻게 발전되어 나가야 하는가를 살펴보았다. 경제시스템의 성공은 이런 정신자본요소들이 성공에 적합하도록 상호작용을 한 결과라 할 수 있다. 즉 제반 요소들에 정합성이 존재하여야 한다.

첫째, 개인영역과 사회영역의 정합성이다. 상기의 정신자본요소들은 개인영역의 요소와 사회영역의 요소로 나누어질 수 있다. 수월성과 역동성이 전자의 요소라 한다면, 도덕성과 협력성은 타인과의 관계 속에서 나타나는 후자의 요소이다. 전자의 중요한 정신이 자유와 혁신과 같이 개인의 가치창달을 위한 것이라 한다면, 후자의 중요한 정신은 사회적 가치창달을 위한 관계와 조화가 중심이 된다. 이 두 가지 영역의 모습은 그 사회의 문화를 반영하여 결정된다고 할 수 있다. 그런 점에서 동양과 서양은 뚜렷한 차이를 보여 왔다 할 수 있다. 전통적으로 서양이 전자를

〈표 2-8〉 각국의 개인주의 지수

한국	중국	일본	독일	프랑스	영국	미국
18	20	46	67	71	89	90

자료: Hofstede, G. (2001), *Culture's consequences*, Sage, 이동원 외(2009a) 재인용.

중시하는 가치관이라면, 동양은 후자를 중시하는 가치관이었다. 조긍호(2003)는 서양적 가치관이 자기중심적 대인관계, 개인지향적인 성취동기를 중시하는 데 반해, 동양적 가치관은 타인과 사회에 대한 관심과 배려, 타인과 규범중심적 정서 등 도덕적 동기를 중시하는 가치관을 가졌다고 한다. 〈표 2-8〉에서도 서양에서는 개인주의 지수가 높고, 동양에서는 개인주의 지수가 낮은 것으로 나타난다. 그러나 한편 후쿠야마(1995)의 견해를 따르면 동양과 서양의 공동체에 서로 다른 질서관이 존재한다고 할 수 있다. 다시 말해 서양에서는 개인주의가 사회적 신뢰에 기반한 사회공동체적 질서와 조화되어 있는 데 비해, 동양에서는 사회적 신뢰의 부족으로 공동체적 질서관이 혈연중심의 가족공동체의 한계를 벗어나지 못하고 있는 것이다. 즉 동양은 근대문명의 기반이라 할 사회적 관계의 제도화란 측면에서 취약점을 안고 있는 것이다.

경제발전은 서로 이질적인 문화의 접촉과 융합을 의미한다. 한국의 경제발전도 한국문화와 서양문화 간의 접촉·연계·융합을 의미하였다. 이는 앞서 말한 동양의 사회중심적 가치관과 서양의 개인중심적 가치관이 만나는 것을 의미하는 동시에 양자 간의 공동체적 질서관이 만나는 것을 의미하기도 한다. 그런데 한국의 경제발전과정을 보면 개인주의적 가치관과 공동체적 질서의식 사이에 불균형이 발생하고 있다고 판단된다.

과거 서구사회의 건전성이 개인의 자기중심적 사고와 사회의 공동체중심적 사고 사이에 적절한 균형이 확보되어 이룩된 것이라면, 지금 한국사회에서는 그 균형이 무너지고 있는 것으로 보인다. 우리의 근대적 경제가치관과 제도가 서구적 가치관과 제도의 흡수를 통해 이루어진 것으로 전제한다면, 적어도 그 가치관과 제도, 양자의 흡수속도에 있어 큰 차이가 발생하였던 것이다. 그 원인으로는 자본주의 속성상 개인주의 가치관은 빠르게 학습될 수 있는 데 비하여, 공동체적 질서관은 자본주의 원리와는 직접적 관계가 없는 정부의 능력과 사회적 지성이라는 별도의 정신인프라를 필요로 하기 때문이 아닌가 하고 추정된다. 특히 공동체질서와 관련된 암묵지는 3절에 언급한 바같이 다른 사회로 이전되기 어려운 성격을 갖고 있다. 다시 말해 개인들의 이기적 가치관은 빠르게 서구화할 수 있었던 데 비해, 그 개인들의 공동체에 대한 질서의식은 서구의 의식을 닮기 힘든 것일 수 있다. 따라서 한국사회가 당면한 문제는 이러한 양자 간의 불균형을 어떻게 해소할 것이냐 하는 것이고, 정신자본이라는 측면에서 개인영역의 발달에 비해 지체되고 있는 사회영역의 요소들을 어떻게 발전시켜나갈 것이냐 하는 문제이다.

둘째, 자본주의와 민주주의의 정합성이다. 자본주의와 민주주의의 논의 또한 그 특징상 개인영역과 사회영역에 관한 논의의 연장선상에 있다고 보인다. 즉 과연 자본주의의 발달만큼 사회의 민주주의 역량이 발달되어 가느냐 하는 문제이다. 자본주의는 환경변화에 더 반응적인(*responsive*) 속성을 갖고 있다. 자본주의에서는 행위주체(기업)가 소비자인 개인들 요구에 민감하게 반응할 수밖에 없는 반면, 민주주의에서는 행위주체(정치, 정부)가 개인인 시민들의 요구에 그렇게 민감하게 반응하지 못하는 지체현상을 보인다고 할 수 있다(Baker, 2009). 따라서 자본주의와 민주주의는 불균형을 갖기 쉬운 것이다. 나아가 민주주의가 단기적인 이익추구나 일부 특정소수집단의 이익에 편향되는 인기영합적 행태로 흐를 때 이런 불균형 문제는 더욱 심각해진다 할 수 있다. 이러한 불균형은 결국 사회의 지속가능성을 약화시키는 요인이 될 것이다. 그러므로 우리사회가 지속가능한 발전을 하려면 개인영역과 사회영역, 자본주의와 민주주의의 균형과 조화를 찾아가는 노력이 필요할 것이다.

2) 한국정신자본의 발전방향

정신자본의 4가지 요소는 우리 경제의 압축적 성장경제발전과정에서 주요한 성장동력이었다 할 수 있다. 남다른 수월성, 환경에 적응하는 역동성, 그리고 상호협력적 태도와 인의를 중시하는 도덕기반이 그것이다. 그러나 우리의 성장모델은 불균형 속에 이루어졌다. 산업전략적으로도 그랬지만, 정신적으로도 불균형적인 성장모델이었다. 정신자본의 측면에서 보면 수월성과 역동성을 강화시키는 불균형모델로 이루어졌다. 그러기에 우리에게는 세계에 자랑하고 싶은 우수한 산업기술이 있는 반면에 다른 한편으로는 자살률·CO2 배출증가율·폐쇄적 연고주의 등 세계에 감추고 싶은 우리의 모습이 있다. 세계에 자랑할 만큼 물질적 우월성이 높아진 만큼 남에게 숨기고 싶은 정신적 천박성도 우리 속에 자라난 것이 아닌가 싶다. 이런 불균형은 우리의 국력에서도 나타난다. '한반도선진화재단'이 G20 국가들을 대상으로 실시한 '종합국력지수 분석결과'를 보면, 우리나라는 수월성에 의해 관리되는 하드파워부문(경제력, 교육력, 과학기술력, 국방력, 정보력 등)은 9위를 차지했지만, 도덕성이나 협력성이 뒷받침되어야 할 소프트파워부문(국정관리력, 정치력, 외교력, 문화력, 사회자본력 등)은 매우 부진한 것으로 나타났다. 이러한 불균형은 사회의 지속가능성을 약화시키기 마련이다. 사회갈등들은 커지고, 거래비용은 높아지며, 경제주체들의 경제의지는 약화되기 마련이다. 서로가 서로의 발목을 잡게 되고 만인에 의한 만인의 투쟁이 일어나기 쉽다.

이제는 정신자본이 가지는 4가지 기본요소의 균형과 조화를 생각해 볼 때이다. 우리 경제의 과거 압축성장기가 개인중심의 수월성과 역동성에 주로 의존하여왔다는 점에서 앞으로 새로운 성장역량을 만들어내기 위해서는 사회적 요소로서 도덕성과 협력성을 어떻게 발전시켜나갈 것인가를 고민하여야 한다. 물질적, 양적 근대화는 이루었지만 정신적, 질적 근대화를 이루지 못해 나타나는 정신적, 문화적 지체현상을 치유해야 하는

〈그림 2-10〉 정신자본의 4대 요소

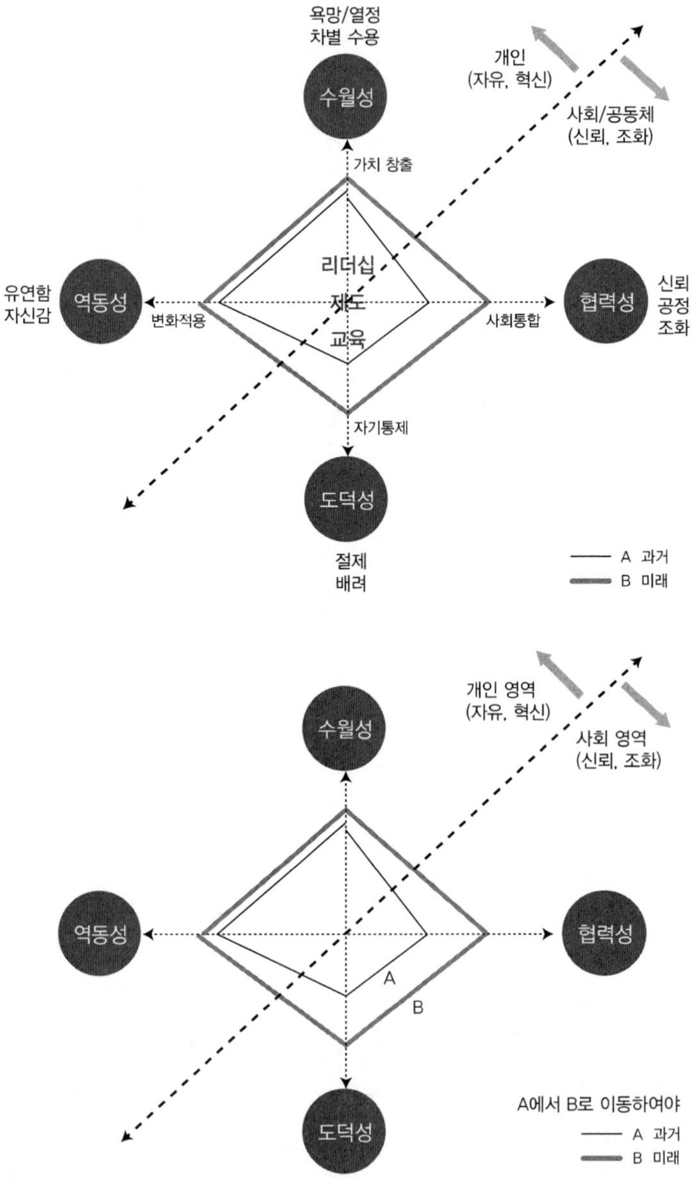

것이다. 다시 말해 물질적 부가 증가할수록 더욱 드러나 보이는 정신적 빈곤의 문제가 문제의 핵심이며, 이에 대한 길을 제대로 제시하지 못한다면 우리의 성장잠재력은 고갈되어갈 것이다.

이는 〈그림 2-10〉에서 보는 바와 같이 우리의 경제사회발전 프레임워크를 A에서 B로 변화시켜 나가야 함을 의미한다. 그것은 우리가 근대화과정에서 잃어버렸던 휴머니즘의 복원이다. 새로운 휴머니즘을 통해 우리의 자본주의는 더욱 더 강해질 수 있다. 이는 나이(J. Nye)의 말처럼 소프트 파워가 강해지는 과정인 동시에, 냉혈적인 자본주의를 인간의 피가 흐르는 따뜻한 자본주의로 전환시키는 과정이며, 저(低) 품격의 자본주의를 고(高) 품격의 자본주의로 진화시키는 과정이다. 시장에 배려와 공정의 선한 힘을 키우면 선한 시장이 될 것이요, 탐욕과 탈법의 악한 힘을 키우면 악한 시장이 될 것이다. 과연 경제를 강하면서도 따뜻하고 선하게 만들 우리의 지혜는 어떻게 결집되고 발휘되어야 하는 것인가? 이제는 우리사회가 이에 대한 대답을 찾아야 할 때이다.

■ 참고문헌

강영진(2009), 《갈등해결의 지혜》, 일빛.

김태종(2007. 9. 5), "사회 신뢰의 수준 및 추이에 관한 분석", KDI/KISDI 컨퍼런스(사회적 자본: 정부의 역할과 IT).

민문홍(2001), 《에밀 뒤르케임의 사회학》, 아카넷.

박 준(2009), "한국의 사회갈등과 경제적 비용", 삼성경제연구소, 2009. 6.

서병훈(2010), 《존 스튜어트 밀: 공리주의》, 책세상.

시부사와 에이이치(1927), 《논어와 주판》, 노만수 역, 2009, 페이퍼로드.

이동원 외(2009a), "사회적 자본 확충을 위한 정책과제", SERI CEO Information.

______(2009b), "제 3의 자본: 사회적 자본은 어떻게 증진하는가?", SERI.

임영재(2007. 9. 5), “사회적 자본과 관련된 주요 정책이슈”, KDI/KISDI 컨퍼런스(사회적 자본: 정부의 역할과 IT).

전홍택(2009. 11. 18), “새로운 발전패러다임”, 경제인문사회연구회 발표자료.

정성철(2009. 12. 30), “과학기술 선진화”, 한반도 선진화 재단 자료.

조긍호(2003), 《한국인 이해의 개념들》, 나남출판.

최항섭(2007. 9. 5), “정보사회의 신뢰와 사회적 자본”, KDI/KISDI 컨퍼런스(사회적 자본: 정부의 역할과 IT).

최항섭(2008), “온라인 세대의 네트워킹과 집단지성화에 대한 미래정책연구”, KISDI, 2008. 11.

통계청(2009. 1. 20), 〈향후 10년간 사회변화 요인분석 및 시사점〉.

황인성(2009), “잠재성장율 추이와 부진의 원인”, SERI.

한국공학한림원(2009), 《창조적 혁신으로 새성장판을 열자》, 정책총서.

한국정보화진흥원(2009. 10. 20), 〈트렌드로 보는 미래사회의 5대 특징과 준비과제〉.

Akerlof, G. A. and R. J. Shiller(2009), *Animal Spirits: How Human Psychology Drives the Economy, and Why It Matters for Global Capitalism*, Princeton University Press, 김태훈 역(2009), 《야성적 충동》, 랜덤하우스.

Baker, E. H. (2009), *Paradox of Capitalism*, Strategy+Business.

Bates, R. H. (1988), “Contra Contractarianism: Some Reflections on the New Institutionalism”, *Politics and Society*, 16: 387~401.

Ben-Ami, D. (2001), *Cowardly Capitalism: The Myth of the Global Financial Casino*, John Wiley & Sons.

Boltanski, L. and E. Chiapello(2002), “The New Spirit of Capitalism”, Conference of Europeanists, Mar. 14, Chicago.

Castells, M. (2000), *The Network Society*, Wiley-Blackwell, 박행웅 외 역(2008), 《네트워크 사회의 도래》, 한울아카데미.

Collaborative Economics(2006), *Silicon Valley's 2006 Index of Silicon Valley*, Joint Venture.

Davis, S. & C. Meyer (1998), *Blur: The Speed of Change in the Connected Economy*, Addison-Wesley.

Dawkins, R. (1976), *The Selfish Gene*, Oxford, 홍영남 역(1993), 《이기적 유전자》, 을유문화사.

Eichengreen, B. and J. Sachs(1985), "Exchange Rates and Economic Recovery in the 1930s", *Journal of Economic History* 45: 925~946.

Fine, B., C. Lapavitsas, & J. Pincus(2001), *Development Policy in the Twenty-first Century: Beyond the post-Washington Consensus*, Routledge.

Fukuyama, F. (1995), *Trust: The Social Virtues and the Creation of prosperity*, NY, Free press.

______(2005), *State Building*, Cornell University Press, 안진환 역(2005), 《강한 국가의 조건》, 황금가지.

Goodin, R. E. (2003), *Reflective Democracy*, Oxford University Press.

Greenfeld, L. (2001), *The Spirit of Capitalism: Nationalism and Economic Growth*, Harvard University Press.

James, O. (2007), *Affluenza*, Vermilion, 윤정숙 역(2009), 《어플루엔자》, 알마.

Kahneman, D., J. Knetsch, and R. H. Thaler(1986a), "Fairness as a Constraint on Profit-Seeking: Entitlements in the Market", *American Economic Review* 76(4): 728~741.

______(1986b), "Fairness and the Assumptions of Economics", *Journal of Business* 59(4): 285~300

Knack, S. and P. Keeper(1997), "Does Social Capital Have an Economic Payoff? A Cross-country Investigation", *Quarterly Journal of Economics*, Vol. 112(4): 125~1288.

Kogut, B. & U. Zander(1992), "Knowledge of the Firm, Combinative Capabilities, and the Replication of Technology", *Organization Science* 3(3): 383~397.

Krugman, P. (1996), *The Self-Organizing Economy*, Blackwell.

Lane, J. and S. Ersson(2002), *Government and the Economy: A global Perspective*, Continuum.

McMillan, J. (2002), *Reinventing the Bazaar: A Natural History of Markets*, W. W. Norton & Company, 이진수 역(2007), 《시장의 탄생》, 민음사.

Morrone, A., N. Tontoranelli, G. Ranuzzi(2009), "How Good is Trust? Measuring Trust and its Role for the Progress of Societies", *OECD Working Paper.*

Nahapiet, J. and S. Ghoshal(1998), "Social Capital, Intellectual Capital, and the Organizational Advantages", *Academic of Management Review* 23(2).

Nonaka, I. (1994), "A Dynamic Theory of Organizational Knowledge Creation", *Organization Science* 5(1): 14~37.

Ostrom, E. (1990), *Governing the Commons*, Cambridge University Press, 윤홍근/안도경 역(2010), 《공유의 비극을 넘어》, 랜덤하우스.

Perez, C. (2002), *Technological Revolutions and Financial Capital*, Cheltenham: Edward Elgar.

Putnam, R. D. (1993), *Making Democracy Work: Civic Traditions in Modern Italy*, Princeton University Press.

______(2000), *Bowling Alone: The Collapse and Revival of Community*, Touchstone Books.

Ridley, M. (1998), *The Origins of Virtue: Human Instincts and the Evolution of Cooperation*, Penguin, 신좌섭 역(2010), 《이타적 유전자》, 사이언스북.

Turiel, E. (2002), *The Culture of Morality: Social Development, Context, and Conflict*, Cambridge University Press, 권민균 외 역(2009), 《도덕성과 문화》, 시그마프레스.

Sah, R. K. (1991), "Social Osmosis and Patterns of Crime", *Journal of Political Economy* 88(6): 1272~1295.

Sampler, J. L. (1998), "Redefining Industry Structure for the Information Age", *Strategic Management Journal*, Vol. 19: 343~355.

Sandel, M. J. (2009), *What's the Right Thing to Do?*, Farrar, Straus and Giroux, 이창신 역(2010), 《정의란 무엇인가》, 김영사.

______(2010), *Public Philosophy: Essays on Morality in Politics*, 안진환/이수경 역(2010), 《왜 도덕인가》, 한국경제신문.

Senge, P. (1990), *The 5th discipline: The Art and Practice of the Learning Organization*, Bantam.

Smith, A. (1759), *The Theory of Moral Sentiments*, D. D. Raphael and A. L. Macfie (eds.), Liberty Fund, 1984.

Surowiecki, J. (2004), *The Wisdom of Crowds: Why the Many are Smarter than the Few and How Collective Wisdom Shapes Business, Economies, Societies and Nations*, Doubleday.

Trigg, R (2005), *Morality Matters*, 박정희 역 (2006), 《도덕성이란 무엇인가》, 철학과 현실사.

World Bank (2006), *Where is the Wealth of Nations?*, World Bank.

03

20세기 경제발전과 인적자본

강 정 모

1. 서론

발전의 사전적 정의는 일이 어떤 방향으로 진행되면서 더 낫거나 좋은 상태 혹은 더 높은 단계로 나아가는 것을 의미한다. 따라서 한 사회의 발전은 사회구성원들의 평균신장과 체중은 물론 정신까지 변화함으로써 이루어지게 되는 과정으로서 일종의 틀(패러다임)의 변화라고 할 수 있다. 경제발전도 마찬가지이다. 경제발전은 단순히 자원이나 화폐, 에너지 등 경제적 요소의 상호작용에 따른 발전과정이라기보다는 오히려 경제적·정치적·인구통계적 및 문화적 요인들이 상호작용하여 성장과 변화를 유발하는 결과적 현상이다. 따라서 발전은 양적 성장은 물론 질적 변화까지 포함하는 개념으로 보아야 한다.

인류가 오늘날과 같이 되기 위해서는 유인원에서 직립원인(*Homo erectus*)으로, 다시 직립원인 시대부터 백만 년이 넘는 시간 동안 수많은 유인원 개체나 종 중에서 선택되고, 차별화과정을 거쳐 진화하고 발전하였다. 인류가 이처럼 분화 혹은 차별화(*differentiation*)→선택(*selection*)→증식(*amplification*)과정을 거쳐 진화하고 발전하였던 것처럼 경제발전도

경제적 · 정치적 · 사회적 · 문화적 요인들이 상호작용하여 진화하고 발전하였다. 더욱이 세계화가 가속화되면서 경제는 더욱 복잡하게 작동하여 제대로 분석하고 예측하여 해결책을 내놓는 것이 아주 어렵게 되었다. 이에 따라 경제문제의 본질을 찾아내는 새로운 접근방법으로 복잡계 경제학과 진화경제학이 부상하였다. 이들의 주장에 따르면 진화와 경제학은 상호 밀접하게 연관된 것으로서 경제발전 역시 장기간에 걸쳐 일어나는 복잡한 진화과정에 비유할 수 있다(Beinhocker, 2006: 216~217).

경제학에서 가장 근본적인 문제들은 경제발전은 어떻게 일어나며, 이것을 어떻게 더 빠르게 이룰 수 있는지에 대한 것이다. 세계 1인당 GDP는 2000년 달러가치로 1만 2천 년 전에는 약 90달러, 1750년에는 약 180달러로 추정된다(Beinhocker, 2006: 37~39). 2000년 세계 1인당 GDP는 6,600달러이며, 2007년에는 7,995달러이다. 결국 세계 1인당 GDP는 약 1만 1,750년 동안 겨우 2배로 증가한 반면 18세기 중반 이후 약 250년 동안 현재 인류 부의 97.7%이상을 축적한 것이다.

이로 미루어 볼 때 경제발전은 18세기 중반 이후의 현상이며, 선진국들의 대부분이 18세기 중반 이후에 경제적 도약을 이루고 19세기와 20세기에 들어서 선진화된 경제로 진입한 것이다. 그렇다면 인류가 18세기 중반 이후에 경제적 도약을 이루어낼 수 있었던 이유는 무엇인가?

이는 과학과 기술의 발달로 인한 산업혁명,[1] 시장의 확대로 인한 노동의 분업과 전문화, 기업활동이 활발하였기 때문이다.[2] 또한 18세기

1) 제1차 산업혁명은 1840년, 제2차 산업혁명(전기 · 화학)은 1890년, 제3차 산업혁명(무선혁명)은 1980년대에 일어났다.

2) 영국 동인도회사는 1600년 국왕의 특허를 받아 조직되었으며 18세기 초에서 19세기 중엽까지 인도에서 영국제국주의의 앞잡이 역할을 하였다. 1612년까지 투자자들로부터 자금을 모아 개별 무역업무를 하였다. 이후 잠정적으로 주식회사가 되었다가 1657년에는 영구적인 주식회사로 발족하였다. 1825년에서 1862년 사이에 일련의 법령으로 유한합자회사가 탄생하였다. 일본은 1868년에 최초의 주식회사가 탄생하였다

말부터 19세기에 걸쳐 일어난 정치·사회·정신적 자유혁명도 경제발전을 촉진할 수 있는 발전친화적인 정신을 이끌어내는 데 기여함으로써 경제발전을 촉진하였다. 산업혁명 이전에는 발전친화적인 문화유전자가 증폭될 수 있는 여건이 성숙하지 못했기 때문이다. 1750년경 이후에 일어난 사회적 기술의 혁신은 폭발적인 부의 증가를 가져왔다. 첫째, 지식의 축적과 과학의 출현이다. 이전의 시행착오를 바탕으로 축적된 지식과 과학의 출현으로 물리적 기술 혁신이 가속화되었고, 새로운 지식의 창출에서 합리적인 연역과 실험적 사고가 더 중요한 역할을 하였다. 둘째, 시장경제의 출현이다. 시장경제의 발전은 사회적 기술의 진화로, 핵심동력은 영국 의회민주주의의 발전과 미국혁명을 들 수 있다. 역사적으로 보면 차별화된 사업계획이 통치자나 시장에 의해서 선택되어, 모든 경제는 통치자경제와 시장경제의 혼합체였다. 사회와 경제가 복잡해지면서 선택은 통치자에서 시장으로 옮겨졌고, 시장경제에서는 경제적 효율성이 극대화되는 쪽으로 자원이 배분되었다. 시장경제는 진화를 위해 경쟁하는 기업계층조직으로 구성된 체제이다(Beinhocker, 2006: 287~296). 19세기 말 미국, 영국 및 북유럽국가에서 시장경제에 기반이 되는 사회적 기술이 터를 잡았고, 사업계획의 선택과정에서 통치자의 자리는 사라지고 기업가정신이 그 자리를 차지하였다. 19세기와 20세기에 걸쳐 과학은 막대한 물리적 기술을 창출하였고, 시장은 이러한 기술을 새로운 제품과 서비스로 전환하는 사업계획의 진화를 촉진하였다. 물리적 기술, 사회적 기술 및 사업계획 혁신 간에 선순환이 일어나 세계사에 유례가 없는 거대한 경제발전을 이루었다.

또한 인류가 18세기 중반 이후에 경제적 도약을 이루어 낼 수 있었던 것은 17세기 들어서 인류가 발명해 낸 기업[3]이라는 조직 때문이다. 기업

3) 기업에서 서로 의사소통을 통하여 상호작용이 일어나 한 사람이 아이디어를 내면 다른 사람은 더 좋은 방법을 제안하여 더 좋은 아이디어가 되고, 지식과 지식이 만나 더 좋은 지식이 창조되고, 전파되며, 공유되는 더 큰 지식을 갖

은 사람들이 물적 집합을 유기적으로 조직하여 이윤을 추구하는 조직이다. 그러므로 기업의 사활을 결정하는 것은 사람, 즉 경영자이다. 따라서 경제발전은 개인과 기업의 자기성취동기를 유발하는 유인구조를 발굴하는 일이라 할 수 있다.

경제학에서 더 근본적인 문제 중 하나는 왜 어떤 나라들은 성장하는 반면 다른 나라들은 빈곤에서 벗어나지 못하는가에 대한 것이다. 또 다른 문제는 경제적으로 낙후된 국가가 서양국가들이 밟아온 전통적 성장경로와는 다소 다른 성장경로를 따라 지속적인 경제성장을 성공적으로 할 수 있는가이다.

인류 경제발전의 요인과 상기 질문에 대한 해답을 얻기 위한 이 글의 목적은 첫째, 신고전학파성장이론과 동아시아 경제발전모형의 특징을 비교하고, 둘째, 동아시아의 기적적인 경제발전의 본질을 조직적으로 정형화하며, 셋째, 동아시아 경제발전의 정신을 따라 동아시아 국가들이 침체되고 낙후된 경제를 어떻게 극복하고 빠르게 성장하여 현대적인 경제로 전환하였는가를 검토하여 새로운 경제발전 틀에 대한 교훈을 얻는 것이다. 이 글은 일본의 메이지〔明治〕시대(1862~1912년)와 전후의 경제도약기인 1950~1960년대, 한국과 대만의 경제도약기인 1950~1970년대, 중국의 경제도약기인 1980~1990년대에 초점을 맞춘다. 특히 한국과 대만은 신고전학파성장모형 외에 명확히 정의된 경제발전모형이 없었던 시대에 신고전학파 견해와는 분명히 구별되는 공산품의 수출촉진정책을 추구함으로써 그들 나름의 성장경로를 개척하였다. 당시에 많은 경제학자들이 일본경제의 성공적인 발전을 요행이라고 하면서 비유럽문화를 현대화시킬 가능성에 대해 공공연하게 회의적이었던 점(Gerschenkron, 1962)을 상기하면 이들 국가의 경제발전경험에 주목하는 것은 매우 의미가 있다. 무엇보다도 한국과 대만은 특히 보호주의와 수입대체로 본 신

는 지식공동체가 된다.

고전학파의 견해와 분명히 구별되는 공산품의 수출촉진정책을 추구하였다는 의미에서, 새로운 진로개척자들이었다.

2. 신고전파성장이론과 동아시아 경제발전모형

1) 전통경제학과 복잡계 경제학

전통경제학이라 할 수 있는 신고전파경제학은 합리성을 가정한다. 즉 결정권자에게 가용할 선택의 기회가 주어지면 가장 좋다고 생각하는 것을 선택한다는 것이다. 이 가정은 열린 경쟁시장에서 기업들이 사회적으로 용인되는 기대이윤을 획득하여 정상적으로 생존할 수 있다는 생존성을 전제로 한다. 그러나 후진국의 기업들은 안정된 선진사회와는 달리 완전히 열린 경쟁시장체제에서는 정상적인 경영을 방해하는 요인들이 많아 생존성을 위협받게 되어 합리성을 전제로 한 신고전학파경제학 이론을 적용하기 어렵다. 더구나 신고전파경제학에서는 완전경쟁시장 · 완전한 정보 · 거래비용이 없음, 이 3가지를 이상적으로 가정할 뿐만 아니라 한 균형에서 다른 균형으로 즉각적으로 이동하여 시간개념이 없는 정태적 균형경제를 가정하고 있다. 소비자와 기업을 비롯한 경제주체들이 항상 합리적일 수는 없는데도 똑같은 능력 · 선호도 · 조건 및 부를 갖는 수평적 평등을 가정하고 착오와 편견을 배제하는 등 현실과는 너무 동떨어져 있다. 최근에 부상하여 지지기반을 넓히고 있는 복잡계 경제학과는 대조적이다.

경제발전현상은 일반적으로 대단히 불균형적이고 불평등하다. 잘하는 경제주체와 잘못하는 경제주체가 병존하며, 개인별 · 기업별 · 지역별로 경제적 성과가 다르다. 그러나 전통적 경제이론은 경제현상을 균형이라는 틀에 넣어 분석하기 때문에 이처럼 불균형적인 경제발전 현상을 다루는 데 문제가 있게 된다. 특히 신고전학파의 경제이론에서 완전경쟁모형이 '동일한 경제주체 혹은 기업'이라는 가정은 경제발전 현상은 물론 현실을 반영하지 못하므로 경제발전을 설명하는 데 치명적인 한계가 있다. 즉 경제발전의 보편적인 현상은 개인이나 조직, 혹은 지역이나 성공한 혁신가들이 사회의 역할모형으로서 각 분야의 발전을 이끄는 것이기 때문에 대단히 불균형적이다. 따라서 완전경쟁모형에 입각한 신고전학파의 경제성장모형은 경제발전이론으로 적합하지 못하다. 또한 신고전학파의 성장모형은 다수의 동일한 경제주체들의 원자적 경쟁과 완전한 정보에 입각하고 있는 닫힌 균형체제이기 때문에 서로 다른 역량을 가진 주체들이 상승작용으로 창출하는 발전과정을 설명하는 데 미흡한 점이 많다. 아울러 시너지효과 역시 부분의 합이 전체가 되는 선형적 관계로 설명하기에는 부족한 점이

〈표 3-1〉 복잡계 경제학과 전통경제학의 비교

구분	복잡계 경제학	전통경제학
역동성	개방적, 동태적, 비선형적 불균형시스템	폐쇄적, 정태적, 선형적 균형시스템
행위자	개별적 모형, 귀납적 경험 법칙에 의한 의사결정, 불완전 정보, 착오와 편견의 제약, 시간에 따른 학습과 적응	집단적 모형, 복잡하고 연역적 계산에 의한 의사결정, 완전한 정보, 착오와 편견 배제, 학습과 적응 필요성 없음(행위자는 이미 완벽)
네트워크	개별 주체 간 상호 작용의 명시적 모형, 시간에 따른 관계 망상조직의 변화	주체들은 경매 등 시장 작동장치를 통해 오직 간접적으로만 상호작용
창발성	거시와 미시 간 구분 없음, 거시유형은 미시적 행태와 상호작용의 창발적 결과	미시와 거시 경제학은 별도의 학문분야로 존재
진화	차별화, 선택 및 증식의 진화과정이 시스템의 혁신을 유발하고 질서와 복잡성을 증가시킴	내생적으로 혁신을 창출하거나 질서 및 복잡성의 증대를 가져오는 작동장치는 없음

자료: Beinhocker & Eric D., *The Origin of Wealth*, Harvard business School Press: 97, 2006.

많다. 반면에 복잡계 경제학은 전체가 부분의 합을 초과하는 비선형적관계를 택하여 비선형적 상호작용을 본질로 하며, 이러한 상호작용으로 기존의 체계나 질서와는 다른 차원의 새로운 체계나 질서를 만드는 열린 구조의 불균형체제이다. 이와 같은 차이점 때문에 복잡계 경제학이 전통경제학의 대안으로 부상하고 있다.

2) 신고전학파 경제성장이론에 대한 도전

동아시아 국가들(일본 · 한국 · 대만 · 싱가포르 · 홍콩 및 중국)의 1인당 생산은 1965년부터 1995년까지 30년간 연평균 4.7%로 증가한 반면 서구국가들의 경제는 산업혁명을 포함하는 1820년부터 1998년까지 178년간 연평균 1.6% (Maddison, 2006) 성장하였다. 또한 1950~1999년간 미국과 유럽국가들의 국내총생산이 약 5배 증가한 반면 동아시아 국가들

〈그림 3-1〉 1950~1999년간 국내총생산 증가 배수

(1999년 GDP/1950년 GDP)

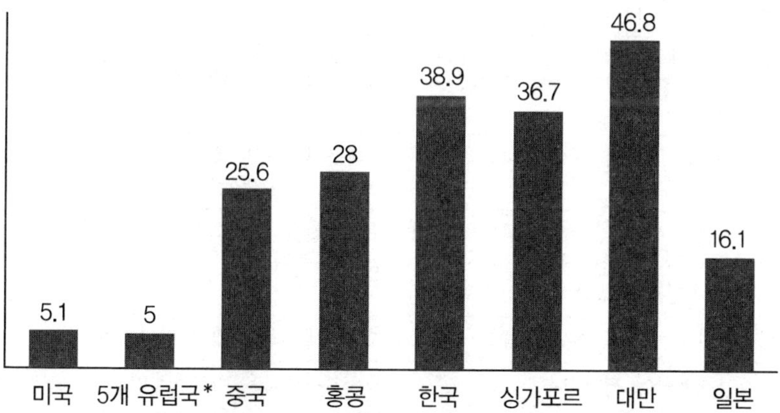

주: * 프랑스, 독일, 이탈리아, 스페인, 영국.

자료: Maddison, World Bank, World Development Indicators Online (see http:// www.worldbank.org/data/wdi2004/index.htm), 2001.

은 약 16~47배 증가하여 대조적이었다. 동아시아의 이처럼 빠른 경제성장은 다른 개발도상국 경제의 70% 이상이 선진국 경제의 평균 성장률보다 느리다는 면에서 특히 괄목할 만한 것이다. 이처럼 경이로운 경제발전을 이룬 동아시아의 경제발전모형은 신고전학파 경제성장모형과는 상당히 다른 동아시아의 독특한 접근방법이었다(Kwon, 1994).

동아시아 발전모형은 동아시아 국가들의 경제발전을 설명하기 위하여 현실에 기반을 둔 경제이론들과 가설들을 전통적 이론들보다 더 정밀하게 통합하고 정리한 것이다. 동아시아 경제발전모형과 신고전파 성장모형과의 차이점은 케인즈 모형과 신고전파 모형 사이에 존재하는 차이만큼 크다. 케인즈 이론은 주로 단기쟁점에 관한 것인 반면에, 동아시아 경제발전모형은 신고전파 모형처럼 성장이론이지만 정부의 역할이 광의의 사회간접자본의 한 요소로 취급된다.

〈표 3-2〉 동아시아 모형과 신고전파 모형의 비교

동아시아 경제발전모형	신고전파 경제성장모형
불완전경쟁시장: 외부성 및 규모의 경제로 인한 시장의 실패	완전경쟁시장
정부는 경제적 자원의 일부분이며 인적자본, 정보 및 경제적 동기를 적극 제공	자유방임주의로 정부는 불간섭이나 시장실패 시 소극적 개입
국제무역은 규모의 경제와 비교우위로 발생함	국제무역은 정태적 비교우위로 인하여 발생함
수출촉진을 위한 적극적 접근방법 사용 -수출촉진과 수입대체의 공존 -수출촉진과 수입대체의 상호보완성	수출촉진을 위한 정책중립성이나 정책의 부재
비교우위의 전략적 개편이 중요	자연발생적인 정태적 비교우위
요소가격왜곡이 필요함	요소가격왜곡은 비효율적인 자원배분을 야기함

자료: 강정모, 2009b: 4 재인용.

동아시아 모형의 기원은 일본의 메이지 시대(1862~1912년)로 거슬러 올라간다. 동아시아 국가들은 서구의 기술과 과학지식을 빌려왔지만, 동아시아 국가들이 처음에 그들의 경제발전을 생각하고, 조직하고, 실행한 방법은 어떤 특정한 서구의 경제사상에 의해 방해받지 않은, 독특하게 동아시아적인 것이었다. 이 메이지모형은 나중에 언급될 동아시아 모형(한국·대만·싱가포르 및 중국 모형)과 아주 유사하다는 점에서 주목할 필요가 있다. 대체로 자유방임적인 환경 속에 개인의 발명과 기술혁신에 입각한 서구의 경제발전방법과 달리, 일본 메이지시대의 경제발전은 국가건설의 필수적인 부분이었다(Morishima, 1982).

일본이 서구를 따라잡아야 한다는 긴급한 필요성과 경험 있는 자본가들의 부족은 메이지정부로 하여금 확대되는 외부자원의 격차에 대처하는 빠른 수입대체를 달성하기 위하여 현대식 공장을 건설하고 운영하는 산업경영자의 역할을 하도록 하였다. 이러한 일본정부의 인식은 제1차 세계대전까지 정부의 투자가 민간투자보다 많은 현상으로 나타났는데 1884년에 66%, 1901년에 54%를 기록하였다. 정부의 투자가 민간보다 많은 이러한 일본의 경험은 대만에서도 유사하게 나타나며, 일본재벌(자이바쓰)의 탄생을 둘러싼 환경과 정부의 협력관계는 한국의 재벌과 아주 유사함을 알 수 있다.

3) 발전의 기본개념

낙후된 경제를 영속화시키고 개인 및 사회의 발전을 저해하는 기본적인 요인은 ① 인적자본의 결여, ② 기회를 포착하여 이용하는 동기의 결여, ③ 기회의 결여이다. 정치적 혼란이나 자연재앙은 없지만 천연자원이 매우 빈약한 환경에서도 빠른 경제성장이 이루어진 경우를 보면, 이용할 경제발전의 기회가 있었기 때문에 경제발전이 가능했음을 알 수 있다. 이를 통해 유추하면 개방경제 하에서 기회는 외생적으로 주어지는 것이 아니라 국민들의 소망을 통한 통찰력 및 능력에 따라 주어지는 것으로서 기회는 내생적이라는 것을 알 수 있다. 결국 ③은 ①과 결합될 수 있다. 그렇다면 단지 두 개의 요인인 ① 기회를 인식하고 포착하는 능력의 부족, ② 기회를 이용하는 동기의 부족으로 압축되고, 이것들이 경제적 후진성의 가장 큰 원인들이다.

인적자본의 경제적 정의는 기회를 인식하는 능력이다. 즉, 정보를 획득하고 소화하는 능력 및 어떤 경제적 목표를 성취하는 능력이다. 이 능력은 기업가에게만 고유한 것이 아니고, 개별 노동자들이나 정부관료들에게도 역시 존재한다. 각 사회에서 이러한 능력들은 일반적인 지식수준·기술수준·습관 및 사회의 전반적인 가치체계에 의하여 제약을 받는다. 그렇지만 기회가 인식된다 하더라도 동기가 결여되어 있다면, 즉 위험성에 비하여 노력에 대한 사적 혜택이 너무 적거나 불확실하다면 사람들은 그 기회를 이용하지 않을 것이다. 그래서 문제는 낙후된 경제가 개인의 노력이나 단체의 노력을 통한 흡수력의 격차(인적자본의 격차)와 동기의 격차를 어떻게 극복할 수 있는가에 있다. 동아시아의 경험은 산업혁명기간보다 훨씬 더 정부가 민간주체들과 긴밀하게 협력하였다는 것을 보여준다. 인적자본에 대한 투자와 대외지향적 경제정책이 흡수력(인적자본)의 격차를 좁히는 중요한 요인들이었다. 대외지향적 경제정책은 새로운 기술의 흡수를 통하여 학습과정을 촉진시키는 경쟁적 환경을 조성한다. 더구나 수출지향성은 인적 및 물적자본의 발전을 촉진하면서 새로운 동기를 창출한다.

동아시아 경제발전이론은 정부의 개입 여부에 관한 이론이 아니고 인적자본, 정보 및 경제적 동기에 관한 이론이라는 것에 주목해야 한다. 경제주체는 확대된 인적자본, 정보 및 동기가 필요하고 이들은 민간부문이나 정부부문에서 올 수 있다. 가난의 악순환 속에서 발버둥치는 후진국의 정부에게 굶주린 대중들의 고통을 덜어주는 것을 돕는 일보다 더 큰 일은 없다. 이 점이 동아시아 경제발전이론을 신고전학파이론과 구별 짓는 요인 중 하나이다.

정부개입을 정당화시키는 경제적 상황은 완전경쟁의 가정을 무력화하는 규모의 경제·외부성·불완전한 정보·유치산업보호 혹은 기초연구의 필요성 등으로 시장이 실패하는 경우이다. 만일, 시장실패가 존재한다면 국내든 국제적이든 자유로운 거래에 대한 주장은 성립하지 않는다. 시장실패가 있는 자유방임경제는 파레토 효율이 달성되지 않으므로 그런 경우에는 정부개입이 필요하다. 시장실패를 보충할 정부개입의 가장 중요한 부문은 가격이나 동기에 반응하지 않는 구조적 경직성으로부터 유래한다. 많은 개발도상국가들에서 자본의 부족과 고비용, 수요의 불확실성 및 정보부족으로 인한 위험성은 투자를 꺼리게 한다. 경제적 빈곤을 영속화시키는 2개의 악순환을 강조하는 넉시(R. Nurkse, 1953)의 이론은 낮은 저축, 부족한 자본, 제한된 시장규모 및 투자유인동기 결여의 상호작용으로 구성된다. 너무 낮은 소득 및 수요의 처방으로는 로젠슈타인-로단(P. N. Rosenstein-Rodan, 1943)이 제안한 강력한 일괄적 추진(*big-push*)이 있다. 종합적인 투자계획이 수요를 창출하고 투자프로젝트가 이윤을 남기도록 기반시설에 대한 투자가 함께 이루어지는 것이다. 종합투자계획은 투자동기를 획기적으로 증가시키도록 종합적인 계획주체에 의하여 수행되어야 한다.

이러한 요인들을 고려하면 동아시아 경제발전모형이 작동하도록 하는 4개의 상호 연관된 요인들은 ① 인적자본, ② 물적자본, ③ 정부, ④ 수출지향성의 4개이다. 물적자본은 생산함수에서의 중요성 때문에 추가되었다. 자본형성은 국내저축과 해외저축에 의하여 영향을 받는 반면에 정부는 이 자원들의 동원에 많은 영향을 준다. 동기변수는 수출지향성과 정부에 의하여 대체된다.

3. 동아시아 경제발전모형

동아시아 국가들의 경제성장경험은 무엇이 낙후되고 침체된 경제를 갑자기 빠르게 성장하게 하고 30년 내에 산업화된 경제의 지위에 도달할 수 있게 하는가에 대한 매혹적인 사례연구를 제공한다. 정말로 동아시아 국가들이 밟은 성장경로는 괄목할 만하다. 그때까지 아무도 비유럽권 문화에 의한 빠른 경제발전의 가능성을 예언하지 못하였음은 물론 서양의 주류경제학자들의 관점은 오히려 비관적이었다. 그들 중에서 거센크론(A. Gerschenkron, 1962)과 쿠즈네츠(S. Kuznets, 1973)는 경제성장의 현대적 모형이 유럽문명의 독특한 요소들을 포함한다면, 동아시아 국가들은 이 요소들을 쉽게 대체할 수 없기 때문에 경제성장의 현대적 골격의 출현은 특히 어려울 것이라는 데 주목하였다. 분명히 동아시아 국가들의 경제성장경로는 산업혁명의 경로와는 완전히 대조적이었다.

동아시아 경제발전모형에서 특별히 강조할 점은 낙후된 경제에서 산업경제로의 경제적 이행과정에서 이행의 초기도약단계이다. 이 모형은 여러 가지 경쟁모형들 사이의 차이를 강조하는 대신에 그것들을 하나의 넓은 범주에 통합시켜 설명하기 때문에 기존의 동아시아 경제발전모형들보다 더 일반적이다. 이 설명을 위하여 일반적인 명제를 동아시아에 독특한 명제와 나란히 병렬시킨다. 경제성장의 원천으로서 인적자본과 물적자본의 중요성을 사실상 동일하게 인정하지만, 동아시아 경제발전모형은 물적자본 투자의 근저에 있는 인적자본(발전정신 · 아이디어 · 기업가정신 · 혁신 · 시행착오를 통한 적응 등)을 더 강조한다.

명제 1.(가) 인적자본은 생산물의 전문화와 무역의 본질과 방향 및 경제성장 속도를 결정한다. 물적자본이 거의 자유롭게 이동하는 세계에서 한 국가의 생산의 전문화는 물적생산요소의 최초 부존이나 국내시장의 규모가 아니라 기업가들, 경영자들 및 근로자들에게 구현된 인적자본(경제적 기회를 인식하여 포착하는 능력 · 기술을 흡수하는 능력 · 새로운 기술에 적응하는 능력)의 질과 양에 의해서 결정된다. 이러한 능력들은 추종할 비교우위·경제적 차별화제도의 확립방법·수입할 기술·공장과 시설을 설립할 방법·새 기계와 기술의 사용방법·생산요소의 결합방법 및 제품의 판매방법을 결정한다. 아이디어가 인간문명의 역사에서 단일의 가장 유력한 힘이고 물적자본은 인간 아이디어의 외관성의 표현이라는 면에서, 인적자본은 적어도 물적자본만큼 중요하다(Romer, 1986, 1990; Stiglitz, 1999).

명제 1.(나) 동아시아에서 무역과 생산물 전문화의 방향을 결정한 것은 '정책으로 강화된 인적자본'이었다. 정책으로 강화된 인적자본이란 경제발전을 위한 단계별 안내도(*road map*)가 있는 인적자본을 말하며 이는 효과적인 정책이 인적자본을 일깨우는 심리적 효과(발전정신·경제적 차별화·태도의 변화·신뢰·고양된 창조적 활력 등)의 중요성을 강조한다. 경제발전은 뚜렷한 목적과 방향의식을 가지고 유도하지 않고는 이루어지지 않는다. 빈곤은 경제적 문제인 동시에 정신적 및 심리적 문제이다. 더 분명한 정책효과와 결합된 이 심리적 및 정신적 효과가 주어진다면, 긴밀하게 연결된 일련의 정책을 갖고 있는 국가는 그것이 없는 국가보다 빈곤을 근절하고 정치적 안정을 성취할 더 좋은 기회를 가질 수 있다. 정책으로 강화된 인적자본체제에서 민간부문의 인적자본과 공공부문의 인적자본은 분리할 수 없을 뿐만 아니라 보완적이다. 이런 의미에서 효과적인 발전전략을 공식화하고 실행할 능력은 인적자본의 몫이다.

넓은 의미에서 이 능력은 외부의 위협과 내부의 기득권세력과 같은 다른 불리한 조건과 함께 극도의 빈곤 하에서 효과적인 국민정부를 확립할 수 있는 정치지도자의 능력이다(Rostow, 1960). 경제적 의미에서 그것은 부문 간 보완성과 불완전한 정보가 주어진 상태에서 개발될 산업을 선정하고 투자활동을 조정할 능력이다. 또한 그것은 성과기준을 명쾌하게 잘 정의하고 미리 고지된 준칙을 공식화할 능력과 확실하게 미리 위임하는 능력이다. 그러한 자격의 지도자는 민간부문의 반응함수에 제약되는 그의 목적함수인 국민의 경제적 복지를 극대화시키는 '공공적 이익'을 추구하는 애국적인 합리적 독재자이다. 그 국가는 자율적일 뿐만 아니라, 정부의 역할은 예측가능하고 믿을 수 있는 법적 및 계약으로 보증된 구조와 함께 재산권을 확실하게 보장해야 한다. 이는 거시경제적 안정성과 재정적 건전성을 유지하고 경제적 기반시설을 제공하는 것으로 정부의 역할을 한정하는 세계은행(1993)의 '시장친화적 관점'에서 기대되는 것을 뛰어넘는 것을 의미한다. 일반적으로, 정부는 정부 마음대로 할 수 있는 정책수단과 함께 업계와 학계에 대한 정부의 준비된 접근성 때문에 내적 및 외적으로 더 많은 경제적 자원과 정보에 접근할 수 있고, 더 좋은 거시경제적 조망을 갖고 있다.

산업화의 여명기에 동아시아 국가들은 물적자본이나 천연자원이 거의 없었지만 다른 후진국들에 비해 인적자본에서는 상당히 앞서 출발하였다. 이런 인적자본의 초기비교우위는 유능한 정책수립과 낮은 임금과 더불어 천연자원의 부족, 물적자본의 희소성 및 국내시장의 제한된 규모에도 불구하고 동아시아 국가들이 빠르게 성장하는 데 크게 도움이 되었다.

명제 2.(가) 일반적으로, 국부는 인적자본 수준의 함수인 다양한 생산적인 산업의 포트폴리오의 규모와 구성에 의해 결정된다. 후진국이 제 1차 생산품의 교역조건의 악화에 대해 지속적으로 관심을 갖는 것은 경제의 낙후성이 산업의 다양성의 부족에서 오기 때문이다. 후진국들은 산업구조가 자본집약적 및 지식집약적 산업으로 다양화하는 자연스런 경향이 있다(Akamatsu, 1961; Vernon, 1966).[4]

그 이유는 ① 더 높은 수준의 인적자본은 한 국가가 더 많은 자본과(이나) 지식집약적 기술을 사용할 수 있게 하기 때문이고, ② 자본과(이나) 지식집약적 기술은 초기의 이행단계에서 과잉노동을 흡수하면서 더 높은 부가가치를 제공하며, ③ 낮은 임금은 더 낮은 생산의 사적비용과 규모

4) 한국의 추격과정(*catch-up process*)에 관한 논의는 Hong(2002) 참조.

의 경제 및 외부성을 유발하기 때문이다. 이들 모두는 이익의 잠재적 원천이다.

명제 2.(나) 시간이 흐름에 따라 일어나는 한 국가의 생산적 산업의 포트폴리오의 크기와 구성은 자연발생적으로 일어나는 것이 아니라 전적으로 경제정책의 의도된 결과이다. 국가는 경제성장을 촉진하기 위하여 정책으로 산업의 구성을 변화시켜 비교우위를 전략적으로 재편성할 수 있다. 그러나 넓은 의미에서 볼 때, 그것은 수익이 주어졌을 때 위험을 최소화하거나 위험이 주어졌을 때 수익을 극대화시키는 산업 포트폴리오의 다양화과정이다. 즉 노동집약적(저부가가치) 산업에서 자본과(이나) 기술집약적(고부가가치) 산업에 걸쳐있는 많은 상이한 산업에 대한 투자인 포트폴리오의 다양화는 위험회피방법의 하나이다.

산업정책의 기본적인 전제는 미래 비교우위와 규모의 경제 달성에 잠재력을 나타내는 산업들을 진흥하는 것이다. 산업화를 향한 첫째이자 가장 논리적인 단계는 노동집약적 기술을 요구하는 제 1차 생산물의 수입대체를 위한 산업들을 선정하는 것이다. 산업정책은 다양한 경제활동에 대한 정부의 조정을 수반한다. 새로운 산업이 계속 성장하면, 제한된 국내시장규모와 추가적인 산업화를 위한 외환에 대한 수요가 증가하여 수입대체기회가 물거품이 될지도 모르기 때문에, 제 1차 수입대체체제는 수출진흥체제로 전환한다. 수출진흥체제 하에서 정부는 수출진흥을 위한 다양한 형태의 보조금을 제공한다. 그 다음에 제 1차 생산물의 수입대체와 수출진흥에 이어 더 자본집약적이고 기술집약적인 제품의 생산을 포함하는 제 2차 생산물의 수입대체와 수출진흥 전략이 뒤따르게 된다. 철강공장, 큰 조선소, 석유화학공장과 같은 제 2차 생산물의 수입대체와 수출진흥의 다양한 연관효과를 통하여 국가경제를 급속하게 발전시킨다. 국내시장규모가 제한된 동아시아 국가들은 규모의 경제를 달성하기 위해서 수출시장의 개발이 필수적이었다.

산업정책에 대한 회의론자들은 정부의 성공적인 주력산업 선정능력에 의문을 갖고 있다. 그러나 전반적으로 동아시아 국가들의 정부는 성공적인 주력산업을 잘 선정하였다. 잠재적인 성공산업이 선정되기만 하면, 정부는 기업의 수출성과에 따라 이용 가능한 임대료와 같은 특별협력 임대료를 제공하여 사업을 유인한다.

명제 3.(가) 경제적 차별화가 경제발전의 필요조건이며 평등주의는 경제 정체의 충분조건이다. 좌승희(2008: 61)는 경제적 차별화란 경제적으로 다른 것을 다르게, 같은 것을 같게 취급하되, 경제적 기여에 따라 더 좋은 성과를 내는 사람에게 더 많이 보상하고 항상 스스로 노력하는 자를 더 우대하는 것을 의미한다고 정의한다. 경제는 진화하지만 퇴보하기도 하여 진보를 반드시 보장하지는 않는다. 경제발전은 경제진화의 실패를 교정하는 과정이기 때문에 내생적 진화과정에서 외생적 선택을 통하여 발전친화적인 변화주체들을 식별하고 선택하여 차별적으로 우대함으로써 역동적인 진화과정을 만들어 내는 의도적인 차별화과정이라고 해석할 수 있다.

경제발전은 물질적 부의 확대뿐만 아니라 다른 모든 발전양상을 포착하기 위하여 사용되는 '발전정신'을 수반하며 그 가운데서 발전에 대한 인정이 아주 중요하다. 가치에 따라 선택하고 행동하며 어느 것에 우선권을 주는 것 등 인간의 행동은 수월성을 인정하고 보상함으로써 경제적 차별화에서 구체화된다. 경제행위자들의 궁극적 성과와 생존 및 전반적인 경제적 성과는 경제적 차별화와 복잡하게 연관되기 때문에, 경제행위자들·산업부문·제도 등의 활기·의도·질식 등은 성장과 발전을 위한 동기를 제공하는 경제적 차별화에 의해 설정되는 독립변수들에 의해 제한을 받는다(Jwa, 2005: 12~13). 중요한 것은 경제주체들의 기여에 따라 그들에게 보상하는 것을 지속적으로 보장하고 구체적 목표가 있는 발전사다리를 세우는 것을 도와줌으로써 경제적 차별화는 경제발전을 위한 유인동기를 제공하는 것이다. 따라서 보상은 기여에 적합하여야 한다.

시장은 항상 스스로 돕는 성공하는 주체만을 우대함으로써 가장 잘 적응하는 적자를 골라내는 선별자의 역할을 수행한다(좌승희, 2008: 71). 경제발전의 보편적인 현상은 개인이나 조직 혹은 지역이나 성공한 혁신가들이 국가의 각 분야의 발전을 이끄는 것이기 때문에 대단히 불균형적인 현상이며 균형적 발전과 거리가 멀다. 성공은 또 다른 성공을 낳기 때문에 동일한 사람이 경제에 더 많이 공헌하는 경향이 있고, 이는 사회의 다른 구성원에 비해 경제적 보상에서의 차이로 반영된다. 성공하는 경제주체는 더 성공하고 혁신하는 사람에게 더 많은 성공을 가져다주므로 경제적 과실의 분배에서 불균형은 불가피하게 된다. 따라서 경제발전과정은 부와 경제력의 집중 및 집적이 필연적이며 자연스런 현상이다. 때문에 경제적 차별화가 동전의 앞면이라면 집적은 동전의 뒷면이다. 그렇지만 집적은 정부보호로부터도 오기 때문에 지원의 남용에서 오는 집적과 혼동하지 않도록 주의해야 한다. 공공정책은 경제발전의 유인동기를 파괴할 수 있기 때문에 집중과 집적을 위협하는 내용을 담는 것을 삼가야 한다. 오히려 정부는 집중과 집적을 발전과정의 자연스런 현상으로 보아야 하며, 경제적 차별화를 상세하게 기술하여 경쟁적 환경을 조성하고 유지하도록 도와야 한다.

시장의 중요한 기능은 시장참여자들과 그들의 성과를 지속적으로 평가하여 보상하는 즉 차별화하는 것이다. 시장은 끊임없는 경제적 차별자일뿐만 아니라 경제적 차별화의 축소판이다. 거의 모든 시장참여자들은 경제적 차별화를 통하여 서로의 가치를 결정한다. 경제적 차별화를 부정하면 경제적 침체는 피할 수 없다.

시장경제는 시장, 기업 및 정부로 구성되며, 이들의 차별화원리의 실천이 경제도약의 필요조건이다. 경제가 발전하려면 모든 경제주체들이 외부와의 상호교류와 작용을 통하여 새로운 정보, 지식 및 기술을 지속적으로 흡수하여 서로 시너지를 창출, 흡수 및 향유할 수 있어야 한다. 경제주체들이 열린 체제 속에서 비선형적인 상호작용을 통해서 시너지를 창출함으로써 부분과 다른 새로운 거시적 현상을 만들어 내기 위해서는 경제가 개방적이고 자율적이어야 한다. 시너지창출자는 경제주체들이 서로 상호작용하는 과정에서 성공하는 개인·조직·지역 등 일류들이며, 이러한 일류혁신가들이 늘어나 많은 시너지를 사회에 확산시킴으로써 사회전체가 향상되는 과정이 바로 발전이다.

명제 3.(나) 동아시아에서 신속한 산업재편성을 가져온 비교우위와 생산물 전문화에 따라 무역구조의 재편성을 가속화시킨 것은 '정책으로 강화된 경제적 차별화'이다. 정책으로 강화된 경제적 차별화란 구체적인 발전목표로 경제적 차별화를 강화함으로써 경쟁적 환경을 조성하고 유지하는 것을 돕는 것으로 정의된다. 정책으로 강화된 경제적 차별화는 경제발전을 위한 제 1의 필요조건인 발전정신을 인정하는 것이다. 정부의 역할은 '하늘은 스스로 돕는 사람을 돕는' 제도를 확립하는 경제적 차별화의 사다리를 세움으로써 사회를 더 큰 경제적 발전을 향하여 몰고 가는 데 필요한 발전정신을 자극하는 것이다. 그런 것으로 일본, 한국 및 최근의 중국 정부는 국민들을 발전지향으로 몰고 가는 데 필요한 경제발전정신을 자극하였다(예로 한국의 새마을정신). 정부는 제도·법적체계·정치·사회적 규범 등 다양한 변수에 영향을 줄 수 있기 때문에 중요한 것은 정부가 경제적 차별화를 사회·경제적 제도의 전면에 두느냐의 여부이다. 선진국들은 경제적 차별화를 위하여 시장을 광범위하게 이용하였으나, 동아시아 국가들은 시장이 충분히 성숙되지 못하였던 경제발전 초기에 정부가 경제적 차별화에 중요한 역할을 하였다.

시장은 차별화원리인 성공하는 주체만을 우대함으로써 가장 잘 적응하는 적자를 골라내는 선별자의 역할을 수행한다. 그러나 시장이 형성되어 있지 않거나 미흡하였던 동아시아 국가들의 경제발전 초기에는 정부가 성공하는 경제주체에 대한 동기부여자의 역할을 하여 차별화 원리를 실천하였다. 또한 시장이 있더라도 현실의 시장은 높은 거래비용, 불완전한 정보 등으로 인하여 완벽하지 않아 진화적 발전의 실패에 노출되어 시너지창출자들(일류혁신가·발명가·기업·학자 등)이 체계적으로 등장하지 못하게 될 수밖에 없다. 이러한 경우 시너지원인 역할모형들을 체계적으로 육성할 수 있는 특정한 장치가 필요한데 동아시아에서는 시장과는 다른 원리에 의해 운영되는 조직인 정부와 기업이 교정역할을 하였다.

발전하는 나라일수록 일류혁신가, 일류기업, 일류학자 등 사회의 역할 모형이 많고, 시너지원 역할을 하는 주체들을 적절히 우대함으로써 시너지원으로서 받는 상대적 불이익을 보상한다. 여기서 일류란 어떤 특정계층을 지칭하는 것이 아니라 '항상 자조하고 열심히 노력하여 남보다 앞서가는, 스스로 돕는 주체들'이며 우대는 그들의 사회적 기여에 합당한 적절한 보상을 보장한다는 의미이다(좌승희, 2008: 87). 시장에서 일어나는 경제적 진화과정의 최대 약점은 시너지원에 대한 불충분한 보상이며 동아시아 국가들의 정부는 차별적 보상을 통하여 이 약점을 보완하여 빠른 경제발전을 이루었다.

경제발전은 성공방법의 창출과 복제·전파·증폭 과정의 모방을 통한 문화진화과정이기 때문에 시장의 힘에만 의존하면 실패할 가능성이 크다. 따라서 정부와 기업에 의한 시장기능차별화의 강화가 전제조건이다. 선발자의 경제발전의 성공방법을 후발자는 대가를 지불하지 않고 따라 배우고 베끼지만 변화를 주도하는 상승작용의 원천들, 즉 성공하는 이웃들은 무임승차당할 운명에 놓이게 된다. 그러므로 시장에만 맡겨둘 경우 성공하는 이웃들을 진화의 오랜 기간에 소수로 만들어 경제사회의 정체를 가져오게 된다. 따라서 시장경제는 성공하는 이웃을 키워내는 기업이라는 조직이나 정부의 보조역할이 반드시 있어야 한다.

산업혁명 전에는 사유재산권이 충분히 보장되지 않고 법치가 확립되지 않아 장래에 대한 예측이 불확실하여 성공하는 이웃을 선택하여 돕는 경제적 차별화 기능이 제한될 수밖에 없었다. 더구나 현재와 같은 기업이 등장하지 못해 시장실패를 보완할 수 없었으며, 정부라는 권력은 성공하는 이웃을 돕기는커녕 이들을 착취함으로써 성공하는 유전자의 창출과 복제·전파·증폭이라는 발전과정을 촉발시킬 수 없었다. 따라서 시장경제에서 문화진화의 실패를 교정할 수 있는 장치가 없어서 정체를 면치 못하였다. 그러나 한국에서는 정부가 이를 적절한 보상체제를 확립하여 촉진하였다고 할 수 있다. 예를 들면 중화학공업에 진출할 수 있는 자격을 줄 때 수출을 잘하는 기업에 우선권을 주었다.

명제 4.(가) 기업은 경제발전을 촉진하는 데 가장 중요한 조직이므로 기업을 활성화시켜야 한다. 명제 3에서 경제발전의 핵심은 경제적 차별화와 집적으로 구체화되어 있다. 기업은 차별화와 집적 하에서 발전목적을 위해 생산에 종사함으로써 경제발전을 선도하게 된다. 기업은 가격경쟁뿐만 아니라 경제적 차별화에 가장 민감하게 반응함으로써 혁신·제품디자인·조직형태 등에서 위험부담을 위한 동기를 발견할 발전사다리에 놓이게 된다. 요컨대, 기업은 경제적 차별화 경기에서 수단이 되는 장본인이고 경제발전의 핵심이다.

〈표 3-3〉 포춘 글로벌 500(국별)

	2005	2006	2007	2008	2009
미국	176	170	162	153	140
프랑스	39	38	38	39	40
독일	37	35	37	37	39
영국	35	38	33	34	26
이탈리아	8	10	10	10	10
중국	16	20	24	29	37
일본	81	70	67	64	68
한국	11	12	14	15	14
대만	2	3	6	6	6
인도	5	6	6	7	7
싱가포르	1	1	1	1	2

자료: 강정모(2009b), 18쪽에서 재인용.

포춘 500(Fortune 500)이나 포브스 2000(Forbes 2000)의 기업명단을 보면 선진국일수록 더 많은 성공적인 기업들을 갖고 있다. 이러한 기업의 성장률유형은 통합적 사업집적을 증가시키는 경향을 나타낸다. 더구나 경제적 집적은 국내나 산업 내에서뿐만 아니라 지역적 도시 면에서 경제발전과 상관관계가 높았다. 기업은 경제적 차별화의 주역이고, 시장과 정부와 함께 경제발전에 아주 중요하다. 경제발전에 있어 생산주체이며 고용주체이고 일자리창출 주체인 기업들의 '발전과정으로서의 경쟁' 압력 때문에 경쟁력 향상이 중요하다. 기업의 성장과 경제발전을 가져오는 원동력은 잘하는 기업을 선택하여 지원하는 선별적 기업육성정책 혹은 선별적 유치산업보호이다. 일반적으로 선진국일수록 더 많은 대기업을 보유하고 있다. 경제발전은 기업의 성장과정을 통하여 실현된다.

명제 4.(나) 동아시아에서는 국내시장이 발달하지 않아 잘하는 기업의 선택과 차별적 지원과정이 정부주도로 이루어졌다. 그러나 생산물시장은 수출시장에 크게 의존하여 자연스럽게 시장에 의한 선별과 차별화가 이루어졌다. 지난 30여 년간 한국이 연평균 8% 이상의 초고속 성장을 이룬 이면에는 한국기업의 성장이 있었다. 〈표 3-3〉에서 보는 바와 같이 포춘 500대 기업 중 한국기업이 2009년에 14개이고 국별분포로는 8위라는 것은 한국경제의 고속성장의 이면에는 한국기업의 성장이 있었다는 것을 의미한다. 한국의 경우 국내시장이 발달하지 않아 정부가 관치경제와 관치금융을 통하여 시장에 깊이 개입하면서 잘하는 기업과 못하는 기업을 선별하여 차별적으로 지원함으로써 기업 간의 치열한 적자생존의 역동적 경쟁을 유도하였다. 즉, 한국정부는 수출을 잘해서 외화획득을 잘하는 기업을 적극 지원함으로써 차별화를 통한 경쟁촉진과 경제활력을 유지하였다. 예를 들면 박정희 대통령 시절의 연례행사인 수출진흥확대회의는 수출기업의 경연대회로, 성과가 좋은 기업들에게는 최고경영자에 대한 훈장과 포상수여, 각종 세금감면, 저리금융지원 등 각종 지원이 주어져 기업 간 역동적 산업건설과 수출진흥의 의욕을 경쟁적으로 끌어

낼 수 있었다. 기업정책의 본질은 개별 기업들이 스스로 최선의 전략을 선택하도록 유도하되 가능한 한 많은 다양한 기업들이 서로를 차별화하여 경쟁하도록 유도하는 데 있다.

명제 5. 경제발전의 제 1의 필요조건은 발전정신이다. 그리고 이 발전정신을 일으킬 수 있는 동기를 찾아내고 유인체계를 찾는 작업이 경제적 차별화원리의 시행과 병행되어야 한다. 따라서 경제발전은 인간의 자기향상의 동기인 발전정신에서 출발하여야 한다.

경제발전은 인간이 만들어내며 인간의 보다 나은 미래의 삶을 향한 열망과 이를 달성하기 위한 구체적인 노력의 성과이다. 즉 경제발전은 사람이 이루어내므로 자본, 기술이나 생산성보다 이들을 창조해낼 수 있는 사람의 미래를 향한 자기향상의 동기, 즉 발전정신에서 나오는 것이다. 발전의 주체인 사람이 미래를 위해 나설 마음의 준비가 안 되어 있다면 아무리 풍부한 자본과 훌륭한 기술을 제공한다고 하더라도 발전이 일어날 수 없는 것이다.

자본·노동·기술·생산성 등 물질적 측면을 강조한 신고전학파 경제성장이론들은 물질적 성과를 이룩해내는 인간의 정신적 동기와 열망을 설명하는 데 소홀하였다. 따라서 경제발전론은 신고전학파의 물질적 성장론에 추가하여 경제주체들의 발전정신과 협동을 이끌어내는 경제유인이론이 더해져야 한다.

그러면 발전정신을 어떻게 끌어낼 수 있을 것인가? 발전정신은 발전친화적인 이념에서 나오므로 이를 찾아내 국민들에게 뿌리내리게 하여야 한다. 그러기 위해서는 국민들이 발전친화적인 이념과 정신을 가까이하고 친숙할 수 있는 기회를 많이 제공하여 익숙하도록 해야 한다. 이를 위해서는 정부와 지도자들의 역할이 무엇보다 중요하다. 다시 말하면 국민들은 발전친화적인 이념과 정신을 가진 사람들을 지도자로 선출하여야 한다.

한국을 포함한 많은 나라들의 발전과정을 들여다보면서 얻을 수 있는 교훈 중 하나는 발전정책, 즉 발전이념의 실현과정이었다는 것이다. 국민과 국정주도세력의 이념적 성향, 정치체제의 이념적 성향이 발전정책의 성공을 좌우하였다고 할 수 있다. 결국 경제발전론은 경제적 동기의 유인이론으로 귀결된다고 할 수 있다. 한국 정부는 자조·자립·협동정신으로 '하면 된다'는 신념으로 앞서가는 주체들을 더 우대하여 동기를 부여하여 국민들의 생각을 발전친화적으로 바꾸고 모든 국민들을 시너지원으로 탈바꿈시켰다. 또한 발전정신을 고양하기 위하여 어린이헌장과 교육헌장을 공표하고, 정신문화연구원 등을 설립하여 발전정신을 진흥하였다.

예를 들면 개발시대(1960년대와 1970년대)의 핵심철학은 "정부는 스스로 노력하는 자만을 돕는다"는 것이었다. 수출진흥정책과 산업정책을 시행함에 있어서 잘하는 기업을 더 지원하고 격려하는 것이었으며, 새마을운동에서도 잘하는 마을과 기업을 더 지원하고 격려하였고, 심지어는 원호대상자들을 지원할 때도 자조와 자립을 전제로 할 정도로 거의 모든 정부지원이 스스로 노력하는 주체를 돕는 차별화원리를 견지하였다.

명제 6. 민주주의가 경제를 번창시키기보다는 경제가 번창하는 국가가 민주주의를 성취할 더 좋은 기회를 갖는다. 동아시아 국가들에서 인과관계의 방향은 대체로 경제적 번영을 이룩한 후에 민주주의를 성공시켰다. 20세기 중 인권과 평등을 중시하는 민주주의가 보편적인 정치체제로 자리 잡았음에도 불구하고 경제발전을 이룩한 나라가 쉽게 등장하지 않은 이유는 세계가 정치적 평등이 핵심인 민주주의와 더불어 경제적 평등의 이념을 지나치게 앞세우고 차별화에 역행하였기 때문이다. 경제적 차별화는 차별대상의 다양성을 전제로 하며 다양성은 발전이 일어날 수 있는 토양을 제공한다. 경제적 차별화가 실효적 유인정책이 되려면 각 주체가 이루어낸 성공과 실패의 결과에 대한 권리와 책임의 한계를 정하는 사유재산제도의 확립이 전제되어야 한다. 개인의 자유와 창의성이 보장되는 자유민주주의가 아닌 평등민주주의 하에서는 다양성과 사유재산제도의 확립이 불확실할 수 있다. 따라서 경제적 차별화를 위해서는 정치적 안정과 불확실성의 제거가 중요하다.

명제 7. 경제발전을 위해서 인적자본은 중요하지만 충분조건은 아니다. 인적자본의 수준이 높은 국가들에서도 이해상충으로 인한 사회적 마찰로 야기된 부적합한 정책과 정치적 불안은 경제발전을 지연시키는 경향이 있다.

이런 명제들이 주어지면, 한 국가는 시간이 지나서 노동집약적 생산방식에 열중하고 있다는 것을 알게 되는데, 이는 노동공급의 상대적 풍부성(따라서 저임금)에 기인하는 것이 아니라 주어진 인적자본의 수준 하에서 동원할 수 있는 것이라곤 노동집약적 기술뿐이라는 사실에 기인한다. 게다가, 한 국가가 자본과(이나) 노동집약적 기술을 개발할 수 없다면 그것은 자본이 부족해서가 아니라 직접투자를 통하여 자본과 기술이 도입될 수 없기 때문이다. 그 이유는 기존 인적자본의 수준이 자본집약적 기술의 과업에 이르지 못하였거나 산업정책이 모순되어 있었기 때문이다. 정부의 야심적인 산업정책이 기존의 인적자본 수준에 보조를 맞추지 못하였거나 인적자본 수준이 불충분하였거나 혹은 두 가지가 함께 결합되었기 때문이다.

4. 인적자본과 정신자본

인적자본에 대한 연구의 대가인 베커(G. Becker, 1994: 15~16)는 학교교육, 훈련 및 시간엄수와 정직의 장점에 대한 강의는 건강을 증진시키거나 소득을 증가시키며 평생에 걸쳐 학식을 증진시킨다는 의미에서 투자이며, 인간의 지식·기술·건강 혹은 가치는 인체에서 분리할 수 없기 때문에 인적자본이라 정의하였다. 따라서 인적자본은 지식과 기술과 같은 지식자본과 발전정신·기업가정신·아이디어·가치관·윤리관과 같은

'정신자본'으로 구분할 수 있으며 이 연구에서는 이를 구분하여 사용하도록 한다.

많은 연구에서 교육은 건강을 증진하고 흡연을 감소시키며 투표율을 높이고 산아제한지식을 개선시키며 고전음악감상, 문학작품감상을 촉진시키고 심지어는 테니스경기를 촉진시키는 것으로 나타났다. 학교교육의 그런 정신적 편익(30%)은 금전적 편익(70%)보다는 작지만 아주 큰 것으로 나타났기 때문에 지식자본뿐만 아니라 정신자본도 교육과 훈련에 비례한다고 가정한다.[5)]

정신자본이란 용어를 처음 사용한 리스트(F. List)는 정신적 자본을 "과거에 살았던 모든 세대들이 이룩한 모든 발견·발명·개량·완성 및 노력의 축적결과들"이라 정의하였다(리스트, 1885: 140, 임원택, 1992: 661). 이는 정신자본보다는 인적자본에 더 가까운 개념으로 지식과 정신을 분리하지 않고 혼동하여 사용하였다고 할 수 있다. 일반적으로 인적자본은 지식자본과 정신자본으로 나눌 수 있고 지식자본의 역할은 정신자본에 의존한다는 의미에서 정신자본의 역할이 더 중요하다고 할 수 있다.

임원택(1988)은 〈존재=경제=물질〉과 〈의식=문화=정신〉은 한 사회(국가)의 힘을 구성하며 이 두 근원적인 힘은 서로 작용과 반작용의 변증법적 상호작용을 하고 국가 간 물질적 생산의 불균등은 정신적 자본축적의 불균등에 근본원인이 있다는 것이다.[6)] 따라서 선진국(중심자본주의

5) 어린이들의 지식·기능·가치 및 습관에 대한 가족의 영향은 아주 크다. 동정적이고 단호한 부모가 자녀들이 동기를 자극하는 반면 자녀들을 심하게 학대하는 부모는 자녀에게 오랫동안 피해를 준다. 부모는 그들 자녀들의 교육, 결혼의 안정성 및 삶의 많은 다른 국면에 큰 영향을 준다(Becker, 1994: 21~23).

6) 임원택(1992)은 전자는 자연적으로 항상 작용하는 힘인 반면에 후자는 의식적으로 동원하여야 하는 것이며 이 이원론에 입각하여 경제의 생산성을 설명한 것이 리스트(List)와 마셜(Marshall)이라고 한다. 즉 정신적 자본과 정신적 생산력의 발전이 물질적 자본과 물질적 생산의 발전을 촉진시킨다는 이원생산력의 원리이다(임원택, 1988: 413~454 참조).

국) 이 되기 위해서는 지력과 윤리력으로 요약되는 정신적 자본의 충분한 축적이 필요하다고 본다. 즉 정신적 자본의 충분한 축적은 지력을 통해 기술력의 우수성을 가져왔고 윤리력은 생산에 있어 계급 간의 마찰을 줄이고 정치의 부정부패를 줄임으로써 경제의 안정과 발전에 기여한다는 것이다(임원택, 1988: 138~140). 여기에서 정신적 자본은 인적자본의 개념이며, 지력은 지식자본을, 윤리력은 정신자본을 의미한다고 할 수 있다.

명제 1에서, 중요한 변수는 인적자본으로 거의 모든 형태의 생산함수에 나타나 있다. 인적자본은 노동에는 기능으로 물적자본에는 과학기술로 구현되어 있을 뿐만 아니라, 총요소생산성에는 발전정신 · 조직개선 · 지식일출(溢出: *spillover*) · 경쟁정도 · 측정오차 · 제도적 차이 등의 개선을 반영하는 분리된 기술로 구현되며 이들의 기반이 되는 것은 정신자본이다.

국제적 기술이전은 기술이나 청사진의 단순한 수입보다 더 복잡한 과정을 포함한다. 즉 지식의 국제적 일출의 정도는 기술의 암묵성이나 환경의 민감도로 인하여 수입국의 인적자본, 특히 정신자본의 수준에 달려 있다. 많은 수입된 기술은 기계나 청사진에 완전히 구현될 수 없다는 의미에서 말로 나타낼 수 없다. 어떤 기술은 그들이 사용되는 토양조건이나 사회경제적 배경과 같은 환경조건에 민감하기 때문에 기술을 적응시키기 위하여 실험과 학습에 대한 투자가 요구된다. 이런 유형의 학습투자는 정보일출을 발생시키고 가능한 정책시사점 즉 정책으로 강화된 인적자본을 가지며 그 성과(속도와 폭)는 정신자본에 따라 달라진다.

모든 생산자들에게 일어나는 기술일출과 인적자본으로부터의 외부적 편익은 내생적 경제성장모형에서 자세히 설명되는 바와 같이 자본축적에 대한 수확체감의 경향을 피하는 데 도움이 되는 과정의 핵심부분이다(Romer, 1986, 1990: Lucas, 1998: Rebelo, 1991).

사회 전체로는 기술보급의 속도와 범위는 인적자본의 함수이고, 기술차입국의 인적자본의 수준이 높을수록 기술보급 비용이 낮을 것이다. 그렇지만 이 일출은 파레토 적정으로 귀결되지 않는 외부성을 발생시킨다. 따라서 자유시장은 보완적 자본의 잠재적 수준보다 적은 자본축적이 이루어지게 한다. 이것이 가난한 나라에서 낮은 자본-노동비율과 관련된 잠재적으로 높은 투자수익률이 더 낮은 보완적 투자에 의하여 잠식되어 경제성장률이 더 낮게 되는 이유이다(Todaro & Smith, 2003).

가장 보편적으로 쓰이는 인적자본의 척도는 초등 및 중등학교의 등록률이다. 세계은행보고서(1993)에서 언급된 바와 같이, 동아시아 국가들의 경제는 인적자본에서 앞서 출발하였다. 인적자본 재고의 초기의 비교우위는 인적자본의 빠른 성장을 유발하는 동인이었으며 또한 이것이 지식자본과 정신자본의 비교우위를 강화함으로써 동아시아 국가들의 극적인 경제이행에 중요한 역할을 하였다. 동아시아 국가들은 초등 및 중등교육에서 지식교육과 정신교육을 병행하였지만 도덕교육과 가정교육을 통하여 정신교육을 더 강조하였다.

경제이행 초기인 1965년에 홍콩·한국·싱가포르의 초등학교와 중등학교의 등록률이 그들의 소득수준에서 예상되는 등록률에 비해 현저하게 더 높았다.[7] 기준 연도(1965) 후에 뒤이은 교육성장률도 괄목할 만하였다. 더구나 교육의 질의 척도로 사용된 학생 1인당 교육비는 1970~1989년 기간에 멕시코는 64%, 케냐는 38%, 파키스탄은 13% 증가한 것에 비해 한국은 355% 증가하였다. 더구나 한국과 일본의 경우 대학 등록률에서도 서구 선진국들에 비해서 결코 뒤지지 않았다(〈표 3-4〉).

동아시아 국가들과 다른 개발도상국들 사이의 이러한 교육수준의 극적인 차이는 대체로 그들 사이의 소득 차이를 유발한 요인이다. 인적자본의 재고가 주어진 조건 하에서, 정책으로 강화된 인적자본은 적합한 단계별 안내도가 없는 인적자본보다 가동률을 더 높여 효율적인 자원배분

7) 한국의 문맹률은 1945년 86.6%였던 데 비해 대만은 1940년까지 78.7%이었다. 그 후 양국의 문맹률은 급격히 감소하여 거의 근절되었다.

〈표 3-4〉 각국의 학교 등록률

단위 %

	초등학교			중등학교			대학교육			의무교육 연령
	1980	1997	2006	1980	1997	2006	1980	1997	2005	
중국	113	123	111	46	70	76	2	6	19**	7~15
홍콩	107	94	98*	64	73	85	10	22	32	
한국	110	94	105	78	102	96	15	68	90	6~15
일본	101	101	100	93	103	101	31	41	54**	6~15
프랑스	111	105	110	85	111	114	25	51	56**	6~16
서독		104	103		104	101	27	47		6~18
이탈리아	103	101	103	72	95	100	27	47	63**	6~14
영국	104	116	105	83	129	98	19	52	60**	5~16
미국	99	102	98	91	97	94	56	81	82**	6~16

자료: Forgel(2009)에서 재인용. * = 2005 ** = 2004

이 이루어져 인적자본서비스의 양을 증가시킬 수 있었다.

그러면 왜 인적(지식)자본이 풍부한 어떤 국가들은 성장하지 않았는가? 이 연구에서 제안된 전제는 생산물의 전문화와 무역의 방향을 결정하는 것이 '정책으로 강화된 인적자본'의 질이라고 가정한다. 이 전제에서 기업가적 능력과 정책수립능력은 성공적인 산업화에 중요하지만, 인적(지식)자본이 효과적인 산업정책을 위한 충분조건은 아니다. 또한 그 전제에는 정치적으로 안정되어 있고(거나) 사회적 대립이 없어서 정신자본을 손상시키지 않고 성과를 차별화하는 것이 산업화의 성공에 매우 중요하다는 조건이 포함되어 있다. 우리는 이 기준(정책으로 강화된 정신자본, 정책으로 강화된 차별화, 사회정치적 안정)을 가지고 다른 국가는 성공하는 반면 왜 어떤 국가는 실패하는가를 거의 예외 없이 설명할 수 있다.

아르헨티나나 브라질과 같은 라틴 아메리카국가들은 대체로 한편으로는 동아시아 국가들의 대외지향적 정책과는 달리 국내의 천연자원의 부존과 소수산업에 너무 많이 의존하는 대내지향적 정책(수입대체)과 같은 빈약한 산업정책을 폈다. 그리고 다른 한편으로는 사회경제적 불평등으로 인한 계급대립 때문에 정신자본을 손상시켜 경제적 차별화에 실패함으로써 그들의 인적자본에 비해서는 상대적으로 기대 이하의 성과를 거두었다.

또한 같은 기준으로 인도의 지지부진한 경제성과도 설명될 수 있다. 다타 쇼두리(Datta-Chaudhuri, 1990)는 제조업에 대한 규제위주의 할당과 같은 인도의 관료적 경영을 인도의 지지부진한 산업화의 가장 중요한 원인으로 돌렸다. 정부개입이 시장경제를 지원하고 촉진하는 한국의 접근방법과 반대로 정치적 민주주의로 인한 경제적 평등주의에 입각한 인도의 접근방법은 인도의 시장경제를 질식시켰다. 또한, 인도에서 국가의 이질성으로 만연된 이익집단들의 거부권은 정신자본의 축적을 약화시켜 통치조직과 국가가 단일의 동질적인 집단이 되는 것을 방해하였다. 그러면 왜 인도경제는 최근에 성장하기 시작하였나? 그것은 이제까지 휴면상태에 있던 양질의 지식자본이 정보기술혁명의 파도를 타고 마침내 속박에서 풀려 자유경제적 개혁이 일어나 정신자본을 손상시키지 않고 차별화할 수 있었기 때문이다. 또한, 정책으로 강화된 정신자본이 실패한 사례로 1980년대 이전의 중국과 현재의 북한을 들 수 있다. 공산주의로 인하여 경제적 차별화를 포기하고 평등주의를 실현한 것이 발전정신인 정신자본을 손상시켜 중국과 북한의 경제발전을 막은 것이다. 반면, 중국의 개혁·개방 이후에 정책으로 강화된 인적자본은 발전정신인 정신자본을 회복시켰으며, 이와 함께 경제적 차별화에 따른 적절한 보상이 중국경제를 빠르게 발전시킨 성장동력이었다. 그러나 북한은 아직도 이른바 주체사상과 선군정치로 경제적 차별화에 실패하여 발전정신을 질식시킨 결과 빈곤에서 허덕이고 있다. 필리핀에서는 지금까지 지주 귀족계급이 대다수 국민들의 정신자본을 질식시켜 역동적인 자본주의 경제의 출현을 방해하였다.

스미스(V. Smith, 1970)는 19세기에 일본과 독일이 산업화를 이용할 수 있었던 반면에 러시아가 어떻게 산업화의 기회를 상실하였는가를 설명한다. 스미스는 19세기 러시아제국의 느린 경제적 성과를 강압적이고 억압적인 국가지배가 발전정신을 질식시켜 정신자본을 파괴한 탓으로 돌린다. 그러나 더욱 중요한 원인은 그로 인해 경제적 차별화에 실패한 데 있다. 러시아 지도자들은 산업화 과정에서 강한 국가의 역할에 대해 양면적인 가치관을 갖고 있었다. 한편 메이지 일본에서 1880년에 12개 기업의 민영화는 적어도 부분적으로 중상주의계급의 성장에 공헌한 반면, 러시아에서는 그렇지 못하였다. 표트르 대제(Peter the Great)가 죽은 후 정부는 기업가정신을 고무시켰다기보다는 오히려 많은 공장과 광산을 황궁의 총신들에게 넘겨 기업가정신과 발전정신을 질식시켰다. 국유시설을 인수하고 다른 많은 러시아공장들을 경영한 기관들은 발전정신에 입각한 민간기업들이 아니었다. 기업의 소유자들은 부재지주와 같이 행동하였고 공장들은 강제노동자들에 의해 운영되고 혁신과 적응을 방해하는 엄격한 군사교련 하에서 운영되는 농노제로 취급되었다. 러시아기업가들은 복잡하고 광범위한 길드제도(경쟁을 배제하려고 한 독점연계망)에 의해 기업가정신이 억제되었다. 무엇보다도 대부분 억압적인 국가권력의 임의적 사용은 정신자본을 질식시켜 산업화를 방해하는 중요한 핵심요인이 되었다.

5. 한국의 정치경제

후진국의 공통적인 특성은 빈곤과 정치적 불안정으로, 이 둘은 회복할 수 없이 서로 얽혀 있다. 그런 상황에서는 주로 시장의 불완전성·정보의 비대칭성·속박된 합리성 및 제한된 지식으로 인한 가격신호기능의 실패로 시장의 조정기능이 제대로 작동하지 못할 뿐만 아니라 자원이 효율적으로 배분되지 않는다(Stiglitz, 1988). 경제적 기능장애는 정치적 불안정을 가져오며, 빈곤은 정치적 불안정에 큰 영향을 끼치는 기초적인 요인의 하나이다. 1960년대 초까지 한국이 부딪힌 상황이 바로 이러한 것이었다. 한국은 극도의 빈곤과 외부의 위협(예를 들면 한국에 대한 공산주의 위협), 내부의 기득권세력으로부터의 강력한 저항에 직면하면서도 효율적인 국민정부(Rostow, 1960)를 확립해야만 하였다. 특히 한국의 지도자들은 비민주적 수단을 통하여 정권을 잡았기 때문에 정권유지의 합법성의 문제를 극복해야 했다. 이런 도전에 응답하기 위하여 급속한 경제성장 전략을 선택하였으며, 강력한 지도력을 통하여 대중들의 집단적 소망을 이룩해 낼 수 있었다.

한국은 빠른 경제성장을 달성하기 위하여 일련의 수입대체와 수출진흥 수단을 통하여 산업을 전략적으로 재편성하였다. 성장은 인적자본에 대한 투자와 토지개혁(1947년과 1949년)에 의한 공평한 토지 분배를 통하여 경제적 차별화의 기반을 제공함으로써 성취되었다. 지도자들은 유능하고 비교적 정직한 관료들을 충원하고 정치적 압력으로부터 격리된 환경을 조성함으로써 덜 정치적이면서 경제적인 유인동기에 의하여 정책이 결정될 수 있도록 하였다. 직업관료들은 전략적 결정의 지속성과 안정성을 확보하기 위하여 오랫동안 같은 부처에 근무했다.

한국은 효과적인 정책으로 강화된 풍부한 인적자본이란 결정적인 비교우위를 가지고 그들의 성장행로를 시작하였기 때문에 경제 기적이 가능하였다. 그렇지만, 시장조정의 실패 그 자체가 정부개입을 위한 충분조건은 아니라는 것을 유의할 필요가 있다.[8] 정부개입은 그것이 새로운 희망을 불러일으키고 건전한 정책을 고안하고 수행하는 능력과 같은 정부의 역량과 능력을 일으키는 공공재를 유발할 때 정당화된다.

역사적 관점에서 경제발전에 대한 한국의 접근방법은 대담하고 이단적이었다. 1960년대 초에 무역과 경제발전에 대한 지배적인 관점은 주어진

8) 아마도 정부개입에 반대하는 데 가장 자주 사용되는 주장은 지원정책으로 야기되는 시장왜곡으로 인한 효율성의 손실이다. 그러나 Kwon & Paik(1995)의 연구는 왜곡의 정도가 미미하였다는 것을 나타내었다.

규모의 경제 하에서 제한된 국내시장의 규모가 수입대체 전략에 방해가 된다는 것이었다. 여기에서 간과하고 있는 것은 생산물 전문화의 방향과 성장속도를 궁극적으로 결정하는 것은 정책으로 강화된 인적자본, 차별화정책 및 비교우위이지 물적자본의 초기의 부존이나 제한된 국내시장 규모가 아니라는 사실이었다. 한국의 경우 1960년대 초까지의 인적자본의 수준에서 경제발전을 위한 단계별 안내도가 없었다는 점이 경제발전을 늦춘 것이라고 본다. 실제로 1950년대까지 한국에서 인적자본개발 수준은 한국의 1인당 국민소득의 2~3배에 달하는 국가들의 인적자본 개발에 비길 만한 것이었다(Cole & Lyman, 1971).

한국의 전반적인 토지개혁은 산업화를 거부하였을지도 모를 기득권세력(지주계급)의 제거라는 측면에서 인적자본 못지않은 중요한 역할을 하였다. 토지개혁은 ① 농촌의 지주들을 도시에서 사업하도록 기업가정신을 공급하고 소작인들과 소농들이 자신들의 재산을 구입할 기회를 주었으며, ② 지주들과 소농들이 그들의 재정적 및 물적 자원을 효율적으로 이용하도록 하는 동기를 부여하였으며, ③ 소득분배를 개선시켰다는 면에서 성공적이었다. 요약하면 국민교육과 토지개혁은 성장분담의 원칙에서 중요한 요소들이 되었으며, 다른 나라에서 산업화노력을 질식시켰던 계급투쟁을 회피하는 데 중요한 역할을 하였다.

1960년대와 1970년대에 한국이 채택하였던 발전모형은 대체로 메이지모형과 전후일본모형의 혼합형태였다. 그렇지만, 일본과 한국 사이의 중요한 차이는 국내시장규모로 한국은 협소한 국내시장을 극복하기 위하여 수출진흥정책이 비교우위와 규모의 경제를 이용하는 데 일본보다 더 큰 역할을 하였다. 한국의 생산자들은 규모에 대한 수확증가기술과 대량생산기술이 요구하는 국내경험이 거의 없고, 제품을 국내시장에서 시험할 기회가 없었기 때문에 바로 세계시장에서 경쟁자들과 경쟁해야 하는 높은 위험을 부담하였다(Song, 1990). 이들에게 정책으로 강화된 인적자본(지식자본 및 정신자본)이 없었다면 오늘날과 같은 경제적 성공은 불가

〈표 3-5〉 총수출 중 기계, 수송장비 및 정밀기기의 수출비중

단위: %

	1955	1960	1970	1980	1990	2000	2005
일본	13.7	25.5	46.3	62.7	74.2	74.0	69.4
한국		0.3	7.4	20.35	39.3	58.2	61.0
대만		0.6	16.4	25.2	38.3	51.1	53.5
홍콩		3.3	13.5	19.5	25.8	38.5	52.8
싱가포르		6.7	11.0	26.8	50.1	67.4	58.7
중국				4.6	9.0	33.2	46.2

자료: 강정모(2009a), 59쪽에서 재인용.

능했을 것이다.

1960년대 초에 한국의 제 1차 생산물의 수입대체(비내구성 소비재)는 거의 소멸되어 제한된 국내시장으로 인한 전체 수준에서의 성장원천으로서의 효과는 감소하였다. 이는 정책입안자들이 제 2단계의 수입대체(중간재와 자본재의 생산)와 함께 제 1차 생산물의 수출진흥 전략을 채택하지 않을 수 없게 하였고, 이어서 제 2차 생산물의 수출진흥이 뒤따랐다(Kim & Romer, 1979).

한국에서 수입대체와 수출진흥을 촉진하기 위하여 수많은 조치들이 취해졌다. 즉 조세감면, 높은 관세, 낮은 이자율의 은행대출, 그리고 무엇보다도 대외금융조달을 포함하는 투자기금의 우선적 배분 등이었다. 해외투자를 유치하기 위하여 투자된 총액의 일정한 비율까지의 외화송금이 허락되었고 수출가공지대와 산업단지가 건설되었다.

한국경제의 급속한 전환은 산업화의 척도로 종종 사용되는 총수출에서 기계와 수송장비의 비중의 변화를 보면 확실히 알 수 있다. 이 비중은 1960년부터 2005년까지 한국의 경우에는 놀랍게도 0.3%에서 61.0%로, 대만의 경우에는 0.6%에서 53.5%로, 홍콩의 경우에는 3.3%에서

52.8%로, 싱가포르의 경우에는 1960년부터 2000년까지 6.7%에서 67.4%로 증가하였다.

바드한과 우드리(Pranab Bardhan & Christopher Udry, 1999: 229)가 지적한 바와 같이, 동아시아에서 국가개입의 정당성은 잘 정의되고 미리 고지된 집행기준 준칙과 관련이 있다. 예를 들면, 한국에서 신용할당을 통한 투자지도에 대한 강한 개입은 주로 수출성과기준에 엄격히 연계시켰기 때문에 성공적이었다. 이런 연결장치를 통하여 한국정부는 국내기업들 사이에 비용과 품질에 대한 의식의 함양을 유도했다. 나아가 빠른 학습을 촉진하기 위하여 해외경쟁을 활용하여 왔다. 또한 박정희의 차별화 리더십도 경제발전에 크게 작용하였다.

한국의 개발경험은 스스로 노력하는 기업가들에게 고도로 탄력적인 보상체계를 만들어 도전적인 기업가정신을 발휘하도록 한 것으로 집약될 수 있다(Jones & SaKong, 1980). 올바른 유인체계에 기반을 둔 기업가정신의 공급은 1960년대 초 이래 한국의 고속성장을 견인할 수 있었다. 적절한 금전적 및 비금전적 동기부여제도의 운영에 바탕을 둔 기업가정신의 공급은 기업가들을 지대추구적 또는 제로섬 기업가적 활동에서 사회적으로 생산적인 또는 포지티브섬 기업가적 활동으로 유도하여 더욱 증폭되는 결과를 낳았다. 이는 기업가적 자원을 수출관련분야로 유도하는 데도 매우 효과적이었다.

민주주의체제에서 재선을 추구하는 정치가들은 많은 사람들의 뜻과 이해관계를 반영하려는 동기에 의해 움직인다. 민주주의의 비교열위는 "선거는 장기적 발전에 꼭 필요한 것보다는 오히려 선거기간을 겨냥한 단기적 성취를 추구하려는 동기에 의해 움직인다"는 것이다(Todaro & Smith, 2003: 710). 독재정권이 정권을 유지하거나 합법성을 주장할 가장 큰 기회가 경제성장의 극대화를 달성하여 국민들의 신임을 얻는 데 있다는 것을 알고 있을 때, 독재정치체제는 성장촉진정책에 대해서는 가장 긍정적 효과가 있다.

근세의 역사를 보면 낙후된 경제환경에서는 민주주의가 거의 이루어지지 않았을 뿐 아니라, 이루어져도 단기간에 끝났음을 알 수 있다. 실제로는 경제발전이 민주주의에 선행하는 것으로 나타났다. 예를 들면, 일본의 근대화 초기인 메이지시대는 제국주의 통치시대였고, 나머지 동아시아 국가들의 정치제도도 경제발전 초기에는 권위주의적이거나 독재정치였으며, 중국은 아직도 공산주의 독재체제이다. 동아시아에서 민주주의는 경제적 성공에 의해서 인도되었지 민주주의가 경제발전을 가져오지는 않았다. 이로써 민주주의가 경제발전의 초기단계에서는 가장 효율적인 통치형태가 아닐 수도 있다는 논리를 펼 수 있다.

6. 요약 및 결론

최근까지 서구경제학자들은 근대 경제발전이 유럽문명의 독특한 요소들을 포함하는 서양의 고유한 현상이었다고 믿었다. 이러한 서구경제학자들의 이론과 달리 비유럽문화권인 동아시아 국가들이 이루어낸 경이적인 경제발전의 요인들은 동아시아 국가들의 고유한 산업정책이었다. 이러한 산업정책이 그들 국가의 경제성장에 도움이 되는 환경을 조성하고, 정부가 시장경제요소들을 보완한 것이 경제발전에 효과적이었고 이는 비고전학파적이었다.

동아시아 경제발전모형의 핵심은 정책으로 강화된 인적자본, 경제적 차별화, 비교우위와 규모의 경제의 추종전략, 정치적 안정이다. 가난한 국가들의 대부분은 이들 요소가 결핍되어 있다고 봐도 과언이 아니다. 즉 이들 국가의 낙후된 경제환경은 잘 양성된 인적자본의 부족, 잘 짜여진 경제발전단계별 안내도의 부재, 정책으로 강화된 경제적 차별화와 비교우위의 결핍 때문이다. 반면 한국을 비롯한 동아시아 국가들은 효과적인 정책에 의해 인도된 양질의 인적자본, 경제적 차별화 및 정책으로 강화된 비교우위 때문에 경제발전을 성공적으로 이룰 수 있었다. 동아시아 경제발전모형은 서양의 신고전학파와 비교하였을 때 다음과 같은 면에서 고유하다. ① 높은 경제발전을 위한 필요충분조건으로 물적자본의 축적이 강조되었을 때, 동아시아 모형에서는 높은 경제발전을 이루는 데 인적자본(지식자본과 정신자본)이 중요한 역할을 하였음을 입증하였다. ② 완전경쟁모형에 입각한 신고전학파의 경제성장모형이 보편적 균형이론이라면 동아시아 모형은 불균형적 성장모형이다. 경제적 차별화가 경제발전의 필요조건임을 입증하면서 성공한 혁신가들이 사회의 역할모형으로서 국가의 각 분야의 발전을 이끄는 모형이다. 이는 경제발전에서 불균형적인 현상이 보편적이라는 복잡계 경제학과 진화경제학을 뒷받침한다. ③ 동아시아 모형은 정부개입주의정책이 다른 곳에서 실패하였을 때(1950, 60년대)나 강력한 반대에 직면하였을 때(1970, 80년대)에 정부역할이 중요함을 입증하였다. ④ 동아시아 모형은 효과적인 경제정책이 인적자본을 깨우치고 격려하는 데 효과적임을 입증하고 경제발전에 있어서의 정신적 및 심리적 효과의 중요성을 공식적으로 인정하였다. 빈곤은 경제적 차원만의 문제가 아니고 심리적이고 정신적인 문제까지 동반하는 현상이다. 수많은 더 분명한 정책효과와 결합된 정신적이고 심리적인 효과가 주어진다면, 일관된 일련의 정책을 갖고 있는 국가는 그렇지 못한 국가보다 빈곤을 박멸하고 정치적 안정을 달성할 더 좋은 기회를 가질 수 있다. ⑤ 전통적인 지혜와는 반대로, 동아시아 경제발전모형은 경제발전이 민주주의보다 선행하여야 한다는 증거를 제시하였다.

동아시아 경제발전모형을 통하여 다음과 같은 것을 제언할 수 있다. 이 모형은 다른 개발도상국들에게도 적합할 뿐 아니라 북한의 경제발전에도 기여할 수 있다. 낙후된 경제를 발전시키려면 획득할 수 있는 한도 내의 모든 자원이 필요하고 이 자원들을 작동하게 할 수 있는 강력하고 일괄된 추진력이 필요하다. 이를 위하여 첫째, 개발도상국은 대외지향적인 양질의 인적자본(지식자본과 정신자본)과 안정된 정부가 필요하다. 이

점은 특히 천연자원이 빈약한 후진국에게 아주 중요하다. 둘째, 인적자본, 정부 및 대외지향성의 상호의존성을 잘 아는 것 또한 중요하다. 양질의 인적자본은 근로자들의 준비 정도를 의미하고, 사업가들과 정책담당자들이 국제적 영역에서 경쟁력을 갖고 있어야 함을 의미한다. 동시에 국제무역에의 노출은 기술을 고양시키고 인적자본 축적을 촉진한다.

발명과 혁신을 통해 일어난 서구의 산업화와 달리 동아시아의 산업화는 해외에서 빌린 기술을 학습하고 적용하는 것이었다. 풍부하고 상대적으로 잘 훈련된 세계지향적인 인적자본 없이 기술이전은 아주 느릴 수밖에 없었을 것이다. 다행히, 동아시아 국가들에게 새로운 기술의 흡수는 공공부문이나 민간부문에서 인적자본에 대한 지속적인 강조를 통하여 용이하게 이루어졌다. 동아시아 국가들의 경험은 경제발전 초기단계에서는 정부역할이 중요하지만, 초기단계를 벗어나 경제가 성장할 때 정부역할은 점차로 감소하고 시장이 더 매끄럽게 기능하기 시작한다는 교훈을 준다.

남북한의 통일로 북한이 계획경제에서 시장경제체제로 이행하는 것은 문화적 유산, 역사적 배경 및 인접 국가들의 괄목할 만한 경제성장을 미루어 볼 때, 동아시아 모형을 따라 공산품의 수출지향적 경제발전을 추구하는 것일 것이다. 이는 북한의 개혁이 시장에서 각 경제주체들이 자발적인 동기에 의하여 적극적으로 참여하는 효율적인 시장경제체제를 향한 개혁이어야 한다는 것을 의미한다. 북한은 인적자본이 풍부하기 때문에 시장경제로 전환하여 뚜렷한 단계별 안내도가 있는 유능한 지도자가 정치·사회적 안정 하에서 정책으로 강화된 경제적 차별화로 잠자는 발전정신과 기업가정신을 일깨우고, 비교우위와 규모의 경제에 입각하여 기업활동을 활성화한다면 빠른 경제발전을 이룰 수 있을 것이다.

■ 참고문헌

강정모(2009a), 《동아시아 경제발전모형에 관한 연구》, 경기개발연구원.

______(2009b), "동아시아 경제기적은 어떻게 이루어졌는가?", 〈동북아경제연구〉, 제 21권 제 3호, 한국동북아경제학회: 1~39.

______(2003), "북한경제 현황과 경제발전", 강정모 외, 《신동북아경제론》, FKI미디어: 151~211.

임원택(1988), 《정치경제학의 철학적 기초》, 법문사.

______(1992), 《續第2資本論》, 한국경제신문사.

좌승희(2003), 《기업의 본질에 대한 새로운 조명》, 한국경제연구원.

______(2008), 《진화를 넘어 차별화로: 복잡계 경제의 단순한 발전원리》, 지평.

______(2010), 《대한민국의 성공경제학》, 경기개발연구원.

Akamatsu, K. (1961), "A Theory of Unbalanced Growth in the World Economy", *Weltwirtschaftliches Archiv. 86*, Heft 2: 196~217.

Bardhan, P. & C. Udry. (1999), *Development Microeconomics*, New York: Oxford Press.

Becker, G. S. (1994), *Man Capital: A Theoretical and Empirical Analysis with Special Reference to Education* (3rd Edition), The University of Chicago Press.

Beinhocker, E. D. (2006), *The Origin of Wealth*, Boston: Harvard Business School Press.

Birdsall, N. & R. H. Sabor. (1993), "Virtuous Circles: Human Capital Growth and Equity in East Asia", Washington DC: The World Bank.

Cole, D. C. & P. N. Lynman. (1971), *Korean Development: The Interplay of Politics and Economics*, Cambridge, Mass. : Harvard University Press.

Datta-Chaudhuri, M. (1990), "Market Failure and Government Failure", *Journal of Economic Perspective*, Summer, 4: 25~40.

Fishlow, A. (1990), "The Latin American State", *Journal of Economic Perspective*, Summer, 4: 61~74.

Forgel, Robert W. (2009), "The Impact of the Asian Miracle on the Theory of Economic Growth", *NBER Working Paper* w14967, Cambridge, MA: NBER.

Gerschenkron, A. (1962), "Economic Backwardness in Historical Perspective", in *Economic Backwardness in Historical Perspective*. A. Gerschenkron (eds.), New York: Praeger.

Hong, Wontack. (2002), *Catch-up and Crises in Korea*, Northampton, Mass.: Edward Elgar.

Jones, L. P & Il SaKong. (1980), *Government and Entrepreneurship in Economic Development: The Korean Case* (*Korea Modernization Study Series 10*), Cambridge, MA: Harvard University Press.

Jwa, Sung-Hee. (2005), "Firms, Markets and Economic Development", Paper for the AEA/ASSA Annual Meeting in Philadelphia.

Kang, J. M. & J. Kwon. (1993), "The Role of Returns to Scale and Capital Utilization in Productivity Changes: The Case of Korean Manufacturing", *International Economic Journal*, 7(1): 95~107.

Keynes, J. M. (1935), *The General Theory of Employment Interest and Money*, New York, Harcourt: Brace and Co.

Kim, Kwang S. & M. Romer. (1979), *Growth and Structural Transformation: the Republic of Korea: 1945~1975*, Cambridge, MA.: Harvard University Press.

Kwon, J. K. (1994), "The East Asian Challenge to Neoclassical Orthodoxy", *World Development*, 22(4): 635~644.

Kwon, Jene K. & Hoon Paik. (1995), "Factor Price Distortions, Resource Allocation, and Growth", *Review of Economics and Statistics*, 77(4): 664~676.

Kwon, Jene K. (2004), "The East Asian Model: Restatement", 〈비교경제연구〉, 제 11권 제 1호, 한국비교경제학회: 371~417.

Kuznets, S. (1973), "Modern Economic Growth: Findings and Reflections", *American Economic Review*, June, 63: 247~258.

Lin, J. Y., F. Cai, & Z. Li. (2003), *The China Miracle: Development Strategy and Economic Reform*, Hong Kong: The Chinese University Press.

List, F. (1885), *National System of Political Economy.*

Lucas, R. E. Jr. (1988), "On the Mechanics of Economic Development", *Journal of Monetary Economics*, July, 22: 3~42.

Maddison, A. (2001), World Bank, World Development Indicators Online (see http://www.worldbank.org/data/wdi2004/index.htm).

______(2006), *The World Economy*, Paris: OECD.

Morishima, M. (1982), *Why has Japan Succeeded?*, Cambridge: Cambridge University Press.

Nurkse, R. (1953), *Problems of Capital Formation in Under-Developed Countries*, Oxford: Blackwell.

Rebelo, S. (1991), "Long-Run Policy Analysis and Long-Run Growth", *Journal of Political Economy*, June, 96: 500~521.

Romer, P. M. (1986), "Increasing Returns and Long-run Growth", *Journal of Political Economy*, October, 94: 1002~1037.

______(1990), "Endogenous Technological Change", *Journal of Political Economy*, October, 98: S71~S102.

Rosenstein-Rodan, P. N. (1943), "Problems of Industrialization of Eastern and South-Eastern Europe", *Economic Journal*, June, 53: 20~211.

Rostow, W. W. (1960), *The Stages of Economic Growth*, Cambridge: Cambridge University Press.

Shinohara, M. (1982), *Industrial Growth, Trade, and Dynamic Patterns in the Japanese Economy*, Tokyo: University of Tokyo Press.

Song, Byung Nak. (1990), *The Rise of the Korean Economy*, Oxford: Oxford University Press.

Stilgitz, J. E. (1988), "Economic Organization, Information, and Development" in *Handbook of Development Economics*, Vol. 1. Hollis Chenery and T. N. Srinivasan (eds.), New York: North Holland.

______(1999), "Knowledge for Development: Economic Science, Economic Policy, and Economic Advice" in Annual World Bank Conference on Development Economics 1998, Boris P. & J. Stiglitz (ed.), Washington, D. C.: World Bank.

Todaro, M. P. and S. C. Smith. (2003), *Economic Development*, New York: Addison Wesley.

Vernon, R. (1966), "International Investment and International Trade in the Product Cycle", *Quarterly Journal of Economics*, May, 80: 190~207.

Vernon, R. (1970), *Technology Factors in International Trade*, New York: National Bureau of Economic Research.

World Bank Report. (1993), *The East Asian Miracle*, New York: Oxford University Press.

04

21세기형 경제전략

강석훈 · 김종석 · 신인석 · 이 영

1. 21세기형 경제전략의 필요성

한국경제는 정부주도의 불균형 압축성장모형을 이용하여 초기산업화를 성공적으로 달성하였으며, 1980년대 이후에 전개된 국제경제환경변화에 따라 시장기능을 강화하고, 대외개방을 확대하는 등의 정책을 통해 나름대로 능동적으로 대처하고자 하였다. 그러나 정부주도와 민간주도의 혼재와 혼란 속에서 1990년대에 전개된 외부환경변화에 능동적으로 대처하지 못하고, 1997년 외환위기를 맞이하여 한국형경제성장모형은 타의에 의해 강제로 종료되었다.

한국경제가 시장중심으로 이전되기 시작한 본격적 시기는 1980년대라고 할 수 있다. 이때부터 정부주도의 불균형 압축성장모형에서 민간·시장주도 경제로 이행하여 시장경제의 활력을 이용하고자 하려는 경제전략을 구사하였다. 그러나 한국경제가 지향하는 새로운 경제에 대한 명확한 비전 부재, 정부와 시장의 역할에 대한 커다란 원칙과 이해의 부재, 1997년에 발생한 동남아 외환위기 등의 영향으로 1997년에는 외환위기를 당하게 되었다. 외환위기를 극복하는 과정에서 국제통화기금(IMF)의 회생매뉴얼에 따라 한국경제의 구조가 전면 개편되었으며, 이로써 한국형경제성장모형은 종료되었다.

한편, 다른 측면에서 보면 한국경제의 개발과 성장, 그리고 발전 과정은 글로벌화를 적극적으로 활용하는 과정이었다. 산업화 초기단계에는 국내시장보호와 해외진출확대라는 전략을 동시에 구사하면서 수출제일주의라는 일방향 글로벌화를 추진하였다. 이러한 과정에서 국내기업들은 해외시장에서 치열한 경쟁을 거쳐 경쟁력을 제고하였고, 그 경쟁력을 바탕으로 1980년대부터는 국내시장도 서서히 개방하기 시작하였다. 산업화 초기의 일방향 글로벌화에서 쌍방향 글로절화가 추진되기 시작한 것이다.

1980년대에 걸쳐 점진적으로 추진되던 한국경제의 글로벌화는 1990년대에는 세계적인 글로벌화 추세의 확대와 함께 쌍방향 글로벌화, 전 분야 글로벌화(특히 실물뿐만 아니라 금융부문의 개방 확대)로 확대되었다. 그러나 "글로벌화를 전략적으로 이용하는 비전의 부족", "글로벌화의 역기능을 보완하는 제도와 시스템설계 노력의 부족", "글로벌화에 적응하는 계층과 부적응하는 계층의 분리로 계층 간 격차 확대" 등으로 1997년에는 외환위기를 맞이하게 되었다.

사실 외환위기 이전까지 한국 경제성장모형의 근간은 일본의 경제개발모형과 유사한 측면이 많다. 정부가 주력산업을 선정하고 정부 스스로 자원배분에 직접 개입하여 동 산업을 육성하면서 국가가 하나의 주식회사처럼 움직였다는 점에서 한국의 경제성장모형은 일본과 유사하다. 실제로 한국경제의 성장주력산업은 적지 않은 경우 10여 년 전 일본의 성장주력사업이었다.[1)]

---

1) 한국의 경우 대통령에 의한 강력한 리더십이 있었다. 성격은 다르나 일본에도 자민당의 일관된 정책기조가 있었다.

1997년 외환위기 발발은 한국경제에서 일본경제모형이 한국경제의 역할모델(*Role Model*)로서 지위를 상실하게 되었음을 의미한다. 외환위기 직후 일본이라는 역할모델이 사라지자 한국경제는 새로운 경제운영체제로서 영미식 글로벌 스탠더드에 기반한 자유시장정책을 추진하기도 하다가(김대중 정부), 다시 유럽의 사회민주주의 경제정책을 추진(노무현 정부)하기도 하고, 이후에는 다시 개발연대로 돌아가는 듯한 경제정책(이명박 정부)을 시행하기도 하는 등 경제정책의 큰 방향을 정립하지 못한 채 정권에 따라 우왕좌왕했다. 흔히들 1990년대의 일본경제를 두고 "잃어버린 10년"이라고 하는데, 그렇다면 2000년대의 한국경제는 "방황하는 10년"이라 할 수 있다.

개발연대 초기부터 한국경제에서 금융은 실물경제의 불균형압축성장을 지원하기 위한 도구로 사용되었다. 경제개발 초기단계에는 금융에 대해 가격규제(금리규제)와 수량규제가 당연시되었으며, 한정된 자원을 소수 분야에 집중투입하기 위하여 광범위한 정부개입이 이루어졌다. 1980년대부터는 한국경제 전체의 운영모델로서 시장경제 기능이 강조되면서 금융자유화도 진전되기 시작하였다. 은행 민영화가 시작되고, 신규은행의 진입이 허용되고 또한 금리규제와 대출규제도 점진적으로 자율화되었다.

그러나 표면적인 금융자유화와는 달리 실제로는 광범위한 관치가 만연하는 상황이었다는 것이 일반적 평가였다. 금융산업은 또한 1990년대 초반 금융시장이 외국에 개방되기 이전까지 내수산업으로 국내에서 지속적으로 보호받는 산업이었다. 관치만연과 경쟁부재가 결국 한국금융산업의 경쟁력을 크게 떨어뜨리고 결과적으로는 1997년 외환위기를 맞는 단초를 제공하였다.

외환위기 이후에는 국내금융시장이 급격히 개방되면서 국내금융시장에서 외국인의 영향력이 급속히 확대되었고, 특히 환율의 시장결정성이 강화되면서 외국인자금의 유출입에 따른 환율 변동이 소규모 개방경제인 한국경제의 커다란 리스크로 부상하게 되었다. 한편, 국내금융산업에서는 은행의 대형화가 진행되고, 자본시장 규모가 커지는 등 변화가 있었으나, 근본적으로 한국 금융산업경쟁력은 실물경제에 비해 열악하였다.

한국경제의 성장과정에서 이제까지 주목받지 않았지만 가장 중요한 부분 중 하나는 재정정책분야이다. 한국경제에서 경제개발을 시작하면서 자금수요가 지속적으로 증가하였으나, 한국정부는 재정수요로 이러한 수요에 대처하지 않았다. 한국의 재정은 1997년 외환위기 이전까지 놀라울 정도로 건전재정을 유지하였고, 이러한 건전성을 바탕으로 외환위기 이후에 소요된 막대한 공적자금을 조달할 수 있었다. 또한 2008년에 발생한 글로벌 금융위기 상황에서 재정지출의 확대를 통해 위기상황을 극복해나가는 밑바탕이 되기도 하였다. 그러나 두 차례의 위기극복과정에서 이미 한국의 재정건전성은 크게 손상되었으며, 향후 급속히 증가할 재정수요와 재정건전성 확보 사이에 적절한 균형점을 찾아야 하는 숙제를 안게 되었다.

한국경제가 10여 년 방황을 거듭하는 상황에서 제 2차 세계대전 이후 세계경제의 슈퍼파워로 군림하던 미국에서 금융위기가 발생하고, 이는 거의 동시에 글로벌 금융위기로 확대되었다. 미국경제의 침체에 이은 주요 선진국의 경기침체로 그동안 잠복해 있던 세계경제의 제문제 중 글로벌 불균형과 각국의 재정수지 악화 문제가 전면으로 부상하였다.

현재는 산업혁명 이후 지난 200여 년간 세계경제를 지배하던 서구국가의 영향력이 점차 줄어들고 있으며, 제 2차 세계대전 이후 세계경제를 호령하던 미국경제의 영향력도 서서히 약해지는 상황이다. 제 2차 세계대전 이후 세계경제의 기축통화로 사용되던 미국 달러화조차 그 위상이 하락하는 상황이다. 현재 세계경제를 형성하면서 미래 세계경제를 만들어나가는 큰 주체로서 신흥산업국가(중국, 인도, 브라질, 러시아)들의 등장은 세계·아시아·동아시아·한국 경제의 존립구도 자체를 근본적으로 뒤흔들고 있다. 최근에 발표된 예측치들에서는(다소 성급하고 과감한 측면이 없지 않으나) 중국경제의 규모가 미국경제 규모를 추월하는 시기를 기존 2040년(골드만삭스)에서 2030년대 중반으로 예상하고 있으며, 일부

급격한 통계자료에서는 2020년 부근까지도 앞당겨 내다보고 있다.[2)]

선진국경제가 금융위기로 크게 휘청거리면서 1980년대 이후 세계경제의 운영규범으로 자리 잡았던 워싱턴 컨센서스(Washington Consensus)가 선진국 내에서조차 도전을 받게 되었다. 지금 세계경제는 전통적인 선진국의 침체와 신흥개도국의 부상이라는 현상이 동시에 나타나는 가운데, 21세기를 지배할 새로운 경제질서를 모색하고 있는 변곡점에 서 있다고 할 수 있다.

한국경제는 초기산업화를 성공적으로 이루어 GDP규모면에서 세계 10위권의 경제규모를 달성하였으나, 신흥국가들이 부상함에 따라 GDP 순위는 점차 하향하고 있으며 남북통일이라는 위험과 기회가 동시에 잠재된 가운데 세계에서 가장 빠른 속도로 고령화사회에 진입하는 상황에 직면했다. 지금은 세계경제환경의 변화를 반영하여 한국경제를 선진국에 안착시키면서 향후에도 지속가능성을 담보할 수 있는 새로운 21세기형 경제패러다임이 절실히 요구되는 시점이라고 할 수 있다. 이에 따라 이 장에서는 한국경제가 지금까지 이룩한 경제적 성공요인을 바탕으로 하되 변화하는 환경에 부합하는 새로운 경제운영 전략을 모색하고자 한다. 이하 제 2절에서는 시장과 정부관계(김종석), 제 3절에서는 금융분야(신인석), 제 4절에서는 재정 및 조세 분야(이영), 제 5절에서는 산업정책(강석훈)에 대하여 살펴본다. 제 6절에서는 논의를 요약하고 결론을 제시한다.

---

2) 다만 경제의 장기 예측은 좀더 고민이 필요한데, 현재 미국경제의 영향력이 점차 하락하고 있다고는 하나 미국은 항상 위기 때마다 혁신적인 기술 개발 등을 통해 위기를 극복해왔다는 점을 간과해서는 안 될 것임.

2. 시장과 정부관계[3)]

1) 들어가며

시장경제는 분산된 의사결정을 기본원리로 하는 제도다. 이는 무엇을 어떻게 얼마나 만들어 누구에게 나누어 주는가의 기본문제를 각 경제주체들의 독자적인 의사결정으로 해결하는 시스템이다. 특히 근로자·기업·소비자 각 경제주체들이 타인의 이익을 위해서가 아니라 자기 자신의 물질적 이득과 행복을 제각기 추구하는 과정에 저절로 공동체의 경제문제가 해결되는 일종의 게임규칙이고, 수 세기의 시행착오와 진화과정을 거쳐 형성된 인류 문화유산의 하나라고 할 수 있다.

경제주체들의 이기적이고 분산된 의사결정이 어떻게 공동체의 증가된 물질적 풍요로 이어지는지는 애덤 스미스가 이미 18세기에 '보이지 않는 손'이라는 은유를 통해 입증한 사실이 있다. 예를 들어 생산자들의 사익추구를 위한 노력이 소비자들을 위한 것이 아님에도 결과적으로 소비자들에게 이득을 주게 되는 현상이 이에 해당한다.

시장경제에서 소비자, 근로자, 기업이 물질적 풍요를 누릴 수 있는 것은 정부의 의도된 계획이나 경제주체들의 이타심 또는 양심 때문이 아니라, 민간 경제주체들의 사적 이기심이 시장이라는 거대한 시스템 속에서 자원배분의 효율을 높여 전체의 물질적 복지를 증가시키기 때문이다. 이런 애덤 스미스의 18세기 영국에서의 관찰은 21세기 한국에서도 유효하고, 이것은 시장경제의 효율성과 지속가능성을 설명하는 가장 핵심적인 관찰이다.

따라서 시장경제에서 정부, 기업, 근로자가 공동운명체로서 이익을 공유하는 것은 상호 간의 명시적 계약이나 정부의 계획 때문이 아니라,

---

3) 이 절 내용의 초기 버전은 김종석(2009)에 수록되어 있음.

시장경제 제도의 틀 속에서 간접적으로 이루어지는 것이다. 그렇기 때문에 시장경제에서 경제주체들이 공동이익을 향유한다는 것은 비교적 우연한 결과이며, 참여자 모두에게 이득이 되도록 경제 시스템이 제대로 작동되어야만 가능한 것이다.

정부는 경제주체로서 유일하게 사익목적을 추구하지 않는 단위다.[4] 여기서는 정부가 공익을 증가시키기 위해 제도를 공급하고 관리하는 역할을 한다고 전제하고, 어떤 제도를 공급하고, 제도를 어떻게 관리하는 것이 최대다수의 최대행복을 보장할 수 있는지 살펴보고자 한다.

이와 같이 정부의 목적이 공익증진인 것으로 가정하더라도, 정부의 성과가 보편적 기대수준에 미달하는 경우가 대부분이다. 이런 결과를 예외로 보기에는 정부실패 현상이 국내외에서 보편적으로 관찰된다. 따라서 정부의 경제관리 기능의 당위성을 인정하더라도, 정부의 정보능력과 판단능력을 과도하게 신뢰하는 것은 시장기능을 과도하게 믿는 것 못지않게 비현실적이다.

따라서 여기서는 정부실패의 가능성과 구조적 배경을 살펴보고, 시장기능을 보완하기 위한 정부기능은 어디까지여야 하며, 정부가 비교우위를 가진 영역과 실패가능성이 높은 영역은 무엇인지 살펴보고자 하였다. 이를 통해 공익목표의 효과적 달성을 위한 시장기능과 정부기능의 합리적 보완관계를 모색하고자 한다.

2) 정부의 역할

시장경제에서 정부의 역할은 이론적으로 크게 두 가지로 나눌 수 있다. 하나는 시장경제의 장점을 극대화하기 위해 제도적 인프라를 공급하고 관

---

4) 공공선택이론에서는 정부도 정치인과 관료로 구성된 조직이기 때문에 정치인과 관료들에게도 각자의 사적이익과 조직이익이 존재한다고 본다.

리하는 소극적 역할이고, 다른 하나는 시장경제의 한계를 극복하기 위해 자원배분과정에 개입해서 시장의 성과를 제고하는 적극적 역할이다.

그러나 이러한 시장의 성과를 높이기 위한 고전적 정부의 경제역할 외에 20세기에 들어 시장경제가 진화하고 성숙하는 과정에서의 정치 사회적 요구에 따라 정부가 자원배분과 민간경제활동에 다양한 형태로 개입하게 되었다. 여기서는 먼저 시장경제에서 정부의 경제적 역할은 무엇인지 살펴보고, 정치 사회적 요구에 의해 도입된 각종 정부 개입과 정책에 대해 논의해보고자 한다.

(1) 시장경제의 제도적 인프라 유지

20세기 들어와 세계 각국의 경제 성장은 상당부분 정부의 성장촉진 정책에 기인한 것으로 볼 수 있다. 전통적으로 경제학에서는 생산성 향상, 신기술 도입, 자본형성 등이 경제성장의 주요인으로 해석되었다. 그러나 20세기 후반 한국을 비롯한 신생 산업국의 등장은 경제발전이 계량화할 수 있는 전통적 생산성 내지 요소 투입량만이 아니라 계량화할 수 없는 경제・제도적 요인에도 크게 영향을 받을 수 있음을 보여주었다. 정부가 한 사회의 제도적 기반과 기본경제질서를 형성하는 데 매우 중요한 역할을 한다는 의미에서 정부의 역할이 새롭게 조명되고 있다.

모리스와 아델만(Morris & Adelman, 1988)은 1850~1914년 기간 중 국민소득이 크게 증가한 23개국을 대상으로 경제성장의 유형을 비교한 결과 제도적 요인이 경제발전의 속도와 유형을 결정하는 데 가장 중요함을 밝혔다. 올슨(Olson, 1996)은 궁극적으로 한 사회의 제도가 구성원의 인센티브에 큰 영향을 미치기 때문에 그 사회의 발전에 결정적으로 중요하다고 보았다. 거시경제적 측면에서도 시어만(Siermann, 1988), 아론(Aron, 2000), 에이스모글루(Acemoglu et al., 2001), 글레이저(Glaeser et al., 2004), 넬슨(Nelson, 2005) 등은 경제성장에 큰 영향을 미치는 요소로서 제도를 주목하고 있다.

시장경제 체제가 경제주체들에게 유인동기를 제공하고 자원배분의 효율성을 유지함으로써, 경제의 지속적 성장과 물질적 풍요를 가져다주는 우수한 제도임은 분명하다. 그러나 현실적으로 전 세계 200여 개 국가 중 대다수가 시장경제 체제이면서도 빈곤을 면치 못하고 있다. 따라서 시장경제 체제를 유지하고 있다는 사실만으로 잘살게 되는 것이 아니라, 시장경제를 제대로 운영해야 함을 알 수 있다. 즉 시장경제의 장점을 발현시킬 수 있는 제도적 운영이 더 중요한 것이다. 애덤 스미스가 관찰한 것과 같이 시장의 성공은 경제주체들의 분산되고 이기적인 선택이 시장기구('보이지 않는 손')를 통해 공익을 증진시키는 현상을 말한다. 따라서 경제주체들의 이기심이 공익과 일치하도록 하는 제도적 장치가 존재할 뿐 아니라 이런 제도가 효과적으로 작동하는 것이 시장의 성공을 위해 필수적이다. 시장경제가 자원배분의 효율성과 경제의 지속적 성장이라는 장점을 구현하기 위해서는 다음 3가지의 제도적 장치가 효과적으로 작동해야 한다. 이 제도들을 도입하고 효과적으로 운영하는 것이 시장경제에서 정부가 담당하는 가장 기본적 역할의 하나이다.

① 재산권의 보장

재산권은 그것이 유형재산이든 무형재산이든 소유자가 그 자원을 가장 효율적으로 사용할 것이기 때문에 보장되어야 한다. 다시 말해 소유권이 불분명하거나 다수의 소유자가 존재하는 자원은 불가피하게 경쟁적으로 그 자원을 소모하게 되는 '공유지의 비극'(*Tragedy of Commons*) 현상을 초래하게 되어 자원낭비를 불러온다.

또한 특허제도에서 볼 수 있듯 지적재산권의 보호는 그 권리의 소유권자가 수익을 올릴 수 있기 때문에 새로운 기술과 아이디어의 개발을 촉진하게 된다. 이 원리는 일반적으로 모든 재산권에 적용된다. 그것이 부동산이든, 기업경영권이든, 특허권이든 재산권이 확립되면 그 권리는 그 재산을 가장 효율적인 용도로 사용할 수 있는 사람에게 거래를 통해 귀속

될 것이고, 이는 경제 전체의 효율성을 높일 것이다.

② 계약의 자유와 계약의 이행 보장

자유거래는 사기와 강압이 없는 한 거래 양방을 모두 이롭게 한다. 따라서 거래가 자유로워지고 활성화될수록 경제에 발생하는 잉여의 총량은 증가할 것이고, 그 결과 경제주체들의 물질적 풍요와 자원배분의 효율성도 증가할 것이다.

또한 거래당사자 간에 맺은 계약이 제대로 집행되리라는 신뢰와 예측가능성이 존재해야 시장이 형성되고 거래가 활성화될 것이다. 따라서 대부분의 시장경제 국가들이 사적 주체 간의 계약에 개입하여, 계약을 일방이 위반하는 경우 사법제도를 통해 국가가 계약의 이행을 강제하고 제재를 가할 수 있도록 하는 것은 시장의 형성과 거래의 활성화를 위해 매우 중요한 제도적 기반이 되는 것이다.

따라서 정부가 경제활동의 자유를 보장하고, 경제주체 간에 맺은 계약이 제대로 이행되도록 강제하는 사법제도를 효율적으로 운영하는 것은 시장경제가 지속적으로 새로운 기술과 상품을 제공하고 물질적 풍요를 지속하는 데 매우 중요한 전제가 되는 것이다.

③ 자유롭고 공정한 경쟁의 보장

시장경제의 장점을 극대화하기 위해 자유롭고 공정한 경쟁을 정부가 보호하고 보장해야 하는 이유는 물론 경쟁을 통해 자원배분의 효율성을 높일 수 있기 때문이다. 그러나 이에 더해 공정하고 자유로운 경쟁은 경쟁의 패자들이 경쟁의 결과에 승복하도록 하는 중요한 전제가 되기 때문이다. 따라서 공정하고 자유로운 경쟁은 시장경제의 효율성 제고는 물론 체제의 건전하고도 지속가능한 발전의 중요한 전제가 된다.

(2) 시장경제의 불완전성 해소

애덤 스미스가 발견한 시장성공은 경제주체들의 사익추구 행위가 공익증진을 초래한다는 것이었다. 마찬가지로 경제주체들의 사익추구 행위가 공익을 증진시키지 못하거나 다른 주체들에게 피해를 준다면 시장실패가 발생하게 된다. 시장실패는 정부가 시장을 규제하는 이론적 근거가 된다. 시장실패를 보완하기 위해 정부가 개입하는 유형에는 외부효과 해소와 공공서비스 공급의 두 가지가 있다. 그 밖에 반드시 시장실패 때문은 아니지만, 시장경제의 진화과정에서 시장경제의 성과를 보완하기 위해 정부가 수행하는 거시경제적 역할과 사회보장 기능도 정부의 정당한 경제적 기능으로 받아들여지고 있다.

① 외부효과의 해소와 공공재의 공급

자유방임상태에서는 다른 사람에게 피해를 주고 원인제공자가 그에 대해 보상을 하지도 처벌을 받지도 않는 경우가 너무 많이 발생한다. 공해유발행위나 질서파괴행위와 같이 외부불경제를 유발하는 행위나 천연자원에 대한 남획이 이에 해당한다. 정부는 이러한 행위를 제한함으로써 시장의 효율성을 높일 수 있다.

또한 남에게 이득을 주지만 그에 대한 적절한 보상을 받지 못하는 행위는 자유방임 상태에서 사회적 최적보다 과소 발생한다. 기초학문연구·자원봉사 등의 행위는 민간의 선택에 의해 충분히 공급되지 못한다. 이와 같이 외부경제를 유발하거나 민간이 담당하기 어려운 공공서비스는 정부가 지원하거나 직접 공급을 담당함으로써 시장의 불완전성을 보완할 수 있다.

② 거시경제안정 및 사회안전망의 공급

경기의 과도한 변동과 물가등락을 완화하기 위한 정부의 통화관리정책과 금융조세정책 등 거시경제정책은 정부의 중요한 경제기능으로 받아들여지고 있다. 이에 더해 취약계층의 보호를 위한 사회안전망의 공급은 대부분의 시장경제국가가 정부의 필수기능으로 받아들이고 있다. 시장경제는 결과의 불평등이 불가피하기 때문에, 구성원들에 대한 기회균등 보장은 시장경제의 정당성과 지속가능성을 위해 중요한 요건이다. 특히 의식주 및 교육·의료에 있어서 기회균등을 위한 최소한의 사회보장은 시장경제의 건전한 발전을 위해 필수적인 정부기능이다.

(3) 정부역할의 한계

① 정부실패의 가능성

시장실패 못지않게 구조적이고 보편적인 현상이 정부실패다. 시장실패는 시장의 자율기능이 '바람직하지 못한 결과'를 초래하는 경우를 의미한다. 마찬가지로 정부의 개입이 의도한 목적을 제대로 달성하지 못하거나, 부작용을 초래하여 더 큰 사회적 비용을 치르도록 하는 경우가 발생한다. 이를 정부실패라고 정의할 수 있다.

정부실패가 발생하는 이유는 시장의 실패에 비해 이론적으로 정밀하게 연구되어 있지는 않다. 대체로 정부실패가 발생하는 이론적 배경은 경제학의 공공선택이론(*Public Choice Theory*)을 통해 제공되었다. 공공선택이론에 따르면 정부를 구성하는 정치인과 관료들도 소비자나 기업과 같이 제약조건 하에서 사적이익을 극대화하는 경제적 의사결정 단위로서, 정치인들은 주로 정치적 영향력과 정치생명의 연장, 관료들은 신분상승과 조직확대를 추구하는 것으로 본다. 따라서 불완전한 정부기능의 수행이나 왜곡된 의사결정은 정부를 구성하는 사람들의 능력 내지 소명의식 부족의 문제가 아니라 공공조직이 가지고 있는 본질적 문제로서 시장실패와 마찬가지로 구조적 문제인 것이다.

특히 정부실패가 발생하는 구조적 원인은 이익집단의 정치적 영향력이 정치인과 관료에 미쳐, 분산된 다수 국민의 이익보다 조직화된 소수 이익집단의 이익이 정부에 의해 더 보호받기 때문이다. 이런 형태의 정부실패는 다원민주주의가 정착된 선진국일수록 더 가능성이 높다. 특히 최근 한국사회에서 이러한 형태의 정부실패 가능성은 매우 높아졌다고 할 수 있다. 그런 점에서 정부의 시장개입을 축소하고 작은정부를 지향하는 것은 그만큼 정부실패의 가능성을 줄이게 된다.

② 소득격차의 인위적 축소

소득격차가 확대되는 것이 바람직한 현상은 아니다. 많은 정부들이 소득격차를 줄이고자 노력하고 있다. 이는 우선 정치적으로 매력적이다. 절대 다수의 국민들이 소득격차 축소의 수혜자가 될 것으로 기대하기 때문이다.

그러나 소득재분배를 통해 인위적으로 격차를 축소하고자 하는 정책들은 좋은 의도에도 불구하고 결과적으로 경제활동을 위축시키고 경기를 침체시켜 오히려 중산층과 서민층 생활수준의 저하를 초래한다. 정부가 소득재분배라는 목적으로 고소득층과 저소득층의 차이를 감소시키기 위해 높은 세율의 소득세와 상속세를 부과하면, 고소득자들은 열심히 일하려는 의욕을 상실하고 저소득층의 자립의지와 자립능력을 저하시킬 가능성이 있다.

소득격차확대 문제의 본질은 격차가 아니라 빈곤의 확산과 고착으로 보아야 한다. 빈곤을 해소하고 빈곤의 대물림을 막는 가장 효과적인 정책은 정부의 보조금이 아니라 빈곤층에 대한 경제적 기회확대와 직업능력 향상이다. 경제적 기회를 확대하는 일은 경제를 활성화하여 일자리를 창출함으로써 가능하다. 또한 일자리가 창출되더라도 새로운 경제환경에 적합한 능력을 갖추는 것이 중요하기 때문에 빈곤층과 그 자녀들에 대해 양질의 교육과 직업능력 향상기회를 제공하는 것이 효과적인 대책이다.

빈곤층에 대한 지원과 생활보호는 절대적 취약계층에게 실질적 도움이 되도록 효과적으로 집중해야 하며, 대부분의 빈곤계층에 대해서는 그들의 자립의지와 자립능력을 키우는 것이 빈곤해소의 근본 대책이다.

③ 특정 산업에 대한 전략적 육성

한국과 같은 수준의 경제발전을 이루고 글로벌경쟁력을 가진 기업을 다수 보유한 경제에서, 기술발전이나 글로벌 시장의 진화방향·신상품 개발에 관한 정보나 예측능력 등을 정부가 기업보다 더 많이 가지고 있거나, 정부가 내리는 의사결정이 민간보다 반드시 우월하다는 보장이 없다. 현장에서 다른 기업과 경쟁하면서 소비자를 매일 접하는 기업인들이 미래의 시장수요와 기술발전에 대해 더 정확하고 많은 정보를 가지고 있다고 보아야 한다.

따라서 정부가 비록 전문가들의 자문을 받아 의사결정을 내린다고 하더라도, 정부가 미래를 예측하고 민간기업들로 하여금 특정 분야에 진출하거나 투자하도록 유도하거나, 특정 산업을 육성하기 위한 유인을 제공하는 것은 그 잠재적 혜택 못지않게 오류의 가능성도 크다고 할 수 있다.

특히 특정 산업분야를 육성하기 위해 금융·세제상의 혜택을 부여하는 경우 해당 분야 기업들의 수익성은 높일 수 있지만, 그 분야 기업들의 경쟁력과 생산성이 반드시 높아지는 것은 아니다. 오히려 보조금에 의존한 고수익이 기업들의 자생력과 경쟁력을 저해할 가능성이 더 크다고 할 수 있다.

미래에 유망할 것으로 예측되는 산업에서도 퇴출되는 기업이 존재하고, 사양산업으로 인식되는 산업에서도 성장하는 기업이 존재한다. 특정 국가에서 특정 산업이 경쟁력 있는 핵심산업으로 부상했다는 것은 사후적으로 그 산업에서 경쟁력 있는 기업들이 다수 출현했다는 것의 다른 표현일 뿐이다. 따라서 정부가 특정 산업이나 기술을 선택하여 장래를 예측하고 수익률 왜곡을 초래하는 지원을 행하는 경우 그 부작용이 더 클 수 있다.

정부는 특정 산업이나 기술을 선택하여 육성하기보다는, 어느 산업이나 분야든지 경쟁력 있는 기업들이 자유롭게 진입하여 경쟁하면서 신기술을 개발하고 상용화할 수 있는 여건과 제도적 인프라 제공을 미래 성장산업의 출현을 촉진시키기 위한 기본 임무로 삼아야 한다.

(4) 정부기능과 시장기능의 보완적 조화

① 작은정부론

20세기는 그 중반기까지 정부의 역할이 지속적으로 증대되었던 시기였다. 두 번의 세계대전과 국가 간 패권주의, 전후복구, 신생국 경제개발, 사회주의국가의 등장으로 전후유럽은 수정자본주의적 성격이 강화되고 주요 산업이 국유화되었다. 이는 정부의 계획기능이 자원배분에 미치는 영향력이 막대하였음을 의미한다. 그러나 20세기 후반, 특히 1980년대 이후 정부 역할이 점차 축소되는 경향을 보였다.

1980년대 이후 WTO체제와 무역장벽의 해체 그리고 국제자본시장의 발달이 급속히 진행되면서 정부의 국내경제에 대한 영향력이 점차 줄어들었고, 글로벌 스탠더드가 확립되어 노동, 환경, 경쟁정책, 정부규제 등도 국가 간의 차이를 줄이고 투명성과 예측가능성을 높이려는 노력이 강화되었다.

특히 영국의 대처 수상과 미국의 레이건 대통령을 중심으로 전개된 민영화, 규제완화 및 작은정부를 위한 정부개혁이 남미와 아시아 등 전 세계로 확산되었고, 구소련 및 동구국가 붕괴와 자본주의 시장경제로의 체제이행은 사회주의 정부의 기능과 권한이 대폭 시장으로 넘어가는 중요한 계기가 되었다고 할 수 있다.

과거 정부주도의 중앙집권적 경제운용에서 벗어나 자원배분에 관한 의사결정권을 각 경제주체에게 맡기고 이를 시장의 힘으로 운용하는 분권적 경제질서가 점차 확산되었다. 경제에 대한 개입도 정부가 주도적 역할을 하기보다는 경제주체 간의 분쟁의 조정이나 필수 공익산업에 대한 규제 등으로 제한되는 경향을 나타내었다. 개발도상국에 있어서도 법질서·사유재산권 보호 등과 같이 제도를 확립하는 능동적 주체로서 국가의 역할이 강조되었다.

그러나 작은정부를 추구한다는 것이 반드시 정부의 경제에 대한 책임성이나 정부기능의 효율성을 낮추는 것은 아니다. 오히려 정부가 간섭하는 방식을 변화시켜 정부가 경제활동에 미치는 영향력을 더욱 강화할 수 있다. 후쿠야마(Fukuyama, 2004)는 국가의 기능을 줄이되 국가의 힘은 오히려 증가시키는 방향으로 정부기능을 재조정하는 것을 가장 바람직한 정부개혁으로 평가하고 있다. 이것은 정부가 경제활동에 시장기능을 대신하여 개입하는 자원배분기능과 영역은 줄이되, 정부가 비교우위에 있는 제도의 공급과 운영기능에서의 실효성은 더욱 제고되어야 한다는 의미로 해석할 수 있다.

② 정부가 해야 할 일: 제도의 공급과 관리

시장경제에서 정부가 해야 할 일은 기본적으로 시장경제의 원활한 작동을 위한 각종 제도와 규칙을 마련하고 이를 제대로 관리하는 일이다. 특히 재산권 보호와 자유로운 경제활동 및 공정경쟁 보장이 가장 중요한 정부역할이다. 이것은 한마디로 법치질서와 법치주의의 확립이다. 제도의 안정적 유지·관리는 신뢰라는 사회적 자본을 축적하도록 하여 경제활동의 활성화를 기할 수 있고, 법치질서 확립은 법을 지키고 정직하게 경제활동을 하는 사람들을 보호하여, 이 또한 경제활동을 활성화시킬 것이다.

이에 더하여 이른바 시장실패를 보완하기 위해 남에게 피해를 주는 행위를 규제하고, 공공서비스와 각종 기반시설을 제공하는 역할도 정부의 중요한 경제적 기능이다. 거시경제적 안정을 위한 재정정책·금융통화정책과 경제적 기회균등을 보장하기 위한 사회보장제도 운영·취약계층에 대한 보호도 시장경제의 진화와 함께 그 중요성이 더해진 정부 기능이다.

③ 정부가 하지 말아야 할 일: 자원배분에 개입

정부가 자원배분에 개입한다는 것은 '무엇을 얼마나 어떻게 만들어 누구에게 나누어 줄 것인가'라는 기본적 경제문제를 정부가 결정한다는 것을 의미한다. 그러나 과거 계획경제 국가들의 경험에서 볼 수 있듯이 이런 시도는 엄청난 불균형과 비효율을 초래한다. 정부가 자원을 효율적으로 배분하기 위해서는 누가 어떤 재화를 가장 효율적으로 생산하고, 누가 생산된 재화를 가장 필요로 하고, 또 재화에 어떤 기술과 요소를 투입하는 것이 가장 효율적인가를 정치인과 관료들이 알고 있어야 한다. 물론 정부는 그러지 못하고 있다.

그러나 정부가 자원을 배분한다는 것은 정부가 배분의 우선순위를 정해서 자원배분과정에 특정인을 배제하거나 혜택을 줄 수 있다는 것, 즉 권력을 행사할 수 있음을 의미한다. 당연히 정치인들과 관료는 자신들의 판단에 따른 자원배분을 선호할 것이고, 이것이 정부가 시장을 대신하여 자원을 배분하는 것을 선호하는 배경이다.

효율성을 원리로 하는 시장기구에 의한 배분과는 달리 정치인과 관료로 구성된 정부조직은 정치적 논리에 의해 자원을 배분할 수밖에 없다. 문제는 다원민주주의가 발달한 사회일수록 조직된 이익집단의 정치적 영향력이 분산된 대다수 국민의 이익을 능가한다는 사실이다. 다시 말해 정부에 의한 자원배분이 확대될수록 조직된 이익집단이 더 큰 혜택을 누리는 정부실패의 가능성이 높아진다. 정부가 자원배분에 간섭하는 비중이 증가할수록 자원은 비효율적으로 배분되고, 이익집단이 더 혜택을 보게 되며, 부패와 권한남용의 가능성이 더 증가한다.

정부가 해서는 안 되는 또 하나의 역할이 경쟁을 제한하고 이권(경제적 지대)을 창출하는 일이다. 시장경제의 장점을 나타내는 가장 중요한 제도적 장치가 공정하고 자유로운 경쟁보장이다. 그러나 정치·사회적 요구에 의해 다양한 형태의 경쟁제한적 제도가 정부에 의해 도입된다. 특히 특정 지역·계층·사업자를 보호한다는 명분으로 각종 경쟁제한제도가 생겨난다. 경쟁제한은 경제활동의 자유와 소비자의 선택을 제한하는 것은 물론 경제주체들이 증가된 경제적 지대를 획득하기 위해 비생산적 노력을 기울이도록 하여 경제 전반에 비효율을 초래하게 된다.

④ 2008년 글로벌 금융위기가 정부역할에 주는 시사점

2008년 미국에서부터 시작된 글로벌 금융위기의 원인에 대한 분석과 학술적 논쟁은 앞으로 수십 년간 진행될 것이다. 나타난 현상만으로 보면 미국의 은행들이 신용도가 낮은 저소득층에게 주택담보대출(이른바 "*sub-prime mortgage loan*")을 한 것이 누적적으로 부실화하면서 미국의 금융시스템에 거대한 부실대출이 발생한 것이 그 원인이다. 그러나 미국의 금융기관들이 신용도가 낮은 저소득층에게 과도한 주택담보대출을 하게 된 배경에는 미국의 저소득층에게도 자기 주택을 소유하도록 하겠다는 사회정치적 목적에 의해 1980년대 이후 미국 정부가 각종 정책과 인센티브를 통해 금융기관으로 하여금 신용도가 낮은 저소득층에게 주택구입자금을 대부하도록 한 정책이 있었다. 정상적인 금융시장 기능에 의하면 대출을 받을 수 없었거나, 대출 규모가 제한적이었을 사람들에게 대규모의 대출이 이루어진 것이 문제의 발단이었다. 이렇게 보면 2008년에 미국에서부터 시작된 금융위기는 근본적으로 정부가 정치적 의도를 가지고 금융자원의 배분에 개입한 것이 시장 왜곡을 초래한 것으로 볼 수 있다. 시장의 실패 이전에 정부의 실패인 것이다.

이처럼 미국의 금융기관들이 근원적으로 부실가능성이 높은 채권을 근거로 금융 파생상품을 만들어 대량으로 시장에 공급하고, 이 파생상품들이 전 세계 금융시장에서 거래되면서, 근원적 채권의 부실화가 전 세계적 금융위기로 확산된 것이다. 문제는 정보통신수단의 발전과 금융시장의 진화로 인해 금융기법과 시장의 진화가 2000년대에 들어와 빠르게 진행되었다는 것이다. 이와 같은 시장의 진화에 대비하여 각국 정부는 1960년대 이후 금융상품과 금융기관에 대한 종합감독기구를 모두 가지고

있었다. 금융감독기구를 통해 새로운 금융기법과 상품을 감시·감독하여 금융시스템의 붕괴 가능성을 예방하는 것이 각국 금융감독기구의 설립목적이자 권능이었다.

그러나 미국을 비롯한 주요 선진국 정부의 금융감독기구들은 시장의 진화를 따라가지 못했다. 새로운 상품과 금융기법에 대한 이해부족과 감독능력 부족 때문에 글로벌 금융위기를 예방하지 못했던 것이다. 이렇게 볼 때 시장의 진화를 이해하지 못하고 감독하지 못한 각국 금융감독당국 능력의 한계가 문제의 본질이라고 할 수 있다. 이러한 요소 역시 시장의 실패 이전에 정부의 실패로 보아야 한다.

따라서 2008년 글로벌 금융위기 이후 각국 정부가 금융감독기능과 규제제도를 개편하고자 하는 것은 당연하지만, 문제의 본질이 정부에 의한 인위적 자원배분 왜곡과 시장의 진화를 못 따라간 정부 감독능력의 한계라면, 금융시장에 대한 새로운 규제제도의 방향은 정부실패의 가능성을 줄이는 방향이 되어야 함을 시사한다.

(5) 결론: 작고 효율적인 정부의 의미

시장기능과 정부기능 모두 실패할 가능성이 있는 기구이다. 시장기능이 비교우위에 있는 경제적 역할이 있고, 정부가 비교우위에 있는 경제적 역할이 있다. 당연한 결론이지만, 정부가 추구하는 여러 가지 정책목표를 효과적으로 달성하기 위해 두 기능의 장점을 최대한 살리고 단점을 최소화하는 지혜가 필요하다.

구체적으로, 시장기능은 자원배분에 비교우위가 있고, 정부는 제도적 인프라와 공공서비스의 공급에 비교우위가 있다. 그러나 현실에서는 정치인과 관료의 사적 유인동기에 의해 정부가 자원배분에 개입하려 하고, 시장경제의 작동을 원활하게 하는 제도와 인프라의 공급은 소홀히 하는 데에서 정부실패가 발생하게 된다. 특히 정부가 자원배분에 간섭하게 되면 불가피하게 정부조직과 공무원의 숫자를 늘려 큰 정부를 초래하게 된다. 경제에서 정부가 차지하는 경제적 비중이 증가할수록 국가경쟁력이 저하된다는 것은 잘 입증된 사실이다.

시장기능을 활용하여 공익적 목표를 달성하는 사례는 국내외에 많다. 민간의 창의성과 효율성을 활용하여 최소비용으로 양질의 공공서비스를 제공하는 것이 진정한 공익증진이고 작고 효율적인 정부의 모습이라고 할 수 있다. 작은정부는 정부가 직접 관할하는 조직과 인원이 작다는 뜻이지 운영규모나 효능이 떨어지는 것을 말하는 것은 아니다. 오히려 작은 조직을 가지고 정부가 해야 할 일을 더 효과적으로 달성하고자 하는 것이 진정한 의미의 작은정부론이다.

아울러 공익은 공조직만이 달성할 수 있다는 믿음은 잘못된 것이다. 국내외적으로 교육, 의료, 통신, 운송, 에너지, 방범, 교도소 운영과 같이 정부 고유기능이거나 중요한 공익기능이 민간조직에 의해 더 효율적이고 고객 지향적으로 운영되는 사례는 많다. 특히 민영화는 여러 가지 형태로 이루어질 수 있는 것으로서 공기업의 경영권을 주식매각을 통해 민간에게 이양하는 방식부터, 공기업의 전체 또는 일부 기능을 민간에게 일정기간 위탁하는 것도 넓은 의미의 민영화라고 할 수 있다. 또 완전 민영화는 아니더라도 공기업 지분의 일부를 주식시장에 상장하여 정부의 배타적 경영지배를 완화하는 것만으로도 상당한 경영성과 제고 효과를 낼 수 있을 것이다.

시장경제가 건전성을 유지하기 위해서는 경제주체들의 양보와 협조, 높은 경제의식도 바람직하지만, 경제주체들이 합리적 선택을 하도록 유도하는 제도적 장치가 우선되어야 한다. 분산된 의사결정을 본질로 하는 시장경제체제에서 경제주체들이 공동체의 공익에 부합하는 행동을 하게 되는 기본원리는 견제와 균형, 자기책임의 원칙라고 할 수 있다.

이러한 제도적 견제와 균형이 이루어지도록 제도를 만들고 운영하는 것이 정부의 기본적 역할이다. 시장기능의 장점을 극대화하고 단점을 극소화하는 제도적 보완과 함께, 시장의 실패를 교정하는 역할을 담당해야 한다. 그러나 소득은 시장에서 창출되고, 일자리는 기업이 만든다. 따라서 경제에서 시장영역을 극대화하고 기업활동을 자유롭게 하며, 정부의 개입과 자원배분 기능은 극소화하는 것이 정부의 바람직한 역할이다. 정부기능에 대한 막연한 신뢰나 공익을 공조직만이 보호할 수 있다는 잘못된 믿음은 버려야 한다.

3. 금융정책

1) 국제금융환경의 변화방향 진단

이 절의 주제는 세계금융위기 이후 바람직한 한국 금융정책의 방향이다. 주제에 맞는 논의를 위해서는 세계금융위기가 가져올 환경변화에 대한 진단이 먼저 필요하다. 세계는 1980년대 이후 금융의 3대 흐름(*trend*), 즉 세계화(*globalization*)·탈규제(*deregulation*)·증권화(*securitization*)에 지배되었다. 이 3대 흐름은 개별 국민경제의 금융산업과 금융정책 나아가 경제정책의 기본방향을 결정하였다. 그러므로 2008년 세계금융위기가 이 3대 흐름에 어떤 변화를 가져올 것인가가 가장 먼저 대답되어야 할 질문이다.

(1) 금융 세계화의 향후 전망

① 제 1차 세계화 중단의 원인

자본의 자유로운 국제이동을 의미하는 금융 세계화는 계속될 것으로 전망된다. 시장경제가 세계화의 중단을 경험한 사례는 존재한다. 19세기 말 금본위제의 확산과 독일·미국 등 신흥산업경제의 등장을 배경으로 세계경제는 제 1차 세계화 시대를 맞이한다. 자본이동이 활발하였고 각국 자본시장도 급속히 성장하였다. 그러나 1920년대에 금융위기가 빈발하고 마침내 대공황이 일어나자 각국은 자본통제를 도입한다. 그리고 제 2차 세계대전 이후 브레턴 우즈(Breton Woods) 체제의 성립으로 각국 국제자본이동을 무역거래 결제목적에 한해서만 허용하는 데 합의하면서 금융 세계화는 공식적으로 종언을 고했다. 최근 세계금융위기는 1970년대 중반 브레턴우즈 체제의 붕괴와 함께 시작되었던 제 2차 세계화시대의 종언을 의미하는 것인가? 그 답은 1920년대 제 1차 세계화시대가 붕괴하였던 원인이 무엇이었는지를 생각해 보면 찾을 수 있다.

이제는 고전이 된 먼델-플레밍(Mundell-Fleming)의 개방경제모형에 의하면 '자유로운 자본이동'과 '고정환율제', '개별 국민경제의 통화정책 독자성'은 공존할 수 없다. 이른바 '3위일체의 불가능성'(*Impossible Trinity*)이다. 즉 금융의 세계화 아래서는 고정환율제 또는 통화정책의 독자성 중 한 가지는 포기해야 한다. 제 1차 세계화시대의 환율제도는 가장 엄격한 고정환율제도인 금본위제도였다. 그러므로 각국이 포기하고 있었던 것은 통화정책의 독자성이었다. 사실 애초에 이 선택은 적극적인 것은 아니었다. 제 1차 세계화시대가 시작된 19세기 후반은 아직 각국 시장경제가 초기단계에 있었고 중앙은행과 통화정책이 금융제도로서 본격적으로 등장하기 이전 시기였기 때문이다.[5] 역설적으로 중앙은행과 통화정책이 국민경제의 선택범위에 없었던 상황이었으므로 제 1차 세계화 시대는 번성할 수 있었다고도 하겠다. 그러나 점차 상황이 변화한다. 현대에 비하면 미미한 수준이지만 각국 중앙은행이 진화해가면서 통화정책기능이 등장하기 시작한다. 동시에 자유로운 자본이동이 유발하는 부작용인 자본흐름 급변과 그로 인한 거시경제 불안이 각국 경제를 주기적으로 괴롭혔다. 특히 제

5) 예를 들어 영국의 '영국은행'(Bank of England)은 여전히 법적으로 일반 상업은행이었으며 최종대부자로서 행태가 점차 진화하는 단계였고, 경기안정 목적의 통화정책 행사는 아직 일반화되어 있지 않았다. 미국의 경우 연방준비제도(Federal Reserve System)가 등장한 것은 1913년의 일이고, 이 제도가 중앙은행 기능을 발휘한 것은 대공황 이후이다.

1차 세계대전을 전후하여 국제정세가 불안해지면서 국제자본은 안전지대를 찾아 급격히 이동하는 현상이 두드러졌다. 1930년 독일은 GDP의 약 12%에 해당하는 자본유출을 겪었으며, 1938년 프랑스에서는 GDP의 25%에 달하는 자본유출이 있었던 것으로 추정된다(James, 2001). 자본흐름의 불안정은 당연히 경제위기 등 거시경제의 불안정, 나아가 사회정치적 혼란을 낳았고 이에 대한 대응이 불가피하였다. 어떤 식으로든 자본유출입 불안정성이 초래하는 거시불안정성을 관리할 방안이 필요하였다. 민주주의 확산이 이러한 요구를 정치적 요구로 변모시키고 있기도 하였다. '3위일체불가능성' 이론의 관점에서 보면 가능한 선택은 두 가지였다. 환율제도를 자유변동환율제로 전환하고 자본유출입이 야기하는 거시불안정성은 최대한 통화정책 등 거시정책으로 관리하는 방안이 그 첫째이다. 현대 대부분의 국가가 채택하고 있는 방안이기도 하다. 다음으로는 극단적 대안으로서 자본이동을 통제하는 방안이다.

당시 유럽각국이 선택한 것은 자본이동 통제와 제 1차 세계화 시대의 종언이었다. 전자의 방안이 선택되지 않은 것은 무지의 소산일 수도 있다. 즉 통화정책이론과 거시경제이론이 발전되지 않은 탓에 그와 같은 선택방안이 있다는 자체가 충분히 인식되지 못한 면도 있었을 것이다. 그러나 역사의 전개과정에서 표면에 드러난 보다 뚜렷한 제 1차 세계화 시대 종언의 이유는 당시의 정치 이데올로기 지형이었다. 1920년대에서 1930년대는 시장경제체제의 대안으로서 사회주의·극우전체주의 등 관리계획경제체제가 제안되고 정치적으로 대중성을 확대하던 시기였다. 유럽주요국가의 정권이 이 기간 동안 좌파사회주의(프랑스·스웨덴) 또는 극우전체주의(독일·이탈리아)로 이동하였다. 이와 같은 정치환경에서 대중과 정권이 자본통제를 택한 것은 당연하였다.[6)]

6) 제 1차 세계화의 종언 원인이 금본위제 자체에 있었던 것이 아니라 정치 환경에 있었다는 해석은 경제사학계의 정통적 견해이기도 하다. 가장 일찍이는 폴라니(Polanyi, 1944), 최근의 논자로는 아이켄그린(Eichengreen, 1992),

② 지속되는 금융 세계화

대공황 전후인 1920년대에서 1930년대와 현재를 비교해보면, 제1차 세계화 시대를 중단시킨 원인요소들이 현대에는 결여되었음이 명백하다. 전체주의가 내포한 정치경제체제로서의 단점은 이미 상식이 되었고, 사회주의의 체제경쟁력이 시장경제에 미치지 못한다는 점은 1990년대 초반 사회주의권의 몰락과 함께 증명되었다. 1930년대와 달리 오늘날 세계는 시장경제를 대체할 체제대안을 갖고 있지 못하다. 또한 통화정책 · 재정정책 등 거시경제관리의 이론과 정책기구는 대공황으로 촉발된 케인즈(Keynes)이론의 도움으로 20세기 초반과는 비교할 수 없이 발전하였다. 대공황 직후와 달리 금번 세계 금융불안에 대해서는 각국이 적극적 거시정책으로 대응하였고, 우리나라를 비롯한 일부 국가에서는 성장률이 회복되었다.

이를 배경으로 세계금융위기에 대한 대응논의에서 자본이동의 통제를 뜻하는 세계화 중단과 관련된 주장은 찾아보기 어렵다. 제1차 세계화 시대 종언의 조건이 존재하지 않으므로 앞으로도 그 같은 주장은 득세하기 어려울 것이다. 금번 세계금융위기에도 불구하고 자본의 자유로운 국제이동을 의미하는 금융세계화는 계속 유지될 것이다.

(2) 금융의 '탈규제'(*Deregulation*)흐름의 향후 전망

① 금융위기 원인에 대한 3가지 관점

금융규제에 대한 철학은 금융위기의 원인에 대한 입장과 불가분의 관계에 있다. 금융위기 원인에 대한 학계의 이론은 시장효율성(*Market Efficiency*) · 시장참가자의 합리성(*rationality*) 등에 대한 관점을 기준으로 크

오루크와 윌리엄슨(O'Rourke & Williamson, 1999) 참조. 세계화가 종료되면서 1930년대 선진각국의 금융시스템에 차이가 발생한 원인에 대해서는 신인석(2008a) 참조.

게 세 부류로 분류할 수 있다. 먼저 시장참가자의 합리성과 시장효율성을 전제하고 위기의 원인을 다른 곳에서 찾는 '근본주의 견해'(*Fundamentalist view*)가 있다. 시장참가자가 합리적이고 시장은 효율적이므로 이 견해는 위기의 원인을 흔히 '부정적 충격' 또는 '정부의 시장왜곡'(정부실패) 등에서 찾고는 한다. 전자는 시장이 예상하지 못한 부정적 충격이 발생하고 그에 대한 합리적 대응으로 자산가격 등이 급격히 하락하면서 위기 현상이 나타난다는 주장이다. 후자는 정부의 부적절한 시장개입으로 도덕적 해이(*moral hazard*) 등이 유발되어 시장참가자의 유인체계가 왜곡되고, 이로부터 과잉투자 · 과도한 자산가격상승 등 거품이 나타나 결국은 위기가 도래한다는 주장이다. 1997년 우리나라 등 아시아 금융위기의 원인을 아시아 경제체제의 부정적 특성에서 찾았던 학계의 일부 주장이 이에 해당한다.[7)]

두 번째로는 금융시장의 정보비대칭성문제를 중시하고 이로 인한 시장실패 가능성을 인정하여 그에 따른 위기발생을 주장하는 '대리인 문제 견해'(*Agency Problem view*)가 있다. 시장참가자는 대체로 합리적이지만 정보비대칭성이 존재하는 상황에서 시장참가자를 대신하여 금융시장을 움직이는 펀드, 은행 등 주요 금융기관 등은 '무리행동'(*herd behaviour*), '단기적 관점의 투자'(*short-termism*) 등의 행태를 보일 수가 있다. 예를 들어 은행주주, 펀드일반투자자가 해당 은행 또는 펀드의 수익성에 따라 은행경영진과 펀드매니저를 평가한다고 하자. 그런데 정보비대칭성 때문에 일반주주와 투자자들은 은행투자자산, 펀드투자자산의 성격을 정확히 평가할 수가 없다. 이 경우 일반주주와 투자자는 경쟁은행과 경쟁

---

7) 정부의 개입이 상대적으로 많다는 점, '관계'(*relationship*)에 근거한 거래가 많다는 점 등 아시아 경제의 상대적 특성을 'Crony capitalism'으로 비판하고 이로부터 도덕적 해이와 과잉투자가 야기되었다는 분석이었다. 예를 들어 코르세티 · 페젠티 · 루비니(Corsetti, Pesenti, & Roubini, 1999) 참조. 1997년 한국 외환위기의 원인에 대한 보다 포괄적인 연구로는 Shin(2000) 참조.

펀드의 수익성에 대비하여 평가하는 방법을 택하는 것이 최선이다. 경쟁자와 대비하여 평가된다는 것을 아는 순간 은행경영진과 펀드매니저는 다른 은행과 펀드투자 행태에서 벗어나지 않는 것이 '안전'한 경영행태가 된다. 이로부터 '무리행동'과 '단기적 관점의 투자'가 야기될 수 있다.[8]

마지막으로는 시장효율성은 물론, 시장참가자의 합리성도 부정하고 금융위기의 원인을 인간의 태생적 심리에서 찾는 '행태주의 견해'(*behavioral view*)가 있다. 인간 심리에는 과잉반응하는 경향이 내재되어 있고 그에 따라 거품과 거품의 붕괴가 주기적으로 발생한다는 주장이다.[9]

최근까지 (학계는 몰라도) 최소한 IMF 등 국제기구 내의 금융위기 발생에 대한 정통 견해는 첫째의 '근본주의 견해'였다. 그에 따라, 우리가 1998년 경험하였듯이, 그들은 위기발생국에 위기 원인인 경제체제 왜곡을 '개혁'하도록 요구하곤 하였다. 2008년 미국에서 촉발된 세계금융위기는 이 같은 학계와 국제정책기구의 시각에 큰 충격을 준 사건이었다. 금융위기에 대한 지배적 견해와 관점이 이제 '근본주의 견해'에서 '대리인 문제 견해' 또는 '행태주의 견해'로 이동하고 있다고 본다.

② 1980년대 '탈규제'와 '자유화' 흐름의 배경에는 금융위기에 대한 '근본주의 견해'가 존재

1930년대 이전 선진제국의 금융기관과 금융시장은 거의 아무런 규제나 제약을 받지 않고 활동하고 있었다. 즉 제 1차 세계화 시대는 금융의

---

8) 정보비대칭성의 내용을 어떻게 설정하느냐에 따라 이 부류에 속하는 이론모형은 달라진다. 앨런과 게일(Allen & Gale, 2000)의 9장은 한 부류의 모형들을 자세히 설명하고 있다. '단기적 관점의 투자' 행태를 보이는 금융기관들의 존재로 인하여 위기가 야기되는 과정을 이론화하고 이를 최근 미국 금융위기의 원인으로 주장한 논문으로는 Shin(2009) 참조.

9) 일찍이는 킨들버거(Kindleberger, 1978)가 주장한 사실이 있고, 최근 행태주의 재무경제학이 각광을 받으며 다양한 이론과 연구가 등장하고 있다.

자유방임시대이기도 하였다. 1930년대 제 1차 세계화 시대를 종료하면서 각국은 동시에 금융기관과 시장에 엄격한 규제를 도입하였다.[10] 1930년대 도입되었던 이 규제들이 1980년대에 영국, 미국 등을 선두로 하여 제거되기 시작한다. '탈규제' 또는 '자유화'의 시작이었다. 금융위기를 보는 '근본주의 견해'가 득세한 것이 그 배경이었다. '투자자는 합리적이고 금융시장은 효율적이다. 위기발생은 시장외적 요인에 의한 것이다. 그러므로 금융시장의 자유로운 활동을 보장하고 공적개입을 가능한 한 배제한다면 후생은 극대화될 것'이라는 사고가 학계의 정통 견해로 자리 잡았고, 곧이어 IMF, 세계은행(World Bank) 등에 의해 각국으로 전파되었다. 결국 시기의 차이는 있을지언정 우리나라를 포함한 각국 금융정책은 이 흐름에 지배되었다.

〈표 4-1〉은 1820년대에서 현재까지 영국과 미국의 금융불안 연도와 특기할 만한 규제변천을 표시한 것이다. 자유방임주의시대는 금융위기시대였다. 1930년대 금리통제, 운용대상통제 등 세부적인 금융기관의 자산배분결정에 대한 규제가 도입되면서 금융시장은 통제된 안정기를 맞이한다. 1970년대 후반 자유화가 시작되자 금융위기도 복귀한다. 금융위기가 재발하였지만 학계와 국제정책기구의 '근본주의 견해'는 수정되지 않았다. 다만, 은행부문과 자본시장 부문의 차이가 강조되기 시작하였을 뿐이다. 이 당시 금융위기는 모두 은행위기(*banking crisis*)였다. 이에 유동성 부채인 예금으로 자금을 조달하고 비유동성 자산인 대출을 보유하는 은행의 '특수성'(*specialty*)에 위기의 원인이 있다는 이론이 개발되었고 학계의 정통이론으로 자리 잡는다. 동시에 은행은 시스템위험에 노출되어 있으므로 이를 관리하기 위한 '금융안전망'(*Financial Safety Net*)이 필요하다는 정책철학이 형성된다. 중앙은행, 공적예금보험, 금융감독의 3각 체제가 1990년대를 넘어서며 각국에 시스템위험의 관리장치, 즉 금융안전

10) 신인석, 2008.

〈표 4-1〉 영미의 은행위기 발생 역사: 1820년~현재

구분	• 1국면 (　~1930) : "1차 세계화 시대", 금융위기 빈발 및 공적 최종대부자 기구 등장	• 2국면 (1930년대~1970년대 초반) : "개입주의 시대", 규제와 안정	• 3국면 (1970년대 중반~현재) : "탈규제 · 자유화 시대", 은행위기 재등장, 건전성감독 개념 등장, 공적 위기관리 기구('금융안전망') 정립	• 4국면 (2008~　) : "재규제(reregulatio) 시대?", 자본시장 규제대상으로 편입
금융위기 연도	• 영국: 1825, 1836, 1839, 1847, 1857, 1866 • 미국: 1837, 1839, 1857, 1861, 1873, 1884, 1890, 1893, 1896, 1907, 1931-33	없음	• 영국: 1974, 1991 • 미국: 1980년대 초반, 1999(LTCM)	• 2008 (서브프라임 위기)
국제금융질서	• 1797-1821: 영국 금태환 일시 정지(나폴레옹 전쟁) • 1862-1878: 미국 금태환 일시 정지(남북전쟁) • 1870년대: 국제금본위제 성립(자유로운 자본이동/고정환율제) • 1930년대: 국제 금본위제 붕괴(영국 1931년 금본위제 이탈, 미국 1933년 금본위제 이탈)	• 1947: IMF 설립 • 1959: 브레튼우즈 체제 성립(고정환율제, 자본이동 제한)	• 1971-73: 브레튼우즈 체제 붕괴(자본이동 활성화, 변동환율제) • 1988: 바젤 협정(Basel Accord) ; BIS자본건전성 지표(BIS capital adequacy ratio) 도입	• G20?

영미의 국내금융 제도	〈영국〉 • 1844: 영국은행법(the Bank Charter Act of 1844) ;은행권 독점발행권 영국은행에 부여 〈미국〉 • 1838-1862: 자유은행 시대(Free Banking Era) • 1863/1864: 연방통화법(National Currency Act)/연방은행법(National Bank Act) • 1908: 드리치-브릴랜드법(Aldrich-Vreeland Act);연방통화위원회(National Monetay Commission) 설립 • 1913: 연방준비법(Federal Reserve Act); 연방준비위원회(FRB) 설립 • 1933/1934: 글래스-스테갈법(Glass-Stegall Act)/1935년 은행법(Banking Act of 1935); 예금보험공사(FDIC) 설립	〈영국〉 • 1946: 영국은행법(1946 Bank of England Act); 영국은행 국유화 • 1940-1980: 은행의 금리 및 자산구성에 대한 비공식적 규제 〈미국〉 • 1935-1980: Regulation Q에 의한 은행금리 규제 및 기타 자산구성 규제	〈영국〉 • 1979: 은행법(1979 Banking Act); 영국은행에 은행감독권 공식 부여 • 1980: 빅 뱅(Big Bang) • 1986: 금융서비스법(Financial Services Act); 비은행금융기관 단일 감독기구 '금융감독청(Financial Services Authority)' 설립 • 1987: 은행법(1987 Banking Act); 영국은행의 건전성 감독 강화 • 1998: 영국은행법(1998 Bank of England Act); 은행감독권 영국은행에서 '금융감독청(Financial Services Authority)'으로 이양 〈미국〉 • 1991: 예금보험공사 개선법(FDIC Improvement Act); 적기시정조치 도입, 대마불사 재량판정의 투명성 제고 등 • 1999: 그램-리치-블라일리법(Gramm-Leach-Bliley Act)	???

주: 금융위기는 다수 예금은행 또는 주요 자본시장 금융중개기관의 영업정지·파산발생을 의미함.

자료: Bordo(1985, 1990), Calomiris(1993), Clapham(1944), Sprague(1986), Hoggarth and Soussa(2001), Reid(2003) 등을 참조하며 작성하였음.

망으로 구축되었다. 국제적으로는 1980년대 후반 BIS에 의해 은행에 대한 자본건전성 규제가 도입되기도 하였다.

③ 향후 규제정책은 '자본시장의 시스템위험 관리' 흐름으로 전환

특히 1980~1990년대 우리나라를 비롯한 개발도상국이 탈규제와 자유화흐름에 동참하면서 이들 국가에서 금융위기가 빈발하였다. 소규모개방경제의 특성을 반영하여 이들 국가의 금융위기는 외환위기를 동반한 것이기도 하였다. 금융위기가 세계적 현상으로 부각되었지만 금융위기에 대한 '근본주의 견해'는 지속되었다. 오히려 자본시장에 대한 신뢰는 강화되는 듯하였다. 1998년 아시아 금융위기의 원인 중 한 가지로 자금순환이 과도하게 은행부문에 의존해 있었다는 점과 자본시장의 미성숙이 거론된 것은 그 대표적인 예이다. 시스템위험의 원천은 정부의 개입이 만연하고 특성상 내재적인 취약성도 있는 은행부문이며, 시장원리가 보다 잘 적용된 자본시장은 이 같은 문제점이 없다는 인식이 만연되어 있었다. 이번 세계금융위기는 이 인식에 변화를 요구한 대사건이다. 20세기 이후 세계가 경험한 최초의 '자본시장 위기'이었기 때문이다. 미국 월가의 초단기 자금시장(*money market*)이 패닉에 휩싸였고, 미국 FRB는 은행 예금과는 달리 인출사태에서 자유롭다고 여겨졌던 MMF에 원금보장을 제공하여야만 하였다. CDS(*Credit Default Swap*) 등 각종 파생상품의 적절성에 대한 의문이 심각하게 제기되고 있고, 자본시장 주요 참가자들의 합리성에 대한 회의가 만연하다. '근본주의 견해'는 급격히 쇠퇴하고 있고, 이에 규제철학도 급변하고 있다.

금융위기 원인에 대한 '근본주의 견해'가 '대리인 문제 견해'와 '행태주의 견해'에 자리를 내주면서, 그동안 금융규제를 지배하여 온 '탈규제'와 '자유화' 흐름은 '자본시장 시스템위험관리' 흐름으로 전환될 전망이다. 과거 자본시장은 시스템위험과 거리가 있으므로 가능한 한 규제의 영역에서 배제되는 것이 바람직하다고 간주되었다. 이제 그렇지 않다는 것이

확인되었으므로 자본시장에서 발생할 수 있는 시스템 위험을 판별하고 이를 관리하기 위한 대응방안이 과제로 등장한 것이다. 예를 들어 2009년 10월 현재 미국과 EU에서 위기에 대한 반성으로 도입이 논의되고 있는 중요 규제가 파생상품에 대한 CCP(*Centralized Counter Party*) 설립 및 거래소 거래의 의무화이다. 자본시장 시스템의 위험을 관리하기 위해 장치를 도입할 필요성이 널리 공감되었기 때문이다.

(3) 금융 '증권화'의 향후 전망

① 선진국에서 '증권화'는 둔화될 전망

1990년대 이후 세계 자본시장의 양적 성장을 주도한 것은 전통적인 주식, 채권보다는 기초자산을 배경으로 발행된 증권, 즉 '증권화'(*securitization*) 상품이었다. 2008년 세계금융위기가 '서브프라임(*sub-prime*) 위기'로 지칭되는 것도 위기의 원천이 부동산대출자산을 기초자산으로 하여 발행된 증권화 상품에 있었기 때문이다.

'증권화' 상품과 함께 자본시장의 양적 성장을 주도한 또 하나의 상품은 각종 파생상품이었다. 자본시장을 통한 거래가 활성화되며 시장참가자들은 위험관리를 가능하게 하는 상품을 찾게 되었고, 이 수요에 부응하여 각종 위험관리 목적의 파생상품이 등장하였고 급속히 성장하였다. 이번 금융위기 확산의 한 원인으로 비판받고 있는 CDS(*Credit Default Swap*)는 그 대표적인 예이다. 특히 이들 파생상품은 주요 금융기관 사이에 OTC(*Over the Counter*) 시장을 통해 거래되는 경우가 많았고, 이에 OTC 파생상품으로 지칭되기도 하였다.

'증권화'와 OTC 파생상품의 성장은 세계적 추세이기는 하였으나 미국의 주요 투자은행에 의해 주도되어 온 다분히 미국적 현상이었다. 미국의 투자은행이 중개하고 증권화와 OTC 파생상품에 의해 주도되었던 과거 20년 자본시장의 성장패턴은 2008년 세계금융위기를 계기로 최소한

〈그림 4-1〉 금융위기 전후 미국과 EU의 증권화 추이

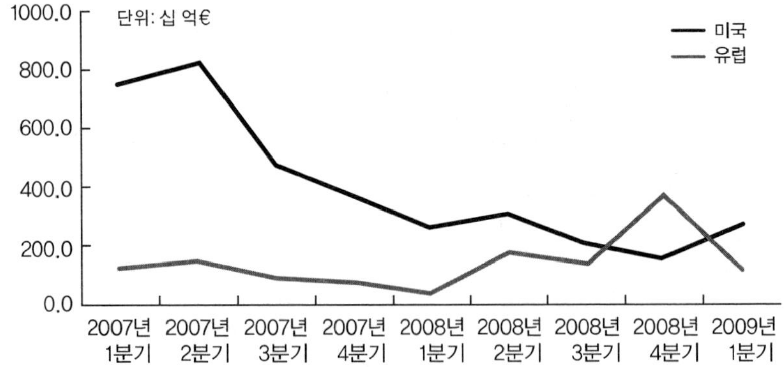

자료: European Securities Forum.

성장속도가 둔화될 것으로 전망된다.

먼저 '증권화'의 경우 증권화 상품에 내재된 대리인 문제의 존재와 그로 인한 신용위험의 존재가 입증되었기 때문이다. '증권화'에는 신용위험의 정교한 측정이 필수적이다. 과거 월가의 투자은행과 Moody's, S&P 등의 신용등급회사들은 신용위험 측정에 자신감을 보였고 이에 기초하여 적극적으로 투자자들에게 증권화 상품을 판매하였다. 위기 이후 과거 이들의 주장에 대한 심각한 회의가 제기되었고 이들이 대리인 문제(고객이 아니라 자신의 이익을 우선)에 노출되어 있었다는 단편적 증거가 속속 나타나고 있다.[11]

OTC 파생상품의 경우 상품에 내재된 위험이 시장에 환기되었을 뿐 아니라, 규제당국의 규제움직임도 성장을 제한하는 요소이다. CCP와 거래소 거래를 강제하려는 규제움직임은 파생상품 거래의 비용을 높이는 효과를 가져올 것이고 그만큼 성장속도를 완화할 요인이다.

11) 칼로미리스(Calomiris, 2008)는 투자은행과 신용등급회사 등 대리인 문제가 2008년 미국 금융위기의 원인이었다고 주장한다.

② 아시아 국가를 중심으로 '자본시장'의 성장은 계속될 전망

〈그림 4-2〉 아시아(ASEAN+3) 채권시장의 성장추이

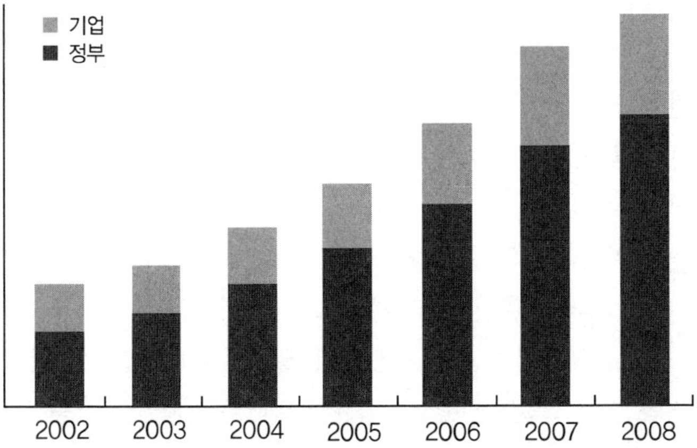

자료: Asian Bonds OnLine.

미국 투자은행이 중개하는 증권화 상품과 OTC파생상품 등의 첨단 상품을 기반으로 한 자본시장 성장은 둔화된다 하더라도, 아시아 국가를 중심으로 한 보다 전통적인 자본시장의 성장은 계속될 것으로 전망된다. 중국을 선두로 한 동아시아 국가의 실물경제 성장이 지속될 것으로 예상되고, 이를 기반으로 한 동아시아 국가의 자본시장 발전이 계속될 것으로 전망되기 때문이다. 〈그림 4-2〉는 아시아 각국의 채권시장 성장추이를 도시한 것이다. 2008년 세계금융위기에도 불구하고 이 지역의 채권시장 성장은 지속되는 모습이다.

(4) 국제정책공조와 규제정책 국제규범 마련의 전망

① 국제정책공조에는 한계

시스템 위험관리를 위한 국제정책공조는 과거와는 달리 개도국이 참여

한 논의의 장인 G20을 중심으로 논의되고 있다. 그러나 국제정책공조의 수준이 각국 거시정책과 금융정책을 제한할 정도의 세밀한 구속력 발휘에 이를 것인지는 회의적이다. 미국의 리더십이 손상되는 한편, 이를 대체할 세력이 확실히 나타나지는 않는 가운데 자국이해 증진을 위하여 각국들이 합종연횡을 강화하는 상황이 전개될 것으로 전망된다. 이미 미국과 EU가 향후 금융시장 규제대응방향에서 이견을 노출하는 모습이 나타나고 있다. 또한 중국은 위안화의 국제지위 향상을 공개적으로 추구하는 행보를 보이고 있다.

이는 국제금융체제의 취약한 고리인 국제금융시장의 최종대부자기능 부재 문제가 계속될 것임을 의미한다. 또한 미국의 리더십이 약화되고 있는 가운데 대체세력의 등장은 분명치 않음에 따라, 향후 당분간 국제금융시장은 영국 스털링(Sterling)화에서 달러화로 패권이 이동하던 1920년대의 그것과 같은 불안정성에 노출될 위험이 있다.

② 위기 이후 금융규제 국제규범 마련도 성과가 제한적일 것

자본시장이 시스템 위험 원천이 될 수 있음을 경험함에 따라 이에 대한 규제대응의 필요성이 인정되고 있지만, 현재의 금융시스템을 변혁시킬 정도의 규제개혁이 국제규범으로 추진될 것처럼 보이지는 않는다. 현재 위기발생 당사국인 미국에서 추진되고 있는 주요 금융규제 개선안은 파생상품 거래의 CCP 및 거래소 거래 의무화, 일반투자자에 대한 금융상품 판매 규제(금융소비자 보호강화) 등이다. 그러나 일각에서는 위의 두 개선안에 대해서도 금융업계의 로비로 인해 점차 내용이 희석되고 있다는 우려를 제기하고 있다.[12)]

또한 정작 위기발생의 주범이었던 공룡 투자은행과 이들이 누리고 있

12) 예를 들어 다음 기사 참조: "Tug of war over financial reforms in US": *Financial Times*, 2009. 10. 22. ; "Derivatives regulation, Pretty nitty-gritty": *The Economist*. 2009. 10. 17.

는 것으로 확인된 '대마불사'(*too big to fail*) 문제에 대한 대응방안 논의는 구체화되지 않고 있다. 자본시장이 시스템 위험의 원천으로 기능하는 것을 차단하기 위한 규제대응방안으로서 가장 혁신적인 것은 일부에서 주장되고 있는 일반은행(즉, 상업은행)과 투자은행의 분리이다. 영국의 중앙은행 총재인 마빈 킹(Mervyn King)은 위기에도 불구하고 '실질적인 개혁이 취해지지 않았다'(*little real reform*)고 비판하며, 예금대출의 전통적인 은행업무와 최근 성행한 자본시장 업무의 완전한 분리를 주장하였다. 미국을 기준으로 한다면 1999년 그램 리치 블릴리(Gramm-Leach-Bliely)법에 의해 자유화되었던 상업은행과 투자은행의 결합을 다시 규제하고, 1933년 글라스 스티걸(Glass-Steagall)법의 정신으로 복귀하자는 주장이라고 할 수 있다. 그러나 이 같은 혁신적 금융시스템 개혁주장이 국제적인 금융규제의 규범으로 채택될 가능성은 대단히 낮다. 정작 이 문제가 가장 심각한 미국의 경우 정책당국의 공개적인 논의대상도 아닌 상황이며, 영국의 경우 보다 적극적이지만 과연 규제로 실현될 것인지의 여부는 불투명하다.[13]

결국 미국 등 세계 주요국의 정책당국과 여론은 자본금 강화 규제에는 대체로 이의가 없는 모습이지만 정작 근본적인 금융규제 개혁에는 소극적인 모습을 보이고 있다.[14] 그러므로 논란은 무성하겠지만, 위기에 따른 금융규제 국제규범의 혁신적 변화가 나타날 전망은 미미하다. 자본금규제 강화, 금융상품 판매강화 등의 건전성규제와 행위규제를 넘어서 금융시스템의 변화를 가져올 수 있는 업무영역규제나 시장규제의 새로운

---

13) 예를 들어 영국 금융업계의 여론을 반영하는 파이낸셜 타임스(Financial Times)는 기관규제보다는 자본금 규제강화가 보다 바람직하다는 사설로 반대의견을 피력한 바 있다. "Testing Times for bank regulations": *Financial Times*, 2009. 10. 22.

14) 자본금규제의 강화에 대한 포괄적인 논의와 제안은 Brunnermeir, Crockett, Goodhart, & Shin(2009) 참조.

국제기준 도입은(OTC 파생상품에 대한 CCP・거래소 규제 의무화를 제외하면) 예상되지 않는다.

(5) 정리

위에서 서술한 세계금융위기와 이후 금융환경변화 추이 및 전망은 다음과 같이 정리할 수 있다. 첫째, 2008년 미국발 세계금융위기는 최초의 자본시장 위기로서 금융시장 시스템의 취약성을 확인시켜 준 사건이다. 금융시장의 효율성과 시장참가자의 합리성에 대한 고전적 믿음은 재고되어야 한다. 둘째, 그럼에도 금융세계화는 유지될 것이다. 시장시스템을 대체할 다른 경제체제가 존재하지 않으며 개방과 시장통합은 여전히 유효한 경제정책 목적이다. 이러한 가운데 아시아 신흥성장국의 자본시장 성장은 계속될 것이다. 셋째, 금융세계화가 유지되는 가운데 금융시장의 취약성을 관리하기 위한 방안이 필요하다. 특히 국제적인 공조가 요구되며 금융규제에 있어서도 체계적인 공동대응이 바람직하나 이 같은 국제금융체제가 등장할 가능성은 높지 않다. 미국 달러화의 패권이 약화되고 국제금융체제의 정비는 결여됨에 따라 당분간 국제금융시장의 불안정성이 높을 위험성(높은 환율의 변동성, 자본흐름의 급변 등)이 있다.

2) 글로벌 금융위기 이후의 금융정책[15)]

(1) 국제금융

① 비전의 전환: "개방"에서 "관리된 시장 간 통합"으로

세계금융위기 이전 1980년대 이후 20여 년간 우리나라의 금융정책을 지배한 화두는 금융산업과 시장의 '개방'(*Opening*)이었다. 특히 1990년

15) 이 부문의 서술은 상당부분 신인석(2010)에 의존하여 보다 상세하게 서술되었음을 밝혀둔다.

대는 자본시장 개방이 본격화되었다. 그 과정에서 1997년 외환위기를 겪기도 하였지만, 그 이후 2008년 세계금융위기까지의 10년은 오히려 개방이 가속화된 기간이었다.[16] 세계금융위기를 계기로 향후 금융정책의 화두는 "개방"에서 "관리된 시장 간 통합"으로 전환되는 것이 바람직하다.

• "관리된 시장 간 통합"의 의미

"개방" 대비 "관리된 시장 간 통합"의 의미를 이해하기 위해서는 안정된 금융시장과 산업의 필요조건에 대한 이해가 필요하다. 지난 100여년 시장경제의 금융역사는 금융시장의 안정된 작동에는 적절한 '인프라'가 요구됨을 보여준다. 이 인프라는 규제감독 등의 소프트인프라와 중앙은행·거래소·예탁결제기구 등 물적 인프라로 구성된다. 인프라는 공공재적 성격을 지니고 있으므로 그 구축과 운영에서 공공부문의 역할이 결정적으로 필요하다. 개별 국민경제 수준에서 이 인프라의 구축, 운영, 개선에 허점이 있을 때 흔히 금융위기가 도래한다. 국제금융시장의 경우 보다 심각한 문제는 이 같은 인프라가 아예 없다는 점이다.

과거 금융 '개방'은 국제금융시장 인프라의 구축과는 관계없이 국내금융산업과 시장을 해외 참가자와 자본에게 여는 '일방적 과정'을 의미했다. 반면 '관리된 금융통합'은 민간시장과 산업의 개방만이 아니라 인프라의 구축을 동반한 시장통합, 보다 적극적으로는 공공당국에 의해 인프라의 통합이 추진되면서 시장통합이 이루어지는 과정을 의미한다. 세계금융위기 이후의 환경에서 시스템위험을 관리강화하는 일은 과거 막연하게 '시장개방은 선(善)'이라는 시각의 폐기를 요구한다. 대신 개별 금융시장들이 관리감독당국 간의 공조된 감시와 감독 아래 '관리된 통합'을 추구한다는 시각을 도입하도록 요구한다.

---

16) 금융개방과정과 효과에 대한 분석은 Hwang, Shin, & Yoo(2003); Shin & Park(2008) 참조.

• 장기적으로는 "아시아 역내금융시장의 체계적 통합"을 추구

관리된 통합을 추구하기 위해서는 이해가 일치하는 국민경제들의 합의된 공조가 필요하다. 우리나라의 대외경제적 여건을 감안할 때 결국 아시아 국가와의 역내협력강화가 필요하다. 보다 구체적으로 역내협력강화가 필요한 이유는 다음과 같이 설명할 수 있다.

첫째, 시스템 위험을 관리하며 추구할 수 있는 현실적인 개방방안이기 때문이다. 세계경제 전체를 대상으로 한 인프라의 구축은 요원하다. 지역별 협력강화와 지역경제를 기반으로 한 규제감독체제의 구축은 보다 현실적이다. EU가 대표적인 예이다. 이 같은 관리된 통합의 대표적인 예로는 EU의 탄생을 생각할 수 있다. 20세기 후반 유럽 각국 자본시장의 역사는 자유화와 탈규제의 역사이기도 하였지만, 동시에 현재 EU구성국들이 적극적으로 노력하여 체계적인 금융시장통합을 추구해온 역사이기도 하였다. 정책당국의 노력은 역내 금융기관과 시장참가자들의 국

〈표 4-2〉 아시아(ASEAN+3)와 EU의 대외 포트폴리오투자 지역별 비중

단위:%

From \ To	아시아	EU	US	기타국
아시아	9	34	28	29
EU	6	61	17	16

자료: CPIS, IMF, 2006.

〈표 4-3〉 아시아의 역내무역 비중

단위: 십억 달러, %

구 분	1985	1990	1995	2000	2005	2007
역내무역금액(A)	169	312	746	921	1,689	2,289
전체무역금액(B)	575	1,087	2,009	2,456	4,307	5,895
A / B(%)	29.4	28.7	37.1	37.5	39.2	38.8

자료: Direction of Trade Statistics, IMF, 2008.

〈표 4-4〉 EU의 역내무역 비중

단위: 십억 달러, %

	1985	1990	1995	2000	2005	2007
역내무역금액 (A)	855	1985	2548	2927	4735	6210
전체무역금액 (B)	1505	3097	4142	4896	8155	10802
A / B (%)	56.8	64.1	61.5	59.8	58.1	57.5

자료: Direction of Trade Statistics, IMF, 2008.

경 간 활동을 활성화함과 동시에 인프라 기능을 조화시키고 통합시키는 데 초점을 맞추고 있었다.

둘째, 아시아 역내금융시장 통합은 우리나라 금융산업의 성장방안이기도 하기 때문이다. EU와 아시아의 자본유출입 패턴은 상이하다. EU 구성국의 자본유출입은 대부분 역내국가 간의 자본유출입이다. EU구성국의 대외 포트폴리오 투자(주식·채권 등)의 61%는 역내구성국을 향한다(〈표 4-2〉 참조). 반면 우리나라를 포함한 아시아 국가에서 유출된 자본이 아시아 역내국가로 유입되는 것은 9%에 불과하다. 62%는 미국과 EU국가로 이동한다. 물론 EU자본 흐름의 역내순환은 실물경제의 역내순환을 반영한다(〈표 4-4〉 참조). EU자본순환의 역내비중과 무역역내비중은 60% 내외로서 비슷한 수준이다. 아시아의 경우 최근 각국의 급속한 경제성장을 배경으로 역내무역이 전체 무역에서 차지하는 비중은 2007년 기준 40% 수준으로 높아졌다. 이에 비해 자본 역내순환은 크게 뒤처진 셈이다.

즉 아시아권 내 자본순환이 활성화될 실물배경은 이미 마련되었다고 할 수 있다. 게다가 역내실물경제의 교류가 앞으로도 더욱 활발해질 것으로 예상할 때, 역내자본순환의 장기 성장전망은 밝다.

• 단기적으로는 G20에 적극적으로 참여

한편 단기적으로는 현재 우리나라를 비롯하여 세계 주요국이 참여하여 국제금융이슈들을 논의하는 장으로 등장한 G20에 적극 참여하여야 할 것이다. '국제결제통화'를 보유하지 못한 개도국들의 입장을 대변하여 어떤 형태로든 국제금융시장의 최종대부자 기능을 수행할 기구를 설립하도록 요구할 필요가 있다. 2008년 말 미국에서 위기가 발생하자 정작 국제금융시장에서 결제통화인 달러 유동성 확보에 문제가 발생한 것은 우리나라 등 개도국이었다. 국내금융시장이 불안해질 때 중소기업이 먼저 자금난을 겪는 것과 같은 양상이었다. 국내금융시장의 경우 중앙은행이 유동성 위기를 처리할 수 있지만 국제금융시장의 경우 그 같은 공적기구가 없다는 것이 맹점임은 주지된 사실이다. 이를 해소할 수 있는 방안의 강구를 G20 논의주제로 설정하도록 요구할 필요가 있다.

(2) 금융규제 · 감독정책[17)]

① 규제철학

우리나라의 금융규제체계는 개발국가(*Developmental State*) 시대에 근간이 형성된 것으로서, 금융시장과 금융기관이 존재하지 않는 상황에서 시장과 금융기관을 육성하는 데 목적을 두고 있다.[18)] 그러나 경제환경의 변화로 국민경제가 금융시스템에 기대하는 기능이 달라지고 있으므로 금융규제의 목적과 성격도 이에 상응하여 변화하는 것이 타당하다. 과거의 금융규제가 금융산업의 보호 · 육성을 통하여 대량의 산업자금을 동원하는 데 목적이 있었고 그에 따라 규제의 성격이 산업규제적인 것이었다고 한다면, 미래의 금융규제는 경쟁과 자율 극대화로 혁신환경을 조성하고 동시에 금융소비자 또는 투자자를 보호하는 데 목적을 두어야 한다. 따라서 규제의 성격은 경쟁환경유지 및 소비자보호 규제적인 것이어야 한

---

17) 이 절 서술 중 일부는 신인석(2008b)에 크게 의존하였음을 밝힌다.

18) 우리나라 금융규제의 변천에 대한 자세한 논의는 Shin(2007)을 참조.

〈표 4-5〉 경제가 요구하는 금융시스템 기능의 변화

구 분	금융산업 성장원리	기업의 요구	개인의 요구
과 거	보호 / 육성	대량금융	저축상품 제공
현 재	혁신 / 경쟁	혁신금융	자산관리

다(〈표 4-5〉 참조).

이상의 금융규제에 대한 정책철학은 최근 제정된 "금융투자업과 자본시장에 관한 법률"의 배경이었다고 할 수 있는데, 이 철학 자체는 금번 세계금융위기에도 불구하고 수정될 필요가 없다. 성장기술, 인구구조의 변화 등 실물경제의 금융수요 내용을 결정짓는 기본 요인에 변화가 발생한 것은 아니기 때문이다.

② 미국의 위기대응 규제개혁 논의: 공적감독대상에 모든 주요 금융거래 포함

금융위기 당사국인 미국의 경우 위기에 따른 규제개혁 논의는 크게 두 가지 주제에 집중되고 있다. 첫째, 감독당국의 감독범위에 포함되지 않는 금융거래를 감독범위에 포함되도록 해야 한다. 둘째, 투자자 보호를 더욱 강화해야 한다. 전자의 주제에 속하는 소주제로는 다시 장외파생상품의 거래소 및 CCP결제 의무화 논의와 헤지펀드(*hedge fund*) 운용사의 등록의무화 논의 등 두 가지가 있다. 이들 논의는 우리나라에서 흔히 미국도 헤지펀드를 규제하려 한다는 식으로 해석되는 경향도 있으므로, 정확히 그 의미를 이해할 필요가 있다. 또 이를 위해서는 먼저 영미와 우리나라의 규제체계의 차이를 지적해야 한다. 미국의 규제체계는 시장의 자율행위를 '원칙적 허용, 예외적 규제'하는 이른바 '포괄주의' 체계이다. 법에서 명시적으로 금지하거나 감독당국에의 등록을 요구하지 않는 금융행위는 시장의 자율에 맡겨져 있다. 헤지펀드가 그 예이다. 관련법규인 '투자회사법'(Investment Company Act)에서 감독대상으로 등록이 요구되는 펀드는 공모펀드로 한정되어 있고, 모든 사모펀드(*private equity fund*)는 감독의 사각지대에 속한다. 장외파생상품도 마찬가지라고 할 수 있다. 현재 미국에서 논의의 초점은 이들 공적감독의 범위 밖에 있는 금융행위를 감독범위에 포함시키자는 데 있다.

③ 우리나라의 경우 여전히 '자유화'가 선제요건

영미와 달리 우리나라 금융관련 법률의 규제원리는 열거주의를 기본으로 한다. '원칙적 허용, 예외적 금지'가 아니라 법에서 명시적으로 허용되지 않은 금융거래는 영업으로 행할 수 없다는 '원칙적 금지, 예외적 허용'이 규제방식이다. 그러한 가운데 헤지펀드는 여전히 금지대상인 금융행위이다. 세계 금융위기가 발생하자 감독당국은 한층 신중한 태도를 견지하고 있다. 헤지펀드는 계속 금지되어야 하는가? 그렇지 않다고 본다. 이번 금융위기의 원인이 장외파생상품이나 그 거래에 참여하는 주요 시장참가자의 하나인 헤지펀드 등에 있다고 진단한다면, 그 진단은 극히 피상적이다. 금융위기는 매번 다른 금융상품 및 금융기관과 연관되어 발생한다. 1998년에 우리가 겪었던 위기는 은행과 은행의 전통적인 대출자산과 연관된 것이 되어 있었다. 금융위기의 역사적 사례는 파생상품이 일반화되기 이전에도 위기는 빈발하였음을 보여준다. 동시에 다양한 형태의 금융위기를 겪으며 분명해진 것은 금융위기의 원인이 본질에서는 항상 '도덕적 해이'(*moral hazard*)와 연관되어 있고, 그 도덕적 해이가 공적감독에 의해 제어되지 못할 때(또는 오히려 강화될 때) 발생한다는 것이다. 특정 형태의 금융기관, 금융상품이 위기의 원인이라고 보는 것은 다양한 금융기관과 금융상품이 본질적으로는 대동소이하다는 것을 간과한 견해이다.

그러므로 특정 금융상품 또는 금융행위를 금지하여 시스템 위험을 관리할 수 있다는 시각은 오류이다. 오히려 자본시장이 주요한 자금순환의 중심이 된 상황에서, 또한 국내투자자가 외국의 헤지펀드를 이용하는 것이 가능한 상황에서, 헤지펀드로 통칭되는 자유로운 사모펀드를 허용하지 않는 것은 국민경제의 후생에 도움이 되지 않는다. 요구되는 방안은 헤지펀드를 허용하되 금융투자업자에 한정하고 공적감독을 강력히 적용하여 시스템위험을 관리하는 것이다.

헤지펀드가 관심의 대상임을 반영하여 이를 중심으로 서술하였지만 진입규제에 대해서도 같은 논리가 적용되어야 한다. 금융위기 발발과 함께 우리나라의 감독당국은 재량적으로 금융산업에의 신규진입을 제한하고 있는 것으로 알려져 있다. 이는 부적절하다. 경쟁과 혁신은 여전히 금융산업 건전성을 관리하는 첫 번째 수단이어야 한다.

④ 자본시장 참가자의 이해상충행위에 대한 감독당국 및 사법당국의 인식 제고

이번 금융위기는 이미 언급한 대로 자본시장의 위기라는 점에서 이전의 금융위기와 구별된다. 자본시장의 거래는 시장의 거래로서 일반적으로 공정하고 합리적(*fair and rational*)이라는 학계의 일반적 의견이 사실과 크게 다를 수 있음을 보여준 실증이다. 사후적으로 나타나고 있는 여러 에피소드들은 자본시장의 주요 구성원인 투자은행·신용평가기관·펀드 등이 투자자 집단을 대상으로 총체적인 이해상충행위를 자행할 수 있음을 시사한다. 그동안 영미에서 이해상충행위에 대한 대응방안은 금융기관의 자율적인 정보차단벽, 즉 '*Chinese Wall*'인 것으로 되어 있다. 그러나 '*Chinese Wall*'은 감독당국의 지속적인 이해상충행위에 대한 감독이 담보되지 않는다면 실용성이 반감되는 장치이다. 나아가 이번 금융위기는 미국 감독당국, 사법당국 감독 및 사법제재압력도 이해상충행위를 방지하기에 충분한 수준은 아니었음을 시사한다.

우리나라에서 감독당국의 제재는 뒤늦고 실효성이 없는 경우가 많다는 것이 일반적 인식이다. 사법당국을 통한 투자자의 자기이익보호는 사법비용 등의 요인으로 아직 일천하다. 무엇보다도 감독당국 스스로 '금융산업 보호육성자'가 아니라 투자자를 대표하여 금융기관의 이해상충행위를 감시하는 '금융경찰'이라는 정체성 인식 전환이 필요하다.

(3) 금융산업정책

과거 우리나라에서 금융정책은 흔히 금융산업정책으로 간주되는 경향이 있었다. 금융산업의 보호와 육성이 최우선 정책목표였기 때문이다. 금융정책은 이제 국제금융체제에 대한 능동적 대응, 금융시스템 위험관리, 투자자보호 등을 최우선 목적으로 추구해야 한다. 그러나 여전히 금융산업정책의 영역도 존재한다. 공공부문 스스로 금융시장에서 특정기능을 수행하는 영역이 있기 때문이다. 금융공기업과 각종 기금을 통한 금융지원행위가 여기 해당한다.

① 금융공기업정책: 시장인프라 공기업과 개발국가시대 공기업의 구분

금융공기업정책은 먼저 금융시장 인프라기능을 수행하는 공기업과 개발국가시대 기능을 수행하는 공기업을 구분하는 데서 시작되어야 한다. 금융시장은 진공상태에서 존재하지 않는다. 적절한 규제와 더불어 물적 인프라를 필요로 한다. 금융시장의 물적 인프라는 공공성을 지녔으므로 공공부문으로 관리되는 것이 적절하다. 금융시장의 환경변화는 물적 인프라의 혁신을 요구한다. 그러므로 금융시장의 물적 인프라를 담당하는 금융공기업은 최대한 시장수요에 맞추어 변신할 수 있도록 경영환경을 조성하여야 한다. 이에 해당하는 대표적인 금융공기업은 거래소와 예탁원이다. 이들 공기업의 경우 지배구조에 어떤 식으로든 공공부문이 개입하는 것이 타당하다. 그럼에도 유의해야 할 사항은 그들의 경영행태에 최대한 민간의 활력이 도입되어야 한다는 점이다. 자본시장의 세계화는 시장인프라의 세계화를 야기한다. EU에서 진행된 거래소와 예탁원의 통합, 현재 파생상품시장에서 우위를 점하기 위하여 미국과 EU가 대립하고 있는 파생상품거래소의 독자 설치 등은 EU에서 거래소와 예탁원을

통합하고, 파생상품시장에서 우위를 점하기 위하여 미국과 EU가 대립하면서 파생상품거래소를 독자적으로 설치한 일 등이 이를 증명한다. 세계화추세에 적극적으로 대응할 수 있는 경영행태가 이 두 기구에는 요구된다. 최고경영진에 국제적 전문가를 포함하는 방안도 검토해야 한다. 반면 산업은행·신용보증기금·기술보증기금 등 개발국가시대 금융공기업은 시대변화에 맞는 개혁방안을 찾아내야 한다. 그들이 과거에 존재했던 목적은 적합성을 상실하였기 때문이다.

② 금융산업에 대한 올바른 시각

세계금융위기의 발발로 타격을 받은 또 하나의 관점이 있다면 '금융산업은 차세대 성장동력'이라는 관점일 것이다. 금융산업이 성장동력이라는 관점은 위기발발에도 불구하고 여전히 일리가 있다. 성장동력의 의미를 어떻게 해석하느냐에 달려 있다고 본다. 실물경제는 끊임없이 변화하고 그에 따라 금융수요도 변천한다. 이 금융수요 변천이 금융시장의 환경변화이기도 하다. 최근의 금융시장 환경변화는 새로운 금융수요를 창출하는 방향으로 이루어졌다. 세계화는 새로운 금융투자수단과 시장을 가져왔고 위험관리의 필요성을 높이기도 하였다. 이런 변화들은 모두 금융수요를 증대시키는 방향으로 작용하고 있다. 수요가 상승하는 산업은 국민경제에 대한 성장기여도가 높기 마련이다. 이렇게 보면 금융산업은 성장동력이다.

그러나 금융산업이 실물경제발전을 선도할 수 있다는 의미에서 금융산업을 성장동력으로 본다면 이 시각은 신중할 필요가 있다. 1990년대 미국의 금융산업은 여타 산업에 비해 고성장을 기록하였다. 이제 그 고성장이 진정한 성장이 아니라 거품성장이었음이 드러났다. 실물산업의 기술혁신과 성장에 근거하지 않은 금융산업은 지속적으로 성장할 수 없다는 경제원리가 확인된 것이다. 실물경제와 금융산업의 관계는 산업과 산업인프라 관계로 보는 것이 적합하다. 금융지원 없이는 실물경제가 성장하기 어렵다. 그러나 금융산업은 인프라일 뿐 그 자체가 기술혁신과 지속적 경제성장을 이끌 주체는 아니다. 비유한다면 실물경제가 성장의 엔진이라면 금융산업은 엔진의 작동이 원활하도록 연료를 공급하는 연료탱크라고 하겠다.

4. 재정정책

1) 들어가며

21세기에 진입하면서 이른바 워싱턴 컨센서스로 불리는 발전전략의 한계점들이 뚜렷해지면서 새로운 전략이 모색되고 있다. 세계에서 유일하게 공적원조를 수수하던 국가에서 공여하는 국가로 성공적으로 탈바꿈한 한국의 발전경험은 새로운 발전전략에 있어 매우 귀중한 함의를 지녔다.

한국의 발전경험을 반추하고 새롭게 변화된 국제사회와 경제사회 발전으로 야기된 여러 변화들에 적응하면서 한국경제가 지향하는 새로운 정치 및 경제발전 패러다임을 제시할 필요성이 매우 크게 부각되고 있다. 이 절에서는 이러한 새로운 정치 및 경제발전 패러다임을 제시함에 있어 국가의 재정에 초점을 두고 논의를 한다. 이미 박세일(2010)에서 통찰력 있게 제시된 서울 컨센서스 중 재정관련 내용에 초점을 두어 논의를 전개할 것이다.

2) 경제사회 발전에서의 정부 역할[19]

경제사회 발전에 있어서 정부의 역할은 자원배분, 형평성과 이동성 제고, 경기 안정, 제도 네 가지로 나눌 수 있다.[20] 이러한 정부의 역할의

---

19) 이 절은 이영(2009)에서 인용하여 정리하였다.

틀 하에서 발전모형에서 나타나는 재정의 역할을 정리하고자 한다. 이러한 네 가지 정부 역할 중에서 제도는 재정과 깊은 관계를 가지는 것이 아니기 때문에 처음의 3가지 정부역할에 대해서 상술한다.

(1) 자원배분

정부는 시장실패에 대응하여 자원배분에 직접적으로 또는 간접적으로 개입한다. 후생경제학 제 1정리에서는 일정한 전제조건 하에 시장에서 자원을 배분하는 일이 효율성을 달성하는 것으로 증명되어 있는데, 전제조건들이 충족되지 못하는 경우 시장에 의한 자원배분은 비효율적이 된다. 이러한 현상을 시장실패라고 부르며, 시장실패는 공공재・외부성・정보비대칭성・불완전경쟁・자본시장의 불완전성・학습효과 등에 기인하여 발생한다. 이러한 시장실패를 보정하는 것은 정부의 몫이 되는데, 정부가 개입하는 경우 성과측정이 곤란해지고 성과유인이 약화되어 정부실패가 발생할 수 있다. 정부는 이를 고려하여 시장실패와 정부실패의 합을 최소화하면서 사회구성원의 후생을 극대화시키는 정도에서 자원배분에 개입하여야 한다.

공공재는 비경합성과 비배제성을 지닌 재화를 의미하는데, 이러한 재화를 시장에서 배분하는 경우 수요자가 자신의 선호를 왜곡 표현하는 무임승차자 문제가 발생하여 해당 재화가 과소공급된다. 정부가 공공재를 공급하면서, 재원은 조세를 통해 조달하고 공급량은 일련의 정치적 과정을 거쳐 사회적 수요를 파악하는 형태로 공공재 문제가 해결되고 있다. 공공재로 볼 수 있는 국방, SOC, 공원, 문화 등을 정부가 공급하고 있다. 함께 소비하여도 다른 소비자의 만족도를 낮추지 않고 어떤 소비자

---

20) 머스그레이브(Musgrave & Musgrave, 1973)는 정부의 역할을 자원배분, 형평성, 경기 안정의 세 가지로 나누었다. 이러한 분류에 이동성 강조를 위해 형평성과 이동성을 함께 고려하고, 재산권 확립과 사회적 의사결정이라는 제도를 추가하였다.

를 정보 제공 대상자에서 배제하는 것에 비용이 많이 들거나 바람직하지 않기 때문이다. 정보 역시 공공재로 볼 수 있다. 정보와 관련된 정부의 역할은 사회·경제 발전에 따라 더욱 중요해지고 있다. 가격에 담긴 정보가 충분하지 못한 경우, 정부가 개입하여 정보가 보다 원활히 제공될 수 있도록 하는 것이 바람직하다. 정보와 관련된 정부개입의 예를 살펴보면, 자본시장에서의 정보공시의무, 부동산실거래가격정보 수합 및 공개, 주유소 휘발유가격공개, 학교 정보공시제도 등을 들 수 있다.

외부성은 시장을 통하지 않고 다른 경제주체에 편익이나 비용을 발생시키는 경제행위를 의미한다. 시장을 통하지 않는 경제행위로 과잉 또는 과소공급이 발생하게 되며 이를 보정하기 위해 재산권확립, 배출요금, 상한선과 거래, 과세 또는 보조금, 직접규제 등 여러 형태로 정부가 개입한다. 교육에 대한 정부 개입도 외부성 논리로 정당화될 수 있다. 초중등교육은 사람들이 사회구성원으로 생활할 수 있도록 하는 사회화과정을 포함하고 있으며, 이러한 사회화과정은 외부성을 지녔다. 새로운 아이디어, 새로운 기술 사용 등 교육은 다른 경제주체의 생활을 보다 윤택하게 해주는 외부성을 가졌다. 이러한 외부성 측면에서 공교육·의무교육·교육재정 지원은 합리화될 수 있다.

정보의 비대칭성 때문에 숨겨진 유형과 숨겨진 행동이라는 문제가 발생하고, 이러한 문제로 인해 각각 역선택과 도덕적 해이가 발생한다. 정부가 개입하는 가장 중요한 역선택문제는 건강보험과 연금제도이다. 건강보험과 연금이 민간에 의해 시장에서 공급되는 경우 역선택문제가 심각하게 발생할 수 있다. 이를 해결하기 위해 강제로 가입하도록 되어 있는 사회보험으로 건강보험과 연금제도가 운영되는 것이 관찰된다.

불완전경쟁은 시장의 공급자 또는 수요자가 시장지배력을 지닌 경우 의도적으로 자신의 이윤을 극대화하기 위해 거래량을 줄여 비효율성이 발생하게 되는 상태를 말한다. 이러한 경우 정부는 불공정거래 행위를 단속하고 시장구조를 보다 경쟁적으로 만들기 위해 시장에 개입한다.

앞에서 논의한 공공재·외부성·정보 비대칭성·불완전경쟁은 시장실패의 일반적 요인으로 논의되는 요소들인데, 여기에서는 일반적이지는 않으나 정부가 자원배분에 개입하는 논리로 사용되는 몇 가지 추가적 요소들을 논의한다. 먼저 자본시장의 불완전성은 정보 비대칭성·담보능력의 부족·불확실성 등으로 인해 저소득자 또는 중소기업이 자본시장에 완전히 접근할 수 없는 상황을 의미한다. 이 때문에 중소기업이 투자재원을 조달하기 어려워질 경우 정부는 중소기업에 직접적 신용이나 보증을 제공하여 그 어려움을 완화시킨다.

학습효과도 시장실패를 가져올 수 있는 요인이다. 기업의 생산 경험이 축적됨에 따라 생산비가 절감되는 현상을 학습효과라고 하며, 이러한 학습효과로 인해 현재 비교우위를 가지고 있지 못한 산업분야에서도 장기적으로 비교우위를 획득할 수 있다. 이러한 학습효과는 유치산업 보호를 통한 동태적 비교우위를 확보한다는 논리로 정부 개입을 정당화할 수 있다. 장하준(2008)이 자세히 설명하고 있는 바와 같이 초기산업화단계에서 대부분의 현재 선진국들은 보호무역적인 정책을 사용하여 자국 산업을 보호함으로써 동태적 비교우위 획득에 성공하였다. 산업발전 초기에는 시장실패보다 정부실패가 덜 심각한 문제였기 때문에 이러한 정부의 산업정책이 효과를 가질 수 있었던 것으로 보인다. 하지만, 이러한 산업정책은 경제·사회 발전에 따라 창의성, 다양성이 중요해지는 시기에 이르게 되면 그 효과가 반감되는 것으로 보인다. 실제로 Lee, Sung, and Kim(2009)은 산업별 조세격차로 측정된 산업정책이 선진국 이전 단계에서는 성장을 촉진하는 효과를 지니나 선진국에 진입하여서는 오히려 성장을 저해하는 요소가 되고 있음을 보이고 있다(Lee, Sung, & Kim, 2009).

(2) 형평성과 이동성 제고

시장에 의한 자원배분은 주어진 소득분배의 효율성을 달성할 뿐이지 형평성에 대해서는 아무런 배려가 주어지지 못한다. 형평성 추구는 정부 몫으로 남게 되며, 정부는 소득의 형평성·기회의 형평성을 제고하기 위한 여러 가지 정책들을 실시한다. 정부는 소득형평성을 확보하기 위해 담세능력에 따른 과세와 복지사업을 시행한다.

형평성이 한 시점에서 소득·부·소비 등이 얼마나 불균등하게 분포되어 있는가를 측정하는 데 반하여, 이동성은 한 개인의 소득·부·소비 등이 다른 두 시점 사이에 얼마나 변화하는가를 측정한다. 어떤 한 시점에서 소득이 매우 불균등하게 분포되어 있다고 하더라도 고소득의 기회가 공정하게 모두에게 주어져 있다면 불균등한 소득분포가 보다 쉽게 사회적으로 용인될 수 있으며 오히려 사회·경제발전에 긍정적 요소가 될 수도 있다. 이동성은 크게 나누어 세대 내 이동성과 세대 간 이동성으로 나눌 수 있다. 한 세대 내에서 이전보다 이후에 소득이 더 높아지거나 낮아지는 이동을 세대 내 이동이라고 하고, 부모와 자식 세대 간에 소득계층 이동을 세대 간 이동이라고 한다. 높은 세대 간 이동성은 사회에 건전성과 통합을 위해 매우 중요한 요소이다. 부모세대가 경제적으로 어려움을 겪고 있다고 하더라도 자식세대가 부모의 경제적 여건에 제약받지 않고 스스로의 능력과 의지에 따라 교육과 훈련을 받고 소득계층을 이동할 수 있는 경우 사회는 매우 건전하게 통합될 수 있다. 이와 반대로라면, 부모의 소득과 신분이 자녀에게 그대로 이전되게 되고 계층은 계급으로 고착되고 사회통합은 붕괴될 수밖에 없을 것이다. 사회적 이동성 제고를 위한 정부 정책에는 저소득층 자녀에 대한 학자금 지원이나 취약계층에 대한 교육·훈련기회 제공 등이 있다.

형평성과 이동성을 제고하기 위해서는 복지·노동·교육정책이 융합적으로 작동하여야 한다. 복지제도는 사회안전망을 제공하되, 근로와 인적자본 투자의욕을 지나치게 저해하지 않는 형태로 설계하고 운용해야 한다. 사회안전망은 개인이 처하는 여러 위험에 대처해 주기 위한 사회보험 형태의 제 1차 안전망, 빈곤층에게 국가 최소기준 이상의 생활수준을 제공하려는 제 2차 안전망, 아동돌봄·노인돌봄과 같은 사회서비스를 맞춤형으로 제공하는 제 3차 안전망으로 구성되어 있다. 이 중 건강보험과 국민연금은 역선택문제를 해결하기 위해 강제보험으로서의 사회보험으로 만들려는 정부의 개입이 매우 합당한 것으로 판단된다. 사회서비스의 경우는 이동성이 보장되고 전국민이 대상이라는 측면에서 부담금 저항이 크지 않아 필요하다. 근로장려세제는 소득이 일정 수준 이하인 경우 정부가 소득에 따라 보조금을 지급하여 노동공급 확대를 유도하는 제도로 근로의욕 고취에도 효과적인 복지제도로 볼 수 있다. 아동기에 있어서 교육정책과 복지정책은 분리되기 어렵다. 교육과 복지제도를 융합적으로 운용하여 저소득층 자녀의 학교와 방과 후 생활이 인적자본 축적에 도움이 되는 방향으로 운용되어야 한다.

(3) 경기 안정

자본주의 시장경제의 가장 큰 약점은 경기변동이 발생하며 경기변동이 실제적인 비용을 발생시킨다는 점이다. 분권화된 의사결정에 의해 자원이 배분되고 수요와 공급이 참여 경제주체의 기대에 크게 의존하는 상황에서, 경기는 자기증폭적인 성향을 가지게 되고 이로 인해 경기변동이 발생한다. 경기변동을 완화시키기 위해 정부는 조세와 재정지출을 사용한다. 경기안정을 위해 자동안정화장치와 재량적 정책이 사용된다. 자동안정화장치는 누진적 조세나 실업보험과 같이 재량적 변경 없이 제도 자체가 내재한 기제가 경기에 대응하여 조세와 지출이 조정되는 제도들을 의미한다. 재량적 경기안정화정책은 경기 변동에 따라 변경되면서 세수와 지출을 조정하는 것으로, 추가경정예산이나 소비진작을 위한 한시적 세법조정 등이 이러한 재량적 경기안정화정책의 예이다.

3) 새로운 발전패러다임과 재정정책

박세일(2010)에서 지적된 바와 같이 세계화시대에 정부 역할은 줄어드는 형태의 어떤 것이 아니라 변화하는 그것이다. 경제·사회의 발전 초기단계에 국유기업, 신용제공, 중앙집중적 교육체제, 직접적인 산업정책 등을 통해 자원배분에 직접 개입하던 방식을 바꾸어 교육 및 훈련 바우처·근로장려세제·연구개발지원·저소득층교육 및 훈련지원으로 이동성 제고, 공정거래 촉진, 적극적 노동정책, 고등교육질관리체제와 지원, 재산권이나 계약이행체제 또는 사회 의사결정제도 정립 등 간접적인 개입으로 변화되어야 한다. 경제사회 발전에 따라 경제활동 여건이 변화되기 때문에 정부정책도 발전에 따라 변화하여야 하는 것이다. 경제사회 발전 초기에는 시장실패가 대규모로 광범위하게 존재하고, 시장 자체가 형성되지 못한 분야가 매우 많기 때문에, 시장실패보정과 시장조성에 있어서 정부의 적극적이고 직접적인 역할이 필요하다.

복지모형의 경우 단선적인 발전모형은 존재하지 않는다(Esping-Anderson et al., 2002). 유럽의 복지모형도 여러 시행착오를 거치면서 정부의 개입정도와 방식을 변화시키고 있으며, 미국의 복지모형도 의료정책 실패와 같은 중요한 결함을 지녔다. 이러한 맥락에서 여러 선진국들의 중요한 복지제도들 각각의 효과성, 효율성을 개별적으로 점검하고 전체 복지제도의 정합성을 고려하여 새로운 한국형 복지모형을 추구하는 것이 바람직할 것이다.

(1) 정부 규모

경제·사회 발전에 따라 정부서비스에 대한 수요가 증가하며, 정부규모는 이에 대응하여 점진적으로 증대될 필요가 있다. 아동돌봄, 노인돌봄과 의료, 연구개발, 고등교육, 안전 등에 있어서 정부서비스는 정상재의 성격을 띠고 있으며, 경제·사회 발전에 따라 정부규모가 증대되는 현상은 거의 모든 선진국에서 발견된다.

우리나라의 경우에도 발전에 따라 정부 규모를 소폭 증대시키는 것이 바람직할 것이다. 현재 정부는 2012년 조세부담률 목표치를 약 21%로 설정하고 있는데, 이는 너무 낮은 수준으로 현재보다 1~2%p 가량 높여 잡는 것이 바람직할 것이다.

(2) 경기대응적 재정정책

경기침체기의 세출확대와 세수감소는 인기 있는 정책이지만 경기호황기의 세출감소와 세수증가는 사회적으로 다소 수용되기 힘든 정책이다. 이러한 비대칭적 구조 때문에 경기변동이 진행되는 과정에서 재정건전성이 훼손되는 현상이 거의 모든 국가에서 관찰된다. 재정건전성 확보를 위해서는 경기호황기에 균형 또는 흑자재정을 실현하는 것이 중요한 일이다. 이를 위해서 중기재정계획의 실효성을 높이고 국가채무를 일정 수준으로 유지·관리하는 것이 필요하다.

(3) 재정지출

국제화, 정보화, 숙련편향기술 발전 등으로 성장이 고용의 확대로 연결되지 못하는 '고용 없는 성장'이 보편화되고 있다. 재정지출에서 예산이 고용에 미치는 영향을 분석함으로써 고용과 고용기회를 제고하는 방향으로 예산을 편성하고 집행하는 '고용인지예산제도'의 도입을 검토하여야 한다.

기회형평성보장을 위한 재정의 역할이 증대되어야 한다. 사전적인 기회의 형평성보장은 형평성·이동성을 제고할 뿐 아니라 효율성 상승도 기대할 수 있다. 교육기회형평성 제고를 위한 학자금지원·아동돌봄서비스 등이 강화되어야 한다.

특정 산업의 발전을 도모하려는 재정정책은 이제 지양하는 것이 바람직하다. 산업 또는 분야 간 차별적 재정지원과 규제는 폐지하여야 한다. 연구개발과 투자를 촉진하는 형태로 조세제도를 운용하는 것이 바람직할 것이다.

형평성 및 이동성과 관련한 재정지출 발전방향을 정리하면 다음과 같다. 먼저, 제 1차 사회안전망인 건강보험과 국민연금의 경우 사회보험 형태로 운용하는 것이 경제적 원칙에 부합되는 것으로 판단된다. 제 2차 사회안전망인 공공부조의 사각지대를 해소하고, 중복이나 과다수급을 수요자중심 복지체제로 조정하며, 전달체계를 개선하여 효과성을 제고하여야

〈표 4-6〉 재정정책의 현황과 개선방향

구분	현황	개선 방향
정부규모	2012년까지 조세부담률은 21%, 총지출은 30%를 목표로 하고 있음	경제사회 발전에 따른 소폭의 점진적 증가 (22~23%, 33~34%)
경기대응적 재정정책과 재정건전성	외환위기와 글로벌 금융위기 극복과정에서 재정 건전성이 다소 훼손	재정수지 적자를 빠른 시일 내에 균형상태로 회복 침체뿐 아니라 호황을 포함한 경기대응적 재정정책 국채를 일정 수준 이하로 통제
분야별 재정지출 배분	산업분야 지출이 여전히 높음. 복지지출 수준이 낮으며 더 큰 문제점은 낮은 효과성 기회형평성이 여전히 보장되지 않음	예산편성의 중심을 성장에서 '성장과 고용' 중심으로 변화 기회형평성 제고를 위한 재정 강화 (저소득 자녀 학자금지원 확대) 산업정책적인 재정정책은 점진적으로 폐기함으로써 산업분야의 재정지출을 감소 복지지출 효과성 제고 (수요자중심의 복지체제) 사회서비스 분야, 특히 저소득층 아동돌봄사업 확대 및 제도개선
조세정책	지나친 복잡성, 세원 양성화 정도가 여전히 낮음. 조세정의 구현이 미흡	개인소득세를 중심으로 조세정의 추구 단순화, 세원양성화, 조세구조 개편 근로장려세제 정착 산업 또는 분야 간 차별적인 조세제도의 시정

한다. 또한, 수급자의 근로의욕을 고취할 수 있도록 제도를 보완해야 한다. 제 3차 사회안전망인 사회서비스 분야는 유아와 아동에 대한 돌봄서비스를 중심으로 강화하는 것이 필요하다. 저소득층 유아와 아동에 대한 돌봄서비스는 이동성을 보장하는 중요한 기제로 작동할 수 있다. 이동성 보장을 위해 저소득층 학자금지원도 강화하여야 한다.

경제사회가 발전하면서 기초연구의 중요성이 증대하였는데, 기초연구 진작을 위해 정부의 관련지출을 증가시키고 효과성을 개선해야 한다. 안전과 관련한 정부서비스 수요도 증대하였는데, 치안 · 식품 및 의약품 안전 · 공중보건에 대한 정부서비스를 높여 가는 작업이 필요하다.

자본시장의 불완전성이 완화되면서 정부의 직접적인 신용제공 필요성은 줄어들었기 때문에 관련지출은 감소시켜야 한다. 중소기업과 농어촌 지원 사업들에 있어서도 효과성을 높이고 관련지출을 감소시켜야 한다.

(4) 조세정책

담세능력에 따른 과세는 효율성 · 단순성과 함께 핵심적 조세원칙이다. 이러한 조세정의를 실현하기 위해 가장 적합한 세목은 개인소득세이다. 개인소득세의 최고세율을 일정 수준 이상으로 유지하면서 전체적인 세율구조를 누진적으로 만들어 조세형평성을 추구할 수 있다. 개인소득세와 달리 소비세는 소득에 대비한 소비의 비율이 소득에 따라 감소하며 소비에 대한 누진과세가 현실적으로 어렵다. 그래서 형평성 제고목적으로 사용하기 어렵다. 재산세 역시 원천징수가 어렵고 재산관련 소득이 실제 발생하지 않은 상태에서 과세되기 때문에 조세저항이 매우 크다는 단점이 있다. 법인소득세는 국제화에 따라 세원 탄력성이 매우 높아, 법인세를 높이는 경우 왜곡이 심하고 세수는 크지 않게 된다.

2009년 시작된 근로장려세제의 근로장려효과를 높이기 위해 지속적으로 제도를 개선하는 것이 필요하다. 일부 전문가들이 지적한 것처럼 근로장려세제의 전반적인 보조율을 높이고, 저소득 여성 · 청년 · 고령자 등이

단시간 근로를 통해 경제활동에 참여할 수 있도록 근로장려세제의 지급구간 및 수준을 조정하는 것도 검토하여야 한다.

산업 또는 분야 간 차별적인 조세는 폐지하여야 한다. 현재 우리나라 조세는 제조업중심으로 되어 있어 서비스산업에 대해 차별적인 조세조항들이 다수 존재한다. 이러한 조세차별은 이제 시정하는 것이 바람직하다. 연구개발과 투자를 촉진하는 형태로 조세제도를 운용하는 것도 필요하다.

5. 산업정책[21)]

1) 들어가며

한국경제의 성장전략이 불균형압축성장이라고 할 때 이 성장방식의 핵심에는 산업정책이 있었다. 정부가 경제성장에 바탕이 되는 산업이나 미래에 유망한 산업을 선정하고 선정된 산업의 경쟁력을 강화하기 위해 각종 재원을 집중시키는 성장방식이다. 이러한 방식으로 성장한 철강, 자동차, 조선, 전자, 화학산업 등은 현재 한국경제를 지탱하는 핵심산업으로 자리 잡고 있다.

그러나 1980년대부터 시장중심경제로 이행하면서 산업정책의 근본 프레임도 변화하기 시작하였다. 정부주도 유망산업선정과 지원방식은 더 이상 효율적인 방식이 아니었을 뿐만 아니라 바람직하지도 않고 가능하지도 않은 경제환경이 조성되었다. 정부의 산업정책은 기능적 차원의 산업정책으로 변모하였으며, 유망산업선정과 집중지원이라는 방식은 예외적인 경우에 간헐적으로 사용되는 형태로 변모하였다.

1990년대에 들어와서는 신흥개발도상국들의 경제성장이 본격화되었

---

21) 이 부분은 강석훈(2010)을 일부 추가·보완하였다.

으며, 신흥국들은 한국의 주력산업에 해당되는 분야에서 경쟁력을 높이려는 산업정책을 실시하게 되었다. 한국의 기업들은 세계무대에서 갈수록 격해지는 경쟁환경에 노출되었고, 이 과정에서 더욱 확고하게 경쟁력을 가지는 기업들과 세계경쟁에서 도태되는 기업들로 분화되는 양상이 나타났다.

1997년의 외환위기와 이후 구조조정과정에서 경쟁력이 부족한 수많은 기업들이 도태되었지만, 이 과정 중에 혹독한 구조조정을 통해 경쟁력을 배가한 기업들은 2000년대 들어 기업 자체적으로는 크게 성장하면서 국가적으로는 경제성장의 원동력이 되었다. 그러나 2000년대 들어 한국경제와 마찬가지로 한국의 산업정책은 제자리를 잡지 못한 채 방황하는 10년을 보냈다. 표면적으로는 정부가 유망산업을 선정하고 여기에 자원배분을 강조하는 형태의 산업정책이 실시되었지만, 실제로 이러한 산업정책의 성과는 과거에 비해 현저하게 떨어졌다.

이러는 사이에 중국의 추격이 턱밑까지 와버렸다. 일부 산업에서의 경쟁력은 중국에 역전되었다는 이야기도 들린다. 지금 한국 주력산업의 대부분은 머지않아 다른 개도국에게 추월당할 가능성이 있다. 과거 조선이나 철강, 전자산업이 유럽이나 미국 그리고 일본 등을 거쳐 우리나라의 주력산업이 되었던 경로를 감안해 보면 이러한 우려가 단지 기우로만 그치지는 않을 가능성이 크다. 인구고령화는 세계에서 가장 빠른 속도로 이루어지고 있고, 경제성장률은 낮아지고 있는 추세에서 주력산업이 다른 개도국에 추월당한다면 10년 후 우리나라는 무엇을 먹고 살아야 하나? 이 문제는 대한민국 경제가 당면한 가장 큰 숙제 중 하나이다.

일반적으로 어떤 국가가 의도적으로 특정한 산업을 집중육성하기 위해 실시하는 정책을 산업정책이라고 부른다. 고전적 의미에서 산업정책은 다양한 형태를 띤다. 먼저 경쟁력이 낮은 국내산업을 보호하기 위해 해당 산업을 국제경쟁으로부터 보호하기도 한다. 관련상품이나 서비스의 수입을 금지한다거나 높은 관세를 부과하여 외국상품의 국내침투를 막는 방안이다. 때로는 국내시장에서 과당경쟁을 막는다는 명목으로 각종 규제를 가함으로써 의도적으로 독과점구조를 조장하기도 한다. 정부가 선택한 특정산업 육성을 위해 세금을 깎아 주는 조세정책, 저리자금을 융자하거나 정부가 직접 자금을 투자하는 금융정책을 쓰기도 한다. 한국은 경제개발 초기에 전통적 의미의 산업정책을 성공적으로 실시한 국가로 평가받고 있다.[22] 오늘날 한국경제의 주력산업 대부분은 초기단계에 정부의 보호와 육성정책을 기반으로 성장한 산업들이라고 해도 과언이 아니다.

그러나 이제는 상황이 변하였다. 현재는 더 이상 과거와 같은 산업정책이 통하지 않는다. 무엇보다 먼저 정부가 유망한 산업을 선정할 수 있는 능력이 저하되었다. 산업정책이 통했던 경제개발 초기단계와는 비교할 수 없을 정도로 세계경제가 빠른 속도로 변화하고 있다. 국내외시장의 개방이 점차 확대되면서 대내외 경제환경은 복잡다기해졌을 뿐만 아니라 대내외의 각종 불확실성은 더욱 커지고 있다. 이러한 상황에서 정부 관료가 미래유망산업을 선정하는 일은 거의 불가능에 가깝다. 공무원들은 돈을 버는 데 선수가 아니기 때문이다. 정부가 미래의 유망산업을 선정할 수 있다고 하더라도 과거와 같은 지원방식은 통용되지 않는다. 특정 산업을 육성하기 위한 정부의 명시적인 지원정책은 세계무역협정(WTO)에 정면으로 위반되는 행위이기도 하다.

산업정책은 이론적으로 도전을 받았다. 지난 20여 년간 세계경제운영의 기본 플랫폼으로 여겨지던 워싱턴 컨센서스(Washington Consensus) 이래로 정부가 특정산업을 육성하기 위해 개입하는 정책은 오히려 자원

22) 산업정책에 대한 반대논거로서 가장 중요한 논의는 정부실패이다. 이는 시장기능의 미흡으로 인하여 산업정책의 필요성이 있기도 하지만, 실제로 산업정책을 통해 정부가 시장에 개입하면 이는 시장실패보다 더 큰 정부실패를 가져온다는 논거이다. 한국의 경우 논란이 있긴 하지만 경제개발과정에서 높은 성과를 보일 수 있었던 것은 적극적인 산업정책의 결과이고 이는 정부실패가 상대적으로 적었다는 점을 의미한다.

배분의 효율성을 저해하는 것으로 간주되었다. 이론적인 측면뿐만 아니라 현실적으로도 전통적 산업정책은 실효성과 타당성 측면에서 많은 도전에 직면하게 되었고, 이에 따라 산업정책은 존재의미에서부터 혼돈에 빠지게 되었다. 새로운 21세기형 경제전략에서 산업정책의 의미는 무엇일까?

2) 산업정책은 산업인프라 정책으로 재탄생하여야 한다

그렇다면 이제 한국에서 산업정책은 용도폐기되어야 하나? 이론적으로나 학술적으로 산업정책의 무용성이 제기되기도 하지만 현실적으로 보면 선진국이든 개발도상국이든 산업정책은 다양한 형태로 존재한다. 유럽이 에어버스사를 통해 유럽의 항공산업을 육성한 것이 대표적인 사례라고 할 수 있다. 유럽의 갈릴레오위성 네비게이션 프로그램(Galileo Satellite Navigation Program)도 전형적인 산업정책의 예이다. 일본은 전통적으로 민관협력을 통해 새로운 산업을 육성·지원하고 있다. 2002년 미국 상무부와 과학재단은 나노·생명공학·정보·인지과학 등의 각 분야가 상호의존적으로 결합되는 것을 융합이라 정의하고, 세계 최초로 '융합기술 전략'을 수립하였다.[23] 과거의 예만이 있는 것은 아니다. 최근 미국이 금융위기과정에서 민간자동차회사인 GM을 국유화한 것은 미국식 산업정책의 하나라고 보는 것이 타당할 것이다. 유럽각국이 금융위기 극복과정에서 부실금융기관을 국유화한 경우도 넓은 의미에서 산업정책이라고 할 만하다. 왜냐하면 이러한 조치들은 표면적으로는 금융위기를 극복하기 위한 것들로 보이지만 본질적으로는 자국 산업을 보호·육성하려는 정책이기 때문이다.

이제 선진국 진입의 마지막 관문을 통과하는 한국경제에서도 우리 산

---

23) 우태희, "아이언맨에 숨겨진 산업 융합의 비밀", 〈전자신문〉 2010년 6월 17일.

업의 경쟁력을 높이기 위한 산업정책은 필요하다고 할 것이다. 새로운 산업정책의 개념과 방향을 정립하기 위해서는 지난 10여 년간의 산업정책을 되살펴볼 필요가 있다.

외환위기 이후 한국의 산업정책은 많은 변화를 경험하였다. 외환위기 이후의 기업구조조정 과정에서는 정부가 직접적으로 시장에 개입한 경우도 있었다. 당시 강제로 시행되었던 기업 간 빅딜은 정부직접개입의 전형적인 예라고 하겠다. 국민의 정부 시절의 산업정책은 정보통신산업 육성과 벤처기업 활성화가 대표적인 정책이었다. 이후 정보통신산업은 한국경제의 버팀목으로 자리 잡게 되었지만 정부주도의 벤처기업지원은 버블의 형성과 붕괴처럼 다양한 부작용을 남기기도 하였다.

참여정부 시대의 산업정책은 혁신과 클러스터, 균형발전 등으로 집약할 수 있다. 사람이나 자본을 많이 사용하는 양적 성장방식에서 생산성을 제고하는 질적 성장으로 전환하기 위해서는 산업의 전 과정에서 혁신은 필수적이다. 지역별로 산학연 클러스터를 조성하여 경쟁력을 높이고 또한 균형발전을 이루자는 정책도 개념적으로는 바람직한 정책이기도 하다. 그러나 아무리 혁신을 강조하더라도 혁신환경이 조성되지 않은 경우에는 혁신주도성장을 기대하기 어렵다. 이상적으로는 클러스터와 균형발전이 가능하지만 치열한 국제경쟁 속에서 좁은 한반도 내에 있으면서 정부가 인위적으로 클러스터를 만들고 균형발전을 이루기는 어렵다.

이명박정부의 산업정책은 녹색성장이라는 기치 아래 시행되는 녹색산업육성이 대표적인 정책이다. 최근 원자력산업의 육성, 일자리와 산업정책의 연계 강화, 산업 전 분야에서의 융합 강조 등의 정책을 시행하고 있다. 이명박정부가 추진하는 산업정책은 개별적으로 볼 때 미래지향성과 현실타당성 측면에서 바람직하다고 판단된다. 그러나 이와 같은 정책들이 실제로 성과를 나타내기까지는 상당한 기간 동안 일관성 있게 추진되어야 할 것이다.

지금까지 외환위기 이후의 산업정책을 간단하게 살펴보았는데, 5년마다 바뀌는 정부에 따라 산업정책의 기본개념과 정책도구가 상이하였음을 알 수 있다. 10년 후의 먹거리를 고민한다는 차원에서 산업정책은 각 정권마다 바뀌는 정책이 아니라 오랜 기간 동안 일관성 있게 추진되어야 하는 정책이다. 또한 산업정책이 장기간 원칙을 가지고 추진될 때 기업과 시장이 직면하는 미래불확실성도 줄어들게 된다.

장기적으로 지속가능한 산업정책 개념을 정립하기 위해서는 다음과 같은 점을 고려하여야 할 것이다. 먼저 승자의 저주에 빠지지 않는 것이 중요하다. 한국경제는 경제개발 초기단계에서 정부가 직접 유망산업을 선정하고 이 산업을 지원, 육성하는 직접적 개입정책을 통해 빠른 속도로 성장을 달성하였다. 정부가 유망산업을 선정하여 육성하여야 한다는 주장이 지금도 자주 제기되는 이유도 한국경제의 지난 성공스토리와 무관하지 않다고 하겠다. 그러나 이미 지적하였듯이 이러한 방식의 산업정책은 이론적으로 바람직하지 않을 뿐만 아니라 현실적으로도 성공가능성이 거의 없다. 유망산업분야 선정은 기업들이 시장에서 경쟁하는 과정에서 도출된다는 사실을 잊어서는 안 된다.

다음으로 한국경제의 독특한 상황을 고려해야 한다. 한국경제는 명실상부한 선진경제로 진입하기 위한 마지막 관문에서 사투 중이다. 제 2차 세계대전 이후 한국과 같은 인구규모를 가진 국가 중에서 경제선진국이 된 경우는 없다. 아무도 가본 적 없는 길을 한국경제가 가야 한다. 여기에 절대인구의 감소와 인구구조의 급격한 고령화라는 늪이 머지않아 가시권에 들어올 예정이다. 지속적으로 막대한 안보비용을 지출하면서 동시에 남북한의 통일이라는 상황도 대비해야 한다. 한국과 한반도에 적합한 경제정책·산업정책을 만들어야 하는 이유는 충분하다.

중국변수도 고려해야 한다. 한국경제는 세계에서 가장 빠른 속도로 성장하는 중국경제와 연계성이 심화되고 있다. 중국경제와의 연계성 강화는 단지 수출입 등의 상품교역측면뿐만 아니라 이제는 인적·문화적 교류 측면에서도 강하게 나타나고 있다. 중국경제의 성장잠재력은 무궁무진하다고 할 수 있지만, 중국이 가진 각종 경제 및 사회문제 등을 고려해 보면 언제 중국발 쓰나미가 한국을 덮칠지 알 수 없다. 중국경제와의 연계 강화가 의존성 심화로 연결되지 않도록 하는 고도의 전략이 필요하다.

결국 새로운 산업정책의 개념은 정부의 시장에 대한 직접적인 개입을 배제하고 간접적인 형태로 존재하여야 하며, 한국경제의 장기적인 성장 잠재력을 제고하여 중국 등의 개발도상국과의 경쟁에서 우위를 점하는 산업경쟁력 강화정책이어야 함을 알 수 있다.

이와 같은 점을 종합적으로 고려할 때 이제 한국경제에서 산업정책은 산업인프라 정책으로, 산업경쟁력 제고정책은 산업인프라 강화정책으로 재탄생할 필요가 있다. 산업인프라 강화정책은 한국경제의 생산성을 제고하기 위한 산업인프라 확충 및 효율화 정책이라고 할 수 있다. 산업인프라 강화정책은 특정산업 육성정책과 대비되는 개념으로, 전통적인 산업정책에서 강조되었던 특정산업이 아니라 각종 산업의 경쟁력상승에 밑바탕이 되는 사회적 인프라를 확대하는 정책을 의미한다. 이때 사회적 인프라는 산업경쟁력을 제고할 바탕이 되는 다양한 분야에서의 인프라를 의미한다. 가장 대표적인 인프라는 연구개발투자, 곧 지식축적과 관련된 인프라이다. 산업경쟁력의 요체가 되는 인적자원인프라도 중요하다. 이제까지는 산업과 금융을 분리하여 고려하는 경우가 많았지만 금융인프라도 매우 중요한 산업인프라 중의 하나이다. 시장에서의 경쟁이 성과와 혁신으로 이어질 수 있도록 하는 경쟁인프라도 중요하다.

산업정책을 산업인프라 정책으로 정의하면 산업정책의 개념과 위상은 명확해진다. 정부의 경제정책은 재정·조세·통화금융 정책을 기반으로 하는 거시경제정책과 산업경쟁력 제고를 목표로 하는 산업정책으로 구분된다. 전자의 거시경제정책은 주로 즉각적으로 시장과 성과에 영향을 미치는 단기적인 효과를 가지는 반면, 후자의 산업정책은 중장기적으로 지속가능한 성장을 견인하는 효과가 있다. 거시경제정책이 단기적인 경기순환, 현재의 경제성장률에 대응한다면 산업정책은 장기적인 경제추세

· 미래 성장잠재력에 대응한다.

3) 산업인프라 정책의 핵심은 무형과 융합이다.

한국경제가 현재 상황에서 한 단계 더 업그레이드하여 선진경제로 안착하기 위해서는 총요소생산성 증대가 필수적이다. 인구증가를 기대하기 어렵고 고정자본투자의 기대수익률이 저하되는 상황에서 지속가능한 선진경제를 만들기 위해서는 다른 방도가 없다고 해도 과언이 아니다. 우리가 지금 고민하는 각종 산업인프라 확충정책은 총요소생산성 향상이라는 최종 목표를 달성하기 위한 전략과제라고 할 수 있다.

산업인프라 확대정책에서도 선택과 집중은 필수적이다. 전통적인 의미의 산업정책에서 선택과 집중은 특정산업에 대한 선택과 집중을 의미하지만, 산업인프라 강화정책에서는 정책방향에서의 선택과 집중이라는 점에서 과거와는 완전히 다른 개념이다. 산업인프라 강화정책에서 단기적으로나 중장기적으로 가장 중요한 인프라는 인적자원 인프라일 것이다. 산업경쟁력 강화의 핵심이 창조적 파괴를 통한 혁신이라고 할 때 모든 혁신의 주체는 결국 사람이기 때문이다. 창의력으로 무장한 인적자원이 끊임없는 혁신과정을 통해 새로운 부가가치를 지속적으로 창출해내는 경제가 우리가 원하는 선진경제이다.

인적자원 인프라를 다른 인프라들을 위한 인프라라고 한다면 미래의 산업경쟁력을 강화하기 위한 가장 현실적인 키워드로서 '무형'과 '융합'을 고려할 수 있다. 이제까지 한국경제 및 산업의 운영패러다임은 눈에 보이는 유형중심이었다. 공단을 설립하여 공장을 유치하고, 공장 내에 기계와 장비 등을 설치하여 새로운 상품을 생산하고 판매하는 일을 가장 중시하였다. 정부가 발표하는 각종 산업정책도 언제까지 얼마를 투자하겠다는 식의 개념이 주를 이루었다. 그러나 한국경제의 현 단계에서 유형투자의 강조만으로 새로운 성장잠재력을 만들어내기는 어렵다. 이제는 무형을 보다 중요시하는 변화가 필요하다. 최근 각광받고 있는 애플사의 아이폰이나 주목 대상인 구글TV는 유형고정자산 투자의 산물이 아니다. 아이디어와 창의력에 대한 무형투자가 일구어낸 걸작들이다.

최근 외국에서는 무형투자에 대한 분석이 활발하게 진행되고 있다. 코라도·헐튼·시셸(Corrado, Hulten & Sichel, 이하 CHS)은 무형자산의 개념을 확립하고 미국경제의 성장과정에서 무형자산기여도를 추정했다.[24] 이들은 무형자산을 컴퓨터화된 정보, 창조재산권, 경제적 컴피턴시로 구분하였다. 컴퓨터화된 정보는 전통적 컴퓨터소프트웨어와 데이터베이스를 의미한다. 창조재산권은 과학분야 연구개발, 광물탐사, 저작권과 라이선스, 금융산업 신상품 개발, 인문사회과학 연구개발, 건축이나 상품디자인 등을 말한다. 경제적 컴피턴시는 기업이나 상품의 브랜드가치, 기업에 특화된 인적자원과 조직구조 등을 지칭한다. CHS는 1995~2003년 동안 미국의 노동생산성 증가율을 평균 3.09%로 파악했는데, 유형자산투자와 무형자산투자의 기여도를 각각 0.85%p, 0.84%p로 추계하였다. 유형자산투자만큼이나 무형자산투자가 중요하다는 점을 보여준다. 후카오·하마가타·미야자와·도노기(Fukao, Hamagata, Miyazawa & Tonogi, 이하 FHMT)는 CHS와 동일한 분석방법론을 사용하여 일본경제를 분석하였다.[25] FHMT에 의하면 1990~2002년 동안 일본 노동생산성 증가율은 1.13%였으며, 유형자산과 무형자산의 기여도가 각각 1.57%p, 0.45%p로 나타났다. 일본과 미국이 보여주는 노동생산성 격차의 주원인이 무형자산투자기여도 차이임을 알 수 있다.

---

24) Carol A. Corrado, Charles R. Hulten, & Daniel E. Sichel, "Intangible Capital And Economic Growth", *NBER Working Paper* No. 11948, January 2006.

25) Fukao, K., S. Hamagata, T. Miyagawa, & K. Tonogi, "Intangible Investment in Japan : Measurement and Contribution to Economic Growth", *Review of Income and Wealth*, 55(3) : 717~736, 2009.

한국의 경우에도 설비투자 증대를 중시한다는 관점에서 최근에는 무형자산에 대한 투자가 강조되고 있다. 그러나 무형자산의 개념을 주로 과학적 연구개발투자에 한정한 경우가 많았으며 최근에 오면서 그 영역을 디자인 등으로 확대하였다. 지금부터 무형자산의 개념을 보다 확대하여 광의의 무형자산투자를 촉진하는 산업인프라확대정책을 시행할 필요가 있다. 특히 기업 브랜드가치 · 조직구조의 경쟁력을 국가차원에서 자산으로 간주한다든가, 주로 자연과학적 · 공학적 관점에서 강조되던 연구개발투자의 개념을 인문사회과학과 엔터테인먼트부분까지 명시적으로 확장하는 방안을 강구할 필요가 있다.

무형과 밀접하게 연관된 또 다른 키워드는 융합이다. 융합은 기술, 제품, 서비스 전 분야를 재조합해 새로운 가치와 시장을 창출하는 활동으로 규정할 수 있다.[26] 장석인 · 서동혁(2009)에 의하면 현재 거시경제적으로 저성장 · 저소비 · 고실업의 지속이 뉴노멀(*New Normal*)로 자리 잡고 있으며, 산업 측면에서는 성장 둔화, 정보화시대에서 녹색시대로의 전환, 기술과 감성 그리고 콘텐츠의 결합, 고객가치의 중시가 나타나고 있다.[27] 그들은 뉴노멀시대에 산업융합은 필연적이며 산업융합을 새로운 산업발전의 전략으로 활용할 수 있는가에 대한 진지한 검토가 필요하다고 주장하였다. 그들은 융합이 기술중심의 개념에서 출발하였지만 산업융합화단계에서는 가치, 시장, 산업 등으로 확장되고 있다고 지적하였다. 예를 들어 제품과 제품이 융합하여 새로운 제품을 만들어내고, 서비스와 서비스가 융합하여 새로운 서비스를 만들어낸다. 물적자원과 브랜드가 융합하여 OEM생산이 일어나고, 인적자원과 물적자원이 융합하여

---

26) 장석인 · 서동혁, "뉴노멀시대, 산업융합 비전 및 전략", 산업연구원, 2010. 4. 26.

27) 뉴노멀은 빠르게 변화하는 세상에 새로 떠오르는 기준이나 표준을 의미하는 용어이며, 위기 후 세상이 나아갈 새로운 목적지라는 뜻도 있다(《인사이트 지식사전》, 샘앤파커스 출판, 2010).

아웃소싱(*outsourcing*)이 일어난다. 브랜드와 인적자원의 융합은 전략적 제휴를 형성한다.

현재 다양한 종류의 융합논의가 진행되고 있지만 논의가 본격화된 것은 비교적 최근의 일이다. 학문분야의 융합 측면의 논의는 현실설명력 향상이라는 필요성이 제기된 데 따라 나타났다. 지금까지 학문세계가 극도로 세분화되면서 각종 연구결과들의 학술적 자체 완결성은 높아졌다. 하지만 복잡한 사회현상 또는 자연현상을 설명하는 능력은 그에 비례하여 높아지지는 않았다. 일례로 필자에게는 현재의 경제이론이 2008년 미국에서 발생했던 금융위기를 충분히 설명하지 못하는 것으로 보인다. 금융위기의 원인을 파악하려면 극도로 세분화된 경제학 내에서의 인접전문분야뿐만 아니라 경제학의 틀을 넘어서 사회학·심리학·역사학 등을 활용하는 총체적 접근이 필요하다. 타학문과의 연계성 확대는 경제학분야뿐만 아니라 다양한 학문분야에서 일어나고 있는데 이를 통섭이라고 부르기도 한다.

기술적으로 볼 때 융합논의가 본격화될 수 있었던 이유는 정보통신산업의 발달에 기인한다. 컴퓨터 관련기술이 비약적으로 발전하고 이를 연결할 수 있는 인터넷 환경이 개선됨에 따라 각종 이종(異種) 상품 간의 융합이 기술적으로 가능하게 되었다. IT를 기반으로 하여 자동차, TV, 전력과 같은 제품의 융합이라든가, IT를 기반으로 하여 교육(*U-Learning*)·의료(*U-Health*)·미디어(*U-Media*)와 같은 서비스 융합이 일어나고 있다. 이 과정에서 IT와 다른 제품이나 서비스를 연결시키는 소프트웨어가 본격적으로 개발되고, 소프트웨어 개발은 다시 다양한 콘텐츠 개발을 촉진하고 있다. 최근 인터넷환경이 유선에서 무선으로 변화함에 따라 이러한 경향은 더욱 확대되는 추세이다.[28)]

---

28) 장석인·서동혁(2010)은 애플사의 아이팟은 MP3와 디지털 음악시장의 융합, 아이폰은 휴대전화와 PDA의 융합, 아이패드는 아이폰과 Tablet PC의 융합의 결과라고 분석하였다.

시장 측면에서 볼 때 융합논의가 본격화된 배경에는 소비자의 니즈변화가 있다. 과거 같은 대량생산 및 대량소비 시대에는 소비자가 단순히 제품이나 서비스를 수동적으로 제공받는 객체에 불과하였다. 기업들이 질 좋은 제품을 싼 가격에 공급하면 만족해하고 행복해하는 소비자였다. 그러나 최근에 전개되는 마케팅 3.0시대, 드림 소사이어티(*Dream Society*)에서 소비자는 더 이상 제품이나 서비스의 단순한 사용자가 아니며 자신의 욕망을 만족시키는 제품이나 서비스를 요구하는 주체로 변모하고 있다. 영혼과 스토리가 강조되는 현재 상황에서 영혼에 호소하고 스토리가 감동적이려면 제품이나 서비스의 융합은 필수적인 요소라고 하겠다.

융합현상을 촉발하는 요인들은 향후에도 상당기간 지속될 것으로 판단되며 따라서 융합을 명시적으로 고려하는 산업인프라 정책이 필요하다고 하겠다. 구체적인 융합의 형태는 시장에서 기업과 소비자에 의해 결정될 것이지만, 산업인프라 확대정책에서는 융합을 촉진할 수 있는 인적자원의 개발과 더불어 법적, 제도적 장치를 마련하는 데 초점을 두어야 한다.

4) 무형과 융합 중심으로 정부 산업정책을 전면 재검토하여야 한다

지금까지 산업인프라 정책의 핵심과제로서 창의적 인적자원의 개발이 가장 기본적인 플랫폼이고, 이 플랫폼을 바탕으로 무형과 융합이라는 키워드를 이용하여 산업경쟁력 제고정책을 시행하여야 함을 지적하였다. 이를 실현하려면 정부의 각종 산업정책을 무형과 융합이라는 관점에서 재검토할 필요가 있다.

먼저 무형·융합시대를 주도할 창의적 인재개발을 위해 보다 적극적인 교육정책과 산업정책의 무형적 융합이 필요하다고 하겠다. 무형적 융합이라고 표현한 이유는 단순히 교육과학기술부와 지식경제부의 조직과 인력을 재구성하는 게 능사가 아니라는 의미이다. 융합혁신을 주도하는 창의적 인재개발을 위해 무형자산에 대한 투자를 확대하는 소프트웨어적 융합을 뜻한다. 시장과 분리되거나 또는 시장에 뒤처진 교육으로는 새로운 융합트렌드에 적응하기 어려울 뿐만 아니라 미래 먹거리를 만들어내기도 어렵다는 점을 절실하게 인식할 필요가 있다.

무형과 관련된 정책도 전면적 재검토가 필요하다. 조세금융정책과 산업정책의 무형적 융합이 필요하다. 이제까지 유형자산중심으로 운영되는 각종 세제나 금융지원 제도를 재검토하고 이를 무형자산으로 확대하는 방안을 검토하여야 한다. 이때 무형자산은 기업브랜드, 사업모델, 조직구조의 경쟁력, 기업특화인적자원, 라이선스 등을 포함하는 광의의 개념으로 확대할 필요가 있다. 무형과 관련된 정책 중 가장 시급히 업그레이드되어야 할 부분은 디지털문화콘텐츠 부분이다. 디지털화된 문화콘텐츠는 가장 중요한 무형자산 중 하나이므로, 이를 적극적으로 발굴하고 산업화하는 방안을 모색하여야 한다. 문화정책과 산업정책의 무형적 융합이 필요하다.

융합기반확대정책도 적극적으로 추진할 필요가 있다. 융합을 제도적으로 가로막은 칸막이식 규제에서부터 융합과 관련된 경쟁정책분야까지 다양한 관련제도와 법령을 정비하여야 한다. 융합관련상품이나 서비스에 관련된 지적재산보호 확대, 융합을 촉진하는 산학연공동연구 활성화, 융합기반기술에 대한 연구개발투자 확대 등이 필요하다.

6. 요약 및 결론

지금까지 서론에서는 새로운 21세기형 경제전략의 필요성을 논의하였으며, 그 이후 각 절에서는 정부와 시장 간의 관계, 금융정책, 재정정책 그리고 산업정책 등에서 21세기형 경제전략의 각론을 제시하였다.

이 절에서는 지금까지의 논의들이 각국의 경제전략에 미치는 함의에 대하여 검토한다. 이때 경제전략이란 사회발전과 경제성장을 위해 정부와 시장이 어떠한 관계를 형성하면서 어떠한 방식으로 어떠한 정책을 추진할 것인가에 관한 전략이다. 각 국가마다 처한 경제상황이 다르기 때문에 하나의 전략이 모든 국가에 그대로 통용된다는 보장은 없다. 그러나 세계 각국에서 일어나는 다양한 경제현상에도, 지난 수세기 동안 일어났던 수많은 경제현상에도 이를 관통하는 기본원리는 존재한다고 보는 것이 타당하다.

그 원리란 자유롭고 공정한 시장에서 시장의 수요와 공급에 의해 자원이 배분되는 시스템이 가장 효율적인 경제시스템이라는 것이다. 물론 각국이 처한 상황이 다르기 때문에 시장경제를 통한 효율적인 자원배분을 위해 각국 정부가 해야 할 일이 다를 수는 있다. 예를 들어 특정 상품이나 서비스의 시장규모가 협소한 경우 정부는 비시장적인 방법으로 시장규모를 키우는 일을 할 수도 있다. 시장에서 공정한 경쟁규칙이 정립되어 있지 않은 경우 정부는 필요한 규칙제정을 위해 노력하여야 한다. 시장의 경쟁규칙이 있음에도 불구하고 규칙이 지켜지지 않는 경우 이에 상응하는 대가를 치르게 하면서 보다 근본적으로는 규칙을 지키도록 하는 인센티브 시스템을 개발할 필요가 있다. 시장을 지키기 위해 비시장적인 방법을 사용하는 것도 가능한 일이지만, 비시장적인 개입의 최종목표가 시장을 지키기 위함이라는 사실을 잊어서는 안 된다.

경제전략에서 항상 명심하여야 할 것은 시장경제의 효율성이 경쟁을 통해 달성된다는 것이다. 이때의 경쟁이란 국내외 경쟁을 동시에 의미한다. 경제의 발전단계나 시장의 성숙도에 따라 경쟁요소, 경쟁정도를 도입하는 폭은 차이가 있을 수 있지만, 궁극적으로는 경쟁을 촉진하는 방향으로 제도와 시스템이 설계되어야 한다. 초기단계에서의 일부 기업보호정책도 궁극적으로는 자유로운 경쟁시장으로 이행한다는 전제에서 시작되어야 하며, 초기단계에서의 국내시장보호정책도 궁극적으로 대내외적인 경쟁시장으로 간다는 전제에서 시작되어야 한다. 다만 경쟁시장으로 이행하는 정도와 속도는 각국이 선택할 수 있는 문제이지만, 한국의 경험으로 판단할 때 이행정도와 속도가 빠른 경우에 경쟁력이 제고되는 정도가 더욱 컸다는 점을 참고할 필요가 있다.

금융과 재정, 산업정책의 세부 각론에서도 공통점이 발견된다. 한국의 경제성장과정에서 보듯이 이 분야 정책들을 포함하여 경제환경에 공통적으로 적용되는 정책방식이 있는 것은 아니며, 국내외 사회경제환경 변화에 유기적으로 변화해야 한다는 것이다. 경제개발 초기단계에서 자본이 부족하고 금융인프라가 미비한 시기에는 정부에 의한 금융자원배분이 더욱 효율적일 수도 있고, 재정을 건전하게 운영하면서 필요한 경우 적극적인 재정정책 방식을 사용할 수도 있다. 초기단계에서는 개입적 산업정책이 유효할 수도 있다. 그러나 이러한 재정, 금융 및 산업정책은 경제환경변화에 따라 능동적으로 변화해야 한다. 한국의 경험을 보면 정부주도경제가 민간주도경제로 이행되면서 과거에 성공적으로 행해지던 금융, 재정 및 산업정책을 폐기하고 새로운 환경에 맞는, 즉 새로운 정책목표에 부합되는 정책으로 변화하였다. 물론 이러한 변화과정에서 실수와 실패사례도 적지 않으나, 적어도 새로운 환경변화라는 도전에 새로운 정책으로 응전하는 방식 자체는 바람직한 방법이다.

한국의 경험으로 판단할 때 경제성장이나 발전과정에서 시장의 능력 못지않게 정부의 능력이 매우 중요하다. 시장기반을 조성하고, 규칙을 제정하고, 규칙을 준수시키며, 공공재를 제공하고 시장실패를 막는 정부역할이 가능하려면 기본적으로 정부가 이러한 과업들을 제대로 수행할 능력이 있어야 한다. 어떠한 국가든 경제성장과 발전을 이루려면 적어도 초기단계에서는 훌륭한 인적자원이 정부에 배분되는 자원배분시스템을 만들어야 한다. 한국과 같은 소규모개방경제인 경우에는 경제가 일정 수준에 도달한 이후에도 정부에 훌륭한 인적자원이 배분될 수 있는 구조를 유지하는 일이 중요하다. 다양한 외생변수로 점철된 한국경제에서 복잡한 이해관계로 구성된 연립방정식을 공익 차원에서 풀 수 있는 기제는 정부가 유일하기 때문이다.

이번 연구에서는 21세기형 경제전략에 대하여 논의하였다. 그러나 경제전략이라고 할 때 보다 많은 구성요소들이 포함될 필요가 있다. 예를 들면 교역정책이나 복지정책과 같은 부분도 함께 포함되어야 할 것이며, 크게는 각종 사회정책도 포함하는 개념으로 사용하는 것이 바람직할 수 있다. 보다 광범위한 의미의 경제전략에 대해서는 후속연구를 기대한다.

■ 참고문헌

강석훈(2010), "성장잠재력 및 국가경쟁력 제고 - 융합산업정책으로 미래경쟁력을 제고해야", 〈정책제안집〉(034호), 한국선진화포럼.

김종석(2009), "공동운명체로서 정부, 기업, 근로자의 바람직한 역할", 〈최종현 회장 추모 논집〉, SK경영경제연구소: 281~331.

박세일(2009), 《창조적 세계화론》, 한반도선진화재단.

신인석(2008a), "1930년대 겸업은행 위기와 20세기 후반의 금융시스템", 금융연구.

______(2008b), "자본시장통합법의 경제적 의의와 과제", 국제경영연구.

______(2010), "금융정책", 〈시장 경제적 관점에서 보는 한국 경제의 발전 경험 평가와 정책 제언〉 6장 3절, 한국개발연구원, 시장경제연구원.

이 영(2009), "제4장 인적자본의 효율화", 경제인문사회연구회 편, 《한국 경제·사회 선진화의 조건(I): 새로운 발전 패러다임》, 경제인문사회연구회. 국가정책연구총서 2009. 02. 01.

Aron, J. (2000), "Growth and Institutions: A Review of the Evidence", *World Bank Research Observer*, Vol. 15, No. 1: 99~135.

Allen, F. & D. Gale(2000), *Comparing Financial Systems*, Cambridge: MIT Press.

Bordo, M. (1985), "Some Historical Evidence on the Impact and International Transmission of Financial Crises", *NBER Working Paper*, 1606.

______(Jan/Feb 1990), "The Lender of Last Resort: Alternative Views and

Historical Experience", *Federal Reserve Bank of Richmond Economic Review.*

Brunnermier, M., A. Crockett, C. Goodhart, & H. Shin(2009), "The Fundamental Principles of Financial Regulation", *Geneva Reports on the World Economy.*

Calomiris, C. (1993), "Regulation, Industrial Structure, and Instability in U.S. Banking: An Historical Perspective", In M. Klausner & L. White(ed.), *Structural Changes in Banking*, New York: New York University Press.

______(2008), "The Subprime Turmoil: What's Old, What's New, and What's Next", Jackson Hole Conference, Federal Reserve Bank of Kansas City.

Carol A. Corrado, Charles R. Hulten, & Daniel E. Sichel(January 2006), "Intangible Capital And Economic Growth", *NBER Working Paper* No. 11948.

Corsetti, G., P. Pesenti, & N. Roubini, "What Caused the Asian Currency and Financial Crisis", *Japan and the World Economy*, Vol. 11: 305~373.

Eichengreen, B. (1992), "Golden Fetters: The Gold Standard and the Great Depression", Oxford: Oxford University Press, 1919~1939.

Esping-Andersen, D. Gallie, & A. Hemerijck(2002). *Why We Need a New Welfare State*, Oxford: Oxford University Press.

Fukao, K., S. Hamagata, T. Miyagawa & K. Tonogi(2009), "Intangible Investment in Japan : Measurement and Contribution to Economic Growth", *Review of Income and Wealth*, Vol. 55(3) : 717~736.

Fukuyama, Francis(2004), *State Building*, Cornell University Press.

Glaeser, E. et al. (2004), "Do Institutions Cause Growth?", *NBER Working Paper*, No. 10568.

Goodhart, C. (1988), *The Evolution of Central Banks*, Cambridge: The MIT Press.

Hoggarth, G. & F. Soussa(2001), "Crisis Management, Lender of Last Resort and the Changing Nature of the Banking Industry", *in Financial Stability and Central Banks*, London: Routledge.

Hwang, S., I. Shin, & J. Yoo(2003), "Korea's Liberalization of Financial Services Trade", *NBER-East Asia Seminar on Economics*, V. 11.

Kindleberger, C. (1978), *Manias, Panics, and Crashes: A History of Financial Crisis*, New York: Basic Books.

Lee, Sung, & Kim(2009). "Cross-Sector Tax Differential and Economic Performance: A Cross-Country Analysis", Korea institute of public finance.

Morris, S. & I. Adelman(1988), *Comparative Patterns of Economic Growth 1850~1914*, Johns Hopkins University Press.

Musgrave & Musgrave(1973), *Public Finance in Theory and Practice.*

Nelson, R. R. (2005), *Technology, Institutions, and Economic Growth*, Cambridge and London: Harvard University Press.

Olson, Mancur Jr. (1996), "Distinguished Lecture on Economics in Government: Big Bills Left on the Sidewalk: Why Some Nations are Rich, and Others Poor", *Journal of Economic Perspectives*, Vol. 10, No. 2: 3~24.

O'Rourke, K. & J. Williamson (1999), *Globalization and History*, Cambridge: MIT Press.

Polanyi, K. (1944), *The Great Transformation: The Political and Economic Origins of Our Time*, New York: Reinhart.

Reid, M. (2003), *The Secondary Banking Crisis: 1973~1975*, London: Hindsight Books.

Shin, H. (2009), "Securitization and Financial Stability", *Economic Journal*, Vol. 119: 309~332.

Shin, I. (2000), *The Korean Crisis: Before and After*, Seoul: Korea Development Institute.

______ & C. Park(2008), "Stock Market Opening and the Cost of Capital: the Case of Korea", *NBER-East Asia Seminar on Economics*, Vol. 17.

Siermann, C. L. J. (1998), *Politics, Institutions and the Economic Performance of Nations.*

Smith, A. (1776), *An Inquiry into the Nature and Causes of the Wealth of Nations*, New York: Random House(reprinted version).

05 지식생태계를 선도하는 고등교육 혁신

박정수 · 양정호 · 김승보
류지성 · 한유경 · 천세영

1. 대학을 지식창조의 세계적 허브로 만들자

21세기 지식기반사회에서는 새로운 지식과 기술의 창출능력이 국가 산업경쟁력을 결정한다. 이것은 최근 산업현장을 보면 더 쉽게 이해된다. 지식창조기업의 대표주자인 애플은 매킨토시 · 아이팟 · 아이폰 등 단 세 개의 제품으로 2009년 매출액이 42조 원이다. 시가총액은 212조 원으로 매출액이 애플의 세 배 정도인 삼성전자보다 약 90조 원이나 더 크다.

세계에서 지식창조능력이 가장 뛰어난 나라는 미국이다. 2009년 물리 · 화학 · 의학 등 기초분야 노벨상 수상자 9명 중 8명이 미국 국적이다. 이런 결과는 세계최고의 대학 · 연구소들과 그곳으로 몰려드는 우수인재 덕분이다. 반면 한국은 어떠한가? 대학진학률은 세계 최고이다. 그러나 세계 100위권에 드는 대학은 손에 꼽을 정도이다. 고급두뇌들을 끌어모아야 할 절박한 상황인데도 오히려 한국의 우수한 학생들은 선진대학으로 떠나는 상황이다.

한국이 지식창조경쟁력을 확보하기 위해서는 대학이 지식생산기지로서 역량을 가지는 것이 급선무이다. 이를 위해서는 무엇보다 대학을 인적투자의 효율성이라는 관점에서 생각해야 한다. 입학대비 졸업을 비교할 때 교육성과에 대한 기여도가 높아야 한다는 말이다. 대학이 학생을 제대로 교육하여 사회에서 유용하게 써먹을 수 있고 미래에 최첨단산업을 선도할 인재를 배출하는, 이른바 높은 교육부가가치를 창출한다면 세계각지의 우수인재가 몰려들고 세계지식생산 허브가 되는 것이 불가능하지 않다. 이를 위해서는 다음 과제들이 해결되어야 한다.

첫째, 선진대학처럼 연간예산을 2조 원 이상 확보한 연구중심대학을 만들어 세계 일류교수와 일류인재를 끌어 모아 최첨단의 연구성과를 창출하고 세계를 이끌 리더를 양성해내야 한다. 학부인력을 대폭 축소하고 일반대학원과 전문대학원 학생을 과감히 확대하는 대전환이 필요하다.

둘째, 강소학부교육중심대학을 육성해야 한다. 소규모의 학부중심대학이지만 최고의 교육성과로 많은 졸업생들이 일류대학원에 진학하거나 타대학 졸업생의 1.5배 이상의 연봉을 받으면서 사회에 진출하는 미국의 하비머드(Harvey Mudd College)·버크넬(Bucknell University)·윌리엄스(Williams College) 등은 참고할 만한 사례이다.

셋째, 세계 수준의 교수를 임계치 이상(*critical mass*)으로 확보해야 한다. 최고수준의 교수를 임계치 이상 확보하고 이들이 상호협력하여 '최상의 연구성과 창출 → 연구자금 및 우수학생 확보 → 대학의 명성 제고 → 최고의 교수 추가확보 및 인프라구축여건 마련 → 또다시 최고의 연구성과 창출'이라는 눈굴리기(*snow-balling*)식 선순환고리를 만들어내도록 과감한 투자가 필요하다.

넷째, 다양한 교육수요를 고려하여 다양한 교육목표, 미래형 교양 및 전공구조, 대학교육의 질 관리 혁신이 필요하다. 대학이 우수한 학생을 선발하려는 노력도 물론 중요하지만 선발한 학생들을 잘 양성하여 그들의 지식과 능력을 향상시키는 일이 훨씬 더 중요하기 때문이다.

다섯째, 대학들이 인적자원개발시장에 독자적 참여자로서 자신의 노력과 성취에 따라 평가받거나 퇴출되도록 시장경제 메커니즘을 작동시키기 위한 전제조건으로서 대학자율화를 더욱 적극적으로 추진해야 한다. 대학이 각자 핵심역량을 내세워 수요자에게 Only One이라는 특성화교육을 제공하기 위해서는 학과, 정원, 입학생 선발방식 등을 자율화할 수 있어야 한다.

여섯째, 다양한 대학 수요자와 대학 자체 역량을 고려한 여러 유형의 대학을 만들어 서로 다른 리그에서 경쟁해야 한다. 대학이 다양한 유형으로 발전하기 위해서는 대학평가 제도와 교수채용 및 업적평가 제도를 대학유형 리그별로 차별화하여야 한다. 그러기 위해서는 국가차원으로부터 전문성과 신뢰성을 부여받을 수 있는 고등교육평가 체제를 갖출 필요가 있다.

2. 디지털 문명대국을 향한 대한민국의 선택

인류는 선사시대를 넘어 글자로 기록하는 역사시대를 엶으로써 진정한 우주의 강자가 되었으며 다시 그 수많은 인류 중에서 역사와 문명을 창조한 사람들이 민족을 이루고 강대제국을 이루었다. 분명 새로운 시대가 열리고 있다. 한 치 앞도 볼 수 없는 미래 앞에서 대한민국은 디지털 문명대국을 향해 과감한 결단과 도약을 해야 하고, 그 핵심은 대한민국 구성원 모두가 강해지는 것이다. 강한 나라를 만들기 위한 최선이자 최후의 선택은 대한민국의 모든 국민을 세계적인 인재로 길러낼 수 있는 최고의 교육시스템을 갖추는 일이다.

첫째, 세계최고 수준의 대학을 유치하고 글로벌 스탠더드를 갖추자. 힘센 메기가 한 마리 필요하다. 우리 대학들은 메기에게 잡아먹히지 않기 위해서 있는 힘껏 헤엄칠 것이다.

둘째, 세계최고 수준의 인재들을 유치하고 가르치자. 동아시아에서부터 멀리 아프리카에 이르기까지 세계의 모든 개발도상국들은 대한민국을 배우고 싶어 한다. 이들 나라에서 최고의 인재들을 유학생으로 유치하고 우리 대학 실험실과 강의실에서 공부하게 해야 한다. 그들은 우리가 가난할 때 열심히 공부했던 것과 마찬가지로 최선을 다할 것이고, 훗날 대한민국을 기억하는 세계의 지도자들이 될 것이다.

셋째, 세계 모든 곳으로 우리 젊은이들을 파견하자. 대한민국 국토는 대한민국 국민들이 살기에 너무 좁다. 세계최고의 교육을 받은 대한민국 젊은이들은 우리 도움을 필요로 하는 개발도상국에서 그들과 함께 세계 공영과 평화를 구축할 것이다. 우리는 한반도에 머물러 온 오천년의 역사를 전 지구로, 나아가 우주로 확대할 것이다.

넷째, 남북통일을 대비한 교육통합청사진을 마련하자. 최근 급변하는 동북아정세는 남북통일이 그리 멀지 않은 장래에 도둑같이 올 수 있음을 시사한다. 우리가 준비하고 주도하지 않는 통일은 우리가 그리는 신(新)발전패러다임과 거리가 있다. 따라서 각 분야에서 통일에 대한 밑그림을 그려야 한다. 인적자원개발과 문화학습, 그리고 사회통합을 위해서 교육통합에 대한 체계적 준비가 시급하다. 학제와 교과과정, 그리고 인프라와 인적자원수급 등 다양한 분야의 컨센서스 구축을 통해 주도적 학습체계를 마련해야 한다.

3. 대학국제화와 주요국의 사례[1)]

1) 서론

전 세계 국가들은 지식정보화시대를 맞아 각 나라의 글로벌경쟁력을 강화하기 위해 모든 노력을 기울이고 있다. 인적자본이 경쟁력 향상의 핵심지표로 부각되면서 교육에 대한 관심이 점차 늘어나고 있다. 글로벌 경쟁사회에 살아남기 위한 교육경쟁시대가 전개되고 있는 것이다.

우리나라의 교육계는 여전히 학교교육에 많은 관심을 기울이고 있지만 최근 대부분의 국가에서 주요 관심은 초·중등교육에서 대학교육으로 옮아가는 경향을 보이고 있다. 우리나라의 경우도 언론을 통해 세계대학국제비교 실태가 알려지면서 고등교육경쟁력에 문제가 있다는 지적이 지속적으로 제기되고 있다. OECD · IMD · WEF · 〈더 타임〉(*The Times*)과 같은 각종 국제비교에서 초 · 중등교육은 최상위권이지만 고등교육은 중하위권을 맴돌고 있다는 현실에 주목할 필요가 있다. 예를 들어, OECD 고1 학업성취도(PISA 2006)에서 읽기 1위, 수학 1~2위, 과학 5~9위로 OECD 국가 중 상위권으로 나타났지만(*The Times*, 2009) 세계대학평가에서 100위권에 진입한 국내 대학은 서울대와 카이스트 단 두 대학뿐이었다. 이런 상황에서 국내 대학들도 외국 대학과의 경쟁력을 확보하기 위해 노력하지 않을 수 없게 되었다.

따라서 이 연구에서는 최근 부각되고 있는 국외주요국 대학의 국제화 동향 및 사례를 파악하고 국내 대학들의 국제화 노력도 동시에 분석한다. 특히 국제적 대학평가결과를 민감하게 받아들이는 국내 대학들이 인바운드나 아웃바운드 형태의 국제화를 적극 추진하고 있다. 이런 사례분석을 통해 앞으로 국내 대학이 세계 수준의 국제경쟁력을 갖추기 위해 나아가

1) 이 부분의 내용은 박정수 외, "글로벌경쟁력 강화를 위한 고등교육의 질 제고", 한국교육개발원, 2010을 기초로 재정리한 것이다.

야 할 국제화 방향을 제시하려고 한다.

2) 대학의 국제화 개념 및 유형

(1) 대학의 국제화 개념

최근 인적자본 및 물적자본의 국가별 이동이 늘어나면서 국가경쟁력 확보차원에서 세계 각 대학 간의 비교연구가 활발히 진행되고 있다. 대학 간 국제비교가 늘어나면서 대학의 국제화 정도가 대학경쟁력을 나타내는 핵심지표로 부각되고 있다. 고등교육분야에서 국제화는 이제 선택이 아니라 거의 필수가 되었다.

대학국제화(*internationalization*)에 대한 관심과 논의가 증가하고 있지만 아직까지 그 정확한 개념정의가 이루어지지는 못하고 있다. 국제화와 유사한 개념이 세계화(*globalization*)이다. 일반적으로 국제화가 국가 간 또는 기관 간의 고유한 영향력이나 가치를 인정하면서 세계화 흐름에 나름대로 대응하는 방식이라면, 세계화는 보다 넓은 의미로 국가 고유성보다는 국경 없는 경제·사회·문화·기술의 흐름으로서 특정 국가나 기관의 영향력이 미치지 못하는 하나의 세계적인 과정을 의미한다(Altbach, Reisberg & Rumbley, 2009; OECD, 2009). 즉 세계화가 정치·경제·사회의 변화하는 흐름이라면, 국제화는 이런 흐름에 각 국가나 기관이 대응하는 현상이다. 결국 현재 세계 모든 대학이 부분적으로라도 국제화에 영향을 받지 않을 수 없으며 세계화과정에서 결코 자유로울 수 없다.

국제화나 세계화과정 속에서 각 국가나 대학이 선택할 수 있는 전략이나 정책은 〈그림 5-1〉과 같다. 가로축은 변화주체를 나타내고 세로축은 변화공간을 보여준다. 가로축과 세로축의 조합에 따라 전략 1: 정부 간 협의, 전략 2: 개별 기관 또는 대학의 세계화 주도, 전략 3: 정부의 국가 시스템 구축, 전략 4: 개별적 기관 또는 대학의 지역 내 역할 등 네 가지 전략으로 구분할 수 있다.

〈그림 5-1〉
국제화과정 속에서 국가나 대학이 선택할 수 있는 전략이나 정책

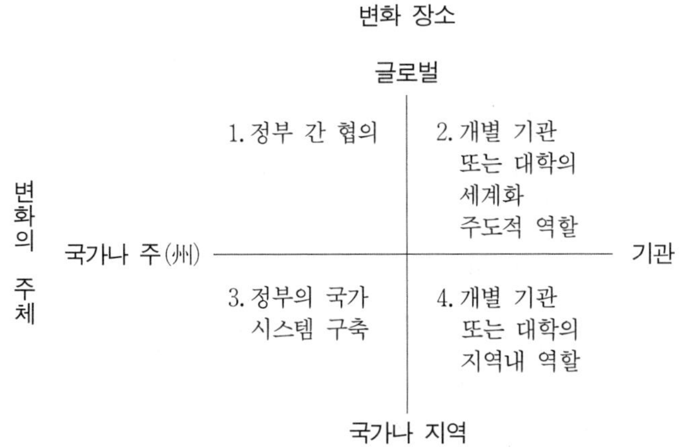

자료: OECD, Higher Education to 2030: Globalisation, 2009.

변화 흐름을 보면 세계화와 국제화가 서로 연관되며 동시에 나타나고 있기 때문에 두 개념 중 하나가 상위개념이라거나 서로 명확히 구분되어야 할 필요성은 적어 보인다. 따라서 이 연구에서는 세계화에 초점을 맞추기보다는 세계화라는 전 세계적인 흐름 속에서 각 국가나 대학들이 교육 및 연구의 국제적 경쟁력을 향상시키기 위해 추진하고 있는 대응방식을 살펴보려고 한다.

(2) 대학의 국제화 유형

대학국제화는 이제 세계적 흐름이다. 따라서 대학이 이런 흐름에 동참하지 않고는 더 이상 세계적 수준의 경쟁력을 갖기는 어려워 보인다. 국제화는 단순히 국제적으로 통용될 수 있는 제도적 변화만을 의미하지 않고 각 대학 내 구성원이 국제적인 감각을 동시에 갖추는 인식 변화까지를 포함한다. 대학은 앞으로 세계 교육시장에서 벌어지는 질적 경쟁에서 앞

서기 위해 인적교류를 확대해야 할 뿐만 아니라 교육과정을 국제화하고 영어강의 비중을 높일 수밖에 없을 것이다.

각 대학이 취할 수 있는 국제화방식은 국내외 대학평가에서 점점 늘어나고 있는 국제화 관련지표를 보면 알 수 있다. 우선 연구역량에 대한 국제비교는 기본이며, 인적교류 차원에서 외국인교수나 학생의 비율이 강조되고 수업측면에서도 국제어강의 비중이 강조되고 있다. 예를 들어 연구실적 이외에 국제화와 관련된 주요 대학평가지표로는 〈*The Times*〉의 '외국인교수비율 및 학생비율 지표'가 있고 〈중앙일보〉는 여기에 추가적으로 '교환학생비율'과 '영어강좌비율'을 주요 국제화평가지표로 사용하고 있다(박종렬 외, 2009; 양정호·한신일·이석열, 2007). 최근에는 대학차원의 국제화를 넘어 국가차원에서 고등교육국제화 전략을 직접 추진하는 경향이 늘어나고 있다. 대학경쟁력이 국가경쟁력의 주요 부분으로 강조되면 될수록 국제화하려는 요구와 필요성은 더욱 증가할 것이다.

국내 대학을 포함한 각국 대학의 구체적인 국제화동향도 학생 및 교수교류, 교육프로그램교류 및 협력, 대학 간 상호투자 등의 형태로 나타나고 있다. 외국 대학에서 학위를 받기 위해 학생들이 이동하는 현상은 최근처럼 국제화가 큰 흐름을 타기 이전에도 있었다. 하지만 교통이 발달하고 국가 간 접근성이 좋아지면서 국가 간 학생이동이 급속하게 진행되고 있다. UNESCO의 추정에 의하면, 2007년도에 2,800만 명 이상의 학생이 국가 간에 이동한 것으로 나타나 2000년에 비해 무려 53%가 증가하였다(Altbach, Reisberg, & Rumbley, 2009). 앞으로도 국가 간 학생교류가 대학국제화의 주요 형태가 될 가능성이 크다. 교수나 연구진의 국가 간 이동도 최근 활발하게 이루어지고 있으나 아프리카나 아시아의 개발도상국가 혹은 저개발국에서는 두뇌유출 문제도 나타나고 있다(Douglas & Edelstein, 2009; Marginson, 2007). 대학교육프로그램은 주로 인터넷을 통해 이-러닝 형태로 이동하고 있다. 글로벌 시대에 거의 모든 국가에서 인터넷을 사용할 수 있게 되어 앞으로 국가 간 이-러닝 활용이 늘어날 가능성이 매우 높다. 외국의 대학기관을 국내에 유치하거나 직접 외국에 분교를 설립하는 국제화 형태는 각 국가의 규제나 각종 제한으로 인해 상대적으로 다른 국제화 방식보다 적게 나타나고 있다. 하지만 두바이나 싱가포르처럼 정부의 적극적 노력으로 외국 대학을 유치하는 경우도 늘고 있다.

2) 주요국의 대학국제화 정책 동향 및 사례

(1) 미국의 대학국제화 정책 및 사례

미국은 대학경쟁력 측면에서 볼 때 다른 국가에 비해 단연 앞서 있다. 교육이나 연구 및 시설여건을 종합, 비교하는 대부분의 세계대학평가에서 미국 대학이 1위를 놓친 적이 거의 없다. 거의 항상 10위권 이내에 드는 미국 대학도 하버드대학, 예일대학, 프린스턴대학, MIT, 시카고대학, 캘리포니아공대 등으로 전 세계 대학의 흐름을 이끌어가고 있다고 해도 틀린 말은 아니다(김승보 외, 2007; 백성준 · 김승보 · 전재식, 2006).

국제경쟁력 측면에서도, 미국 대학은 상당한 수준에 이르러 있다. 외국 학생이나 연구자가 가장 선호하는 국가가 미국이고 실제로도 많은 외국 학생이나 연구자가 미국에 있는 대학에서 교육받고 연구를 수행하고 있다(김경근 외, 2007a; 양승실 외, 2009). 매년마다 미국 국제교육연구소(Institute of International Education)에서 발표하는 미국 내 외국 학생 수는 지속적으로 증가하고 있다. 2009년도 보고서를 보면 전체 미국 학생의 7.7%에 해당하는 67만 명의 외국 학생이 미국에서 공부를 하고 있음이 드러난다. 이 정도의 외국 학생 수는 OECD 국가 중에서 가장 많은 숫자이며 앞으로도 계속 늘어날 전망이다. 미국에 처음 온 외국 학생의 숫자도 꾸준히 늘어나고 있으며 2008년에만 외국국적을 가진 신입생 20만 명이 학부나 대학원 또는 비학위과정에서 교육받고 있는 것으로 나타났다. 미국에 유입되는 우수인력이 늘어가고 있다는 것은 미국 대학의 국제경쟁력 향상을 위해서도 긍정적인 부분이다. 특히 외국 학생들이 미국에서 학위를 받은 이후에도 본국으로 귀국하지 않고 미국에 머물기를 원하게 된다면 미국의 경제성장과 생산성 향상에도 크게 기여할 가능성이 있다. 이런 미국의 유학생정책이 미국 대학을 세계적 대학으로 유지하는 힘이라 할 수 있다.

미국 학생들도 다양한 국제교류프로그램을 통해 외국에 가서 공부를 한다. 하지만 대부분 영어를 사용하는 나라에 주로 집중적으로 유학하는 경향을 보인다. 미국 학생들이 외국에서 공부하길 가장 선호하는 나라는 영국 · 이탈리아 · 스페인 · 프랑스 · 중국 순이다. 중국을 제외하고는 거의 대부분이 유럽에 위치한 국가라는 특징을 보인다. 결국 미국 학생들은 미국과 유사한 문화를 가지고 있거나 언어적으로 소통에 문제가 없는 나라를 선호한다는 것을 알 수 있다.

미국 대학이 가진 글로벌경쟁력은 연구경쟁력이라고 할 수 있을 정도로 연구와 관련된 각종 국제비교에서 앞선 모습을 보여주고 있다. 교육성과에 비해서 상대적으로 비교가 쉬운 연구성과를 중심으로 한 *The Times*나 상하이자이퉁대 대학평가에서 연구부문은 단연 미국 대학들이 최상위권을 점하고 있다(김경근 외, 2008; 양정호 · 한신일 · 이석열, 2007). 최근 아시아권 나라들에서 생산된 학술논문이 급속히 증가하고 있으나 미국 내 연구자들이 쓴 논문 수와는 아직까지 상당한 격차가 있는 것으로 나타났다. 전 세계 학술논문은 매년 꾸준히 늘어나 1988년에 47만 편이었던 것이 2005년에는 71만 편으로 거의 52% 가까이 증가하였다. 이 중에서 20만 편 이상을 미국에 있는 연구진이 썼으며 그 대부분은 대학에서 연구를 수행하는 학자가 연구활동 결과물로서 제출한 것이다(OECD, 2009). 이런 학술활동이 지속적으로 일어날 수 있도록 하는 원동력은 외국의 유능한 학생이나 학자들이 미국으로 계속해서 유입되는 데 있다고 보아야 한다. 또한 미국 대학에서 볼 수 있는 특징대로 연구와 산업이 분리되지 않고 상호 연계하여 시너지 효과를 극대화시키는 점도 외국연구자에게는 매력적이다. 예를 들어, 스탠퍼드 대학의 경우 학교 주변의 실리콘밸리와 긴밀히 협력하여 기술혁신을 선도할 뿐만 아니라 대학도 연구개발을 진행하기 위해 학교 주변의 산업체들로부터 막대한 재정투자를 받는다.

최근에는 미국 대학의 국제경쟁력을 활용해서 외국 대학과 프로그램을 교류하거나 해외에 직접 분교를 설립하는 경우도 늘어나고 있다. 특히 인터넷의 발달로 미국에 거주하는 학생들은 물론 전 세계에서 인터넷에 접근가능한 모든 학생을 대상으로 하는 사이버대학이 급속도로 확산되고 있다(김승보 외, 2007). 전통적인 방식의 대학과는 다른 새로운 형태의 대학이 국제교류를 담당하는 사례가 늘고 있는 것이다. 애리조나 주의 피닉스 대학처럼 영리를 목적으로 하는 사립대학이 등장하고 있다.

(2) 영국의 대학국제화 정책 및 사례

영국은 전통적으로 대학교육의 수월성을 강조하였다. 국제경쟁력 차원에서도 상당히 높은 수준의 고등교육체제를 가지고 있다고 여겨지고 있다. 특히 옥스퍼드 대학이나 케임브리지 대학은 세계적으로도 널리 알려져 있고 국제적 대학평가에서 최상위권을 유지하고 있다. 노벨상을 비롯한 첨단분야에서 세계 수준의 연구능력을 발휘하는 학자들도 상당수 보유하고 있다. 하지만 최근에는 미국 대학에 밀려 대학경쟁력 순위가 점차 낮아지고 있으며 다양한 투자가 이루어지는 미국 · 프랑스 · 독일 등 다른 선진국에 비해 영국은 대학교육에 대한 투자가 적다(김안나 · 채재은 · 최윤진, 2006; 양승실 외, 2009). 경쟁국인 미국 · 프랑스 · 독일은 GDP의 1% 이상을 고등교육에 투자하고 있는 데 반해 영국은 0.8%만을 투자하고 있다.

영국의 대학경쟁력에 대한 우려는 영국정부가 제시한 고등교육의 발전방향을 담은 디어링보고서(1997)에 잘 나타나 있다. 우선 영국 대학이 학위의 질적 우수성을 국제적으로 인정받기 위해 제시한 발전방향은 엄격한 관리, 세계 수준의 교수 · 학습방법 실천, 세계적 수준의 연구수행

"더 높은 야망" 보고서(2009)의 세계 수준 대학시스템 구축방안

• 세계 수준의 대학시스템 구축 - 세계의 최고 대학에 대한 벤치마킹을 통해 영국 대학의 임무와 특성화 달성방안 마련 - 경쟁과 보상에 기초한 대학 차원의 재정지원모델 개발 - 재정수입원의 다각화 및 운영 효율화 추진 - 학생부담 비용을 통한 대학 재정지원방식 적절성 검토

및 연구결과의 국가발전 기여, 경쟁국 수준 이상의 지역사회에 대한 봉사 및 지원, 새로운 사고와 지식을 유도할 수 있는 학문문화 유지, 투명성이 보장된 대학운영과 책무성 충족으로 지속되는 개선에의 노력 등이다(김승보 외, 2007).

2003년도에 발표된 "고등교육의 미래" 보고서에서도 글로벌 경쟁이 확대되고 지식기반사회가 도래하는 상황에서 고등교육 경쟁력을 확보하고 고급인력을 양성하는 일이 영국 전체 성장에 직결된다는 점을 명확히 밝히고 있다. 이러한 문제를 해결하기 위해 영국정부는 대학에 다양한 재정지원을 아끼지 않고 있다. 지원액수도 꾸준히 증가하여 2007~2008년도에는 고등교육에 대한 재정지원 비중이 약 150억 파운드에 이르기도 했다.

2009년 〈*The Times*〉 평가에서 영국 대학으로는 케임브리지대학이 2위, 런던대학이 4위, 옥스퍼드대학이 6위를 기록하고 있다. 또한 연구성과에서도 영국 대학에서 생산한 논문이 전 세계 과학분야 논문의 인용횟수에서 12%를 차지하고 있어 상당한 수준의 연구경쟁력을 가지고 있음을 알 수 있다(OECD, 2009).

지금까지 영국 대학들이 거둔 성과를 유지하고 발전시키기 위해 앞으로 추진해야 할 과제를 영국정부는 2009년에 "더 높은 야망: 지식기반경제에서 대학의 미래"(*Higher ambitions: The future of universities in a know-*

ledge economy)라는 보고서를 통해 밝히고 있다. 이 보고서에서는 그 과제로서 현재의 경제성장을 지속시키기 위해 교육접근성 확대, 지식기반사회에 적합한 인력양성, 연구개발 및 지식교류 확산, 다양한 학습경험 확대, 지역사회 및 세계와의 교류증진, 세계 수준 시스템 구축 등 6개 정책을 제시하고 있다. 이 중에서 특히 마지막 6번째인 세계 수준의 시스템 구축은 변화하는 글로벌 경쟁사회에서 영국 대학을 세계 수준의 대학으로 유지하기 위한 여건조성 및 지속적 정부투자란 측면에서도 영국 대학의 국제경쟁력을 강화하기 위해 앞으로 더 중요시될 것으로 보인다.

(3) 유럽의 대학국제화 정책 및 사례: 볼로냐 프로세스와 에라스무스

1990년대 후반기부터 세계화가 급속히 진행되면서 유럽은 대학경쟁력을 강화하기 위해 본격적으로 새로운 형태의 유럽 대학교육통합을 논의하기 시작했다. 전 세계적으로 미국 대학의 영향력이 점차 확대되는 흐름에 대한 유럽의 대응이었다. 유럽 대학국제화를 잘 보여주는 대표정책으로는 볼로냐 프로세스(Bologna Process)와 에라스무스(Erasmus) 학생교류프로그램이다(백성준 · 김승보 · 전재식, 2006).

볼로냐 프로세스는 1998년 영국 · 프랑스 · 독일 · 이탈리아 교육부장관들이 모여 유럽 대학 간 교육과정의 상호호환이 가능하도록 개선할 필요성을 제기한 소르본느 선언에서 시작된다. 1년 후 이탈리아 볼로냐에서 유럽 29개국 교육부장관들이 모여 유럽 내 통합된 고등교육지역(European Higher Education Area)을 만들기 위해 국가 간 · 대학 간에 공동노력을 기울이자는 볼로냐선언을 발표하게 된다. 궁극적으로는 2010년까지 유럽 전체에서 통용될 수 있는 고등교육시스템을 만들어, 유럽 대학의 경쟁력을 높일 목적을 지녔다(http://www.ond.flanders.be/hogeronderwijs/bologna/). 이는 유럽 내 어느 대학을 졸업해도 다른 나라에서 학위를 인정받을 수 있게 되는 야심찬 계획이다.

볼로냐 프로세스의 핵심내용은 국가 간 학위인증체제 구축, 미국처럼

학위과정을 학사 · 석사 · 박사 3단계 과정으로 일원화, 고등교육의 질 보장체제 마련, 유럽국가 간 학생 · 교수 · 연구자교류 확산 등이다. 볼로냐 선언 이후 유럽통합대학 시스템을 마련하기 위해 2년마다 프라하 · 베를린 · 베르겐 · 런던 그리고 루벤에서 각국 교육부장관들이 지속적으로 회의를 진행하였다. 2009년 루벤공동선언에서는 유럽 46개국 교육부장관들이 모여 볼로냐선언에서 제시한 주요 정책방향을 달성하기 위해 범유럽국가 · 기관 차원에서 모든 노력을 다할 것을 다시 한 번 결의하였다.

유럽 대학의 국제화논의에서 빠질 수 없는 것이 에라스무스 프로그램이다. 1987년부터 도입된 에라스무스는 유럽 대학들 간 네트워크를 구축하여 학생 및 연구자들의 이동을 지원하고 유럽 내 다른 국가에서 얻은 학점 및 수학기간을 인정함으로써 국가 간 학생이동을 유도하는 프로그램이다. 유럽 내 교류에 초점을 맞춘 에라스무스 프로그램은 최근 에라스무스 문두스(Erasmus Mundus)로 개편되면서 유럽을 포함한 전 세계 지역으로 확대되었다. 현재는 에라스무스 문두스 2009~2013이 추진되고 있다(http://eacea.ec.europa.eu/erasmus_mundus/).

에라스무스 문두스 프로그램은 유럽과 유럽 외 국가와의 국제교류를 활성화시킬 목적으로 진행되고 있다. 특히 이 프로그램으로 유럽 고등교육의 질을 향상시키고, 유럽연합이 전 세계 교육의 중심이 되도록 하며 제3국의 고등교육발전뿐만 아니라 이 국가들과 유럽이 협력하여 상호 문화적 이해를 높이는 데 주안점을 두고 있다. 2004년부터 2008년까지 에라스무스 문두스에 의해 140여 개 나라들이 학생들을 교류하였으며 총 6,181명이 장학금을 받았다. 여기에는 우리나라와의 학생교류도 20건 포함되어 있다. 유럽이 대학국제화를 추진하는 데 에라스무스와 에라스무스 문두스의 영향력은 점점 커지고 있다.

(4) 핀란드의 대학국제화 정책 및 사례

핀란드는 평생학습체제 · 교육기회균등 · 교육복지를 통한 국가경쟁력 강화에 집중하고 있다. 대학교육도 교육의 질 향상, EU가입을 통한 국제화 확대에 초점을 맞추고 있다. 특히 대학을 세계적 수준으로 끌어올리지 않으면 유럽 내 다른 국가에 우수인재를 빼앗길 가능성이 높기 때문에 대학교육체제까지 변화시키려 하고 있다. 또한 핀란드는 모든 학생에게 대학교육을 무상으로 제공하고 있으며 대학형태도 독특하여 이론과 학문을 가르치는 일반대학과 직장에서 바로 응용가능한 기술을 가르치는 폴리테크닉으로 이원화된 구조를 지녔다(김안나 · 채재은 · 최윤진, 2006; 이병문, 2006).

글로벌경쟁력 강화를 위한 대학관련정책은 4년마다 수립되는 교육연구발전계획에 제시되어 있다. "2003~2008 교육연구발전계획"을 보면 새로운 학부교육의 질 관리, 국제적 수준의 교육 및 연구 활성화, 연구역량 강화가 강조되고 있다. 다른 유럽국가와 학위과정이 일치하도록 학사와 석사과정으로 모든 대학과정을 개편하고, 대학의 질을 향상시켜 EU대학과의 상호교류가 원활히 이루어질 수 있도록 개선방안을 마련하여 실행하고 있다. 또한 연구인력의 국제적 경쟁력을 강화하기 위해 대학원교육수준을 향상시키고 대학 간의 연구협력을 유도하고 있다(김안나 · 채재은 · 최윤진, 2006).

2007년에 발표된 교육연구발전계획도 이전의 대학경쟁력 강화방안과 유사한 내용을 포함하고 있다. 국제경쟁력을 갖춘 대학은 세계적 수준의 전문지식과 기술을 보유하고 지역사회에 기반하며, 변화하는 세계에 부합하는 새로운 지식을 창출해야 한다고 규정하고 있다. 이런 대학을 만들기 위해 정부는 대학운영 및 재정지출을 자율화할 수 있는 시스템을 만들고 지역사회와 직업요구에 부합하는 산학협력과 학생 및 교수의 국제적 교류활성화를 유도하고 있다(양승실 외, 2009).

유럽의 대학수준관리 추세에 맞추어 핀란드에서도 국가수준의 대학기관 평가기구로서 고등교육 평가심의회를 두어 각 대학에 대한 평가를 기반으로 한 고등교육의 질 보증시스템을 구축하고 있다. 또한 대학의 장기발전을 유도하기 위해 우수한 대학기관을 선정해서 대학교육 우수센터로 지정하고 있다. 우수센터로 지정된 이후에는 성과지표항목인 기관의 사명, 프로그램과 코스설계, 교육 전달, 결과, 계속되는 발전, 국제적 교류협력, 전공분야나 기관을 넘은 협력관계 및 네트워크 구축에 따라 평가를 받게 된다. 고등교육 평가심의회는 2010~2012년에 10개 대학을 지정해서 지원이 이루어지고 있다.

(5) 일본의 대학국제화 정책 및 사례

일본은 최근 대학입학생의 감소로 자연스럽게 대학 간 구조조정이 추진되고 있다. 국제화와 관련해서는 하토야마 전 일본총리가 2009년 10월 한중일 3국정상회담에서 "캠퍼스아시아"(Campus Asia)를 제안하여 대학 간 학점교류, 공동학위 수여, 학생 및 교직원교류 등 일본 대학의 국제화 확대 및 국제경쟁력 강화에 노력하고 있다.

최근 일본에서 추진되고 있는 대학국제화 및 국제경쟁력 강화방안은 '교육연구 고도화', '고등교육 개성화', '조직운영 활성화'에 초점을 맞추고 있다. 특히 국제경쟁력 확보를 위해 대학원교육 및 연구의 충실성 제고와 대학원의 양적 정비, 탁월한 교육연구 거점으로 거듭나기 위한 대학원 지원, 전문직 대학원제도 창설 등에 중점을 두고 있다. 또한 산학연계 활성화를 통해 교육 및 연구 현장화와 다양화를 유도하고 있다(김승보 외, 2007; 유현숙 외, 2005).

일본의 대표적 고등교육개혁안으로는 '일본의 고등교육 장래상(2005년 1월 28일 중앙교육심의회 답신)'이 있다. 변화하고 있는 세계 고등교육환경에 대응하기 위해 일본 대학이 지향해야 할 고등교육의 전체상, 고등교육기관의 미래상 및 고등교육발전을 위한 사회역할을 제시하고 있다. 특히 국제화와 관련해서는 교육·연구 수준에서 국제적 경쟁력을 확보하기 위한 전략으로 국제적으로 통용될 수 있는 교육인증제도를 확립하고 세계적 수준의 역구역량이 확보될 수 있도록 21세기 COE(Center of Excellence)

를 충실히 발전시키도록 제언하고 있다.

COE는 2002년부터 세계경쟁력 강화차원에서 일본 대학을 글로벌 인재양성 거점대학으로 만들려는 목적으로 추진된 정부지원사업이다. 이 사업은 그동안 국립대학에 지원을 집중하던 방식을 바꿔 1991년부터 국·공립을 포함한 사립대학 모두에게 지원받을 수 있는 기회를 열어 주었다. 지원대학 선정은 철저하게 경쟁을 통해 이루어진다. 2002년 초기에는 50개 대학 113개 팀이 선정되었다. 동경대·교토대 등 주요 국립대학이 집중적으로 지원을 받게 되었고 사립대학은 게이오대·와세다대 등이었다. 이후 특색 있는 대학교육지원 프로그램, 매력 있는 대학원교육 이니셔티브, 대학교육 국제화추진 프로그램, GP(Good Practice)사업과 같이 다양한 대학지원 사업이 추진되고 있다(http://www.mext.go.jp/).

일본 대학 및 대학생과 해외 대학 간 교류를 확대하기 위해 일본 정부는 지속적으로 노력하고 있다. 대학의 국제화를 국가전략 중 하나로 접근하고 있으며 정부의 각종 지원사업에도 국제교류가 중요한 지표로 등장하고 있다. 대학교육 국제화지원은 일본 대학의 국제경쟁력 강화를 목표로 국제교류를 함으로써 각 대학의 세계적 인지도를 향상시키려는 목적도 있다. 주요 국제화사업에는 해외에 유학생 및 교직원을 파견하고 일본 대학과 해외 대학 간에 교육프로그램을 주고받는 일 등이 해당된다.

2009년에는 일본 대학을 국제교류 허브로 만들기 위해 정부에서 "글로벌 30"이라는 국제화중점대학 육성프로젝트를 시행하였다. 일본 문부과학성은 해외학생을 받아 집중적으로 교육할 수 있는 대학을 선정해서 지원하고 있다. 이들 대학을 통해 일본 내 외국인유학생을 2020년까지 30만 명으로 늘릴 계획이다. 각 대학은 정부지원금을 바탕으로 향후 3천 명에서 8천 명의 외국 학생을 유치하게 될 것으로 기대하고 있다. 2009년에는 우선 13개 대학이 선정되었는데 이 중에는 동경대·교토대·토호쿠대·오사카대·게이오대·와세다대·리츠메이칸대 등이 포함되어 있다. 국제교류를 활성화하기 위해 7개 나라, 8개 도시에 국제교류협력사무소를 운영하고 있다(http://www.mext.go.jp/).

(6) 중국의 대학국제화 정책 및 사례

중국의 고등교육과 관련된 중요 정책은 전국인민대표대회 내 교육·과학·문화·위생위원회가 수립한다. 위원회는 2005년에 "전국교육사업 11차 5개년계획"을 수립하여 이를 바탕으로 현재 중국 내 모든 고등교육 개혁을 추진하고 있다. 중국 대학의 국제경쟁력 강화내용은 한마디로 고등교육의 질적 수준을 향상시켜 세계 수준의 일류대학을 양성하는 것이라 할 수 있다. 이를 위해 대학구조를 개혁함으로써 선정된 대학을 집중적으로 지원하고 육성하는 데 초점을 맞추고 있다.

2005년의 "전국교육사업 11차 5개년계획"을 중심으로 대학국제화와 국제경쟁력 강화방안을 살펴보면 다음과 같다(양정호 외, 2007). 우선 고등교육 발전의 중점을 교육의 질적 수준 제고에 두고, 교육의 질에 대한 감독을 강화해 고등교육품질 보증 및 평가 제도를 확립한다. 또한 대학의 국제교육협력을 강화하고 대외개방수준을 높인다. 교육의 국제경쟁력을 향상시키기 위해 외국과의 교육업무협상 메커니즘을 발전시켜 양자·다자 간 교류협력플랫폼을 구축하며 발전도상국에 대한 교육지원을 확대시킨다. 외국 정부와의 학력 및 학위 상호인정업무를 추진해 대학이 국제교육서비스 경쟁에 참여할 수 있도록 유도한다. 앞으로 해외우수인재가 중국에 귀국해서 취업할 수 있도록 여건을 마련하고 중국 내 유학생의 교육 규모를 확대시킨다. "중화인민공화국 중외합작학교 운영조례"를 전면적으로 시행해 국외협력을 강화하고 우수한 교육자원을 적극적으로 유치하면서 세계우수대학 및 연구기관과의 교류협력을 추진한다. 중국이 추구하는 목표는 세계 수준의 일류대학과 우수대학을 육성하는 것이다. 우수대학과 중점학과를 육성하여 특성화된 중점학과체계를 구축하고, 대학이 경제·과학기술과 사회문제를 해결하는 주요역할을 할 수 있도록 발전시켜 고등교육의 전체 수준을 향상시키는 데 그 목적이 있다.

중국의 고등교육개혁 중에서 가장 중요한 정책은 역시 "211공정"과 "985공정"이다. 우리나라의 BK21이나 WCU처럼 중국도 세계에서 인정받을 수 있는 대학을 육성하기 위해 모든 역량을 집중하고 있다(Altbach & Balan, 2007).

"211공정"은 1991년 중국정부와 관련위원회에서 세계적 신기술혁명과 변화하는 글로벌 사회에 대응하는 방안으로 제시되었다. 우선 중국내 100개 대학을 집중적으로 육성해 21세기 초까지 해당 대학 및 학과가 가진 교육의 질, 연구수준, 경영방식이 세계선진국 수준에 도달하도록 육성할 것을 목표로 추진되었다. "211공정"은 기본적으로 대학교육여건 개선에 초점을 맞추고 있다. 우수교수진 확보 및 교육환경 개선을 통해 중점지원 대학 및 학과를 육성시키려는 전략이다. 하지만 "211공정"이 지닌 긍정적 성과에도 불구하고 세계적 수준의 대학을 육성하려면 보다 소수의 가능성 있는 대학에 지원을 집중하는 전략이 필요하다는 인식으로 중국정부는 "985공정"을 별도로 추진하고 있다. 1998년에 본격적으로 시작된 "985공정"은 선진국수준의 연구중심대학 육성정책이다. 교수인력과 연구부분의 질적 수준향상에 초점을 맞추어 상당히 엄격한 선정지표를 사용하고 있다. "985공정"을 통해 지원된 1기 대학으로는 청화대학·북경대학·남경대학·복단대학·상해교통대학·서안교통대학·중국과기대학·하얼빈공업대학·절강대학 등 9개 대학이 선정되었다. 2기에는 지원받는 대학이 늘어 38개 대학에 이르렀다. 지원규모를 보면, 북경대학과 청화대학은 1999년부터 3년간 18억 위안(약 2,500억 원)을 각각 지원받았다(김안나·채재은·최윤진, 2006; 양승실 외, 2009).

(7) 싱가포르의 대학국제화 정책 및 사례

전 세계 어느 국가보다도 교육 국제화와 상업화에 가장 앞선 곳이 싱가포르이다. 싱가포르 교육의 특징은 교육이 국가 주요산업의 하나라는 데 있다. 특히 대학교육의 국제경쟁력을 확보한다는 차원에서 외국 학생뿐만 아니라 주요 대학기관 유치에도 상당한 노력을 기울이고 있다. 국제교육허브로서 역할을 수행하기 위해 Singapore Education을 별도의 브랜드로 만들어 집중적으로 대학을 국제화·상업화하고 있다.

싱가포르 대학의 국제화정책은 2002년부터 시작된 글로벌 스쿨하우스 전략(Global Schoolhouse Initiative)에 잘 나타나 있다(김경근 외, 2007a; 김승보 외, 2007). 이 전략은 이미 세계 수준 10개 고등교육기관을 2007년까지 유치하려고 추진하던 국제화전략(World-Class University)과 관련이 깊다. 싱가포르의 모든 교육정책은 경제와 기업적 관점에서 추진되는 경향이 강하고 실제 외국기관유치 사업은 싱가포르 경제개발청(EDB)이 담당하고 있다. 싱가포르는 교육을 하나의 산업으로 보고 교육시장을 철저히 분석해서 나온 결과를 바탕으로 교육수요자의 요구가 제대로 반영된 교육기관을 설립하고 유치하는 데 모든 노력을 기울인다. 이런 모든 과정은 단순히 외국의 대학을 유치하는 데 머물지 않고, 싱가포르에 있는 싱가포르 국립대·난양공과대학·싱가포르 경영대학을 동시에 세계적 수준의 교육 및 연구기관으로 끌어올릴 목적으로 진행 중이다. 실제로 2009년 〈*The Times*〉 세계대학평가에서 싱가포르 국립대가 30위, 난양공과대학이 73위를 기록해 싱가포르에 있는 대부분의 대학이 모두 100위권 안에 들었다.

싱가포르가 지속적으로 추진한 국제화노력의 결과 세계 수준의 경영대학원인 프랑스의 INSEAD, 시카고의 Booth 경영대학원, 뉴욕대학의 Tisch 예술대학 등을 유치하는 성과를 거두었다(서정화 외, 2009; 손유미 외, 2008). 현재까지 17개 외국 대학들이 싱가포르에 유치되어 운영되고 있다. 7개 대학은 독자적 분교를 설치해 운영하고 있고 나머지 10개 대학은 싱가포르 대학들과 공동학위과정 프로그램을 운영하고 있다. 17개 대학의 경우에는 본교 교원 대부분이 직접 파견을 나오거나 학생들이 본교에 가서 수업을 듣는 형태로 이루어지고 있다. 대표적으로 INSEAD 경영대학원의 싱가포르 분교에는 현재 세계 70개 나라에서 온 400명이 수강하고 있으며 듀크 대학은 싱가포르 국립대와 의과대학원을 공동으로 운영하고 있다. MIT 대학은 싱가포르 국립대 · 난양공과대학과 싱가포르-MIT 협력과정을 개설해 4개 공학 및 생명과학분야에서 대학생프로그램을 운영하고 있다. 난양공과대학은 MIT 경영대학에 여름마다 교육생을 파견하기도 한다. 싱가포르 3개 국립대학의 외국인학생은 글로벌 스쿨하우스 전략이 본격적으로 추진된 이후 전체 대학원생의 거의 절반에 이르고 있다. 싱가포르 대학들도 학생을 해외에 적극 내보내고 있다. 미국의 실리콘밸리나 중국의 상해 등에서 연구나 교육을 받을 수 있게 하고 있으며 교환학생 비중도 꾸준히 늘리려 하고 있다.

싱가포르에 진출한 교육기관들은 다양한 혜택을 받게 되는데 분교를 설립할 경우에는 학교부지나 관련 부대비용을 정부차원에서 지원받고 각종 감면혜택도 받는다. 하지만 최근에는 너무 많은 사립교육기관들이 진출함에 따라 국제적 수준에 맞게 교육의 질을 관리하려는 경향이 나타나고 있다.

4) 우리나라 대학의 국제화를 통한 국제경쟁력 강화방안

(1) 대학의 국제화추진 기본방향

국내외적으로 국가경쟁력의 핵심이 우수한 인재의 양성과 확보라는 점이 강조되면서 국내 대학의 국제경쟁력에 초점이 맞추어지고 있다. 특히 우리나라는 경제규모가 15위이고 세계적 기업인 삼성 · 현대와 LG 등을 보유하고 있다. 또 주요 선진 20개국이 참여하는 G20정상회의 개최국이다. 그럼에도 불구하고 대학의 글로벌경쟁력은 다른 선진국에 비해 뒤처져 있다. 실제로 각종 세계대학평가에서도 경제수준에 비해서 대학경쟁력은 세계 수준에 한참 못 미치는 것으로 나타난다. 대학국제화를 피할 수 없는 상황에서 정부나 대학도 이제는 대학의 국제경쟁력 향상에 매진하여야 한다.

① 기본과제 1: 대학의 국제화

오늘날 전 세계는 점차 하나의 국가나 도시처럼 따로 분리되어 있기보다는 서로 간의 밀접한 교류 및 협력이 이루어지면서 사람 또는 국가 상호 간 경쟁이 더욱 치열하게 나타나고 있다. 대학도 예외일 수 없다. 국제적으로 통용되거나 인정받지 못하는 대학은 점점 더 국제사회에서 고립될 수밖에 없다. 각 나라는 나름의 국제경쟁력을 추구하는 과정에서 학위나 교육프로그램을 교류하는 협력시스템을 만들어 가고 있다. 그러면서 자연스럽게 학생, 교수, 연구자 간의 상호교류도 일어나고 있다. 이런 추세로 볼 때 이제는 우리나라 대학도 국제화요구를 무시하거나 수동적으로 대응하는 시대는 지났다. 앞으로 대학이 살아남으려면 대학국제화는 당연한 현상이고 이런 국제화시대에 어떻게 대응해나가야 적절한지를 깊이 고민할 필요가 있다. 특히 국내 대학의 교육여건 및 환경을 국제적 기준에 맞도록 바꿔 전 세계의 유능한 인재들이 국내 대학에 오도록 해야 한다. 이것은 글로벌경쟁력을 갖춘 대학이 될 때 가능하다.

② 기본 과제 2: 정부차원의 대학국제화에 대한 비전수립 및 지원

대학 국제경쟁력 향상은 대학의 노력만으로는 이룰 수 없다. 그래서 정부의 장기비전에 바탕을 둔 집중지원이 절실하다. 아시아에서 세계 수준의 대학으로 인정받는 대학들은 대부분 정부에 의해서 지원받은 대학인 경우가 많다. 아시아에서 최상위에 속하거나 세계적 수준의 대학을 보유한 홍콩이나 싱가포르·중국·일본은 모두 정부의 집중적 재정지원프로그램을 통해 육성되었다. 정부차원의 엄격한 질 관리체제를 바탕으로 주요대학에 예산을 지원하고 그 성과를 엄격하게 평가하여 국제수준의 대학을 정책적으로 육성했다. 이런 대학들이 국제화과정에서 구축한 네트워크를 통해 다른 대학도 한 단계 업그레이드되었다. 따라서 우리나라도 정부차원에서 장기적 국제화비전을 수립해 국내 대학이 세계 수준으로 도약할 수 있도록 적극적 지원이 이루어져야 한다.

③ 기본 과제 3: 대학 간 국제비교를 통한 경쟁 확산

최근 UNESCO나 OECD를 비롯한 주요기관들은 고등교육의 질 확보와 각 대학의 수준을 알아보기 위해 다양한 평가방법을 사용하고 있다. 정부나 대학에 따라서는 대학평가순위에 상당히 민감하게 반응하는 것도 사실이다. 때로는 국내외 대학평가의 적절성이나 신뢰성이 문제가 되기도 하지만 대학 간 국제경쟁력을 비교하기 위해서는 대학평가 이외의 방법을 찾기가 힘들다. 또 교육이나 연구 모두에서 대학의 국제화가 강조되면서 대학평가에도 국제화지표 비중이 점차 늘고 있다(박종렬 외, 2009; 양정호·한신일·이석열, 2007). 이런 추세는 자연스런 현상이고 앞으로도 더 강조될 가능성이 크다. 실제 연구부분의 생산성이 논문 편수와 특허 건수처럼 객관적 지표로 계량화하면서 국내 대학 연구력이 향상된 측면도 있다. 수요자에 대한 대학정보공개 요구를 충족시키면서 대학 간의 경쟁 및 책무성을 강화하기 위해서도 비교평가는 필요하고 궁극적으로는 대학평가가 대학경쟁력을 향상시키는 방향으로 나가야 한다.

(2) 대학국제화 추진을 위한 정책과제

① 대학국제화는 연구역량 강화의 전제

세계 수준의 대학을 논의할 때 빠질 수 없는 것이 각 대학이 가진 연구역량이다. 그래서 각 대학들은 영향력이 있는 연구자를 교수로 초빙하려고 노력한다. 정부에서 지원하는 각종 연구역량지원 사업에서도 국제적으로 유명한 학자와의 공동연구나 교류 여부를 중요한 지표로 사용하고 있다. 2008년부터 정부에서 추진하고 있는 세계 수준의 연구중심대학(WCU) 육성사업에서도 국내 대학의 국제적 연구역량을 향상시키기 위해 국제적으로 유명한 학자와의 교류를 강조하고 있다(교육과학기술부, 2008). 즉 연구역량이 높은 해외학자를 확보함으로써 국내 대학 교육 및 연구력을 세계적 수준으로 끌어올릴 수 있다는 것이다. 세계적 해외학자를 구분하는 지

표로는 국제학술지인 *Science Citation Index* (SCI) 나 *Social Science Citation Index* (SSCI) 와 같은 해외유명저널에 게재된 논문 수나 피인용 횟수 등이 주요 기준으로 사용된다.

WCU와 같은 교류방식은 국내외 대학평가에서 강조되고 있는 평가방식과도 관련이 있다. 〈중앙일보〉와 〈*The Times*〉, 상하이자이통대학에서 실시하는 세계대학평가는 모두 논문 수와 인용 정도를 학술역량을 평가하는 주요지표로 이용하고 있다. 특히 상하이자이퉁 대학 평가는 세계에서 권위가 있는 〈*Nature*〉나 〈*Science*〉에 게재된 논문 수에 20% 가중치를 부여하고 있다.

2009년도 조사에 따르면, 우리나라에는 국제적 영향력을 가진 학자가 전 세계적으로 4명뿐으로 미국 4,000여 명이나 영국 481명, 일본 262명에 비해 상당히 뒤처진 것으로 나타났다. 따라서 앞으로 대학에서 추진해야 될 국제화도 우수한 연구자의 확보와 전 세계에서 학문을 이끌어가는 연구자와의 긴밀한 네트워크를 형성하는 방향으로 이루어질 필요가 있다.

② 대학국제화와 국제적 마인드 확산

대학국제화 논의에서 가장 자연스럽게 부각되는 부분이 수업을 영어로 진행하는 문제이다. 국제화의 필수요소가 바로 언어이고 언어 중에서 가장 보편적으로 사용되는 것이 영어이기 때문이다. 우리나라 대학들도 최근에는 영어강의 비율을 늘리고 있으며 글로벌 또는 국제 관련학과나 학부를 개설할 때 영어수업을 의무화하는 경향이 있다(양병무·임천순·정재호, 2006; OECD, 2009).

우리나라 대학에서의 영어강의 비율은 최근 들어 급속히 증가하고 있다. 2006년도만 해도 영어로 수업하는 경우는 상당히 드물어서, 대학에서 진행되고 있는 국제어강의는 학부의 경우 1.64%, 대학원의 경우 5.02%로 상당히 저조하였다. 국내 대학들이 영어강의를 늘리는 이유는 우선 영어로 수업한다는 가시적 결과뿐만 아니라, 최근 증가하기 시작한 외국 학생 비율과도 무관하지 않다. 또한 정부차원에서 추진하고 있는 Study Korea Project의 하나로 정부에서 추진된 영어전용강좌 확대계획에도 영향을 받았다고 볼 수 있다. 대부분의 대학에서 실시하고 있는 영어 확산방식을 보면 영어강의 확대, 글로벌 라운지처럼 영어사용 전용공간 설치, 외국인교원의 임용에 초점을 맞추고 있다. 국제화에 가장 적극적인 대학이 고려대학교인데 글로벌 고대를 목표로 학생들에게는 국제어강의수강 의무화, 글로벌 캠퍼스 구축, 영어강의비율 30%로 확대, 신임교원영어강의 의무화와 같은 국제화프로젝트를 적극적으로 추진하고 있다(신현석, 2005). 국내 대학이 세계 대학과 경쟁하려면 국제화가 필연적 과정이고 이렇게 되면 앞으로 영어에 대한 관심과 사용량이 더욱 늘어나게 될 것이다. 대학들도 국제화를 촉진하는 한 방편으로 영어수업을 확대하는 방안을 조금 더 적극적으로 고려할 필요가 있다.

③ 학생 및 교원의 국제교류활성화

국내 대학의 국제화에 있어서 중요한 부분은 학생 및 교원이 활발히 교류하게 하는 것이다. 유럽에서는 이미 에라스무스 프로그램을 통해서 유럽 내에 있는 국가들 간의 핵심인재교류가 자연스럽게 진행되고 있다. 아시아에서는 홍콩이나 싱가포르가 외국 학생 유치에 적극적이다(김승보 외, 2007). 각 대학 간에 국경 없는 인재유치경쟁이 시작되었다고도 볼 수 있다. 국내 대학들도 정부 지원을 받거나 자체적으로 외국 학생의 국내 교류를 촉진하려는 노력을 보이고는 있지만 아직 OECD 주요국의 학생 교류실적에 비하면 더 많은 노력이 필요하다.

국내에 있는 외국인 유학생 수는 2000년 이후 증가하기 시작해서 2009년에는 5만 명에 이르렀다. 전체유학생 중 중국 학생이 78%를 점유해 국제교류가 한쪽 국가에만 편중된 경향이 있다. 즉 중국출신은 78%인데 비해서 유럽이나 미국출신 학생 수는 상당히 적다. 지역적으로는 수도권에 3분의 1 정도의 학생이 집중되어 있다. 한편 우리나라에서 근무하는 외국인교원은 4,127명으로 전체 교원 중에서 비율이 상당히 낮을 뿐만 아니라 영어권인 미국이나 캐나다 출신이 대부분을 차지해서 특정 국가에 집중되어 있음을 알 수 있다.

대학의 국제화지원을 위해 정부는 Study Korea Project를 통하여 외국 학생유치 등 다양한 지원을 하고 있다. 또한 최근에는 Global Korea Scholarship사업을 본격 추진해서 미국 풀브라이트처럼 우리나라에 우호적인 학생들을 집중적으로 육성해 글로벌 인재네트워크를 구축하려는 움직임을 보이고 있다(교육과학기술부, 2009). 특히 한동대에서는 미국이나 영국 등 선진국을 대상으로 한 국제교류보다는 앞으로 잠재가능성이 큰 개발도상국과의 교류에 집중하고 있다. 개발도상국에서 온 학생들이 전액장학금을 받으면서 공부하고 있으며, 향후 이렇게 교육받은 저개발국가 학생들이 우리나라에 우호적인 세력으로 바뀔 가능성도 있어 우리나라가 문화적으로나 경제적으로 해당국가에 많은 영향력을 미칠 것이다(한국대학교육협의회, 2007).

하지만 이런 노력에도 불구하고 국내 대학의 국제교류 형태를 보면 주요국가의 외국 학생이 국내 대학에 유입되는 비율보다 우리나라 대학생이 외국 대학에 가서 공부하는 비율이 더 많다. 앞으로 각 대학들은 외국 학생들이 국내 대학에서 공부할 기회를 늘려서 실질적 국제교류가 일어나도록 할 필요가 있다. 최근에는 대부분 대학에서 세계적 대학과의 교류가 현실적으로 어렵기 때문에 특정 지역 내에서 대학 간 상호교류를 증진하려는 노력도 보이고 있다. 이런 움직임은 각 지역 대학들이 학생 및 연구협력을 통해 지역 내 대학으로서 갖는 한계를 극복하려는 시도이다. 앞으로 정부는 동아시아권이건 세계의 주요국가와의 국제교류이건 간에 실질적으로 우리나라 대학에 도움이 되는 국제교류를 추진하는 데 재정을 지원하여야 한다. 이렇게 함으로써 국내 대학이 국제적 위상과 경쟁력을 갖추는 데 한발 다가갈 수 있을 것이다.

④ 대학의 국제적 수준의 질 관리체제 구축

대학의 국제경쟁력과 대학의 질 관리 및 품질보증은 서로 밀접하게 관련되어 있다. 국제적으로 인정받지 못한 대학은 점차 퇴조하는 반면에 엄격한 질 관리로 품질이 보증된 대학에는 늘 수요가 넘쳐날 것이다. 질이 제고된 대학 간 교류와 협력은 더욱 강화될 것이다.

EU와 같이 국가 간의 교류가 빈번하게 일어나는 경우에는 대학체제 통일이 필요하고 학위나 학점이 기관 간에 상호인정되는 장치가 중요하다. 이런 차원에서 각 나라 고등교육의 질을 보장하기 위한 국제기구의 필요성이 점차 높아졌다. 1991년에 이런 요구를 반영하여 18개국의 질적 보장기관의 지지를 기반으로 고등교육의 질적 보장을 위한 국제 네트워크(INQAAHE: International Network for Quality Assurance Agencies in Higher Education)가 창설되었다. INQAAHE가 창설된 이래로 80개가 넘는 국가에 질적 보장기관이 창설되고 특히 개발도상국들에서 괄목할 만한 성장이 지속되고 있다(김승보 외, 2007).

고등교육 국제화가 확산되면서 국경을 넘는 고등교육(*cross-border higher education*)에 대한 최소한의 질을 보장하는 가이드라인이 필요해졌다. 이렇듯 학습자를 보호할 필요성이 늘어나면서 UNESCO와 OECD는 "UNESCO/OECD 국경을 넘는 고등교육의 질 보장 지침"(UNESCO/OECD Guidelines on Quality Assurance in Cross-border Higher Education)을 만들었다. 이 지침은 고등교육서비스를 제공하는 기관과 단체를 정부, 고등교육기관, 학생단체, 질 보장 인증기관, 학위 및 자격인증기관, 전문단체 등으로 분류하고 있다. 더불어 각 당사자들에게 질 보장장치의 정립과 정보의 공개, 공정한 대우, 국제협력의 확대 등을 권고하는 내용이 포함되어 있다(박종렬 · 배호순 · 이영호, 2009).

대학의 국제교류 및 국제화가 진전될수록 교육의 질을 평가하는 기관이 늘어나기 때문에 질을 인정하는 기관이 더욱 중요해진다. 이런 추세에 맞추어 대부분의 OECD 국가에서는 국가수준의 질적 보장과 인정체제를 갖추려는 노력이 확산되고 있다. 자국 내 대학의 인정을 넘어서 외국 평가인증기관에서 인증을 받으려는 추세도 늘어나고 있다. 국제공학인증인 ABEEK이나 국제경영교육인증인 AACSB는 우리나라뿐만 아니라 외국에서도 인정가능한 국제적 인증제도이다. 최근 국제적 단위의 공학이나 경영학인증을 받는 대학이 늘어나는 것은 글로벌 경쟁이 심화되는 측면도 있고 급속하게 진전되고 있는 국제화의 영향으로도 볼 수 있다.

국경을 넘은 학문교류가 확산되면서 학위나 학점교류 상호인정을 제한하거나 학습성과를 평가하는 절차가 앞으로도 계속 늘어나게 될 것이다. 대학국제화는 고등교육의 질을 강화할 필요성에 대한 인식을 높여주었고 대학평가가 얼마나 중요한지도 잘 보여주고 있다. 앞으로 교육과정이든 학위든 국제적으로 인정받을 수 있는 체제를 만드는 것이 중요하고 국제적인 평가기관과 국제적으로 협력하여 국내 대학의 질을 계속 향상시킬 필요가 있다.

⑤ 외국 대학의 국내진입 및 국내 대학의 해외진출 활성화

대학 간 인적교류가 일반화되면서 대학시장 개방은 더욱 확대되는 양상을 보여주고 있다. 특히 인적교류에 국한되지 않고 국내외 다양한 대학교육프로그램이나 분교와 같은 기관 자체의 설립도 자연스러운 현상이 되었다. 이미 한 해에도 수만 명씩 해외 대학으로 나가고 국내 대학으로 외국 학생이나 교직원이 유입되는 상황에서는 국내 대학도 이제는 국외 대학과 경쟁할 수밖에 없는 구조가 되었다. 대학 간에 국제경쟁이 더욱 치열하게 되면 경쟁력을 갖춘 대학만이 살아남게 되고 그렇지 못한 대학은 도태될 가능성이 매우 크다. 아랍에미리트의 두바이나 싱가포르의 경우에는 외국의 유명대학을 유치하기 위해 각종 지원책을 제시하기도 한다. 예를 들어, 두바이는 교육훈련 전문단지인 지식촌(Knowledge Village)을 건설해서 세계의 유명한 대학 캠퍼스를 유치하기 위해 모든 노력을 다 기울이고 있다(박태준・손유미・김한별, 2008).

외국 대학이 국내에 진출하는 경우는 공동프로그램을 운영하거나 국내에 외국 분교를 설립하는 경우가 일반적이다. 공동프로그램은 공동명의 학위과정을 통하여 국내 대학과 외국 대학에서 동시에 학위를 받는 경우가 있을 수 있다. 즉 일정기간 동안에는 국내에서 교육을 받고 이후 외국 대학에서 교육과정을 이수하면 학위가 나오는 방식이다. 성균관대에서는 외국 유명대학인 MIT 경영대학원의 교육프로그램을 그대로 도입해서 학위과정을 운영하고 있다. 교육과정은 철저하게 MIT수준으로 이루어지고 교수도 대부분 외국인이며 100% 완전하게 영어로만 수업이 이루어진다(http://gsb.skku.edu). 학생의 약 20% 정도가 외국인 학생으로 구성되어 있다. 국내 대학에 분교를 설치하는 경우는 자유경제지역인 인천, 부산, 광양 등 6개 지역과 제주도에서 최소한의 규제로 외국 대학을 유치하려고 노력하고 있다. 현재 뉴욕주립대를 포함한 8개 미국 대학의 유치가 확정된 상태이다. 앞으로 외국 대학의 국내진출은 더욱 늘어날 가능성이 크다.

국내 대학들은 국제무대에서 세계적 대학과 학생, 우수 연구자를 대상으로 경쟁해야 한다는 점을 인식할 필요가 있다. 해외 대학과 동등하게 경쟁하기 위해서는 교육과정을 국제화시켜야 하고 학습성과에 대한 질을 보장해 주는 것이 중요하다. 이런 차원에서 대학들은 보다 적극적으로 해외의 우수학생을 끌어올 수 있는 정책을 지속적으로 추진할 필요가 있다. 이제는 수동적으로 교육개방의 폭을 조정하는 방식에서 벗어나, 보다 적극적으로 국내 대학들이 해외시장을 개척하고 해외 교육기관이 국내시장에 손쉽게 진출할 수 있도록 적극적 정책을 추진할 필요가 있다.

4. 글로벌경쟁력 강화를 위한 고등교육 혁신[2)]

1) 글로벌경쟁력 강화의 필요성

지식경제사회로의 전환기에 있어 국가의 핵심 지식 인프라이자 국가경쟁력의 원천으로서 대학의 역할이 점점 더 중요해지고 있으며 대학의 역할과 운용방식, 시장구조는 빠르게 변하고 있다. 지난 10년간 대학들은 고등교육의 학문과 연구의 질 개선뿐만 아니라 세계적인 고등교육 시장에서의 경쟁력확보를 목표로 '세계 수준의 대학'(*World-Class University*, 이하 WCU)을 만들기 위해 노력해왔다. 세계은행(World Bank, 2009)은 세계 수준의 대학(WCU)이란, 많은 인재를 졸업생으로 배출하고 연구에서 선도적 역할을 하며, 기술이전에서 우수한 성과를 나타내는 톱클래스 대학들로 명명하고 세계 수준의 대학이 되기 위해서는 3가지 요소가 중요하다고 하였다. 첫째, 우수한 교수와 학생들로 대표되는 인재를 다량 확보하고, 둘째, 풍족한 학습 환경과 혁신적 연구수행을 위한 풍부한 자원을 제공하고, 셋째, 전략적 비전·혁신·융통성을 장려하여 대학이 스스로 결정을 내리고 자원을 관리할 수 있도록 하는 호의적 거버넌스이다.

우리도 이미 이러한 흐름에 발맞춰 대학교육개혁을 추진하였고 어느 정도 성과가 보이고는 있지만, 세계적 수준의 대학교육은 아직 이루어지지 못하고 있는 실정이다. 따라서 우리 고등교육의 현실을 진단하고 이를 해결하기 위해 대학혁신의 방향과 7대 과제를 제안하고자 한다.

---

2) 이 부분의 내용은 박정수 외, "글로벌경쟁력 강화를 위한 고등교육의 질 제고", 한국교육개발원, 2010을 기초로 재정리한 것이다.

2) 글로벌경쟁력 관점에서 본 대학현실과 원인

(1) 과잉 대학공급 가운데 극심한 초과수요

저출산으로 인해 18세 인구는 점차 줄어서 2023년에는 18세 모두가 대학에 입학한다 해도 입학정원의 23.4%를 채우지 못한다. 그럼에도 불구하고 학생과 학부모가 입학을 원하는 대학은 소수에 불과하며 곧 상위권 대학에 대한 극심한 초과수요 현상이 나타날 전망이다. 〈중앙일보〉 2008년 대학평가에 의하면 대학평판도 및 사회진출 부문 순위에서 90점 이상으로 평가된 대학은 3개에 불과하다. 이처럼 수요자가 원하는 대학은 소수에 불과하다.[3]

〈그림 5-2〉 학령인구와 대학 정원(2008~2030)

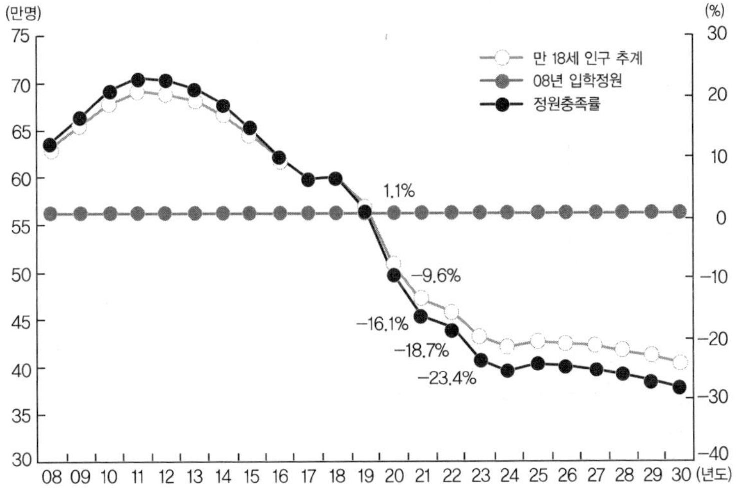

자료: 2008 대학공시정보분석 자료집.

3) 모종린, "일류대학 공급에 대한 신화와 규제", 2008에서 제시한 의견을 참고하여 기술하였으며, 대학평판도 및 사회진출부문 순위는 〈중앙일보〉 2008년과 2009년 대학평가자료임.

(2) 대학교육의 고비용·고지출 그리고 저효율성

한국의 대학교육비부담률(학생 1인당 교육비 대비 등록금비율)은 66.7%로서 이탈리아(14.6%)·영국(13.8%)·일본(40.3%)·미국(38.2%)보다 훨씬 높다(OECD, 2008). 동시에 학생 1인당교육비의 절대액수는 한국이 7,606달러로서 선진국에 대비해 낮은 수준이지만 소득수준 대비 학생 1인당 순교육비비중[4]은 31%로, 이탈리아(19%)·프랑스(26%)·독일(25%)·영국(28%)보다 훨씬 높아 한국 교육비는 타국에 비해 고지출이다. 반면, 한국대학교육 및 연구성과는 오히려 저조하여 고비용·고지출 대비 효율성은 떨어진다.

〈표 5-1〉 주요국 학생 1인당 교육비 지출 규모

구 분	학생 1인당 교육비	학생 1인당 순교육비	소득대비 학생1인당 순교육비 비중(%)
한국	7,606	6,607	31
독일	12,446	7,772	25
이탈리아	8,026	5,314	19
일본	12,326	—	—
프랑스	10,995	7,673	26
영국	13,506	8,842	28
미국	24,370	21,588	52
OECD 평균	11,512	8,102	29

주: 소득대비는 1인당 국민소득 대비를 의미
자료: OECD, *Education at Glance*, 2008.

4) 순교육비는 교육비 중 R&D 지출비용을 제외한 것으로, 인건비, 교재비 등 교육관련 핵심서비스비용과 기숙사·식당 등의 학생복지 및 대민서비스 비용을 의미하는 부가서비스비용으로 이루어짐(한국직업능력개발원, "고등교육산업 경쟁력 제고 방안 연구", 2008에서 인용).

(3) 우수인재의 국제수급 불균형 심각: 한국의 두뇌유출지수 악화

국제경영개발원(IMD)에 따르면 한국의 두뇌유출지수가 급격히 악화되고 있다. 두뇌유출지수(*Brain Drain Index*)란 고등교육을 받은 인적자원이 해외로 나가려는 경향이 얼마나 강한지를 나타내는 지수로, 두뇌유출경향이 강할수록 0에 가까운 값을, 그렇지 않을수록 10에 가까운 값을 가진다(배민근, 2006). 〈그림 5-3〉과 〈표 5-3〉에 의하면 한국의 두뇌유출지수는 한때 48개국 중 4위를 기록하였으나, 2006년에는 58개국 중 38위에 머물러 겨우 후진국을 면한 수준이다. 또한 〈표 5-4〉의 1996년과 2006년 두 시점 사이의 두뇌유출지수 변화를 국가별로 살펴보면 한국의 두뇌유출지수는 가장 큰 폭으로 악화되고 있다.

특히 한국의 열악한 교육여건 때문에 많은 이공계 학생들이 미국유학을 선호하고 유학 후 현지정착률도 점점 높아지는 추세로 드러나, 한국의 우수인재해외유출이 심각한 수준으로 분석된다. 즉, 국내 대학에서 배출된 이공계박사 100명당 미국 대학박사학위 취득자는 27.3명으로 EU(2.9명)의 약 10배 수준이다. 그리고 이공계미국박사학위 취득자의

〈그림 5-3〉 주요국 두뇌유출 지수 추이

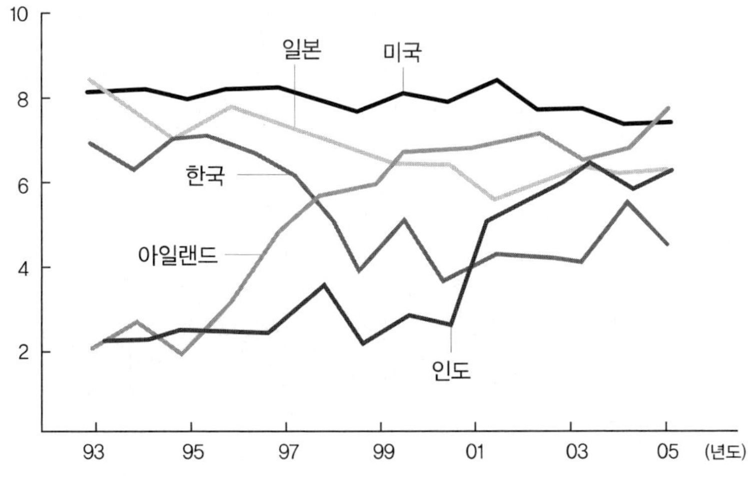

〈표 5-2〉 자국내 취득 이공계 박사 100명 대비(對比) 미국 박사 취득자 수

구분	한국	프랑스	영국	독일	일본	EU	인도
미국 학위자(명)	27.3	1.2	1.5	1.8	2.2	2.9	18.9

자료: OECD, 〈*Science*〉, Technology and Industry Scoreboard, 2005 & 2006.

〈표 5-3〉 국가의 순위별 두뇌유출 지수 현황

순위	2002		2003		2004		2005		2006	
	국가	점수	국가	점수	국가	점수	국가	점수	국가	점수
1	미국	8.96	미국	8.26	아이슬란드	8.88	아이슬란드	8.80	아이슬란드	8.36
2	아이슬란드	8.19	대만	6.83	칠레	8.20	칠레	8.09	아일랜드	8.14
3	오스트리아	7.81	독일	6.40	미국	8.19	미국	7.88	오스트리아	8.04
4	네덜란드	7.63	스페인	6.37	오스트리아	7.85	노르웨이	7.75	미국	7.84
5	핀란드	7.45	프랑스	6.29	노르웨이	7.58	네덜란드	7.36	노르웨이	7.83
6	스위스	7.43	일본	6.23	스위스	7.48	핀란드	7.34	핀란드	7.59
7	칠레	7.37	인도	5.98	덴마크	7.14	오스트리아	7.31	칠레	7.58
8	아일랜드	7.33	상파울로	5.93	싱가포르	7.14	홍콩	7.30	바바리아	7.29
9	노르웨이	7.32	마하슈트라	5.93	아일랜드	7.03	스위스	7.26	스위스	7.29
10	대만	7.08	호주	5.89	인도	6.97	아일랜드	7.25	홍콩	7.17
39	한국	4.70	한국 (23)	4.57	한국 (44)	4.50	한국 (25)	5.91	한국 (38)	4.91

자료: IMD 보고서, 각 해당년도.

〈표 5-4〉 주요국의 두뇌유출지수 변화폭 비교

국가명	1996	2006	2009	1996~2006 변화폭	1996~2009 변화폭
인도	3.07	6.76	5.73	3.69	2.66
아일랜드	5.15	8.14	6.75	2.99	1.6
일본	7.89	6.75	6.39	-1.14	-1.5
한국	6.94	4.91	3.44	-2.03	-3.5
뉴질랜드	6.00	3.43	2.88	-2.57	-3.12
미국	8.80	7.84	6.64	-0.96	-2.16

현지 정착률은 1994~1997년에는 23.9%이었던 것이 2002~2005년에는 43.0%로 약 19.1%p 증가했다.[5)]

(4) 공급자 주도의 대학 운영

현재 국내 대학은 공급자 주도로 운영되며 백화점식 학과 및 전공 증설과 20세기 산업화시대에 적합한 범용인재 배출이라는 개념을 벗어나지 못함으로써 변화하는 수요자의 요구와의 괴리가 심화되고 있다. 대학의 전공은 산업 및 사회변화에 따라 신설하거나 통폐합하는 조치가 필요하지만 국내 대학은 전공 조정을 거의 하지 않은 상태에서 기존 전공을 지속적으로 확대하고 여기에 새로운 전공을 신설하는 데만 주력하고 있다.

더불어 대학 간에 유효경쟁이 부재하여 시장경쟁이 미흡하며, 대학 간 서열고착화 현상이 지속되면서 전반적으로 대학의 질이 저하되어 국제수준에서의 대학경쟁력은 점차 취약해지고 있다. 한국의 고등교육시장은 과거에 비해 상당 부분 경쟁구조가 나타나고 있기는 하지만 여전히 큰 틀에서의 유효경쟁은 제한되고 있다.[6)] 고등교육시장에서 유효경쟁이 제한

5) NSF, Science and Engineering Indicator 2008, 2008.

〈표 5-5〉 대학 수 및 학과 증가 추세

구 분	전문대학			4년제 대학			대학원		
	학과 수	대학 수	평균 학과 수	학과 수	대학 수	평균 학과 수	학과 수	대학 수	평균 학과 수
1990	1,264	117	10.8	4,009	107	37.5	2,998	298	10.1
1995	1,987	145	13.7	4,931	131	37.6	4,225	421	10.3
2000	4,835	158	30.6	9,377	161	58.2	7,330	829	8.8
2007	5,847	158	37.0	9,653	171	56.5	8,840	1,030	8.6
2008	6,360	147	43.3	10,633	174	61.6	13,600	1,055	12.89

자료: 한국교육개발원, 고등교육경쟁력 강화를 위한 대학특성화 연구, 2009.

〈그림 5-4〉 카네기분류에 의한 대학 구분

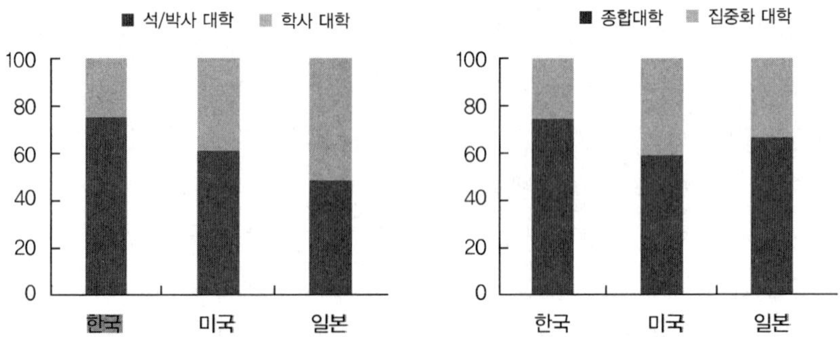

자료: 삼성경제연구소, 대학혁신과 경쟁력, 2005.

---

6) 현실적으로 존재하지 않는 완전경쟁시장을 대신하여 과점적인 시장이더라도 기존 사업자 간 경쟁이 상당히 치열하거나 잠재적 진입에 의한 경쟁압력이 커서 시장에서 특정 사업자가 시장지배력을 보유하거나 행사하기 어려운 상태를 의미한다(한국직업능력개발원, 고등교육산업경쟁력 제고 방안 연구, 2008에서 인용).

〈그림 5-5〉 한국과 미국 대학의 최종학위 비율

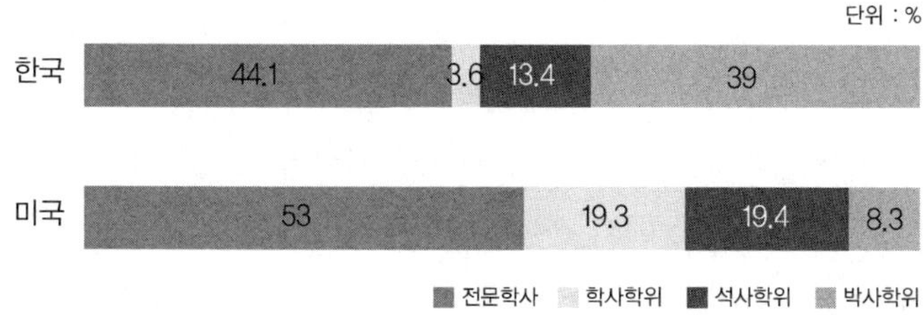

자료: 교육과학기술부, 특성화를 위한 대학혁신방안, 2005.

되는 원인의 대부분은 고등교육에 부과된 각종 규제에서 비롯된다. 고등교육에 대한 각종 규제는 국내 대학시장이 '경쟁압력과 도전'에서 비교적 자유롭도록 하기 때문에[7] 고등교육에 대한 각종 규제의 완화가 필요하다.

특히 수도권 정비법은 수도권지역의 대학 신규설립 및 정원확대를 제한하고 의약계열 및 법학계열, 사범계열 등 인기 있는 전공계열의 정원을 억제하거나 신설을 제한하고 있다. 이로써 수도권 대학이나 정원규제를 받는 전공계열은 높은 프리미엄지대(*rent*)를 누리고 있다. 프리미엄은 경쟁을 막아 교육서비스 수준향상 노력을 게을리하는 요인으로 작용한다. 각 대학은 스스로 차별화된 역량을 만들지 못하고 이른바 '일류대학 따라 하기'에만 급급하다. 이 때문에 한국 대학들은 각기 소재한 지역과 그 지역산업의 특성, 자체의 역량을 반영하여 차별화된 특성을 발전시키지 못하고 대부분 획일적 종합대학을 지향하고 있다(국가교육과학기술자문회의, 2009).

7) 유효경쟁을 제한하는 원인으로는 고등교육에 부과된 각종 규제이외 정보공개의 부재 또는 소극적인 것도 포함되나 2009년 정보공시제도 시행 등으로 이는 향후 상당히 해소될 전망이다.

3) 글로벌경쟁력 제고를 위한 7대 과제

(1) 다양한 대학 리그 조성과 평가방법 도입

대학은 수요자의 다양성과 대학 자체의 역량을 고려하여 타 대학과 차별화된 대학유형을 만들어야 한다. 대학은 수요자의 직업・진로 선호도, 적성, 수학능력 등이 매우 다양할 뿐 아니라 모든 학생이 이른바 일류대학에 들어갈 수는 없다는 점을 고려해야 한다. 동시에 모든 대학이 천편일률적으로 서열화된 일류대학일 필요도 없다. 또한 그렇게 될 수도 없는 것이 엄연한 현실인 점을 감안하여 특성화된 'Only One' 전략을 추구하는 것이 바람직하다. 선진대학은 이미 다양한 대학유형으로 독특한 경쟁력을 확보하고 있다. 랜드연구소 분석에 의하면 미국 대학들은 고객과 시장에 따라 크게 명문추구형(*Prestige*)과 평판추구형(*Reputation*)으로 나뉘고 각기 차별화된 전략을 추구하고 있다.

반면 한국은 여전히 평준화의 단계에 머물러 있다. 한국대학은 글로벌 경쟁력을 확보하기 위해서 세계적 학자와 리더를 양성하는 수준의 연구중심대학으로 발전해야 한다. 평균적인 학생을 선발해서도 수월성을 가진 대학교육을 통해 지역사회와 산업에 기여하는[8] 등 다양하고 차별화된 유형의 대학으로 성장해야 한다.

대학이 다양한 유형으로 발전하기 위해 가장 시급하게 해결해야 하는 것은 첫째, 대학평가제도의 개선이다. 현재 한국의 대학평가기준은 모든 대학이 동일하다. 언론사의 대학평가도 약간의 유형을 구분하고는 있으나 평가기준의 기본적 틀은 동일하다. 향후에는 정부의 대학지원사업 평

---

8) 보통의 학생을 선발하여 최고의 졸업생을 배출하는 대학으로는 일본의 가나자와 공대가 유명하다. 가나자와 공대는 비록 일류학생이 입학하지는 않지만 산업이 필요로 하는 전문지식과 기술을 충실하게 가르쳐 졸업생의 능력만큼은 최고로 인정받고 있으며, 일본 최고의 교육부가가치를 실현하는 대학으로 평가받는다.

〈표 5-6〉 명문추구형과 평판추구형 대학

대학유형	고객	목적	경쟁전략
명문형 (*prestige*)	· 정부, 기업의 기초 및 응용연구 수혜자 · 명문교육을 원하는 학생, 학부모	최고 명문 추구	· 최고의 교수 및 학생 확보 · 탁월한 연구, 또는 교육성과로 명성 제고 · 대규모 연구비, 기부금 확보
평판형 (*reputation*)	· 매우 다양한 고객 (취직, 실무전문가, 학위 취득 등)	좋은 평판 추구	· 고객의 요구(취업, 실용 등)에 충실하게 부응하여 효과적으로 살아남는 전략 · 특성화 추구 · 대부분 등록금 의존

자료: Brewer, D. J., Gates, S. M., & Goldman, Charles A., 2002.

가기준, 그 외 여러 기관의 대학평가기준을 대학유형리그별로 차별화하여 평가해야 한다. 또한 국가 차원의 전문성과 신뢰성을 부여받을 수 있는 고등교육평가체제를 갖출 필요가 있다.[9]

둘째, 대학이 지향하는 전략에 따라 교수채용 및 업적평가를 차별화하는 것도 필요하다. 예를 들어 연구중심대학은 연구실적, 교육중심대학은 교육역량, 지역기반 산학협력중심대학은 산업체를 경험한 교수의 채용과 산학협력연구역량을 우선적으로 평가함으로써 각 대학의 취지를 장려해야 한다.

---

9) 고등교육의 품질을 국가적으로 관리하고 보장하기 위해 많은 국가들이 대학평가를 담당하는 기구를 설립하여 운영하고 있으며, 영국은 고등교육품질보장기구(QAA: The Quality Assurance Agency for Higher Education), 일본은 대학평가·학위수여원(NIAD-UE: National Institution for Academic Degrees and University Evaluation), 호주는 대학질보장기구(AUQA: Australian University Quality Agency) 등이 있고, 특히 유럽은 볼료냐 선언을 통해 학위의 국가 간 상호비교가능성 제고, 연구인력의 국가 간, 대학 간 이동촉진 및 질 보장(*Quality Assurance*) 체제를 구축하여 시행하고 있다.

(2) 강소학부교육중심대학, 세계 수준의 연구중심대학 육성

한국 대학이 다양하고 차별화된 유형의 대학리그를 만들어 다양한 사회적 수요를 충족시키는 것과 함께 특별히 관심을 기울여야 할 유형이 세계 수준의 연구중심 대학, 강소학부중심 대학의 육성이다.[10] 글로벌경쟁력을 위해서는 세계각국 대학과 산업에 영향을 미칠 수 있는 연구와 기술혁신 성과, 우수한 전문인재들이 배출되어야 하기 때문이다.

① 강소학부중심대학 육성

학령인구 대폭 감소 같은 미래상황을 감안할 때 대학은 정원감축, 전공통폐합 등의 구조조정은 물론이고 심지어 대학의 퇴출까지 피할 수 없는 것이 현실이다. 따라서 한국 대학도 대규모 종합대학지상주의에서 벗어나 강소대학을 지향해야 한다. 특히 학생 확보에서 수도권보다 훨씬 열악한 지방대학의 경우는 적극적인 강소대학 전략을 준비해야 한다. 이 경우 재정부담이 큰 연구중심대학보다는 학부교육에 집중하는 교육중심대학을 지향하는 것이 바람직하다. 학부중심대학도 한번 명성을 얻으면 우수학생들이 몰리고 정부를 비롯한 외부에서 학교 운영자금·기부금 등을 확보할 기회가 많아지는 선진대학의 성공사례도 충분히 검토해볼 만하다. 강소대학 전략을 세우기 위해 대학은 향후 10년 계획을 수립하여 자신 있는 분야를 육성하고 취약한 분야는 과감히 정리해야 한다.

문제는 "앞으로 10년을 어떻게 버티면서 구조조정을 해나갈 것인가?"인데 정부는 구조조정을 위해 다양한 출구를 열어주고 성과가 좋은 대학은 적극적으로 지원하는 정책을 시도해야 한다.

지방대학의 경우는 대학과 지역이 상호 간의 발전을 위해 공동운명체의식을 가지고 대학의 경쟁력을 키우는 데 협력하는 방안모색이 필요하

10) 미국에서는 하버드, 스탠퍼드, UC버클리 등으로 대표되는 연구중심 종합대학뿐 아니라 윌리엄스, 스와스모어와 같이 학생 수가 2~3천 명 정도의 소규모 대학들도 세계 수준의 일류대학으로 인정받고 있으며 이러한 대학이 즐비하다.

다. 지방인재들이 대학 입학부터 대도시로 가는 이유는 대도시에 양질의 일자리가 있기 때문이다. 다른 한편으로 인재가 없으면 지역산업은 경쟁력을 가질 수 없으므로 대학과 지역경제의 발전은 서로 맞물려 있다는 인식이 중요하다. 대학과 지역이 함께 발전할 수 있는 방법으로 대학 간 컨소시엄을 통해 지역문제를 해결하는 등 다양한 방안을 강구해야 한다.[11] 지자체와 지역산업은 대학 컨소시엄에 선택과 집중에 의한 재정적 지원을 할 수 있고 지역의 재정지원을 받은 대학은 우수인재를 지역산업에 배출할 수 있다. 나아가 우수한 인재들이 지역을 더욱 발전시키면 우수한 지역인재들이 자연스럽게 지역 대학을 선택하게 되며, 참여대학들은 지역산업이나 지역문제와 관련된 전공분야를 대학 간에 통합하거나 조정하는 선순환이 가능해진다.

강소학부교육중심대학이 되기 위해서는 현재의 학부제에 대한 개선도 필요하다. 많은 대학들이 전공부실화 및 비인기·기초전공 유지 곤란, 교수와 학생 간의 상호작용 약화 등을 이유로 학과제로 회귀하려는 움직임을 보이고 있으나 이는 바람직한 현상이 아니다. 학부제 문제를 학과제 전환으로 해결하는 것보다는 현재의 학부제를 유지하면서 단점을 보완할 수 있는 대안을 모색해야 한다. 예를 들어 비인기 및 기초전공의 최소전공예약제 도입, 실용학문의 경우는 최소 1학년 2학기말 전까지 전공을 결정하게 하고 전공 이수학점을 강화하는 방안 등이 가능하다.

② 세계 수준의 연구중심대학을 위한 학사구조 개편

연구중심대학 10개 정도를 집중 육성하는 마스터플랜을 세우고 국가

---

11) 일본 교토지역에 소재하는 리츠메이칸〔立明館〕대학, 도시샤〔同志社〕대학 등이 중심이 된 대학컨소시엄 '재단법인 대학컨소시엄 교토'가 좋은 사례로서, 개별 대학이 풀 수 없는 지역문제를 지역 내 대학들이 각자의 강점을 결합하여 공동으로 대처하고 있으며 지역에 필요한 인재배출을 위해 대학 간 학점교류도 함.

〈그림 5-6〉 미래인재의 수요

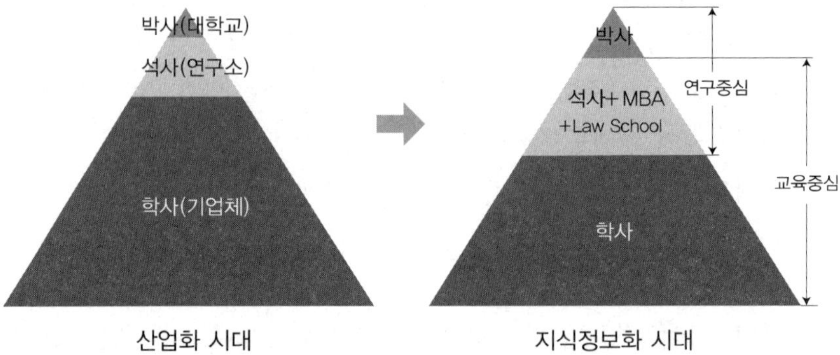

자료: 김영길, 2006년 하계대학총장세미나 발표자료, 2006.

의 연구개발자금과 교육비를 집중지원하여 일류교수와 일류인재를 모아 세계 정상의 연구중심대학으로 발전시키는 정책이 필요하다.[12] 세계적 수준의 연구중심대학을 배출하기 위해 대학 학사구조의 선진화가 시급하다. 21세기 지식기반경제에서는 석·박사 연구인력과 문제해결형 실무전문인력(학+석사)과 같은 우수인재를 찾는 수요가 크게 증가하고 있으며 이들 대부분은 연구중심대학이 책임져야 한다.

현재 한국대학은 극히 일부 대학을 제외하고는 세계 수준의 연구중심대학과는 학사구조에서부터 거리가 멀다. 거의 모든 대학, 심지어 연구중심을 표방하는 대학이라도 대다수의 학부생과 소수의 일반대학원 및 전문대학원생으로 구성되어 미래사회의 고급연구개발인력과 전문인력을 배출하기에는 역부족이다. 모든 대학이 대상이 되지는 않지만 적어도 한국이 세계적 수준으로 양성하려고 하는 연구중심대학은 학부제(*Faculty System*)와 일반대학원(*Graduate*) 및 전문대학원(*Professional School*) 체제로 전환해야 한다. 학부인력을 대폭적으로 축소하고 일반대학원과 전문

12) 미국은 2,000개의 대학 중 160개 대학에 연방정부의 연구비 중 90%를 지원하고 있다.

〈그림 5-7〉

미국 주요대학 졸업학위 분포 및 전문대학원 학위자수(2006~2007)

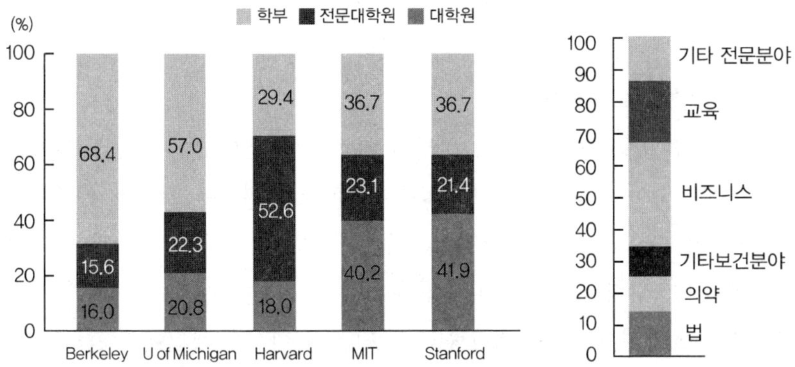

자료: University of California annual Accountability Report.

대학원 학생을 과감히 확대해야 한다. 특히 디자인·MBA·로스쿨 등과 같은 실무전문가를 배출하는 다양한 전문대학원 양성에 과감히 투자해야 한다. 미국 대학의 경우 비즈니스분야 석사학위취득자는 지난 10년간 54.5%만큼 증가하였는데 이는 전체 석사학위자의 25%를 차지하는 비율이며[13] 미국 주요 대학의 경우 졸업자 중 전문대학원 학위소지자가 전체의 20%를 넘는 경우가 많다.

또한 공학, 경영 등 분야에서 실무형 전문인력 배출을 위한 학·석사 통합과정을 적극 도입해야 한다. 현재 한국의 공과대학은 공학인증제를 통해 학부에서 전공교육을 대폭 강화하고 있으나 이 때문에 기초교양 및 타 전공분야의 학습과 융·복합된 사고가 부족하다는 지적이 나오고 있다. 교양과 전공 모두를 강화하기 위해서는 학업연수를 1년 연장하여 3+2 또는 4+1의 학·석사 통합과정을 운영하는 방안이 가능하다.

13) U.S. Department of Education, The condition of education 2009, 2009.

(3) 대학교육과정의 혁신

한국대학은 다양한 교육수요를 고려하여 다양한 교육목표, 미래형 교양 및 전공구조혁신, 대학교육의 질에 대한 혁신도 필요하다.

① 다양한 교육목표 제시

학생들의 다양한 진로를 고려하여 진로에 적합한 교육목표 및 학사트랙을 제시해야 한다. 지금까지 한국의 대학은 대부분 학문적 목표에만 집중하여 학생들의 진출진로와 관계없이 교양과 전공 이수학과에 따라 획일적이고 경직적으로 운영해 왔다. 현재 고교졸업생의 83.3%가 대학에 진학하고 있고 4년제 대학졸업자 중 90% 이상은 사회에 진출하는 상황이다. 따라서 대학은 학문후속세대 양성뿐 아니라 더욱 대중화된 교육기관으로서 학생들의 다양한 진로를 고려한 교육목표를 세워야 한다.

〈표 5-7〉 대학교육과정의 혁신 내용

	환경	현재	향후
교육목표	대학교육의 대중화, 보편화 학생진로의 다양화 (취업, 진학, 전문가)	획일, 경직적인 대학교육 목표 (주로, 학문후속세대 양성에 초점을 둔 학사구조)	다양한 교육목표 및 학사트랙: 취업, 진학, 전문가 트랙 등에 적합한 교육프로그램
교양, 전공 구조	창의적 사고, 융복합적 전공지식 필요	전공이기주의로 학문 간 벽이 여전하며, 교양도 전공기초가 중심	평생에 걸쳐 활용 가능한 종합사고능력 배양, 융복합적 지식이 가능한 전공구조
교육의 질 관리	고등교육품질의 글로벌 스탠더드화 사회 및 산업과의 적합성 요구	범용인재의 신속한 배출 대학주도 공급자중심의 질 관리 방목(放牧)형 관리	세계 수준의 교육품질 확보 및 사회 및 산업의 적합성 제고 교육수요자를 위한 전문적 진로 및 학습능력개발 프로그램

〈표 5-8〉 2008년 4년제 대학 졸업자 진로현황

	졸업자	취업자	진학자	입대자	미취업자	기타
인원(명)	282,670	170,878	27,072	5,461	74,135	5,124
비율(%)	100	60.5	9.6	1.9	26.2	1.8

주: 기타는 취업불가능자, 외국인유학생, 미상을 포함.
자료: 교육통계연보, 2008취업통계분석자료집.

〈표 5-8〉에 의하면 대학졸업자 중 60.5%가 취업하며 9.6%만이 진학하고 있다. 그러므로 앞으로 대학은 일반직업과 사회진출을 위한 인력양성, 전문가양성, 학문후속세대양성 등 다양한 교육목표를 가진 대학이 되어야 한다. 이를 위해 대학은 교육목표에 따라 학생들에게 3가지로 구분된 졸업 이후의 경로를 제시할 필요가 있다. 3가지 경로란, 취업 및 사회진출트랙(*vocational track*), 전문가트랙(*professional track*), 학문트랙(*academic track*)인데, 대학은 각 트랙에 적합한 교육목표와 교육과정을 학생들에게 제시해야 한다. 또한 학생의 진로트랙에 따라 교양과 전공을 유연하게 조합하는 학사관리가 필요하다. 예컨대 졸업 이후 취업 및 사회진출을 원하는 학생을 위해서는 전공교육에 충분한 이수학점을 부여하면서도 기초교양이 부실해지지 않도록 체제를 구성하고, 일반·전문대학원 진학을 원하는 학생을 위해서는 교양기초·심화에 충분한 이수학점을 부여하여 학부과정을 통해 전공기초를 쌓은 뒤 대학원과정에서 충실한 전공심화가 이루어질 수 있도록 하는 등 각 트랙에 적합한 교육프로그램이 제공되어야 한다.

② 교양 및 전공구조

대학은 학습공동체, 종합적 사고능력 및 융·복합전문지식의 강화 등을 위해 교양 및 전공 구성에서의 변화가 필요하다. 지식산업사회의 특징은 다음 3가지로 분류된다. 첫째, 지식산업사회는 생산되는 정보의 양이 엄청날 뿐 아니라 새로운 정보가 지속적으로 산출되면서 이를 적시에 전달할 수 없게 된다. 둘째, 지식과 정보에 대한 접근이 용이해져서 지식을 배타적으로 독점하기란 불가능해진다. 셋째, 지식과 정보의 효용기간이 짧아져 특정 지식이 학생에게 전달될 때는 이미 낡아서 쓸모없는 것이 되기 쉽다.[14] 따라서 지식산업사회로의 변화에 맞게 대학은 학생들이 스스로 새로운 지식을 찾아내고 응용하여 창출할 수 있는 능력, 즉 학습할 수 있는 능력을 길러주어야 하고 점차 교수와 학생의 학습공동체로 변화되어야 한다.

또한, 비판적 사고 및 창의적 문제해결능력, 의사소통능력 등 종합적 사고능력이 함양되도록 이에 적합한 양질의 교양교육프로그램이 제공되어야 한다. 나아가 전공기초 성격의 교양보다는 학문적 보편성을 지니면서 다양한 영역(인문학·사회과학·자연과학 등)을 포함하는 교양기초교육을 더욱 강화해야 한다. 그 이유는 지식 변화속도가 빠르고 그 생명주기가 짧아지면서 엄청나게 쏟아지는 다양한 정보들을 제대로 분별해내는 비판적 사고능력과 새로운 정보를 창출할 수 있는 창의력, 보유한 지식과 정보를 전달하고 유통시킬 수 있는 의사소통능력 및 주어진 상황 속에서 핵심적인 이슈를 찾아내고 해결할 수 있는 문제해결능력이 점차 중요해지기 때문이다.[15] 교양은 하버드대학의 2009년 교양과목개편에서 시사점을 찾을 수 있다. 하버드대학의 교양은 학문분야(*discipline*)보다는 주제(*subjects*)를 강조하면서 대학을 졸업한 이후에도 사회생활에 계속 영향을 미칠 수 있는 필수과목을 제시하고 있다.[16]

---

14) 손동현, 성균관대학교 학부대학 창립3주년 기념 심포지엄 발표, 2008. 5.

15) 김동길, 글로벌 인재포럼2009 자료집, 2009. 대학교육에서 습득해야 할 핵심기반기술로서 critical thinking, analytical reasoning, written communication, problem solving을 제시하고 있음.

16) 신의항, 미국 대학의 교양교육 현황 분석, 교양교육연구 제2권 제2호: 79~116, 2008. 2009년 하버드대학의 교양과목은 ①심미적, 해석적 이해

이를 위해 대학에는 교양교육을 전담할 수 있는 독립기구가 필요하며 교양전담교수를 확보해야 한다. 한국의 많은 대학들은 교양을 시간강사 위주로 운영하여 교양교육의 질이 저하되고 있다. 전공과 연계된 교양교과목에 집착함으로써 교양분야에도 전공이기주의가 만연되어 있다. 이런 현상은 쇄신되어야 한다.

아울러 다양한 학문을 접해 융·복합적 사고가 가능하도록 학생들이 교양과 전공에서 여러 분야를 경험하도록 해야 한다. 다양한 전문분야의 지식을 통합하여 총체적 조망과 접근으로 문제를 해결하는 다학문적·학제적 능력이 요구된다. 미국은 박사학위분야 중 다학제 간 연구(*multi-interdisciplinary studies*)로 학위를 받는 자의 수가 10년 전에 비해 43.1% 나 늘어났다. 이는 융·복합학문에 대한 관심이 높아지고 있는 추세를 반영하는 것이다.[17]

전공교육은 복수전공·연계전공 등을 더욱 장려하여야 한다. 그러나 현재의 복수전공은 취업을 위해 이른바 인기 있는 경영학, 영문학 등으로 과다하게 쏠리는 현상이 있어 바람직하지 않다. 따라서 학생수요자의 요구를 무시할 수는 없으나 진정한 융·복합적 지식을 위해서는 아카데믹 조언(*Academic Advising*) 체계를 두어 가능한 한 이질적 학문분야를 복수전공으로 선택하도록 유도해야 한다. 또한 실용전공의 경우 전공 이수학

(*Aesthetic and Interpretive Understanding*), ② 문화와 신앙(*Culture and Belief*), ③ 실증적, 수리적 추론(*Empirical and Mathematical Reasoning*), ④ 윤리적 추론(*Ethical Reasoning*), ⑤생명체의 과학(*Science of Living System*), ⑥ 물질세계의 과학(*Science of Physical Universe*), ⑦ 세계 속의 여러 사회(*Societies of the World*), ⑧ 세계 속의 미국(*the United States in the World*).

17) The condition of education 2009(U.S. Department of Education). 미국 대학의 2006~2007년 박사학위자는 1996~1997년 대비 평균 32.1%가 증가했으며, Health professional and related clinical sciences(283.4%), Computer and information sciences and support services(86.1%), Business(51.9%) 등이 높은 증가율을 나타내고 있음.

점을 현재보다 상향조정하여 전공 부실화 현상을 방지해야 한다.

③ 교육의 품질 관리

그동안 한국은 교육의 질 제고를 위한 노력이 꾸준히 진행되었음에도 불구하고 학생 당사자, 교수는 물론이고 인재를 활용하는 사회 및 산업의 대학교육품질에 대한 불만족은 상당하다. 향후 글로벌 스탠더드에 적합한 교육품질을 담보하기 위해서 대학과 정부는 연구만큼이나 교육성과를 높이는 일에도 신경을 써야 한다. 한국대학은 교수임용·승진·성과 인센티브 모두가 연구실적을 높이는 데에만 초점을 두었다. 덕분에 연구량은 세계적 수준이 되었지만 상대적으로 교육은 부실해졌다. 교수는 강의준비에 소홀하고, 학생은 방목(放牧)되고 있다. 학생은 취업을 위해 이른바 스펙을 갖추는 데 엄청난 노력을 쏟지만 정작 미래 산업사회에 필요한 교양과 전공지식은 턱없이 부족하다. 그러면서도 느슨한 학사운영으로 전국 4년제대학 전공과목의 성적은 B 이상이 77%일 정도로 학점 인플레가 심각하다.

이 문제를 해결하기 위해서는 첫째, 교수평가에서 교육 및 강의에 대한 평가를 연구만큼이나 중요하게 생각해야 한다. 교수의 임용·승진·연봉 및 인센티브에 있어서 해당 교수의 교육관련평가 비중을 지금보다 훨씬 높게 반영하여야 한다. 둘째, 교수학습센터를 제대로 활성화시켜 교수와 학생들의 활용도를 높여야 한다. 현재 교수학습센터는 신임교원 및 소수 관심이 있는 교수들만 활용하고 있는데, 자신의 교수방법을 개선시키기 위해서 교수 전체가 반드시 찾아야 할 장소가 되도록 전문인력, 인프라, 프로그램 등에 대폭적인 투자를 해야 한다. 동시에 학생진로조언을 위한 아카데믹 어드바이저 제도, 학생학습지원 등 학생 학습역량에 적합한 맞춤형프로그램으로 학생들을 지원해야 한다. 셋째, 조교제도의 활성화이다. 현재 한국 대학의 조교는 교수 및 학과행정을 보조하는 수준에 머물러 있다. 조교를 교육품질관리에 활용하는 것은 교수 대학생비율이 선진수준에 비해 열악한 한국대학의 현실을 고려할 때 매우 시급하다. 이를 위해 조교는 향후 학생들을 가르칠 대학교수를 양성하는 채널이 된다는 점을 인식하여 이들의 학생관리 능력 · 학생수업관리 능력 · 교수능력 개발에 투자하고 지원해야 한다. 싱가포르 국립대학의 경우, 석 · 박사 과정의 조교는 과목의 3시간 수업 중 1시간을 담당하여 토론 및 실험을 주도하고 있으며, 교수학습센터에서 이들을 위한 정기적 역량개발 프로그램을 제공하고 있다. 마지막으로 학생의 교양이나 전공을 선택하는 과정을 포함하는 철저한 학사관리가 필요하다. 현재 대부분의 대학에서 학생들은 전공필수를 정하지 않거나 이른바 스펙 중 하나인 고학점 취득을 위해 전공불문하고 학점을 따기 쉬운 과목을 찾아다니고 있다. 학점이 좋지 않을 경우 이미 수강한 과목도 취소가 가능한 현재의 학사관리는 반드시 개선되어야 한다.

(4) 우수교수의 Critical Mass 확보

대학이 경쟁력을 확보하기 위해서는 세계적 수준의 교수 확보가 전제 조건이다. 최고수준의 교수는 '최상의 연구성과 창출 → 연구자금 및 우수학생의 확보 → 대학의 명성 제고 → 최고의 교수 추가확보 및 인프라구축여건 마련 → 다시 최고의 연구성과 창출' 이라는 선순환 고리를 형성한다. 조지 스티글러(Geroge Stigler)는 이것을 눈굴리기(*snow-balling*) 과정으로 설명하였는데, 이는 뛰어난 과학자가 흥미로운 연구를 수행하기 위해 자금을 제공받으면 다른 우수한 연구진들을 끌어들일 수 있고 나아가 우수한 학생들을 유치할 수 있게 되는 것을 뜻한다.

① 충분한 동료 연구자 집단 및 인프라 확보

한국 대학이 최고수준의 교수를 확보하는 데 연구성과는 교수나 연구자 개별적 힘만으로 달성될 수 없으며 동료연구자 및 연구인프라가 충분히 갖추어져야 한다. 선진대학의 경우 연구전담교원이 교수보다 많으며,

〈표 5-9〉 한국의 논문 세계 순위

	2004	2005	2006	2007	2008
논문발표 수 순위	12	11	11	12	12
피인용지 수 순위	30	30	31	31	30

자료: 과학기술통계서비스.

2~4년 계약제 Post-Doc(박사 후 과정)까지 연구진에 가세하고 있다.

CALTECH의 연구전담교원 및 Post-Doc 수는 교수의 2.1배(2006년), 취리히연방공대의 연구전담교원 수는 교수의 10배(2005년)인 데 반해, 한국의 대학은 석·박사 과정학생 중심으로 연구실이 운영되고 있으며, 그나마 소수의 대학을 제외하고는 석사과정학생이 대부분이다. 한국대학이 지금과 같이 교수 한 사람의 역량에 의존할 경우 논문성과를 세계수준으로 끌어올리는 데는 한계가 있으며, 빈약한 연구자와 연구인프라는 세계 12위권에 해당하는 논문 수, 세계 30위권에 머물고 있는 피인용지 수 순위가 수년간 정체되는 이유가 되기도 한다.

현재 한국의 정부 및 고등교육기관이 대외경쟁력의 관건이 되는 우수교직원확보 노력은 필요성에 비해 상대적으로 미미한 편이다. 정부는 학술연구비지원 프로그램의 일환으로 국내 대학 혹은 국가기관에서 근무하여 일정 이상의 자격을 가진 전문가를 초빙하거나 국내의 학자들이 외국의 저명학자들을 초청하거나 공동연구하는 프로그램을 제한적으로 지원하고 있다. 그러나 외국의 우수한 학자를 국내 대학에 전임교원으로 장기간 초청할 수 있도록 하는 정부 단위의 지원도, 대학을 비롯한 고등교육기관들이 자체적으로 운용하는 우수교원확보 프로그램도 거의 없는 실정이다. 우수교원을 초빙할 수 있는 제도적 장치 미비, 부족한 재정여건 그리고 대학경영자의 인식부족 등이 그 이유이다. 최근 일부대학에서는 외국의 석학들을 경영자나 석좌교수로 초빙하는 노력을 보이고는 있으나 이러한 노력이 더욱 확대되기 위해 정부와 고등교육기관의 공동 노력이 필요하다.

세계 수준의 연구역량을 보유하기 위해 최고수준의 교수와 연구인프라를 확보하는 성공적 사례로 취리히연방공대를 들 수 있다. 지난 100년 동안 26명의 노벨상수상자를 배출한 취리히연방공대는 세계최고의 교수진을 확보하기 위해 투자를 아끼지 않는 것으로 유명하다. System Biology 분야의 최고권위자인 루디 에버솔드 교수를 영입할 때 3년에 걸쳐 총 1억 8천만 달러를 집행했는데, 이는 단순히 교수 1명을 영입한 것이 아니라 함께 할 연구원과 연구인프라를 제대로 갖추는 데에 소요된 비용이다.

한국의 경우, 포항공대가 대표적 사례이다. 포항공대는 1000억 원을 들여 철강대학원을 설립하고 해외초특급석학 4명을 영입하였다. 이로 인해 최근 들어 세계 유수의 대학에서 교환교수 제안, 기업과의 공동연구, 해외우수학생의 유입 등의 효과가 나타나고 글로벌 수준의 학술네트워킹이 형성되는 효과를 거두고 있다.[18] 최고의 교수와 연구원 및 연구인프라는 곧 글로벌 연구네트워크를 만들고 인재집적지(集積地) 역할을 하면서 최고의 연구성과를 내게 된다. 최고의 교수·연구진·연구인프라는 고등교육기관이 글로벌경쟁력을 확보하는 데 가장 중요한 요인이다.

② 우수외국인 전임교원 확보

선진명문대학일수록 외국인교수의 비중이 높다. 외국출신 교수는 세계각지에서 우수교수 및 학생을 유치하는 창구가 될 수 있다는 점에서 단순한 국제화개념을 넘어 대학경쟁력 향상에 매우 중요한 요인이다. 지식의 국제 네트워킹에도 중요한 역할을 한다. 동시에 연구와 교육에서 새로운 아이디어나 접근 방식에 더욱 개방된 자세를 가지게 함으로써 대학경쟁력 향상에 기여한다. 따라서 세계 수준의 대학과 경쟁하려는 대학이라면 캠퍼스문화의 국제화, 행정스태프의 영어능력과 국제화 소양 배양,

18) 〈중앙일보〉, 2009. 10. 22.

〈표 5-10〉 세계대학순위와 외국인 교직원 비율

THES 순위(2008)	대학교	교직원 수	외국인 교직원	외국인 교직원 비율
1	Harvard	3,788	1,197	32
8	Chicago	2,797	628	22
3	Cambridge	3,933	1,627	41
24	ETH Zurich	1,578	821	52
30	NUS	2,416	1,198	50
36	Berkeley	1,736	546	31

자료: The World Bank, *The Challenge of Establishing World Class Universities*, 2009.

우수전임교원에 대한 유연한 급여시스템 구축 등을 선행하고 외국 우수전임교원의 영입에 많은 투자를 해야 한다.

(5) 교육의 질과 출구관리의 강화

수요자가 만족하는 대학교육의 질을 지속적으로 관리하기 위해서는 입학과 졸업 시 학업성취도를 비교 · 평가하는 시스템을 구축할 필요가 있다. 따라서 주요선진국의 평가시스템 분석 후 한국에 적합한 평가시스템을 도입해야 한다.

① 미국: CLA

미국은 대학 입학 성적과 졸업 시의 학업성과(CLA: *Collegiate Learning Assessment*)를 비교 · 평가하여 대학교육의 효과를 평가한다. CLA는 학습성과의 개념적 틀을 토대로 문제해결능력 · 분석적 추론능력 · 비판적 사고능력 · 글쓰기능력 등으로 구성된 일반핵심능력과 대학교육을 통해 개발된 대학생 능력을 평가하기 위한 목적으로 개발되었다. CLA는 대학

입학성적의 효과를 통제한 후 특정 대학의 4학년 학생들이 1학년 학생들보다 더욱 높은 점수를 받는지, 더욱 중요한 것은 대학 4학년생과 1학년생들의 결과를 비교하여 시간이 지남에 따라 능력의 격차가 더 커지는지, 아니면 줄어드는지를 평가한다(최정윤, 2009).

② 호주: GSA

GSA(*Graduate Skills Assessment*) 도입의 기본목적은 대학입학단계와 졸업단계에서 일반적 숙련도 향상수준을 측정하여 활용함으로써 고등교육의 경쟁력을 제고하고 산업 적합성을 높이는 데에 있다. 특정상황에서만이 아니라 다양한 상황으로 응용이나 전환이 가능하며 대학학업이나 산업체 고용과 연관성을 가지고 대학교육으로 개발될 수 있는 일반핵심능력을 도출하여 평가하려는 측정도구이다. 따라서 최종측정이 가능하고 어떠한 상황에서든지 요구되는 능력으로서 다른 능력의 기반이 되는 4요소 즉 글쓰기 의사소통·비판적 사고력·문제해결력·대인관계이해를 측정하려는 도구인 GSA를 개발하였다.

③ OECD의 AHELO

대학이 우수한 학생을 선발하려는 노력도 물론 중요하지만 선발한 학생들을 잘 양성하여 그들의 지식과 능력을 향상시키는 일은 훨씬 중요하다. 이러한 의미에서 학업성취도 평가는 대학의 교육역량을 높이는 중요한 기제가 될 수 있다.[19] OECD는 고등교육기관과 직접적인 관련이 없는 언론매체 등 외부기관이 고등교육기관에 대해 타당성과 객관성이 결여된 순위를 매기고 매년 그 결과를 발표하여, 고등교육기관의 가치와 목적에 대한 공공인식, 고등교육기관의 과제와 우선순위, 그리고 정부의

19) OECD도 PISA와 같은 학업성취도평가를 고등교육에 적용할 계획이며, 현재 한국의 한동대학교를 비롯한 3개국의 3개대학이 CLA개념을 도입하여 시범적용을 준비하고 있음.

〈표 5-11〉 평가영역별 실행가능성 평가 참여국 현황

평가영역	참가국
일반핵심능력(Generic Skill Stand)	핀란드, 한국, 멕시코, 노르웨이
전공능력: 경제학(Domain-specific Stand: Economics)	벨기에, 이탈리아, 네덜란드, 멕시코
전공능력: 공학(Domain-specific Stand: Engineering)	일본, 호주, 스웨덴
배경 요인(Contextual Stand)	모든 실행가능성 평가 참여국

주: 2009년 11월 기준.
자료: EDU/IMHE/AHELO/GNE(2009)5/PART2.

정책형성에 영향을 미치고 있음을 우려하였다. 이러한 현실의 개선을 위해 OECD는 고등교육학습성과 평가사업에 착수하게 되었고 그 평가지표가 AHELO이다. 한국은 일반핵심능력 평가에 참여하였다. OECD의 AHELO사업과 같은 고등교육학습성과 평가제도는 국가수준 고등교육정책의 설계뿐만 아니라 개별 대학들이 자체적으로 교육 방법과 학습지도방법 등을 개선하는 데에도 유용한 수단이 된다.

(6) 대학 경영시스템의 선진화

대학이 경쟁력을 확보하기 위해서는 전통적 대학패러다임에서 21세기 지식산업에 걸맞은 시장경쟁원리 및 핵심역량중심으로의 혁신이 필요한데 이를 뒷받침하는 핵심요인이 대학의 경영시스템개혁이다. 대학 경영시스템개혁의 주요 골자는 첫째, 지배구조개혁은 이사회의 책무성강화와 함께 총장이 혁신적 리더십을 발휘할 수 있도록 총장선출제도를 개선하고 장기적으로 임기를 보장하는 것으로 가능하다. 둘째, 대학경쟁력은 단과대학 및 각 전공분야가 스스로 경쟁력을 확보하려는 노력으로 출발하며, 이를 위해서는 단과대학에 자율성을 부여하고 책임경영체제를 도입해야 한다. 마지막으로 행정시스템개혁은 교수와 학생에게 효율적 서

• 미국 대학의 이사회 구성 특성

- 미국 사립대학은 이사회 구성원을 다양화하여 대학 운영에 대한 견제 기능을 강화하고 있으며, 하버드대학의 경우는 양원체제로 운영: The Board of Trustees에 해당하는 Harvard Corporation(집행이사회)을 견제하는 The Board of Overseers(감시위원회)를 운영

- 대부분의 학교에서는 당연직(ex officio 등)을 제외한 이사는 학교 구성원의 선거를 통해서 선출하며, 프린스턴, 예일, 코넬, 펜실베이니아, USC 등은 주지사 등 지방정부의 수장이 당연직 이사로 참여

- 이사회는 총장에게 장기발전계획을 요구하고 지원하는 것이 주요 역할이며, 성과가 미진할 경우에는 총장의 과감한 교체도 단행

구분	Harvard	Cornell	U Penn	Stanford	USC
이사 수	총 37명	총 64명	총 74명	총 35명	총 20인
임 기	집행 3년 감사 6년	—	5년	5년	4년

비스를 제공하는 고객중심의 행정을 구현함으로써 달성할 수 있다. 이 3가지 개혁의 주요골자에 대한 세부 방안은 아래와 같다.

① 지배구조의 개혁

대학이 글로벌 수준의 경쟁력을 갖추기 위해서는 이를 주도할 수 있는 지배구조 개혁이 필요하다. 특히 이사회의 책무성강화와 총장의 리더십 발휘체제를 구축해야 한다. 최근 대학재정운영역량과 경영능력의 문제는 대학발전에 큰 걸림돌이 되고 있으며, 이를 해결하기 위해서는 이사회의 역량이 확대·강화되어야 한다.

② 고객 만족형 행정시스템 구축

대학이 연구와 교육에 집중할 수 있도록 고객중심 행정시스템을 구현

하고 행정시스템에 대해 정기적으로 고객만족도조사를 실시하여 피드백을 제공받고, 대학의 본부기능과 학과행정 서비스기능을 고객접점에서 효율적으로 운영하는 수요자 관점에서의 고객만족(CS) 개념을 도입해야 한다. 대학차원에서의 행정효율화를 위한 노력도 지속되어야 하며 SSU (*Shared Service Unit*)를 구성하여 학생종합 서비스센터, 학사종합 서비스 체제 등을 구축함으로써 행정업무 중복과 분산을 줄이고, 행정서비스 효율을 극대화해야 한다.

교수와 행정직원에게도 대학 재무구조를 이해하도록 도모하고 단과대학별 관리회계와 내부감사제도를 도입해야 한다. 비용관리를 철저히 하고 학생 · 직원 · 교수 · 기부자 등에게 학교가 어떻게 운영되고 있는지를 정확하게 보고함으로써 투명성과 책임감을 동시에 제고할 수 있는 재무관리시스템 선진화가 필요하다. 하버드 대학교는 단과대학별로 연례보고서를 발간하는데 하버드 경영대학원 연례보고서의 경우 재무구조를 상세히 알 수 있도록 되어 있다. 더욱이 연례보고서는 외부인을 위한 것이지만 교수 등 내부구성원들에게 대학상황을 알리는 좋은 교육자료로도 이용되고 있다는 자체 평가가 있다.

또한 교직원들을 직무단위로 채용하고 경력개발과정을 통해 전문성을 강화해야 한다. 교직원이 자신의 전문분야에서 평생에 걸쳐 학생, 교수에게 서비스를 제공할 수 있도록 제도화하고, 교직원의 직무요건(*job requirement*)을 체계화하여 채용 시에 활용하며 학문(*academic*), 행정(*administrative & clerical*), 기술지원(*technical support*) 등 직무를 다양하게 구성할 필요가 있다.

(7) 대학 자율경쟁 강화를 위한 규제 개혁

대학교육이 교육소비자인 학생과 기업의 수요에 부응하지 못하는 것은 현재 대학들이 정부의 과다한 지휘 · 감독을 받고 있어 독자적인 운영 측면에서 여러 제약을 받기 때문이다. 대학들이 인적자원개발시장에 독자적 참여자로서 자신의 노력과 성취에 따라 평가받고 퇴출될 수 있는 시장 경제 메커니즘에 따라 움직이도록 지원할 필요가 있으며 이를 위한 최대의 전제조건은 대학자율화이다. 이런 점에서 "고등교육 주제검토사업"(OECD *Thematic Review of Tertiary Education*) 보고서는 참고할 만한 자료이다. 이 보고서는 한국의 고등교육의 질 향상을 위해서는 유연성, 시장 메커니즘(*market-like mechanism*), 자율성 등을 더욱 증진시켜야 함을 권고하고 있다.[20]

또한 World Bank Report(2009)에서는 세계 수준의 역량을 갖춘 대학을 양성하기 위해 적절한 거버넌스의 필요성을 언급하였다. 이 보고서에 의하면 세계 수준의 대학은 풍부한 대학재정도 중요하지만 세계 수준의 대학은 주정부로부터 상대적 독립성을 확보하여야 이루어질 수 있으며, 대학자율성은 세계 수준의 대학을 설립하고 유지하는 필수요소이다. 더욱이 지도자를 고무시키고 강한 전략적 비전을 제시하는 거버넌스차원의 특성화가 필요함을 제안한다.[21] 뿐만 아니라 정부는 지원적 외부정책환경을 마련하고 대학들이 국제적 수준에서 경쟁할 수 있도록 장려하는 재정과 규제조건을 만들어야 한다. 이것을 조장하기 위한 방법에는 크게 3가지가 있다. 첫째, 대학에 경영자율권을 부여하고, 둘째, 성과에 따라 재정을 지원하며, 셋째, 기업과 자선가가 대학에 기부할 때 세금을 면제해주는 호의적 과세제도이다. 미국과 인도정부는 이를 위해 노력함으로써 현재 우수한 대학을 유치하고 있다.[22]

대학자율화를 위해서는 특히 대학이 다양한 특성을 살려 수요자가 만족하는 교육을 제공하도록 고등교육법상의 규제를 과감히 개혁해야 한다. 현재 고등교육법 및 관련시행령은 대학의 학사운영·학생선발·인사·재정·조직구성 및 설립과 폐지에 이르기까지 광범위하게 규제하고

---

20) OECD, Country Note, "*Thematic Review of Tertiary Education*", 2006. 7.

21) Salmi, 2009: 26.

22) Salmi, 2009: 39~42.

있다. 이것이 대학의 자율적 운영과 활동을 원천적으로 제약하는 요인이 되므로 대학이 자율적으로 경쟁력을 개발할 수 있도록 기존의 규제를 과감히 개혁해야 한다. 무엇보다 대학이 각자의 핵심역량을 내세워 수요자에게 Only One이라는 특성화된 교육을 제공하기 위해서 대학 각자의 교육이념 또는 전략유형에 따라 학과 · 정원 · 입학생 선발방식 등을 자율화하여야 한다.

■ 참고문헌

강성진(2008), "대학의 국제화: 글로벌 스탠더드란 무엇인가", 〈대학교육〉, 153: 7~11.

국가교육과학기술자문회의(2009. 10. 30), "글로벌경쟁력 확보를 위한 대학학부교육 강화방안 보고자료".

교육과학기술부(2005), "특성화를 위한 대학혁신방안".

______(2009), "2010년 주요업무 계획 발표 자료".

______(2008. 6. 20), "세계 수준의 연구중심대학(*WCU*) 육성 사업 계획", 교육과학기술부.

______(2009. 12. 22), "교육과학기술 선진화로 세계일류국가 도약", 교육과학기술부.

______(2009. 12. 28), "대학연구비 지속적 증가, 기술이전실적 상승 추세: 2008 전국 4년제 대학 연구활동 실태조사 분석결과", 교육과학기술부 보도자료.

교육인적자원부(2007), "고등교육의 국제화전략 2007년도 추진계획 보도자료".

김경근 외(2007), "세계 주요국의 고등교육 국제화 현황 및 지표", 서울: 고려대학교 고등교육정책연구센터.

______ 외(2007), "아시아 주요 국가들의 고등교육 경쟁력과 정부의 역할: 주요 명문대학들의 사례를 중심으로", 서울: 고려대학교 고등교육정책연구센터.

_____ 외(2008), "서구 주요 선진국의 고등교육 경쟁력과 그 원천", 서울: 고려대학교 고등교육정책연구소.

김승보 외(2007), "고등교육의 글로벌경쟁력 강화방안", 서울: 한국직업능력개발원.

김안나 · 채재은 · 최윤진(2006), "'교육비전 2030'을 위한 외국의 중장기 교육개혁 방안 분석 연구", 서울: 교육혁신위원회.

대한상공회의소(2006), "수요자 지향형 대학교육 개혁방안".

동아일보 특별취재팀(2006), "작지만 강한 대학", 서울: 동아일보사.

류지성 외(2006), "대학혁신", 서울: 삼성경제연구소.

모종린(2008), "일류대학 공급에 대한 신화와 규제".

박동열 외(2007), "대학특성화 지도 구축, 운영방안", 서울: 한국직업능력개발원.

박민아 · 이다은 · 한지혜(2009), "볼로냐 프로세스(Bologna Process): 2009 루벤 공동선언", 〈대학교육〉, 160: 80~86.

박태준 · 손유미 · 김한별(2008), "UAE(아랍에미리트연합)의 글로벌 교육전략 연구", 서울: 한국직업능력개발원.

박정수 외(2010), "글로벌경쟁력 강화를 위한 고등교육의 질 제고", 한국교육개발원.

박종렬 외(2009), 《대학평가: 이론과 실제》, 서울: 학지사.

배민근(2006. 10), "해외인재 유치, 새로운 전략이 필요하다", LG 주간경제: 34~38.

백성준 · 김승보 · 전재식(2006), "고등교육과 인적자원개발", 서울: 한국직업능력개발원.

삼성경제연구소(2005), "대학혁신과 경쟁력".

_____(2006), "공학교육혁신 마스터플랜".

서정화 외(2009), "대학교육의 선진화 방안 연구", 서울: 한국대학교육협의회.

손유미 외(2008), "고등교육산업 경쟁력 제고 방안 연구", 서울: 한국직업능력개발원.

신정철 · 김명진 · 정지선 역(2007), Philip G. Altbach & Jorge Balán(2007), 《세계 수준의 연구중심대학을 향한 도전》, 서울: 교육과학사.

신현석(2005), 《한국의 고등교육 개혁정책》, 서울: 학지사.

_____ 외(2008), "대학유형별 발전추진 전략 연구: 사립대학을 중심으로", 서울: 고려대학교 고등교육정책연구소.

양병무·임천순·정재호(2006), "고등교육국제화와 인적자원활용에 관한 연구", 서울: 한국직업능력개발원.
양승실 외(2009), 《주요 선진국의 대학 발전 동향 이론과 실제》, 서울: 학지사.
양정호·한신일·이석열(2007), "현행 대학평가의 문제점 및 개선방안", 서울: 감사원 평가연구원.
______ 외(2007), "'국가미래교육위원회' 설치방안 연구", 서울: 교육혁신위원회.
이기정(2008), "한국 고등교육의 국제화 현황", 〈대학교육〉, 153: 17~23.
이병문(2006), "핀란드 들여다보기", 서울: 매일경제신문사.
이병식(2005), "UNESCO/OECD 고등교육 질 보장 가이드라인에 대한 대응방안", 서울: 한국교육개발원.
유현숙 외(2005), "고등교육개혁 국제동향 분석연구", 서울: 한국교육개발원.
______·조영하·송선영(2007), "대학특성화의 국제적 동향 연구", 서울: 고려대학교 고등교육정책연구소.
조선일보(2010. 1. 4), "'자주 인용된 논문 연구자' 네 번째 한국인 탄생", 2면.
지명훈(2009), "서남표 천일의 기록", 서울: 동아일보사.
지식경제부(2007. 12. 28), "2007년도 공과대학의 산업기여도 평가결과", 지식경제부 보도자료.
최상덕 외(2008), "고등교육경쟁력 강화를 위한 대학특성화 방안 연구", 서울: 한국교육개발원.
최정윤 외(2007), "한국대학의 질적 수준 분석 연구(I)", 서울: 한국교육개발원.
______ 외(2008), "한국대학의 질적 수준 분석 연구(II)", 서울: 한국교육개발원.
최정윤(2009), "OECD 고등교육 학습성과 평가사업 연구(I) - OECD AHELO 사업 참여를 위한 실천전략 탐색", 한국교육개발원.
통계청(2009), "향후 10년간 사회변화 요인분석 및 시사점".
한국교육개발원(2009), "IMD 교육경쟁력 분석보고서".
______(2008), "대입전형 관리체제 개선방안".
한국교육협의회(2009), "2009 대학교육 현황분석".
______(2009), "고등교육경쟁력 강화를 위한 대학특성화 연구".
한국대학교육협의회(2007), "대학 경쟁력 제고를 위한 과제와 전략 III".
______(2008), "대학경쟁력 강화를 위한 과제와 전략", 하계대학총장세미나.
한국대학교육협의회(2009), "2009 International University Presidents Forum 'Strengthening Universities' Educational Competitiveness".

한국대학신문(2006), "대학경쟁력이 우리의 미래다".
한국직업능력개발원(2008), "고등교육산업 경쟁력 제고방안 연구".
현경석(2007), "일본 대학교육의 개혁 동향: 학부교육을 중심으로", 〈대학교육〉, 149: 106~117.
현대경제연구원(2007), "한국의 고급두뇌 공동화 현상과 대응방안".

Altbach, P. G., Reisberg, L., & Rumbley, L. E. (2009), *Trends in global higher education: tracking an academic revolution.* Paris: UNESCO.
Altbach, P. G., & Balan, J. (2007), 《세계 수준의 연구중심대학을 향한 도전》, 서울: 교육과학사.
Brewer, Dominic J., Gates, Susan M. & Goldman, Charles A. (2002), *In Pursuit of Prestige: Strategy and Competition in U. S. Higher Education,* New Brunswick (U. S. A): Transaction Publishers.
Department for Business, Innovation and Skills (2009), *Higher Ambitions: The Future of Universities in a Knowledge Economy,* London: Author.
Douglass, J. A. & Edelstein, R. (2009), "The Global Competition for Talent: The Rapidly Changing Market for International Students and the Need for a Strategic Approach in the US", CA: Center for Studies in Higher education.
Marginson, S. (2007), *Globalisation and Higher Education,* Paris: OECD.
NSF (2008), "Science and Engineering Indicator 2008".
OECD (2003), "Education at a Glance 2003".
______(2006), "Four Futures Scenarios for Higher Education", Paris: Author.
______(2006), "Six Scenarios for University".
______(2006), "Science, Technology and Industry Scoreboard 2006".
______(2006. 7.), "Thematic Review of Tertiary Education, Country Note".
______(2009), *Higher Education 2030,* Vol. 1: Demography.
______(2009), *Higher Education 2030,* Vol. 1: Globalization.
______(2009). *Higher Education to 2030: Globalisation.* Paris: Author.
"OECD Countries: Challenges and Opportunities for the Coming Decade", *Journal of Studies in International Education,* 11 (3~4): 274~289.
Salmi & Jamil (2009), *The Challenge of Establishing World-Class Universities,*

The World Bank.
"University of California", *Annual Accountability Report.*
Usher, A. & Savino(2006). *A World of Difference: A Global Survey of University League Tables.* Education Policy Institute.
van der Wende, M. (2007), "Internationalization of Higher Education in the http://eacea. ec. europa. eu/erasmus_mundus/"
http://opendoors. iienetwork. org/
http://www. ed. gov/
http://www. jedi. re. kr/
http://www. mext. go. jp/
http://www. ond. flanders. be/hogeronderwijs/bologna/
http://www. singaporeedu. gov. sg/

06

신복지모델 모색

공생적 발전 – 성장과 분배 간의 조화

김원식 · 김태일 · 유길상
신의철 · 최 균 · 최영기

1. 서론[1)]

과거 산업화시대에 우리는 성장과 분배를 상호 대립적 개념으로서 선택의 문제라고 생각해 왔다. 그러나 세계화와 정보화로 이 개념들 간 상호작용과 의존도가 크게 높아지면서, 민주화를 명분으로 한 '외눈박이 선택'들은 정치적으로도 더 이상 수용하기 어렵게 되었다. 따라서 성장과 분배는 어느 하나도 포기할 수 없는 정책목표가 되고 있다. 한마디로, 선진화의 시대는 '공생적 발전'의 시대이다.

여기에 정보화와 IT의 발달로 고용 없는 성장이 촉발되고 이는 중산층을 감소시켜 소득양극화로 이어졌으며, 소득계층 간 갈등을 증폭시켰다. 이제는 저소득층의 생활안정 및 고령화사회에 따른 노후안정이 우리사회 최대의 관심사가 되고 있다. 따라서 저소득층을 보호하고 균등한 기회를 제공할 수 있는 안정된 사회안전망과 직업교육시스템이 구축되어야 한

1) 김원식, "성장·복지·환경 간 조화… 공생적 발전의 길로", 〈조선일보〉, 2010. 3. 8. 참조.

다. 중·저소득층의 소득증대 없이는 내수가 발달할 수 없어서 지속적 경제성장을 유지할 수 없고, 두터운 중산층이 형성되기도 어렵다. 또한, 중산층을 육성하기 위해서는 근로복지프로그램을 활성화해야 한다. 그동안 정부주도의 사회보험이 확대되면서 기업 내 복지프로그램은 오히려 축소되어 왔다. 전 국민을 대상으로 하는 사회보험보다 근로복지(*workfare*)가 우선하는 사회보장제도와 효율성에 기초한 복지전달체계의 재구축이 필요하다. 노사관계만 건전해진다면 이러한 복지시스템은 가장 비용절감적이다.

세계화시대를 맞아 우리 다음 세대를 G(글로벌) 세대로 육성하는 일이 무엇보다 시급하고 중요하다. 사회안전망의 범위를 "차세대 기회보장"까지 확대하여 전 국민에게 교육·육아를 위한 주거안정을 지원해야 할 필요성이 높아지고 있다. 인재양성 없이는 더 이상 '성장한국'은 없다고 본다. 계층·지역·빈부·세대 간 격차를 넘어 국민 모두가 공생발전을 이루는 일이야말로 지금 우리에게 주어진 과제이다. 공생적 발전은 성장과 분배가 선순환적 조화를 이룰 때 가능하다. 경제성장 일변도의 발전패러다임에서 벗어나 이제는 경제발전, 사회발전 및 친환경적 발전을 동시에 과감히 추구함으로써 발전을 지속할 수 있는 정책대안을 제시해야 한다.

이를 위하여 첫째, 취약계층의 다양한 욕구를 충족시킬 수 있도록 복지(*welfare*) 제도 혹은 공적부조(*social assistance*)를 개혁해야 한다. 따라서 복지제도는 근본적으로 저소득근로자층 및 빈곤층 중심으로 바뀌어야 한다. 이들이 안정적 생활을 유지할 수 있는 기회를 충분히 제공하여 언제든지 중산층으로 상승할 수 있도록 해야 한다. 특히, 현금으로 제공되는 기초생활보장제도는 개별 가구들의 속성에 따라 급여 성격이 완전히 달라지므로 수혜자의 특성에 맞는 서비스전달체계 개선이 필요하다.

둘째, 사회보험제도시스템을 단순한 급여보장중심에서 예방중심으로 개혁해야 한다. 국민연금공단의 목적은 단순히 연금지급에 그치는 것이 아니라 국민들의 저축운동을 촉진하고 스스로 별도의 노후자산을 적립하도록 하는 것이어야 한다. 국민건강보험공단은 의료보장성을 높이겠다고 공염불하지 말고 국민들이 의료비를 원만하게 충당할 수 있도록 지원하고 더 나아가 그들의 건강수준을 개선시켜야 한다. 고용보험이나 산재보험도 고용을 늘리고 산재발생을 억제하는 것으로 평가받아야 한다.

셋째, 사회보험제도는 민간보험과 강한 협력을 통하여 다층적 사회안전망을 구축해야 한다. 국민연금은 국민들의 퇴직연금과 노후보장을 위하여 함께 고민해야 하고, 국민건강보험은 더 이상 민영건강보험을 경쟁상대로 견제해서는 안 된다. 민간부문도 산재보험을 판매하여 산재억제 노력을 할 수 있도록 해야 한다.

넷째, 사회적 개혁(*social innovation*)이 필요하다. 이제는 공공복지분야에 민간부문의 경영기술을 접목시켜서 효율성을 제고해야 한다. 지금까지 우리사회는 공공부문, 특히 복지부문과 생산성은 관계없는 것처럼 인식해 왔다. 그러나 이제는 IT기술과 새로운 유인 중심의 경영기법이 발달하여 복지부문에도 충분한 생산성 증대요인을 개발시킬 수 있다. 이는 사회보장서비스의 공급개혁을 의미한다.

마지막으로, 사회적 안정은 국민 개개인의 책임의식에서 나온다. 모든 개인들은 당면한 사회적 위험을 회피하기 위하여 스스로 노력해야 한다. 이러한 점에서 건강하고 절제하는 생활·저축 생활화·선진화된 근로의식·적극적 노동시장참여는 아무리 강조해도 부족하지 않다.

사회안전망 확충을 위하여 모든 제도의 가능성을 열어 놓고 과감히 개혁하지 않으면 서구와 같이 재정위기에 놓일 가능성이 낮다고 단언할 수 없다. 이러한 점에서 우리에게는 한국식 사회안전망이 요구되고 있다. 이번 연구는 이러한 사회보장정책의 기조에 바탕을 두고 복지·노동·교육 등이 조화를 이루면서 우리 국민이 상생할 수 있는 신복지모델의 구체적 대안을 제시하고자 한다. 제 2절에서는 사회보험과 환경, 제 3절에서는 노동과 교육, 제 4절에서는 빈곤, 제 5절에서는 사회보장 전달체계를 중심으로 새로운 복지환경을 구상한다.

2. 복지제도의 현황과 한계

복지제도의 가장 큰 목적은 국민의 생활수준 향상이 아니라 빈곤박멸(*poverty eradication*)이다. 따라서 우리나라의 빈곤원인을 근본적으로 파악해야 복지제도의 방향이 도출될 수 있다. 즉 빈곤해결은 우리사회에서의 경제안정과 함께 복지정책에서도 가장 중요한 과제들 중 하나이다. 이것이 지금까지 많은 사회적 비용을 들여가며 사회복지 및 사회보험제도를 도입해 온 이유이다. 이를 위하여 우리사회의 빈곤현황과 원인 및 기존 빈곤정책이 가진 한계점을 근본적으로 검토하는 것이 필요하다.

1) 현황

사회보장제도는 근로예방 및 구제기능을 충분히 하지 못했고 특히 우리사회가 후기산업사회로 들어오면서 다수의 근로빈곤계층이 출현하였다. 〈그림 6-1〉에는 우리나라 도시근로자가구의 십분위 소득분배율추이가 보인다. 십분위 소득분배율은 하위 40%소득을 상위 20%소득으로 나눈 것이다. 따라서 이 값이 작을수록 소득의 상하위격차가 증가함을 의미한다.

〈그림 6-1〉에 따르면 1993년 이후 상·하위계층 간 소득격차가 증가하는 추세임을 알 수 있다. 1998년이 예외인데 이때는 IMF 경제위기가 발생했기 때문이다. 이처럼 상·하위계층 간 소득격차가 증가하면서 빈곤율도 상승하였는데, 빈곤율 변화추세는 〈그림 6-2〉에 제시되어 있다. 빈곤가구는 소득이 전체가구 중위소득의 50%이하인 가구로 정의되며, 빈곤율은 전체가구 중 빈곤가구 비율을 나타낸다. 빈곤율 추세를 보면 1993년 이후 빈곤율은 꾸준히 증가하는 추세에 있음을 알 수 있다. 1998년과 1999년의 빈곤율이 그 전후 연도에 비하여 크게 높은 것은 물론 IMF 경제위기의 영향이다.[2)]

〈그림 6-1〉 십분위 소득분배율 변화 추이

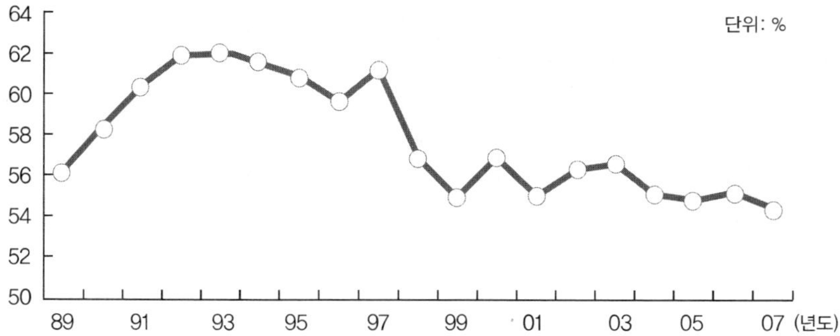

주: 도시근로자가구 대상, 시장소득 기준.
자료: 《2008년 빈곤통계연보》, p. 148 참조.

〈그림 6-2〉 빈곤율 추이(중위소득 50%기준)

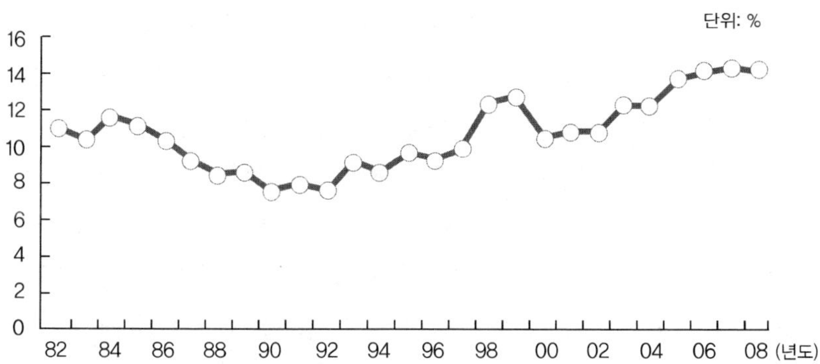

자료: 유경준(2009) 참조.

---

2) 흥미있는 것은 〈표 6-1〉에 제시되었듯이 IMF 경제위기가 발발한 1998년에 십분위 소득분배율은 증가하여 상하위소득격차는 줄어들었지만 빈곤율은 대폭 높아졌다는 점임. 이는 IMF 경제위기가 전체소득계층의 소득을 감소시킨 가운데 중간소득계층에 비하여 하위소득계층의 소득을 상대적으로 더욱 감소시켰기 때문일 것임.

〈표 6-1〉 각국의 빈곤율 비교

단위: %, %포인트

국가	기준연도	시장소득 빈곤율	실제 빈곤율	차이
스웨덴	2005	27.7	5.6	22.1
프랑스	2000	27.8	7.3	20.5
독일	2000	28.5	8.4	20.1
영국	2004	26.9	11.6	15.3
한국	2005	16.9	15.2	1.7
미국	2004	24.5	17.3	7.2

주: 한국은 단독가구를 제외한 도시가구 기준.
자료: LIS홈페이지(http://www.lisproject.org), 《빈곤통계연보》, 2008.

〈표 6-1〉은 OECD 주요국가들의 빈곤율(중위소득 50%기준)을 비교한 것이다. 시장소득빈곤율은 조세와 사회보장지원 등 정부개입 이전 단계의 시장에서 개인이 획득한 소득을 기준으로 계산한 것이며, 실제 빈곤율은 정부개입 이후 가처분 소득을 기준으로 빈곤율을 계산한 것이다.

〈표 6-1〉에 따르면 다른 OECD 국가의 경우 정부정책이 빈곤율을 대폭 줄이는 데 비하여 우리나라는 정부정책이 빈곤 감소에 별 영향을 미치지 못함을 알 수 있다. 스웨덴·프랑스·독일은 정부정책에 의하여 빈곤율이 20%포인트 이상 감소한 데 비하여 우리나라는 불과 1.7%포인트만 낮아졌다. 그 결과 이들 국가들의 빈곤율은 5~8% 정도인 데 비해 우리나라는 15%가 넘고 있다. 더군다나 우리나라의 빈곤율은 다른 국가들과 달리 단독가구를 제외한 도시가구를 기준으로 계산한 것이다. 만일 단독가구 및 농어촌가구를 포함하면 빈곤율은 더욱 증가하였을 것이다. 이상 빈곤에 대한 추이를 정리하면 우리나라는 1990년대 중반 이후 꾸준히 빈곤율증가와 소득양극화가 진행되어온 반면에, 빈곤완화를 위한 정부 역할은 다른 국가들보다 훨씬 미약함을 알 수 있다.[3)]

3) 이처럼 우리나라의 빈곤율이 높고 정부정책이 빈곤감소에 별 영향을 미치지

우리나라 사회보장제도는 1980년대 말부터 본격화되어 1990년대 말에 어느 정도 체계를 갖추었으며, 2000년대에 들어와서도 꾸준히 확대되었다. 그러나 이처럼 사회보장제도가 확대되는 시기에 오히려 소득양극화와 빈곤층 확대는 더 심화되었다. 물론 사회보장제도의 확충이 없었다면 소득양극화와 빈곤화는 더욱 악화되었을 것이다. 하지만 사회보장제도의 확충이 빈곤화를 막지 못하는 이 현상으로 볼 때 기존의 사회보장제도만으로는 빈곤예방이나 구제기능이 몹시 불충분함을 알 수 있다. 사회보장제도의 구조적 개혁이 필요함을 보여준다.

2) 우리사회 빈곤의 기원

(1) 산업사회에서 빈곤 문제

우리나라가 산업화를 시작한 것은 1960년대부터이다. 그 이전에는 국민 다수가 기본적인 의식주해결도 힘겨운 절대적 빈곤상태에 처해 있었으며 많은 성인남자들은 일을 하고 싶어도 제대로 된 일자리가 별로 없었다. 이런 상황에서는 빠른 경제성장으로 많은 일자리를 창출함으로써 사람들이 일해서 먹고살 수 있게 하는 것이 빈곤문제해결에 가장 중요한 처방이었다.

1960년대에 본격적인 산업화단계로 진입한 이후 경제가 고도로 성장하고 일자리가 대규모로 창출된 덕분에 다수의 국민이 절대적 빈곤상태에서 빠르게 벗어날 수 있었다. 한편 일할 능력이 없고 부양해 줄 가족도 없어서 빈곤한 사람들에 대해서는 국가가 최소한의 생계를 마련해 주는 생활보호정책을 폈다. 하지만 이는 돌봐줄 사람이 없는 아동, 노약자 등을 구호하는 제한적 정책으로서 본래 의미의 사회보장제도라고 하기는

못하는 데는 앞에서 논의하였듯이 연금제도 미성숙이 중요한 이유가 됨. 그러나 그 밖의 다른 사회정책들 역시 다른 국가들에 비해서는 빈곤감소역할이 크게 미흡함.

어려웠다. 즉 산업화 초기단계에는 일자리창출 이외에는 체계적 사회보장제도가 없는 상태였다. 그러나 산업화가 진전되면서 우리나라도 서구사회처럼 사회보장제도가 도입되었다. 1970년대부터 1990년대까지 4대 사회보험인 산재보험 · 건강보험 · 국민연금 · 고용보험제도가 차례로 도입되었으며, 2008년 장기노인요양보험이 도입되었다. 처음에는 대기업 근로자 등 일부계층만을 대상으로 시행되던 제도들이 점차 대상을 확대해 갔다. 1999년에 이전의 생활보호제도는 국민기초생활보장제도로 전환되었다.

1990년대까지 우리나라는 4대 사회보험과 공공부조제도를 근간으로 하는 사회보장제도 체계를 갖추었다. 그런데 우리나라의 사회보험과 공공부조제도는 아직 우리사회의 빈곤예방 및 구제기능을 적절하게 수행하지 못하고 있다. 이는 다음과 같은 이유 때문이다.

사회보험에 광범위한 사각지대가 존재하고 있어서, 혜택을 받지 못하는 사람들이 많으며 혜택을 받더라도 그 양이 적은 경우가 많다. 광범위한 사각지대가 존재하는 이유로는 우선 제도가 도입된 지 얼마 되지 않아 아직 완전한 효력을 발휘하지 못하고 있다는 점을 들 수 있다. 제도가 미성숙하여 사각지대가 발생하는 사례로 가장 심각한 것은 공적노령연금(국민연금)이다. 공적연금은 노후소득보장의 핵심이다. 서구국가들의 경우 노후소득의 대부분은 공적연금이 차지하고 있다. 그러나 우리나라는 사정이 다르다. 우리나라의 공적연금인 국민연금은 1988년 10인 이상 사업장근로자를 대상으로 처음 도입되었다. 이후 1992년 5인 이상 사업장, 1995년 농어촌지역, 1999년 도시자영자, 2003년 1인 이상 사업장으로 대상이 확대되었다. 그런데 노령연금은 일정기간 이상 납입하여야 수급권이 발생한다. 그리고 가입기간에 비례하여 수급액이 증가한다. 비록 연금제도가 급격하게 확장되었지만, 시작된 지 워낙 얼마 안 되었기 때문에 현세대 노인 중 대다수는 수급권이 없으며, 수급권자라고 해도 금액이 적다. 2009년 10월 기준으로 60세 이상인 사람들 중 국민연금수급자 수는 201만 5천 명

〈표 6-2〉 주요 국가들의 빈곤율(중위소득 40%기준) 비교

단위: %

국가	연도	노인	전체 국민	격차
캐나다	2000	1.4	7.2	-5.8
프랑스	2000	3.0	2.8	0.2
독일	2000	4.0	4.6	-0.6
스웨덴	2005	1.5	2.6	-1.1
영국	2004	6.1	5.4	0.7
미국	2004	14.3	11.4	2.9
한국	2007	38.6	11.9	26.7

자료: 김수현 외, 2009: 84, 〈표 4-2〉에서 재구성.

이다. 이는 전체 60세 이상 사람들의 28% 정도에 해당한다. 그리고 이들의 수급액은 한 달에 평균 22만 원 남짓이다. 이처럼 수급인원도 적고, 수급액도 적기 때문에 현행 국민연금은 노후소득보장에 미약한 역할만을 하고 있다. 이에 따라 우리나라는 노령연금제도가 발달한 서구국가들에 비하여 노인빈곤율이 매우 높다.

〈표 6-2〉는 일부 선진국가들의 노인 및 전체국민의 빈곤율[4]을 보인다. 이에 따르면 우리나라 노인빈곤현황은 두 가지 점에서 다른 국가들과는 크게 다르다. 첫째, 노인빈곤율이 다른 국가들에 비하여 압도적으로 높아서 노인의 38.6%가 빈곤상태이다. 이에 비해 다른 국가들은 미국이 14.3%로 다소 높은 편이며 다른 국가들은 1~6% 정도로 매우 낮다. 둘째, 전체국민 빈곤율에 비하여 노인빈곤율이 매우 높다. 우리나라는 전체국민의 빈곤율도 미국 이외 국가들에 비해서는 높은 편이지만 그 격차가 노인빈곤율보다는 훨씬 적다. 캐나다와 스웨덴의 경우는 오히려

4) 빈곤율은 상대적인 것으로서 여기서는 각 국가별 중위소득의 40%이하를 빈곤한 것으로 정의함.

노인빈곤율이 전체국민 빈곤율에 비하여 낮다. 그 밖의 국가들도 노인빈곤율과 전체국민 빈곤율 격차는 3%p 미만이다. 이에 비하여 우리나라는 그 격차가 25%p를 넘는다.

건강보험의 경우 우리나라 의료비보장률은 60% 미만이다. 그런데 서구 국가들의 경우 대체로 80% 내외이다(〈표 6-2〉 참조). 건강보험보장률이 높지 않다는 것은 그만큼 개인의 의료비지출이 많음을 의미한다. 건강보험의 목적은 질병으로 인한 의료비지출이 가계에 부담이 되는 것을 방지하거나 돈이 없어서 필요한 의료혜택을 받지 못하는 경우를 막기 위함이다. 그러나 서구국가들과 비교했을 때 우리나라 건강보험은 이러한 기능을 충분히 수행하고 있지 못하다.[5] 이 외에도 광범위한 사각지대가 존재하는 다른 이유가 있다. 서구사회와 우리나라는 사회보장제도가 도입·발전된 시점에 큰 차이가 있었고, 도입 당시의 사회경제구조도 상당히 달랐기 때문이다. 서구사회에서는 사회보장제도가 19세기 말에 도입되기 시작하여, 20세기 중반까지 발전하였다. 이에 비하여 우리나라는 20세기 후반에 도입되기 시작하여 20세기 끝 무렵에야 체계적 모습을 갖추게 되었다. 그런데 20세기말의 사회경제구조는 이미 산업사회를 지나 후기산업사회에 진입한 상태였다. 산업사회노동력의 중심은 대규모 공장에서 근무하는 정규직노동자들이며, 사회보험은 이들이 직면하는 사회적 위험(산재·질병·실업·노령)에 대처하도록 설계된 제도이다. 그런데 후기산업사회에서는 더 이상 산업근로자들이 노동인력의 대다수가 아니다. 노동력의 다수는 비정규직근로자, 저기술 서비스업근로자, 영세자영자 등이 차지한다. 따라서 산업사회에 기초한 전통적 사회보험으로 이들 다수를 보호하는 데는 한계가 있다. 노동시장도 이미 유연화되어 있어 획일적 사회보험으로 다수의 근로자들을 만족시키기 힘들다.

근로인구 다수가 사회보험의 사각지대에 놓여 있어서 노령·질병·실

---

5) 전 국민을 대상으로 하는 공적 의료보험제도가 없는 미국을 제외한 경우임.

업·산재 등 위험에 직면했을 때 빈곤의 늪에 빠진다. 그런데 더 문제가 되는 것은 이들의 대부분은 사회적 위험을 당하지 않은 기간, 즉 근로기간에도 수입이 적기 때문에 안정된 생활을 누리기 어렵다는 점이다. 근로인구의 다수가 일을 하는 기간에도 빈곤에 가까운 상태에 놓이게 되는 것, 즉 근로빈곤층(*working poor*)이 대규모로 출현하는 것은 후기산업사회의 주요 특징이며, 우리나라의 사회보장제도가 적절한 빈곤예방 및 구제 기능을 수행하지 못한 데에도 이유가 있다.

사회구조가 후기산업사회로 전환된 것은 우리나라만의 문제가 아니라 다른 서구국가들도 마찬가지이다. 그런데 서구국가들은 후기산업사회에 적합한 사회보장제도로 이미 전환하였으며, 계속 발전해 가고 있다. 하지만 우리나라는 그렇지 못하다. 산업사회에서 후기산업사회로 바뀜에 따라 기존 사회보장제도가 빈곤예방·구제를 위한 제도로서 부족한 점이 무엇인가를 이해하는 것은 향후 우리사회에 적합한 빈곤정책을 설계하는 데 매우 중요하다.

(2) 후기산업사회의 빈곤 문제

① 근로빈곤층의 출현

전술한 바와 같이 산업사회에서 후기산업사회로 경제사회구조가 전환됨에 따라 기존 사회보장제도가 부적합해지는 핵심 원인은 근로빈곤층의 출현이다. 즉 일을 하더라도 빈곤에서 벗어나기 어려운 계층이 많아졌다는 데 있다.

산업사회의 중심인 대규모 제조업분야는 블루칼라 근로자들에게 안정된 고용과 괜찮은 수준의 보수를 제공하였다. 따라서 대다수 사람들은 일을 하면 일정 수준 이상의 생활을 영위할 수 있었다. 그리고 노령·질병·산재·실업 등으로 일을 하지 못하게 되더라도, 일하는 동안 납입한 보험료로 운영되는 사회보험제도에 따라 일정 수준의 급여를 받음으로써 빈곤 상태가 되는 것을 방지할 수 있었다.

후기산업사회에서는 경제구조가 제조업 중심에서 서비스업 중심으로 바뀌었는데, 서비스업은 더 이상 다수의 근로자들에게 안정된 고용과 괜찮은 보수를 제공하거나 보장하지 않는다. 이에 따라 많은 사람들이 일자리가 있더라도 고용상태가 불안정하며, 열심히 일하더라도 보수수준이 안정된 생활을 누리기에는 부족하게 된다. 즉 많은 사람들이 일을 해도 빈곤상태 혹은 그에 가까운 상태에 놓이는 근로빈곤층이 많아진다는 것이 산업사회와 구별되는 후기산업사회 혹은 지식사회의 중요한 특징이다.

최근 우리나라 경제사회구조의 특성은 '고용 없는 성장'이나 '양극화(격차확대)' 등의 표현으로 요약할 수 있다. 즉 경제는 성장하지만 (괜찮은) 일자리는 늘지 않고, 상하위계층 간의 소득격차는 더욱 커진다는 것이다. 이 원인으로는 다양한 것들이 거론되지만, 핵심은 우리사회가 과거의 산업사회에서 후기산업사회(지식사회)로 옮겨왔다는 데 있다. 후기산업사회의 어떤 특징이 '근로빈곤' 계층을 양산하는가를 이해하는 것은 이에 대한 처방을 마련하는 데 매우 중요하다.

② 후기산업사회 산업구조의 특징

경제가 발전하면서 제조업 중심의 산업사회에서 서비스업 중심의 후기산업사회로 이행하는 이유와 후기산업사회의 특징을 설명하는 여러 이론이 주장되었다. 그 중에서 보몰(William Baumol)의 불균형성장론(*Unbalanced Growth Model*)은 후기산업사회의 근로빈곤문제의 본질을 잘 보여주고 있으며 그 내용은 다음과 같이 요약된다.

우리사회 경제는 노동생산성이 빠르게 증가하는 부문(노동자 1인당 생산량이 빠르게 증가하는 부문)과 노동생산성 증가가 정체된 부문(노동자 1인당 생산량 증가가 느린 부문)으로 구분할 수 있다. 노동생산성 증가가 빠른 부문으로는 기술혁신, 자본축적, 규모의 경제 등의 효과로 대량생산이 이루어지는 제조업분야가 대표적이다. 이 부문은 노동과 자본 중에서 자본집약적인 생산이 이루어지는 부문이라고 할 수 있다. 노동생산성 증가가 정체된 분야는 장인의 수작업에 의존하는 공예품, 요리사의 조리솜씨가 중요한 고급 레스토랑 요리 등 생산자의 노동에 크게 의존하며 소량생산만 가능한 상품생산 부문 및 이발사나 가사도우미 등 대인서비스 부문이 해당된다. 이 부문은 노동과 자본 중에서 노동집약적인 생산이 이루어지는 부문이라고 할 수 있다. 보몰은 노동생산성 증가가 빠른 부문과 정체된 부문이 존재할 때 정체부문은 증가부문에 비하여 상대적으로 첫째, 가격(생산 비용)이 더 많이 상승하며, 둘째, 경제에서 차지하는 비중이 증가하고, 셋째, 고용이 더 많이 이루어진다고 주장하였다.

'생산성정체 부문의 상대적 비용상승' 및 '생산성정체 부문의 상대적 크기증가'의 결과로서 생산성정체 부문의 고용량은 생산성증가 부문에 비하여 증가하게 된다. 생산성정체 부분의 고용 증가는 불균형성장론이 제시하는 현상 중에서 가장 중요한 후기산업사회의 특징으로서, 우리나라에서도 관찰된다.

〈표 6-3〉은 지난 10여 년간 우리나라의 산업별 종사자수 변화를 나타낸다. 이 표에 따르면 서비스업 고용증가율이 다른 분야의 고용증가율에 비하여 훨씬 높다는 것을 알 수 있다. 1993~2006년 기간에 90% 이상 고용증가가 이루어진 분야는 부동산임대업, 사업서비스업, 교육서비스업, 보건 및 사회복지사업, 오락문화 및 운동관련 서비스업 등 5개 부문(*표시)인데 이들은 모두 서비스업에 해당한다. 그리고 광업과 제조업부문은 고용이 감소하였음을 알 수 있다. 금융 및 보험업은 서비스업 분야이지만 정보화가 진행되어 빠르게 생산성이 증가하는 분야이기 때문에 고용이 감소하였다.

〈표 6-4〉는 2006년 산업별 취업계수를 보인다. 이에 따르면 취업계수는 10억 원어치를 생산하기 위하여 투입된 인력 규모를 의미한다. 따라서 수치가 클수록 매출액 대비 고용효과가 크다는 뜻이다. 이 표를 보면 1차 산업인 농림어업을 제외하면 서비스업의 고용유발효과가 가장 크며

〈표 6-3〉 산업별 종사자수 변화

단위: 천 명, %

산업별	1993	1996	2000	2003	2006	증가율
전산업	12,245	14,007	13,604	14,729	15,436	26.1
농업, 임업, 어업	26	61	56	35	32	21.1
광업	52	36	21	21	18	-64.3
제조업	3,884	3,749	3,333	3,411	3,435	-11.6
전기, 가스 및 수도사업	39	48	57	62	67	74.1
건설업	654	1,049	641	714	845	29.2
도매 및 소매업	2,276	2,452	2,493	2,539	2,468	8.5
숙박 및 음식점업	1,099	1,381	1,556	1,739	1,662	51.2
운수업	573	756	765	858	880	53.6
통신업	75	92	131	139	140	86.3
금융 및 보험업	692	785	614	600	620	-10.5
부동산 및 임대업	210	299	330	396	416	97.8*
사업서비스업	355	541	619	926	1,176	231.3*
일반 행정	507	585	521	508	539	6.3
교육 서비스업	649	806	921	1,079	1,246	91.9*
보건 및 사회복지사업	283	386	488	559	696	145.6*
오락, 문화 및 운동 관련 서비스업	192	248	318	355	377	96.9*
기타 공공, 수리 및 개인서비스업	679	734	740	787	819	20.7

자료: 노동부.

〈표 6-4〉 산업별 취업계수(2006년 기준)

단위: 명/10억 원

구분	농림어업	광업	제조업	건설업	서비스	전산업
취업계수	41.5	5.3	3.2	11.1	12.9	8.4

자료: 한국은행 경제통계국, 2009.

제조업이 가장 낮다는 것을 알 수 있다. 한편 제조업의 취업계수는 1993년에는 11.08명이었다. 따라서 제조업의 취업계수는 불과 13년 만에 1/3 이하로 줄어들었음을 알 수 있다.

③ 서비스 부문의 고용증가와 근로빈곤

불균형성장론이 예측하는 생산성정체 부문의 고용증가는 근로빈곤발생의 원천이 된다. 그 이유는 다음과 같이 요약된다.

우리사회의 일자리를 높은 지식·기술이 필요한 일자리(하이테크 일자리)와 그렇지 않은 일자리(로우테크 일자리)로 구분해 보자. 하이테크 일자리와 로우테크 일자리는 생산성증가 부문과 생산성정체 부문 모두에서 존재한다. 전통적인 생산성증가 부문은 제조업인데, 제조업은 하이테크 일자리뿐만 아니라 로우테크 일자리도 높은 생산성과 노동조합의 영향 등으로 비교적 괜찮은 보수와 고용안정성을 제공할 수 있다. 즉 전통적인 생산직 일자리는 저학력·저기술 인력에게 괜찮은 보수와 안정된 고용이 보장되는 일자리에 해당한다.

앞서 언급하였듯이 생산성정체 부문은 노동력이 생산에서 핵심이 되는 분야로서 서비스업이 대표적이다. 물론 서비스업 중에서도 정보화 등 과학기술이 바탕이 된 자본의 역할이 중요한 분야는 생산성증가 부문이다. 생산성정체 부문이라도 하이테크 일자리는 높은 보수와 안정된 고용을 제공할 수 있다. 예를 들면, 의사는 전형적인 생산성정체 부문의 하이테크 일자리에 해당한다. 의사라는 일자리가 높은 수준의 지식과 기술을 요구하기 때문에 공급이 제한되어 생산성정체 부문이라도 높은 보수와 안정된 고용이 보장된다.

그러나 로우테크 일자리는 다르다. 생산성정체 부문에서 로우테크 일자리의 예로는 일반 음식점, 이발, 가사도우미, 보육, 노인부양 등의 대인서비스를 들 수 있다. 이러한 일자리는 본래부터 생산성이 낮은 데다 생산성이 증가하기도 힘들고 조직화된 노동조합도 없기 때문에 급여수준

이 낮고 고용도 불안정하다.[6]

요약하면 저학력·저기술 인력의 경우 제조업으로 대표되는 생산성증가 부문은 비교적 괜찮은 보수와 안정된 고용을 제공하지만 대인서비스로 대표되는 생산성감소 부문은 그렇지 못하다. 그런데 제조업 분야의 일자리는 줄고 대인서비스업 분야의 일자리는 증가한다. 따라서 저학력·저기술 인력에게 가능한 일자리는 대부분 보수가 낮거나 고용이 불안정한 일자리에 해당하게 된다. 이처럼 고학력·고기술 인력에게는 높은 보수와 안정된 고용의 일자리가 제공되는 데 비하여 저학력·저기술 인력에게는 낮은 보수와 불안정한 고용형태의 일자리만 제공되는 것, 그리고 그에 따른 근로빈곤층의 발생이 후기산업사회의 핵심적인 특징이다.[7]

한편 이와 같은 후기산업사회의 특징은 신자유주의적 경제운용 및 세계화에 의하여 더욱 촉진되는 경향이 있다. 예를 들면 신자유주의적 고용유연화정책은 비정규직 등 불안정한 고용계층을 확산시켰다. 그리고 세계화는 공장의 해외이전 및 국내 제조업의 경쟁력 약화를 가져와 제조업 부문의 괜찮은 일자리를 더욱 감소시켰다.

---

6) 저학력노동자에게 비교적 괜찮은 보수를 제공했던 제조업 일자리는 감소하고, 여성의 노동참여율은 증가하여 로우테크 서비스에 대한 공급은 증가하기 때문에 낮은 보수수준이 계속 유지됨.

7) 후기산업사회에서 저학력·저기술 인력에게 낮은 보수와 불안정한 고용형태의 일자리만 가능하게 된 이유로는 불균형성장론 이외에 다른 설명도 존재하지만, 본질적인 내용은 유사하다. 예를 들면 지식사회 관점에서 이런 현상을 설명할 때는 '지식'의 역할이 중요하다. 그러나 지식을 '자본'적인 것과 '인력'적인 것으로 나누어 이들을 불균형성장론에서 말하는 '자본'과 '인력'에 각각 포함되는 것으로 간주하면, 본질적 내용은 동일하다고 할 수 있다.

2) 복지지출의 확대

최근 그리스·아일랜드·스페인 등 이른바 PIGS국가의 재정위기에서 보듯 선진복지국가에 있어서 복지재정이 국가재정악화의 근본원인이며 이는 경제를 마비시키고 결과적으로 세계경제를 불안하게 했다. 따라서 향후 복지문제에 접근하는 데 복지지출의 증가요인과 효과성을 분석하는 일은 매우 중요하다.[8)]

1997년 말 외환위기는 한국경제에 엄청난 충격을 주었고, 그 여파는 경제성장률 하락과 고용창출력 약화, 고용불안과 근로빈곤층의 증대, 고용률 하락, 소득양극화 등으로 나타나고 있다. 외환위기의 충격이 경제 및 사회 곳곳에 남아있는 상황에서 2008년의 세계금융위기는 또 한 번 한국경제에 큰 충격을 주었으며, 그동안 누적되었던 경제사회문제를 더욱 심화시키고 있다.

정부가 외환위기 이후 사회보장제도를 확충하고 복지예산을 대폭 증액하였음에도 불구하고 빈곤층의 증가, 실업자 및 잠재적 실업자의 증가, 양극화의 심화 등 사회경제적 병리현상은 점점 악화되고 있다. 이에 따라 복지예산에 대한 증액 요구가 계속되고, 사회보장제도를 확충해야 한다는 요구도 커지고 있다. 그러나 복지부문은 그 속성상 포퓰리즘(*populism*)적 요소가 강하여 한번 선심성 제도가 시행되면 이를 폐지하거나 축소하는 것이 매우 어려운 특성을 갖고 있다. 뿐만 아니라 사회보장급여는 기본적으로 근로의욕을 저하시키는 속성을 갖고 있다.

이미 복지국가를 경험한 선진국들에서는 과도한 사회보장급여로 인해 장기실업자가 증가하고 정부에 의존하는 성향이 심화되며, 경직된 복지비지출에 따라 재정 건전성이 약화되어 경제성장을 둔화시키는 등 이른바

---

8) 김원식, “포퓰리즘 정책으로 재정적자 증폭: 경제기반 흔들릴 수 있다”, 〈한국경제신문〉, 2010. 12. 22. 참조.

'복지병' 문제를 해결하기 위해 사회보장제도 개혁을 추진하고 있다.

오래전에 복지국가를 달성한 선진국들은 1990년대 이후 두드러지는 복지제도의 부작용, 즉 수혜자가 스스로 자립하려 노력을 기울이지 않고 복지급여에 안주하여 일을 하지 않으려는 현상을 최소화하기 위해 복지제도 개혁을 추진하고 있다. 그러나 우리나라는 아직 사회안전망이 확대과정에 있고 그동안 정부가 시행한 복지정책의 근저에는 선진국의 과오를 되풀이해서는 안 된다는 인식이 자리 잡고 있었기 때문에 아직 선진국에서와 같은 '복지병'이 문제가 되고 있지는 않다. 그러나 향후 사회안전망의 확충과정에서 우리의 선택 여하에 따라 선진국과 유사한 부작용을 경험할 수도 있을 것이다. 특히 1997년 말의 외환위기와 2008년 하반기의 미국발 세계금융위기 이후 양극화가 심화되면서 정치권에서는 복지재정 확대를 이구동성으로 외치고 있다. 선진국의 경험은 인기영합적인 복지국가가 가져오는 부작용을 교훈으로 보여 주고 있다.

따라서 우리나라가 복지재정을 확충해나가는 과정에서 어떤 전략을 택할 것인가가 대단히 중요하다. 이처럼 복지비지출 증가가 불가피하다면 국민의 복지욕구를 어떤 방식으로 수렴하여 정책화할 것인가를 결정해야 한다. 그동안 세계 학계와 각국의 경험을 통해 대부분의 사람들이 동의하고 있는 복지정책의 기본방향은 선진국이 경험한 '복지병'을 야기하지 않으면서 사회적 약자들을 보호하고 자립할 수 있도록 하는 효율적 복지시스템을 구축하는 것이었다.

지금까지 인류가 많은 시행착오를 겪으면서 발전시켜온 복지시스템의 기본방향은 바로 근로연계형 복지 내지는 근로유인형 복지제도라고 할 수 있다. 일할 수 있는 사람에게는 일할 능력을 개발시켜 주고 일자리를 알선하여 '복지의 함정'에서 벗어나 자립할 수 있도록 유인하고 지원하고, 일할 수 없는 사람에게는 기본적인 삶을 정부가 보장해 준다. 복지제도의 유형에 관계없이 주요 선진국들이 거의 공통적으로 일을 통한 복지(*workfare*), 생산적 복지(*productive welfare*), 능동적 복지 등을 표방하면서 복지제도의 개혁을 추진하고 있는 것은 이러한 흐름과 그 맥을 같이한다. 최근 남유럽의 재정적자가 자국의 경제를 마비시키는 것은 물론 세계적 경제불안으로 이어지게 하고 있다. 그리고 이러한 일국의 재정적자는 앞으로 세계경제를 지속적으로 괴롭힐 것으로 보인다. 제 2차 세계대전 이후 미·소 체제경쟁에서 승리하기 위하여 자본주의사회는 지속적으로 복지 및 사회안정을 위해 노력해 왔으나 이는 탄탄한 경제기반 속에서 가능한 것이었음에도 포퓰리즘에 따라 멈추지 못한 결과이다.

국가재정의 악화는 거의 대부분 자국 산업의 경쟁력 없이 이루어진 과도한 복지지출에 따른 것이다. 이에 따라 그리스를 비롯한 유럽국가들은 복지지출을 급격히 줄이고 있고 이를 반대하는 대규모 항의집회로 몸살을 앓고 있다. 프랑스의 경우는 연금재정을 절약하기 위하여 일을 더하도록 정년을 연장하려 하고 있으나 강력한 저항을 받고 있다. 이제 각국 정부는 거국적 경제안정을 위하여 정권교체를 감수하고라도 복지지출을 대폭 감축할 수밖에 없는 상황이다.

반면 우리나라는 세금으로 충당되는 무상 학교급식과 기초노령연금, 비용인식 없는 의료보장 등 국민들의 무절제한 복지 욕구가 폭증하고 있다. 무상급식은 연간재원 1천억 원이 넘는 대규모 지원사업이고 부담능력이 있는 부유층자녀도 혜택을 받는 제도이다. 기초노령연금 역시 국민연금이 성숙되고 국민연금제도가 충실화되면 해결될 수 있는 노후 보장을 선제적 포퓰리즘으로 모든 고령자들에게 연금을 제공한다고 하면서 세금화한 제도다. 완전의료보장 역시 1인당 단돈 1만 원 정도만 더 내면 모든 병원서비스를 무료로 받을 수 있다고 하는데, 제도가 도입되면 사후적으로 발생되는 모든 비용은 세금으로 조달해야 한다는 묵시가 깔려 있다.

최근 중산층이 붕괴하면서 이러한 요구 정도가 더 심해지고 있다. 서구사회는 모두 복지를 세금으로 해결하는데 우리는 왜 보험료나 자기부담을 해야 복지가 되느냐는 논리다. 산업화시대에 형성된 유럽식 복지시스템에 젖어 있는 국민들이나 정부정책은 아쉽게도 우리를 서구보다 더 심각한 재정위기에 빠뜨릴 수 있다. 이러한 주장이 나오는 근본적 이유는 우리나라의 사회보험이 전국민 모두에게 적용되고 있다고 자랑하지만, 상당수의 자영자들이나 저소득근로자들이 혜택을 받지 못하고 있으며 국민들이 납득할 만한 합리적인 제도 운영을 못하고 있기 때문이다. 국민연금은 2040년대에 적자가 되고 2060년대에 기금이 고갈되어 장기적으로 재정투입이 불가피하다. 국민건강보험은 급증하는 의료비 때문에 항상 보험료보다 급여비가 많았고 이러한 상황은 앞으로도 개선될 가능성이 없다. 최근 도입된 장기노인요양 보험제도는 고령사회화에 따라 향후 사회보험 중 가장 큰 복지지출 항목이 될 것이다.

저소득층을 위하여 기초생활보장제도・근로소득지원제도(EITC) 등 다양한 복지제도가 새로 도입되어 시행되고 있음에도 불구하고 빈곤이나 서민층의 문제들이 근본적으로 해결되지 않고 있다. 빈곤층이 존재하고 이들의 요구가 상승하는 한 이들을 위한 복지지출은 어느 정부도 줄일 수 없다. 현재의 제도 하에서 지속가능한 복지사회를 추구하는 한 우리는 복지지출을 늘려야 한다. 따라서 복지수준을 안정적으로 유지하면서 효율성을 추구하는 구조적 접근을 하지 않으면 막대한 지출에도 불구하고 빈곤문제는 결코 해결되지 않는다.

외환위기 이후 심화되고 있는 양극화와 고용불안을 감안할 때 우리나라가 추진해야 할 복지정책 방향은 선진국의 근로연계형 복지제도에서 더 나아가 복지와 고용이 연계되고, 복지와 학습이 서로 연계되는 것이어야 한다. 즉 수혜자와 고용불안계층, 그리고 실업자 등이 복지에 의존하지 않으면서 더 나은 일자리로 지속적으로 상향 이동할 수 있는 사회적 사다리(*social ladder*)를 촘촘하고 효율적으로 놓아주는 고용・학습・복지 연계 사회안전망을 구축하는 것이어야 한다. 이러한 사회안전망은 실업자의 재취업을 용이하게 할 뿐만 아니라 저임금계층 및 고용불안계층의 직업능력개발과 원활한 노동이동을 촉진하여 중산층으로 도약할 수 있게 하며, 중산층에게는 평생직업능력개발을 통해 고용안정과 소득향상을 도모할 수 있는 제도적 장치가 된다. 이하에서는 우리나라의 실정을 고려한 고용·학습·복지 연계모델의 발전방안을 빈곤정책, 사회보험, 고용·학습·복지 연계서비스·사회복지 전달체계 순으로 제시한다.

3. 빈곤정책

근로빈곤의 발생은 후기산업사회의 특징이다. 후기산업사회가 도래한 이유는 제조업 등 전형적인 '산업' 부분의 생산성이 계속 증가해서 산업사회에서보다 적은 비용과 고용으로도 더 많은 생산품을 산출할 수 있게 되었기 때문이다. 따라서 후기산업사회에서는 산업사회보다 사회전체적인 부(*wealth*)의 총량이 증가하였다. 산업사회에 비하여 부의 총량은 늘었지만 저학력·저기술 근로계층에게 배분되는 양이 이전보다 감소하였기 때문에, 광범위한 근로빈곤층이 발생하게 되었다. 즉, 근로빈곤은 성장 문제가 아니라 분배 문제이며, 일부의 문제가 아닌 대다수 근로자들이 겪는 문제이다.

이런 측면에서 본다면 후기산업사회에서 근로빈곤은 산업사회에서 겪었던 사회적 위험과 성격이 유사하다. 산업사회의 생산은 이전 사회에 비하여 급격히 증가하였지만, 산업구조 변화에 따라 노령·질병·산재·실업 등으로 빈곤해지는 현상이 이전 사회와는 달리 다수에게 발생하는 보편적 위험이 되었다. 그리고 이를 이전 사회처럼 개인(가족)의 문제로 치부하기 곤란해졌으며 정부가 개입하여 해결하지 않으면 산업사회의 지속적인 발전이 어려워지게 되었다. 산업사회에서 노령·질병·산재·실업으로 발생하는 빈곤화를 방지하는 것이 개인이 아닌 국가의 역할이었듯, 후기산업사회에서 근로빈곤을 해결하는 것도 개인이 아닌 국가의 책임이다.[9)]

산업사회에서 노령·질병·산재·실업을 해결하기 위한 정부의 기본 정책대안은 사회보험이었다. 후기산업사회에서는 근로빈곤문제를 해결하기 위해 직업훈련과 평생교육 강화, 사회적 급여의 도입이 필요하다. 산업구조의 변화로 기존 제조업에 종사하던 사람이 이제는 서비스업에서 일자리를 구해야 한다면, 서비스업에 맞는 기술을 습득하게 하는 것이 필요하다. 또한 지식사회에서 지식과 기술 진보가 빨라짐에 따라 기존에 배우고 습득했던 지식과 기술이 낡은 것이 되었다면 새로운 지식과 기술을 익히게 하는 것이 필요하다.

그러나 직업훈련과 평생교육 강화가 근로빈곤문제 해결의 본질적인 대안은 되지 못한다. 근로빈곤이 발생하는 이유는 앞에서 논의하였듯이 사회에 존재하는 일자리 중 다수는 낮은 보수와 불안정한 고용을 제공할 수밖에 없기 때문이다. 물론 직업훈련과 평생교육을 통해 양질의 지식과 기술을 지닌 사람은 괜찮은 일자리를 구할 수 있으며, 이는 해당 개인이 행복해지기 위해서 매우 중요하다. 그러나 이들이 사회전체 노동인력 중에서 다수가 될 수는 없다. 전체적으로는 괜찮은 일자리보다 열악한 일자리가 훨씬 많기 때문이다.[10)]

다음으로 사회급여의 필요성이다. 사회급여는 말 그대로 시장 대신 사회, 즉 국가가 소득을 보조해 주는 것이다. 정부가 소득을 보조해 주는 형태에는 두 가지가 있다. 하나는 직접 현금으로 보조해 주는 것이며, 다른 하나는 교육·의료·주택 등 가치재의 실구매가격을 낮추어 낮은 소득 수준으로도 일정 수준 이상의 소비생활을 가능하게 하는 것이다.

---

9) 물론 그렇다고 해서 노령·질병·산재·실업으로 인한 빈곤화방지가 더 이상 정부의 역할이 아니라는 것은 결코 아님. 이들은 여전히 정부의 역할이며, 이에 더하여 근로빈곤층 보육·노인부양도 후기산업사회에서 새롭게 등장한 정부의 역할이라는 것임.

10) 직업훈련과 평생교육은 다음 절에서 구체적으로 논함.

1) 정부의 현금보조

정부가 근로자의 임금을 보조해 주는 대표적 정책은 근로장려세제(EITC)이다. 2009년부터 시행하고 있는 근로장려세제는 임금이 일정 수준 이하인 근로자에게 임금수준에 대응하여 책정된 보조금을 지급하는 제도이다. 일을 해서 임금을 받아야만 근로장려세제를 적용받을 수 있으며, (일정 수준 이하에서는) 임금이 많을수록 보조금액도 증가한다. 이에 따라 근로장려세는 공공부조와는 달리 근로를 촉진하는 효과를 지닌다. 현행 근로장려세는 2011년 현재 연간 120만 원까지 지급된다. 아직은 액수가 크지 않기 때문에 저임금 근로자에 대한 충분한 지원이 되지 못하며 근로 촉진 효과도 미약하다. 하지만 지원금액이 증가하고, 지원대상도 영세자영자 등으로 확대되면 근로빈곤문제를 완화하는 데 상당한 효과를 볼 수 있을 것으로 기대된다.

근로장려세는 근로계층에 대한 현금지원인 한편, 기초노령연금 및 2010년 도입된 장애인연금은 근로능력이 없거나 취약한 계층에 대한 현금 지원이다. 전술하였듯이 우리나라는 아직까지 연금제도가 미성숙하여 노인 및 장애인의 상당수가 국민연금제도의 혜택을 받지 못하고 있다. 기초노령연금 및 장애인연금은 제도의 합리성에 대하여 논란의 여지는 있으나 국민연금제도의 사각지대를 메우는 수단으로서 일정한 역할을 하도록 해야 한다.

2) 가치재(교육 및 의료)에 대한 지원

낮은 보수수준으로도 일정 수준의 소비생활을 영위할 수 있도록 지원한다고 해도, 정부가 가격을 보조할 수 있는 재화나 서비스 유형에는 한계가 있다. 정부지원은 공공성이 높은 재화와 서비스로 제한될 수밖에 없다. 정부지원으로 공공성이 높은 재화와 서비스 가격을 낮추는 일은 오래전부터 정부가 해 왔던 일이다. 가령 상하수도, 우편, 지하철 등은 오래전부터 정부의 지원을 받아 생산비용보다 낮은 가격에 공급되고 있다. 이처럼 오래전부터 정부지원이 이루어졌던 공공재 혹은 공공성이 높은 재화와 서비스 이외에 후기산업 혹은 지식경제사회에서 정부지원이 새롭게 또는 보다 강화되어 이루어져야 할 재화와 서비스 영역에는 의료·교육·주택 등이 있다.

(1) 의료·교육

의료와 교육은 노동생산성정체 부문 가운데 GDP 대비 비중이 크면서도 계속 증가하는 대표적인 분야이다. 의료와 교육서비스 생산량을 결정하는 데는 자본과 기술도 중요하지만 의사와 교사의 노동력이 핵심이다. 지난 30여 년간 의료기술이 발전했다고 해도 의사가 하루에 치료할 수 있는 환자의 수는 크게 증가하지 않았다. 마찬가지로 수업시간에 컴퓨터·프로젝터 등 다양한 교구 활용으로 수업의 질은 높아졌을 수 있으나 교사의 수업시간 혹은 가르치는 학생 수는 증가하지 않았다. 오히려 교육의 질을 제고하기 위하여 교사당 학생 수를 줄이고 있다. 경제가 성장할수록 의료와 교육에 대한 수요는 탄력적으로 증가한다. 수요는 늘어나지만 생산성을 증가시키기는 어렵기 때문에, 의료와 교육은 GDP 대비 비중이 계속 커지고 고용도 증가하게 된다. 앞에서 제시한 〈표 6-3〉에서도 '교육서비스업'과 '보건 및 사회복지사업'의 고용증가율이 매우 높음을 확인할 수 있다.

한편 〈표 6-5〉는 우리나라를 포함한 OECD 국가 의료비지출의 연도별 변화를 제시하고 있다. 각 연도에서 '의료비' 항목은 공공과 민간을 합친 총의료비의 GDP대비 비중을 나타낸다. 그리고 '공공'은 총의료비(공공+민간) 중에서 공공지출 비중을 나타낸다. GDP대비 총 의료비지출 비중을 나타내는 '의료비' 항목을 보면 모든 국가에서 지난 30년간 비중이 계속 상승해 왔다. 미국의 경우는 1976년 8.1%에서 2006년 15.8%로

30년간 90% 정도 비중이 증가하였는데, 15.8%의 비중은 OECD 국가 중에서 가장 큰 수치이다. 우리나라는 1986년 3.3%에서 2006년 6.0%로 20년간 2.7%p 증가하였다. 1986~2006년 기간 동안 벌어진 이러한 비중 증가는 〈표 6-5〉에 제시된 OECD 국가 중에서 가장 속도가 빠르다. 하지만 2006년 6.0%의 의료비지출은 〈표 6-5〉의 OECD 국가 중 가장 낮은 수치이다. 전체 의료비지출 중에서 공공지출 비중을 나타내는 '공공' 항목을 보면 우리나라 공공지출 비중은 30.9%에서 54.6%로 크

〈표 6-5〉 OECD 국가 의료비지출 추이

단위: %

국가	1976년		1986년		1996년		2006년	
	의료비/GDP	공공/의료비	의료비/GDP	공공/의료비	의료비/GDP	공공/의료비	의료비/GDP	공공/의료비
호주	6.5	67.2	6.8	69.4	7.6	65.2	8.8	66.6
오스트리아	7.1	69.6	6.7	76.5	9.7	71.5	10.2	75.9
캐나다	7	77	8.4	75.1	8.8	70.9	10.0	69.8
덴마크	8.6	87	8.2	84.6	8.2	82.4	9.6	84.1
핀란드	6.5	78.3	7.2	79.3	7.8	74	8.3	74.6
프랑스	—	—	—	—	10.4	79.6	11.0	79.1
독일	8.4	78.9	8.7	77.6	10.4	82.2	10.5	76.8
일본	5.7	75.1	6.7	72.4	7	82.8	8.1	81.3
룩셈부르크	4.4	91.8	5	89.4	5.7	92.8	7.3	90.9
노르웨이	6	97.4	7	87	7.8	84.2	8.6	83.8
스웨덴	7.8	90.2	8.2	90.2	8.2	86.9	9.1	81.6
영국	5.5	91	5.9	85.3	7	82.9	8.5	82.0
미국	8.1	40.4	10.2	40.3	13.2	45.4	15.8	45.2
한국	—	—	3.3	30.9	4.1	40.7	6.0	54.6

자료: OECD 홈페이지(http://stats.oecd.org/index.aspx).

〈표 6-6〉 민간의 교육비지출 비중

단위: %

연도	1986	1996	2006
GDP대비	3.2	5.5	6.7
가계소비지출 대비	7.9	10.5	12.9

주: 필자추정임.

게 증가하였다. 그러나 다른 OECD 국가들과 비교하면 여전히 매우 낮은 수준이다. 2006년 기준으로 우리나라의 총 의료비 중 공공지출 비중은 전 국민 의료보험체계를 갖고 있지 않은 미국을 제외하면 OECD 국가들 중에서 가장 낮다. 미국의 경우도 총 의료비 중 공공지출 비중은 우리나라보다 낮지만 총의료비지출 수준이 매우 크기 때문에 GDP대비 공공의료비지출 비중은 우리나라보다 훨씬 높다(2006년 기준으로 미국의 GDP대비 공공의료비지출은 7.1%인 데 비하여 한국은 3.3%였다).

〈표 6-6〉[11]에는 우리나라 민간교육비지출 추세가 제시되어 있다. 두 유형의 통계가 제시되어 있는데, 하나는 가계소비지출 중 민간교육비지출 비중이며(도시근로자 가구 기준), 다른 하나는 GDP대비의 그것이다. GDP대비 비중을 보면, 1986~2006년 기간에 민간교육비지출이 크게 증

11) 민간 교육비지출 비중은 가계소비지출 자료와 GDP 통계(한국은행)·OECD 통계 등을 참조하여 필자가 추정한 것임. 이것은 민간의 공교육(교육기관) 지출과 사교육을 합한 총교육비지출이 GDP에서 차지하는 비중을 의미함. 2006년 기준 OECD자료에 의하면 공교육에 대한 민간교육비지출 비중은 GDP의 2.9%임. 그런데 문제는 현실적으로 민간의 사교육에 대한 지출을 정확하게 알기가 어렵다는 점임. 실제 2006년 통계청에 의하면 사교육비를 20조 정도로 추정하였는데, 한국경제(연구)원은 음성적인 사교육비를 포함할 경우 50조에 이를 것으로 파악함. 정부기관과 민간기관 간에 조사결과의 격차가 매우 크다는 점으로 알 수 있듯 사교육비를 정확하게 추정하기가 어렵지만, 이 연구에서는 평균값인 35조를 사교육비로 보고 민간교육비지출 비중을 추정하였음.

가했음을 알 수 있다. 이 기간의 가계소비지출 대비 비중증가량이 GDP 대비 비중증가량보다 낮은 것은 그 기간 동안 가구구성 및 소비행태가 변했기 때문이다. 교육비가 증가하는 속도가 매우 빠른 것은 사교육비지출 증가에 기인한 면이 크다. 2006년의 경우 공교육에 대한 민간지출 비중은 GDP의 2.9% 정도여서, 사교육에 대한 민간지출규모가 공교육에 대한 그것보다 더 컸다. 우리나라의 경우 보통 사람들의 생활에서 교육비와 의료비가 큰 부담이 된다는 것은 굳이 통계수치로 확인하지 않더라도 잘 알려진 일이다. '의료'와 '교육' 서비스는 가치재의 성격을 갖고 있기 때문에 사적재화이면서 동시에 공적재화이기도 하다. 따라서 공공과 민간 모두에서 제공될 수 있으며, 국가에 따라 각 영역에서의 서비스제공 비율은 상당한 편차를 보인다.

〈표 6-5〉에서와 같이 우리나라의 경우 의료비에 대한 공공지출 비중은 다른 OECD 국가들에 비하여 매우 낮다. 또한 2006년도 공교육에 대한 정부지출 비중은 우리나라는 58.8%인 데 비하여, 다른 OECD 국가들의 평균은 84.7%이다(OECD, 2009). 한편 사교육을 포함한 총교육비 기준으로 하면 2006년도에 우리나라의 정부지출 비중은 34.9%이다. 비록 다른 OECD 국가의 사교육비에 관한 공식적 통계는 없지만, 다른 OECD 국가들의 사교육 비중이 매우 낮다는 것을 감안하면 사교육을 포함한 총교육비를 기준으로 할 경우 우리나라와 다른 OECD 국가들 사이의 격차는 더욱 벌어질 것이다.

경제가 성장하였다는 것은 사회전체적으로 소비할 수 있는 재화와 서비스의 양이 증가하였음을 의미한다. 하지만 이것이 분배되는 양은 계층별로 달라서, 고학력·고기술 계층은 부와 소득이 이전의 산업사회보다 훨씬 커지지만, 사회 다수를 구성하는 저학력·저기술 계층의 부와 소득은 이전의 산업사회보다 감소하게 된다. 이런 구조에서는 가치재 성격을 지닌 재화와 서비스에 대한 정부지원으로 저소득 계층도 이들을 소비할 수 있게 하여 사회전체적인 소비를 증대시켜야 한다. 그렇게 해야만 사회전체적인 후생이 증가하며, 후기산업사회에서 경제성장과 안정을 지속하는 것이 가능해진다.

가치재 성격의 재화 중 대표적인 것이 '교육'과 '의료'인데, 이는 불균형 성장론에서 대표적 수요증가 부문으로 예측하고 있는 것들이다. 또한 우리사회에서 보통 사람들의 삶의 질을 보장하는 데 매우 중요하면서도 가계지출에서 큰 부담이 되는 항목들이다. 그렇다면 정부의 역할은 자명해진다. '교육'과 '의료'에 대한 정부 부담은 지금보다 더욱 확대되어야 한다.[12]

현재 취약한 저소득층 자녀의 교육수준을 높이기 위한 지원, 저소득층의 응급의료지원, 제 1차 의료서비스 보장 등에 정부지원이 있어야 한다고 본다.

(2) 주택

우리나라 일반사람들의 지출 중에서는 '주택' 항목이 제일 크다. 우리나라에서 '주택'이 보통사람들의 생계에서 차지하는 중요성과 계층 간 갈등에 미치는 영향은 새삼 긴 설명이 필요 없다. 하지만 '주택'에 대한 정부지원은 다른 국가들에 비하여 훨씬 적다. '교육'과 '의료'에 대해서는 일정 수준의 정부지원이 이루어지고 있으며, 다른 국가들과의 격차가 상대적으로 작은 데 비하여 주택은 그렇지 못하다. 한국사회에서 보통 사람들이 일정 수준 이상의 노력을 기울이면 안정된 보금자리를 가질 수 있게 하는 것은 국민의 행복과 사회통합에 핵심적인 사안이다. 현재 정부가 시험적으로 운영하고 있는 보금자리주택 등 공공주택사업을 통하여 저소득층 주거안정을 도모하면서 이들이 직장생활과 주거생활을 함께 영위할 수 있는 입지 선정에 보다 많은 관심을 기울여야 한다. 그리고 영세주택이 쉽게 노후화되는 것을 막기 위하여 관리운영에 대한 체계적 지원이 필요하다.

---

12) 이러한 역할에는 재정부담 이외에 가격규제도 포함된다. 자세한 논의는 생략하지만, 사교육과 의료시장은 서비스의 성격상 수요자와 공급자 사이에 정보비대칭이 존재하기 때문에 균형가격보다 가격이 높게 형성되기 쉬움.

3) 돌봄서비스에 대한 지원

의료와 교육을 정부와 민간 모두에서 제공하는 것이 가능하듯이, 보육과 노인부양 같은 돌봄서비스 역시 정부와 민간 모두에서 제공할 수 있다. 단, 의료와 교육을 민간이 제공한다고 하면 대부분 시장이 서비스를 공급하는 것을 의미하는데, 돌봄서비스를 민간이 제공하는 데는 시장 이외에도 가정이 중요한 역할을 한다.

돌봄서비스에 대한 정부개입이 없다면 민간에서 돌봄서비스가 제공될 수밖에 없다. 이 경우 시장이 공급하는 돌봄서비스의 가격이 비싸다면, 소득이 충분한 가정은 이를 구매하겠지만 그렇지 못한 가정은 여성의 가사노동 등 다른 방식으로 가정 내에서 해결하려고 할 것이다. 그런데 전술한 바와 같이 후기산업사회에서 다수 저학력가구의 경우 맞벌이를 하지 않는다면 (산업사회에서의 저학력가구만큼) 소득 수준을 유지하기 어렵다. 즉 다수 저학력가구는 (가구주 혼자만 벌 때의) 낮은 소득을 보충하기 위하여 맞벌이를 해야 하지만, 보육과 노인부양을 시장에서 구매하기도 어려운 상황에 처하게 된다. 이 경우 저학력가구가 선택할 수 있는 대안은 맞벌이를 포기하고 낮은 소득을 받아들이거나, 혹은 맞벌이를 하는 대신 부실한 보육과 노인부양을 감수하는 것밖에 없다.

이러한 상황은 실제로 우리사회의 많은 가구들이 겪고 있음은 잘 알려진 일이다. 돌봄서비스는 노동력이 주가 되는 생산성정체 부문에 해당한다. 그리고 교육과 의료와 달리 저학력계층, 그 중에서도 특히 여성이 주로 취업하는 부문에 해당한다. 따라서 돌봄서비스에 대한 수요가 충분하지 못하면 저학력계층 여성의 취업문은 그만큼 좁아지게 된다. 대부분의 선진국들은 돌봄서비스에 대해서 높은 수준의 정부지원을 수행하고 있다. 이는 해당 국가가 후기산업화사회를 맞은 이후 아이를 기르거나 노인을 부양하는 일에 정부의 역할이 필요하다는 사회의 목소리가 커졌기 때문이다.

우리나라의 경우도 최근 들어 보육과 노인부양에 대한 정부지원이 확대되고 있다. 육아수당 또는 바우처 지급이 활성화되고 있으며, 어린이집 등 보육서비스 공급자에 대한 보조도 확대되고 있다. 또한 2008년부터 장기요양보험이 도입됨으로써 의료와 마찬가지로 노인부양도 사회보험에 의한 서비스제공이 이루어지고 있다.

의료와 교육에 대한 정부지원 수준과 마찬가지로 돌봄서비스에 대한 정부지원수준도 우리나라는 다른 OECD 국가에 비하여 매우 낮다. 하지만 의료와 교육에 대한 정부지출과 함께 돌봄서비스에 대한 정부지출도 빠르게 증가할 전망이다. 보육이나 노인부양에 대해 정부가 지원을 확대하는 데는 저출산과 고령화라는 사회문제에 대응한다는 측면이 있다. 그러나 지금까지 논의하였듯이, 저출산과 고령화 문제가 없더라도 보육이나 노인부양 등 돌봄서비스에 대한 지원은 후기산업사회에서 경제가 지속적으로 그리고 안정적으로 성장하기 위하여 요구되는 정부의 중요한 역할이다. 아울러, 정부뿐 아니라 시민단체 및 사회단체를 중심으로 한 자발적 봉사활동도 확대되도록 유도해야 한다.

4) 결어: 빈곤에 대한 3중안전망의 구축

산업사회에서 빈곤에 대한 사회안전망은 빈곤예방을 위한 사회보험과 빈곤구제를 위한 공공부조로 이루어져 있었다. 그러나 사회경제구조가 바뀐 후기산업사회에서 산업사회의 패러다임에 따라 성립된 사회안전망으로는 빈곤문제에 적절하게 대처하기가 어려워졌다. 다수 근로인력에 대한 낮은 보수와 불안정한 고용은 광범위한 근로빈곤계층의 출현을 가져왔다. 대규모 근로빈곤에 대처하기 위해서는 사회급여의 도입이 필요하다.

사회급여는 근로장려세와 같은 근로빈곤층에 대한 직접적인 현금지원과 의료 · 교육 · 주택 및 돌봄서비스에 대한 공공지출로 구성된다. 이러한 사회급여는 기존에도 이미 지급되고 있지만, 후기산업사회의 빈곤문제에 대처하려면 이를 확대할 필요가 있다. 사회급여의 확충은 정부지출의 증가를 수반한다. 정부지출의 증가는 경제성장에 걸림돌이 될 것이라는 우려를 갖게 할 수 있다. 그러나 후기산업사회에서는 사회 전체적인 부의 총량이 이전보다 더욱 증가한다. 따라서 정부지출이 증가하더라도 감당할 수 있다.

산업사회에서 사회보장제도를 도입한 이후 정부지출은 팽창했지만 자본주의의 건실한 성장을 이끄는 원동력이 되었으며, 복지수준은 이전 사회와 비할 수 없이 좋아졌다. 후기산업사회의 사회급여제도 역시 정부지출은 증가하더라도 안정된 사회를 구현하여 건강한 경제성장을 이끌 수 있으며, 국민들의 복지도 더욱 증진될 수 있다. 더구나 기존의 공공부조와는 달리 근로장려세를 지급하면 수급자는 근로동기를 자극받게 되며, 의료·교육·주택 및 돌봄서비스에 대한 정부지출은 민간고용을 창출하는 효과를 본다. 따라서 사회급여지출은 대부분이 생산적 지출에 해당한다.

즉, 노령·질병·산재·실업의 사회적 위험이 닥쳤을 때를 대비한 사회보험과 스스로 위험에 대비하기 어려운 사람들을 위한 공공부조, 근로빈곤층의 부담을 경감해 주는 사회급여(현금과 서비스)를 합하여 3중의 사회안전망을 구축하는 것이 후기산업사회에 빈곤문제를 관리하는 정부정책이 되어야 한다.

4. 사회보험

1) 사회보험의 현황

현행 우리나라의 사회보험은 다음 〈표 6-7〉에서 보이는 바와 같이 제도 간 차이는 있으나 사실상 거의 모든 근로자들과 자영자들을 대상으로 하고 있다. 그러나 〈표 6-8〉에서 보이는 바대로 실제 가입률은 높지 않다. 광범위한 비정규직 근로자들이 존재하기 때문이다. 노동부의 2007

년 〈고용형태별 근로실태조사〉에 따르면 모든 근로자들이 사회보험에 가입되어 있지는 않았다. 특히 비정규직의 가입비율이 낮았다. 고용보험도 정규직은 가입률이 93%에 이르나 비정규직근로자는 52.1%에 불과하다. 이러한 현상은 건강보험, 국민연금 등에서도 모두 나타나고 있다.

사회보험 범주에는 들어가지 않으나 강제적 법정기업복지제도인 퇴직금제도 역시 비정규직의 경우 약 40.1%의 가입률을 보이고 있다. 게다가 자영자나 지역가입자들은 비정규직보다 더 가입률이 낮다. 비록 법으로 모든 근로자들을 사회보험에 가입하도록 하고 있으나 기업들은 높은 보험료율 등을 이유로 근로자들의 사회보험 가입을 부담스럽게 여긴다. 이에 따라 기업들에서 사회보험 적용이 의무화되지 않은 비정규직을 선호하거나 고용이 감소하는 등 부작용이 나타나고 있다. 그리고 비정규직화와 고용축소의 대상은 빈곤층으로 전락하게 된다. 또한, 가입대상자들인 근로자들도 사회보험에 참여할 유인이 부족하고, 오히려 사회보험의 기피요인이 우리사회에 다양하게 널려 있다. 사회보험의 가입자들은 본인이 납부한 귀한 보험료에 상응하는 혜택을 받기를 원한다. 그래야 기업들의 부담에도 불구하고 참여율이 높아질 수 있다. 실업률 변화나 실업자 수의 추이는 사회보험 운영과 밀접하게 관련된다. 실업자들이 늘어나면 사회보험료 수입이 감소하는 반면, 실업증가·이환율변화[13] 등 사회보험급여의 지급요인들이 늘어나면서 사회보험의 재정은 악화된다.

이는 다시 사회보험료의 인상요인으로 이어지게 되어 근로자들의 부담을 늘어나게 하는 문제가 발생한다. 따라서 사회보험의 지속가능성은 건전한 노동시장에 기초해야 한다. 재정적 측면에서 사회보험이 지속 가능성을 유지하기 위해서는 사회적 위험이 상승하는 불경기에 대비하여 적정한 수준의 사회보험기금을 유지하지 않으면 안 된다. 고용시장이 붕괴

13) 소득이 감소하면 병원방문을 억제하여 단기적 급여를 낮출 수 있으나 질병예방 능력이 하락하여 사후적으로 건강보험 급여를 높일 수 있음. 불경기의 경우 스트레스 등의 원인으로 질병은 증가함.

〈표 6-7〉 사회보험 적용대상 및 현황

2011년 기준, 단위: 명

구 분		건강보험	국민연금	고용보험	산재보험	장기노인 요양보험
적용대상		전국민	18~60세미만 국민 (특수직역 연금 가입자 제외)	상시고용 1인 이상 사업장의 근로자		전국민
적용 제외자 (직장)	근로자	• 1월 미만 고용 일용근로자 • 월 80시간 미만 시간제근로자		• 별도법 보상자 • 월 60시간 미만 근로자 • 65세 이상자 (실업급여)	별도법 보상자 (공무원, 군인 등)	건강보험과 동
	사업주	1인 사업자(개인)		1인 사업자(개인), 법인 대표이사		건강보험과 동
가입단위		직장, 지역	직장, 지역, 임의	사업장		건강보험과 동
적용(가입) 현황 (2008. 12)		48, 159, 718	18, 335, 409	9, 385, 239	13, 486, 986	건강보험과 동
보험료율(2011)		노사 5.66%	노사 9%	• 노 0.45%, • 사 0.7~1.3% (기업규모별 차등)	사 36%~0, 7% (산업별 차등)	국민건강보험료의 6.55%

〈표 6-8〉 고용형태별 사회보험가입률(2007)

단위: %

	고용보험	건강보험	국민연금	산재보험	퇴직금
전체근로자(특수형태제외)	85.2	86.6	86.2	95.0	75.0
정규근로자	93.0	94.7	94.2	95.8	84.0
비정규근로자(특수형태제외)	52.1	49.6	47.3	90.9	40.1
재택/가내근로자	19.5	19.4	18.6	69.1	26.5
파견/용역근로자	88.5	88.3	87.3	94.8	78.5
일일근로자	31.7	14.1	13.4	90.9	11.0
단시간근로자	28.3	26.9	26.2	79.1	23.1
기간제근로자	80.6	82.5	80.3	94.7	69.2
한시적근로자	24.6	19.0	18.3	86.0	16.4

자료: 노동부, "고용형태별근로실태조사", http://www.kosis.kr/

되어 사회보험재정이 극도로 악화되면 정부의 조세수입 역시 감소하게 되어 사회보험재정을 지원해 줄 수가 없게 된다. 따라서 사회보험은 항상 일정 수준의 준비금을 보유하고 있지 않으면 지속가능성에 문제가 발생할 소지가 많다. 국민연금은 아직 성숙되지 않은 제도이고 기금이 적립되고 있는 상태이므로 재정안정성이 문제되지 않고 있으나 완전한 성숙상태에 이르는 2040년경부터 연금재정이 적자가 되어 2060년대에는 기금이 고갈되게 된다. 지금부터라도 일정 수준의 연금기금준비금을 목표로 하여 연금보험료를 다시 조정해야 한다.

미국의 경우 연금기금준비금은 연간 지급되어야 할 급여의 약 3.5배 정도로 보고 있다.[14] 우리나라는 건전한 보험재정을 유지하기 위하여 연간급여액의 약 1.9배 정도를 재정안정기금으로 유지하고 있으나[15] 경기

14) www.cbo.gov/budget/factsheets/2009b/oasdiTrustfund.pdf

15) 노동부, 2009.2.15.

변동에 따라 최적의 재정안정기금을 변동시켜야 한다. 반면, 국민건강보험의 경우는 매년 보험급여지출이 보험료수입을 초과하는 사실상의 적자가 발생해서 정부가 조세로 지원하는 형태이므로 사실상 불경기의 경우 정부예산이 투입되어야 하는 상황이다.

불경기에 당면하여 국민들의 생활안정 여부를 점검하기 위해서는 사회보험 및 사회부조에 대한 보호 정도를 점검할 필요가 있다. 한국보건사회연구원의 복지패널에 따르면 기존의 사회보험은 〈표 6-9〉에서 보이는 바와 같이 저소득층에 대하여 거의 보호를 하지 못하고 있다. 전체소득계층에서 공적연금[16]은 65%, 고용보험은 39% 정도만 적용되고 있다. 반면 건강보험은 93%로서 상당히 높게 나타나고 있다. 공적연금이나 고용보험은 사실상 긴급한 사회적 위험이 아닌 반면 건강보험은 개인의 신체적인 고통이 수반되는 긴급한 위험이 되어서 참여율이 높은 것으로 판단된다. 이러한 적용률은 하위소득계층으로 갈수록 더 낮아지고 있다. 반면 저소득층은 사회보험에서와 달리 기초생활보장급여를 비롯한 공적부조 혜택을 많이 받고 있는 것으로 나타나고 있다. 이는 앞으로 사회안전망 구축에서 비빈곤층(*non-poor*)은 사회보험으로, 빈곤층은 공공부조로 보호해야 함을 보이고 있다. 즉, 사회안전망정책에 있어서 사회보험을 빈곤층에 초점을 맞춘다거나, 혹은 사회부조를 비빈곤층 특히 신빈곤층에 맞추어 운영하는 것은 바람직하지 않다.

저소득층의 입장에서 볼 때, 이상의 사회보장제도 운영 현황은 다음과 같이 요약할 수 있다. 첫째, 저소득층에 대하여는 예산이 한정된 국민기초생활보장제도를 중심으로 지원이 이루어지므로 불경기에는 이들을 보호하는 데 한계가 있다. 둘째, 과거부터 20년 이상 발전하여 온 다양한 제도들은 그 형성이나 확대에 급급하여 아직 급여수준이 낮고 각 제도의 목적을 충분하게 달성하지 못하고 있다. 셋째, 저소득층이 빈곤의 함정에서

16) 국민연금, 사학연금, 군인연금 등을 통칭함.

〈표 6-9〉 사회보장제도의 수혜집단 분포(2006년)

단위: %

	제도 / 구간	사회보험 가입			국민기초생활 보장 급여	장애수당/장애아동 부양 수당	경로 연금	모부자 가정 수당	영유아 보육료 지원	학비 지원	영구 임대 주택	공공(국민) 임대 주택	전세 자금(융자) 지원	저소득층 월세 지원	주택구입 자금(융자) 지원	고용보험과 기초 보장비 적용
		공적 연금	고용 보험	건강 보험												
소득 분위 간 사회 보장 적용 가구 분포	기초 수급	7.58	5.52	5.84	98.34	32.79	44.42	0.30	5.59	20.77	13.48	4.15	2.06	0.22	0.00	1.12
	1분위	8.13	0.29	58.95	41.61	14.78	26.72	0.09	2.75	3.98	6.46	1.59	0.67	0.00	0.00	58.26
	2분위	14.75	2.17	89.80	12.07	4.82	7.03	0.17	3.18	3.87	2.75	1.39	0.16	0.00	0.00	86.7
	3분위	34.03	12.69	93.06	9.37	2.06	2.75	0.22	4.70	7.90	1.63	1.55	2.07	0.37	0.34	78.61
	4분위	58.78	29.23	97.32	4.17	0.97	1.01	0.51	8.83	4.96	1.27	1.69	1.06	0.22	0.31	67.38
	5분위	74.56	41.59	99.14	1.28	0.46	0.64	0.00	13.17	3.63	0.71	1.12	0.73	0.00	0.12	57.44
	6분위	84.83	51.58	99.67	0.66	0.25	0.67	0.00	12.10	2.13	0.42	1.71	0.43	0.00	0.16	47.92
	7분위	89.78	57.35	100.00	0.80	0.22	0.51	0.00	10.12	1.52	0.46	1.01	0.68	0.13	0.13	42.65
	8분위	94.15	65.74	99.78	0.61	0.45	0.00	0.00	5.81	1.96	0.41	0.59	0.48	0.00	1.07	33.65
	9분위	95.03	69.94	99.93	0.20	0.20	0.35	0.00	1.44	1.11	0.27	1.23	0.27	0.27	0.58	30.04
	10분위	96.11	64.04	99.46	0.00	0.00	0.56	0.00	2.19	0.55	0.11	0.65	0.00	0.00	0.00	35.96
	전체	65.04	39.47	93.72	7.07	2.42	4.02	0.10	6.43	3.17	1.45	1.25	0.66	0.10	0.27	53.81

〈표 6-10〉 4대 사회보험지출 추이

단위: 억 원, %

구분	항목	2000	2005	2006	2007	2008	2009	연평균 증가율
국민연금	수입	152,981	268,468	305,297	353,990	323,482	501,044	9.8
	보험료	103,589	185,436	201,523	216,701	229,855	238,852	10.5
	운용 수입	49,392	83,033	103,773	135,922	93,430	262,462	8.3
	급여	16,070	35,849	43,602	51,826	61,808	74,719	18.3
	수지차	136,910	232,619	261,695	302,164	261,674	426,325	—
건강보험	보험료	72,288	169,277	185,516	215,979	248,300	261,660	16.7
	급여	87,893	179,886	214,893	245,614	264,948	300,409	14.8
	수지차	-15,605	-10,609	-29,377	-29,635	-16,648	-38,749	—
산재보험	보험료	19,555	32,477	38,273	45,144	56,699	48,158	14.2
	급여	14,563	30,258	31,638	32,423	34,219	34,531	11.3
	수지차	4,992	2,219	6,635	12,721	22,480	13,527	—
고용보험	보험료	20,575	32,072	34,467	37,348	40,712	47,665	8.9
	급여	11,915	29,323	31,932	37,695	41,191	67,245	16.8
	수지차	8,660	2,748	31,932	-347	-479	-19,590	—
전체	보험료 (A)	265,399	502,294	563,553	652,431	669,223	858,527	12.3
	급여 (B)	130,441	275,316	322,065	367,558	402,166	476,904	15.1
국내총생산 (10억 원)		603,236	865,241	908,744	975,013	1,023,938	1,063,059	6.8
(A)/ 국내총생산		4.40	5.81	6.20	6.69	6.54	8.07	
(B)/ 국내총생산		2.16	3.18	3.54	3.77	3.93	4.49	

빠져나올 수 있는 기회가 제대로 제공되지 못하고 있다. 이 밖에도 핵심적인 생활영역인 주거, 의료, 교육 영역에서 인간다운 삶이 보장될 수 있는 적극적 제도개선이 부족하다.[17]

4대 사회보험의 지속가능성을 판단하기 위해서는 이들에 대한 재정을 점검할 필요가 있다. 〈표 6-10〉에서 보이는 바와 같이 2000년도에서 2008년간 사회보험료와 급여의 증가율은 국민소득증가율보다 훨씬 높았다. 이는 우리 국민들이 사회보험료에 대한 부담을 실질적으로 크게 느낄 수밖에 없음을 보인다. 4대 사회보험제도 급여와 보험료 총액은 2008년 현재 정부예산 174.9조 원 대비 각각 22.3%·38.2%에 이를 정도로 규모가 증가하고 있다. 이는 2000년도의 같은 비율인 15.0%와 30.7%에 비하여 8년 동안 각각 7.3%p, 7.5%p 증가한 것이다. 이러한 추세가 앞으로 계속된다면 국민들이 사회보험료를 부담하는 능력이 곧 바닥날 것으로 예상되며 이는 사회보장시스템이 불안정해짐을 의미한다.

이러한 기존의 사회보장정책 문제들 이외에 더 큰 문제는 큰 폭의 사회적 비용을 수반할 가능성이 높은 노인장기요양보험, 근로소득세액공제(EITC) 등 복지제도의 확대가 앞으로도 계속 진행될 것이라는 데 있다. 특히, 도입 초기부터 재정안정성이 매우 우려되는 노인장기요양보험은 우리사회의 고령화와 함께 사회보장제도를 전면 재검토해야 하는 상황을 만들 수 있다. 또한, 현재와 같은 복지 및 사회보험시스템을 유지하면서 앞으로 국민들이 요구할 복지의 질적 개선을 추구하는 데 폭발적 예산이 소요된다면 납세자의 부담이 가중될 뿐 아니라 사회보장재정이 붕괴될 수 있다.

이를 미연에 방지하기 위하여 첫째, 국민연금은 현재 소득대체율 40%를 유지하기 위해서 보험료를 9%에서 13~14% 수준까지 약 1.5배 인상해야 한다. 그렇게 하더라도 급여수익비율이 1보다 높아서 수지균형을

17) 이현주·강신욱, 2009.4.10.

위해서는 보험료가 더 인상되어야 한다. 이러한 상황에서 낮아진 소득대체율을 보전하기 위하여 조세로 조달되는 기초노령연금제도[18]가 도입되었다. 둘째, 국민건강보험은 보장수준을 70~80%까지 끌어올리기 위하여 현재의 보험료율을 2009년 현재의 5.04%에서 적어도 8% 수준까지 인상해야 한다. 셋째, 산재보험에서는 급여범위와 적용대상이 확대됨에 따라 산재급여의 지급이 앞으로 계속 증가할 것이다. 그리고 아직 성숙기에 이르지 못한 산재연금을 충당하기 위하여도 보험료를 지속적으로 인상해야 한다. 넷째, 고용보험 실업급여도 현재의 실업상태가 심각하게 지속됨에 따라 재정적자 요인이 크다. 자발적 실업자에게 급여혜택을 부여하는 한편, 급여수급기간이 연장될 경우 보험료를 추가적으로 인상해야 할 것이다. 다섯째, 건강보험료의 6.55%가 보험료로 부과되는 장기노인요양보험은 적용대상자가 확대되면서 조만간 독일이나 일본처럼 심각한 적자가 예상되므로 보험료 인상이 불가피하다.

이상에서 언급된 4대 사회보험과 장기노인요양보험만을 보더라도 향후 근로자가 부담할 사회보험료 액수는 적어도 임금의 20% 이상이 될 것이다. 현재의 실효개인소득세율은 약 4% 수준임을 감안할 때 이러한 보험료 부담은 국민의 강한 저항을 낳을 것이다. 우리나라 사회보험제도의 형성과정에서 시스템과 관련되어 나타난 한계는 다음과 같이 요약된다.

첫째, 사회통합을 전제로 한 우리나라 사회보험제도는 본래의 제도가 소득이 있는 근로자들을 대상으로 하는 것임에도 불구하고 빈곤층을 위한 제도로 계속 변화되었다. 이는 우리나라의 정책이 경제성장중심이었으므로 빈곤층을 위한 구체적 방안이 없는 상태에서 예산으로만 빈곤층을 보호하는 데 한계가 있었기 때문이다. 사회보험은 보험료징수를 전제

---

18) 기초노령연금은 65세 이상 전체노인들의 소득 및 자산규모로 하위 70%에 속하는 노인들을 대상으로 국민연금급여 균등부분(A)의 5%를 기준으로 책정되며, 2010년 현재 단독수급자에게는 매달 9만 원, 부부수급자에게는 14만 4천 원이 지급됨.

로 하는 것이고, 원천적으로 가입할 수 없는 저소득층을 이 제도의 대상으로 할 수 없다. 게다가 우리나라는 경제활동인구 가운데 자영자 혹은 비정규직근로자 비중이 높기 때문에 보험료를 걷어서 운영하는 사회보험제도를 효율적으로 운영할 수 없다. 그럼에도 불구하고 정부나 진보적 시민단체 등은 아직도 사회보험제도를 빈곤층구제책으로 인식하고 있고, 사회보험제도를 단일제도로 하여 저소득층을 그 대상에 포함시키려 한다. 이에 따라 사회보험제도는 아직도 실제 가입률이 그다지 높지 않거나 보호범위가 좁고, 재정의 불안정요소가 크다.

둘째, 사회보험제도가 빈곤층을 포함해야 한다는 인식을 가지고 있으면서도 제도를 안정시킨다는 편의주의에 따라 근로자들부터 적용되기 시작하였다. 예를 들면 국민연금은 도입 초기인 1988년도에 10인 이상 기업의 근로자에게만 적용되었다가 점차 적용범위가 확대되어, 현재는 전체 국민들에게 적용되고 있다. 가입자들의 성격이 달라져서 도입 초기의 제도운영방식이 개선되었어야 했는데 거의 변화된 것이 없다.

셋째, 현재 사회보험제도는 정규직을 중심으로 운영되어 사회적 위험이 증대되는 불경기에서는 저소득근로자를 위한 실질적인 역할을 다하지 못하고 있다. 게다가 사회보험료 부담은 기업들의 노무비를 높여서 정규직 채용을 줄이고 비정규직 채용을 늘리는 결과를 낳았다. 노동시장의 왜곡에 사회보험이 일조하게 된 것이다. 이제는 사회보험을 전체 근로자에게 어떻게 확대할 것인지 고민해야 한다.

넷째, 미래를 대비한 가상시나리오가 없다. 예를 들어, 악성슈퍼박테리아나 신종바이러스 등의 출현으로 국가가 사회적 혼란이나 위기에 당면하였을 경우, 혹은 새로운 의료기술이 확산되어 평균수명이 증가하는 경우 등에 사회보험제도가 능동적으로 대응할 방안이 부족하다. 노인들의 뇌사기간이 지속될 경우 연금수급자의 연금은 계속 지급되는데 과연 이를 지속할지에 대한 윤리적 문제도 제기될 수 있다. 한편으로 노인로봇 등 기술발달이 노인들의 편의생활은 개선시키지만 생계비를 가중시켜

사회보험제도의 구조를 변화시킬 수도 있다. 특히, 예측 불가능한 남북한 통일과 관련한 준비가 없다. 북한이 붕괴되면 우리나라는 북한주민의 생활안정을 위해 재정지출을 감수해야 한다. 이 경우 북한주민의 생활안정을 위한 주요 수단은 사회보험이 될 수밖에 없다. 현재 남한주민들을 위한 사회보험 재정구조도 적자인데 사실상 생산성이나 소득이 낮을 이들이 사회보험에 편입되면 적자를 보전하기 위한 정부의 부담은 막대해진다. 따라서 현재의 사회보험 재정구조를 균형감 있게 지속할 수 있도록 개혁하여 보험금을 정부가 보전해야만 하게 될 가능성을 최소화시켜야 한다.

다섯째, 사회보험 수급에서 도덕적 해이가 발생하고 있다. 특히 고용보험이나 산재보험에서 부정수급문제가 매우 심각하다. 건강보험에서는 이중진료나 과잉진료로 인한 비용지출이 증가하고 있다. 이러한 일은 선진국에서도 가장 큰 문제로 회자되는 요소이다.[19] 이러한 문제를 해결하지 못하면 사회보험의 재정안정화 및 정부재정 안정화를 기하기가 힘들어진다.

2) 정책과제

이 절에서는 위에서 언급한 다섯 가지 시스템개혁원칙에 따라 각 사회보험의 문제를 점검하고자 한다.[20]

(1) 국민연금

국민연금재정이 불안정해질 수 있는 요인은 제도의 도입 초기부터 내재해 있었다고 해도 과언이 아니다. 우선 국민연금제도의 조기확산을 위

19) 최근 오바마 정부도 사회보험 부정수급으로 인한 재정낭비를 억제하기 위한 조치를 취하고 있음.

20) 김원식(2007)의 관련내용을 요약·보완한 것임.

해 부담은 낮고 급여는 높은 구조를 기반으로 하여 제도가 도입되었다. 당시에는 연이율 10%이상의 투자수익률이 보편적이어서 적립된 기금에 대한 수익이 국민연금재정에 상당히 기여할 것으로 예상했다.

둘째, 제도 도입 이후 평균수명이 가파르게 증가했다. 이에 따라 가입자들의 연금수급기간이 늘어나게 되었다. 이 현상은 앞으로도 계속 나타날 것이다.

셋째, 국민연금 급여는 가입자들의 소득에 기초하여 지급된다. 그럼에도 불구하고 국민연금보험료가 부담되어 가입을 기피하게 한다. 소득파악이 어려운 저소득근로자나 자영자의 경우 과소보험료적립 혹은 적용제외 등 제도를 악용하는 사례가 나타나고 있다. 결과적으로 소득이 낮은 집단이 사회보험 적용을 받지 못하게 된다. 그리고 이들은 연금급여를 받지 않더라도 기타 기초생활보장급여 등을 받을 수 있으므로 더 보험료 납입을 기피할 가능성이 높다.

국민연금제도는 전체 연금제도의 일부로서 논의되어야 한다는 점에서 연금갭의 해소에 우선순위를 두어야 한다. 둘째, 어떻게 국민연금재정을 안정화시킬 것인가를 결정해야 한다. 그리고 셋째, 기초연금제도를 개선할 방안을 찾고, 넷째, 국민연금 기금을 어떻게 운용할 것인지에 대하여 정책방향이 결정되어야 한다.

① 연금갭의 해소: 공사연금제도 간 조화

최근에 도입된 기업중심 민간연금으로서 퇴직연금이 앞으로 인상될 국민연금보험료의 일부를 대체할 수 있도록 하는 사실상의 적용제외(*contract-out*)를 고려해야 한다. 이를 위하여 퇴직금제도를 퇴직연금제도로 전환하도록 한다.[21] 그렇게 하면 차후 국민연금재정이 적자가 되어도 그 규모

21) 퇴직금제도를 의무적으로 퇴직연금제도로 전환하는 것도 고려할 수 있으나 국민연금과 퇴직연금을 한꺼번에 갖게 하면 지나치게 부담이 될 수 있음. 이에 따라 저소득층의 경우나 개인의 선택에 따라 적용제외를 선택하도록 함.

〈그림 6-3〉 노후기간별 연금체계안

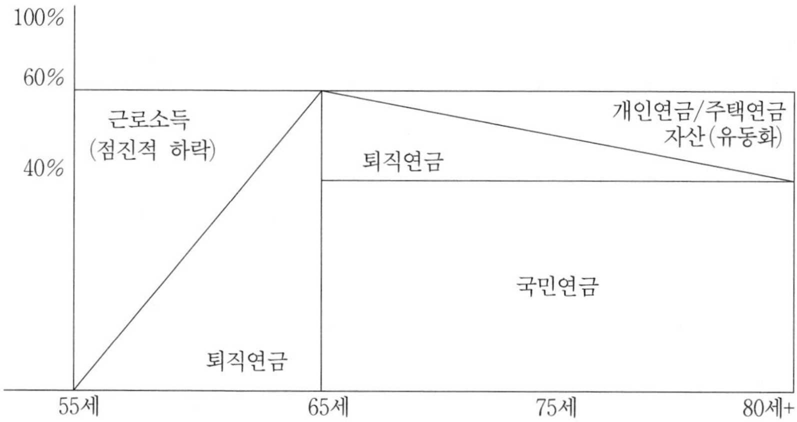

를 최소화시킬 수 있어서 정부가 책임져야 하는 국민연금 부담을 줄일 수 있다.

연금갭(*pension gap*)을 해소하는 데 생애시점별 연금포트폴리오의 제도적 구성이 필요하다. 국민연금제도의 가장 큰 문제는 직장에서 퇴직 후 국민연금 수급이 발생될 시점까지 생활안정 수단이 없다는 것이다. 따라서 이 기간 동안 퇴직연금을 중심으로 생계를 유지하도록 해야 한다. 그리고 퇴직 후에도 국민연금수급액이 충분하지 않으므로 개인적 노후저축을 연금화하기 용이하게 하는 제도도 마련되어야 한다. 1994년도에 도입되어 크게 활성화되고 있지 않은 개인연금제도도 본격적으로 개혁해야 한다.[22] 그리고 최근 도입되고 있는 주택연금(역모기지제도)도 민간부문이 주축이 되어 정착될 수 있도록 해야 한다. 퇴직연금은 국민연금과는 달리 그 운용에 있어서 보장성이나 수익성이 고용주 혹은 개인의 기금투자선택에 의하여 결정된다. 퇴직 후 국민연금 수급 전에 활용할 수 있는 보조적 소득원으로 매우 효율적이다.

〈그림 6-3〉은 이러한 시나리오를 그림으로 나타낸 것이다.

22) 김원식, 1996 참조.

② 국민연금재정의 안정화: 재정부담의 명확화

국민연금급여는 소득재분배부분과 소득비례부분으로 구분된다. 그리고 현재 세금으로 조달되는 기초노령연금제도가 도입되고 있다. 국민연금과 기초노령연금은 사실상 고령자들의 생계를 보장하기 위함이라는 목적이 같고, 그 대상도 같으므로 조정이 필요하다. 이 연구가 제안하는 국민연금급여의 운영 방법은 우선 국민연금급여의 기초부분(혹은 기여형기초연금)과 소득비례부분(혹은, 소득비례연금)의 재정관리를 분리하는 것이다. 현재 국민연금급여는 다음과 같은 공식으로 결정된다.[23]

$$1.2\,(A + B)\,(1 + 0.05\,(n-20))$$

여기서 A는 전체근로자의 소득수준이며 B는 개별 가입자의 소득수준이다. 그리고 n은 보험료 납입기간이다. 이 식을 구분하면 다음과 같다.

$$1.2\,A\,(1 + 0.05\,(n-20)) + 1.2\,B\,(1 + 0.05\,(n-20))$$

이 식의 첫째항은 소득재분배를 전제로 한 연금급여이며 둘째항은 소득에 비례하여 지급되는 연금급여이다. 기초부분은 기여기간에 비례한 확정급여형 정부보전금지원제도로 운영해야 한다. 따라서 기초부문의 연금급여를 조달하는 데 정부가 적자를 책임지도록 한다. 이는 정부가 충분히 감내할 수 있는 수준일 것이다. 이로써 국민연금에서 재정적자는 대폭 줄일 수 있다.

소득비례부분은 확정기여제도로 운영하며 수익률에 따라 급여가 결정되도록 한다. 더 나아가서 소득비례부분은 민간부문에서 일정한 조건의 퇴직연금이나 개인연금에 가입할 경우 적용제외(*contract-out*) 시킬 수 있

23) 김원식, 2007.

도록 해야 한다. 현재 국민연금에 있어서 가장 큰 논의의 대상인 영세자영자의 소득파악은 현실적으로 불가능하다. 따라서 기여형 정액기초연금을 도입하여 운영하는 것이 필요하다. 단, 전문직 자영자의 소득은 국세청을 통하여도 추정이 가능하므로 현재와 같은 급여제도를 운영하는데 문제가 없다.

③ 기초노령연금제도의 개선

기초(노령) 연금제도는 저소득노인을 대상으로 하는 연금을 조세로 조달하는 제도이다. 이 제도는 도입된 2008년에는 70세 이상의 노인에게 급여가 제공되었다가 2011년 현재에는 65세 전체노인 중 소득과 재산이 적은 하위 70%의 노인에게 지급된다. 지급액은 국민연금가입자의 연금수급전 3년간 평균소득월액(A값)의 5%로 결정된다. 이 제도는 정부의 재정부담과 연결되는 제도여서 소득조사나 재원조달방법 및 분담에 대하여 현재뿐 아니라 앞으로도 논란이 계속될 것이다. 서둘러 기초연금개념을 기초생활보장제도에 포함시키는 용단이 필요하다. 양자를 비교해 볼 때, 기초연금이나 기초생활보장제도나 모두 소득조사를 한다. 기초생활보장제도에서도 노인은 적용대상이 될 뿐 아니라 급여도 형편에 따라 더 많이 줄 수 있다. 즉, 노인들에게 제공되는 기초생활보장급여가 바로 기초연금라고 할 수 있다.[24]

기초연금의 목표가 노후소득안정이라면 지금의 국민연금제도도 이 기능을 충분히 실현할 수 있다. 국민연금급여를 40년 가입기준 40%에서 조금 높이거나 급여식에서 소득재분배요소를 확대하면 된다. 근로기간동안 연금수급권 인정기간인 10년 이상을 일할 수 없어서 연금을 수급할 수 없다면 기초생활보장급여를 받게 하는 것이 효율적이다. 이 경우 기초생활보장급여는 미국의 보충적연금(SSI: *Supplemental Security Income*)

---

24) 김원식, 2009.

과 같은 성격을 갖도록 한다. 앞서 언급된 국민연금과 함께 볼 때, 전체적 공적연금체계는 다음과 같다.

$$연금액 = 0.6A + 1.8\,A\,(1 + 0.05\,(n-20)) + 1.2\,B\,(1 + 0.05\,(n-20))$$

위 식에서 첫째항은 기여 없이 정부예산으로 지급되는 연금급여액이며, 둘째항은 소득재분배 효과를 가진 확정급여형 기여연금액, 셋째항은 소득비례적 성격의 가상적확정기여형(NDC: *Notional Defined Contribution*) 기여연금액이다.

④ **연금재정 자동안정장치**

평균수명 연장 등 예상치 못한 사회경제적 환경변화에 대처하기 위해 국민연금재정의 자동안정장치를 마련해야 한다. 평균수명은 급속도로 연장되어 왔고 이제는 거의 예측이 불가능할 정도이다. 이제 국민연금은 평균수명의 연장가능성에 대한 재원을 선제적으로 마련해야 한다. 근로자층 평균나이와 고령자층 평균나이의 비율 및 근로자 수와 퇴직자 수의 비율에 따라 급여와 보험료율을 조정해야 한다.

연금개혁에 있어서 가장 혁신적인 시스템을 도입하고 있는 스웨덴의 경우 명목확정기여제도(Notional defined contribution) 외에 연령회전기간(*turnover duration*)에 기초한 자동안정장치를 도입하고 있다. 즉, 근로자들의 평균연령과 연금수급자의 평균연령 차이에 따라 제도를 조정하는 것이다. 예를 들면, 연령회전기간이 길면(근로자의 평균연령이 낮거나 고령자의 평균연령이 높으면), 예상되는 보험료 수입이 많고 연금급여의 지출이 적을 것이므로 재정이 안정화된다. 따라서 이에 따라 급여를 증액시키거나 보험료율을 인하한다.

동서독 통일을 겪은 독일의 경우는 지속가능성지수(*sustainable factor*)

를 연금제도에 적용하고 있다. 즉, 근로자 수와 퇴직자 수의 비율을 연금 증가액 조정에 활용하고 있다. 근로자들이 퇴직자들보다 많아지면 보험료율을 낮추거나 연금급여를 인상한다. 이것은 부과방식의 연금제도에서 세대 간 형평성을 유지하는 데 매우 효과적이다.

이 외에 평균수명에 따라 퇴직연령을 조정하거나, 노인부양률에 따라 보험료율이나 급여율을 조정하는 것도 고려해야 한다. 평균수명이 늘어나면 상대적으로 일할 수 있는 건강수명과 퇴직기간이 늘어난다. 따라서 고령자들이 더 일할 수 있도록 사회적 환경을 조성하면서 연금지급시점도 비례하여 늦추는 것이 필요하다. 혹은 노인부양률이 높아지면 연금지급의 사회적 부담이 높아질 것이므로 이에 따라 보험료율을 인상하거나 연금급여를 인하하는 것이 바람직하다.[25]

⑤ 국민연금기금의 운용 및 지배구조

국민연금기금 적립액은 2010년 6월을 기준으로 300조 원을 넘었다. 이 기금은 채권시장뿐 아니라 주식시장에도 영향력을 미친다. 또한, 주주권행사를 통하여 기업에 영향력을 행사한다. 이렇게 국민연금이 자본시장에 영향을 미치는 일에 대하여 긍정적 시각과 부정적 시각이 공존한다. 국내자본시장에 자본을 공급하는 것에는 이의가 없지만 자본시장의 체질을 개선한다고는 할 수 없다. 또한, 수익률게임에 빠질 경우 오히려 자본시장을 붕괴시킬 수도 있다. 무절제한 주주권행사는 임의로 경영권을 교체함으로써 투자활동을 위축시킨다. 즉, 각 기업은 경영권을 방어하기 위하여 부채축소(*deleverage*) 행위를 벌일 수 있다. 이런 식의 행태는 자본시장을 심각하게 위축시킬 수 있다. 국민연금기금 운용은 다음의 정책방향을 설정해야 한다.

첫째, 투자대상 다변화 및 안정적 투자가 필요하다. 주식은 어떤 상황

---

25) 김원식, 2006 참조.

에서든 매우 위험한 투자이다. 따라서 안정성에 기초한 원칙적 투자를 해야 한다. 둘째, 가입자친화적 투자가 필요하다. 국민연금기금은 국내 기업과 근로자들이 적립한 기금이다. 이 기금이 만들어지는 과정에서 기업과 근로자들은 자신들의 저축을 줄인다. 따라서 국민연금기금은 일정 부분 이들의 유동성부족이나 자금수요를 충당하는 것이 바람직하다. 그런데 기금투자는 주로 대기업, 특히 2천여 개에도 못 미치는 상장사와 외국의 국채 혹은 주식을 중심으로 이루어지고 있다. 국민연금기금이 부족하나마 가입자에게 환류될 수 있어야 한다. 셋째, 국민연금기금을 개별 단위로 분리시켜 자율경쟁시키고, 주주권은 행사하지 않음을 원칙으로 해야 한다. 국민연금기금은 항상 시장과 기업 지배구조에 중립적이어야 한다. 그렇지 않으면 우리 경제는 "국민연금자본주의"라는 원하지 않는 함정에 빠져서 기금사회주의로 변질된다.

(2) 국민건강보험

국민건강보험은 우리나라에서 1977년 최초로 도입된 사회보험제도이다. 그리고 1998년 직장건강보험조합이 하나로 통합되기까지 재정은 균형 있게 운영되었다. 그러나 2000년 국민건강보험의 재정통합과 의약분업 이후 재정은 지속적으로 악화되었다. 부분적으로 건강보험보장성 확대에 따른 결과이기는 하나 결과적으로 재정수입을 고려하지 않은 주먹구구식 조치였다고밖에 볼 수 없다. 따라서 국민건강보험에 대한 정책적 판단은 건강보험통합 및 의약분업에 대한 평가 없이는 불가능하다.

현재 우리나라 국민건강보험시스템의 문제는 보험에서 나타나는 도덕적 해이가 심각하다는 데 있다. 도덕적 해이는 역진적 소득재분배의 가능성을 높여서 형평성을 저해하며 과다진료 등 진료 낭비로 사회적 자원배분을 왜곡시켜서 성장잠재력을 낮춘다. 현행 국민건강보험에는 다음의 3가지 도덕적 해이가 있다.[26]

첫째, 보험자의 도덕적 해이이다. 국민건강보험과 같은 단일 공적보험자는 시장에 있어서 독점적 지위를 갖기 때문에 관료적인 성격을 갖는다. 보험재정 적자에 대하여 보험료의 추가징수 이외에 급여지출을 적극적으로 줄이려는 노력이 부족하다. 오히려 조직의 기득권을 확보하려 할 것이기 때문에 내부결속력만 높일 뿐 비효율성을 억제하려고 노력할 가능성이 낮다.

둘째, 의료공급자의 도덕적 해이이다. 건강보험공단은 개별 의료공급자의 비용을 반영하지 않고 보험급여를 국가 전체적으로 획일화시켜서 진료기관으로 하여금 이윤이 있는 환자에 대하여는 과잉진료를 하고, 그렇지 않은 경우 기피하거나 진료를 최소화하는 행태(*cream skimming*)를 보이게 한다. 즉, 건강보험 급여항목에 포함된 의료행위는 형식적으로, 그렇지 않은 진료서비스는 적극적으로 이윤을 극대화한다. 지역적 특성과 개별 의사의 특성에 따라 원가를 확정할 수 없는 의료서비스를 급여로서 획일적으로 지급하는 일은 의료시장의 가격구조뿐 아니라 시장구조까지 왜곡시킨다.

셋째, 가입자의 도덕적 해이이다. 보험가입으로 진료비용이 낮아져서 가능하면 병의원의 진료횟수를 늘인다. 그리고 본인이 납부한 보험료의 수준에 비하여 높은 서비스를 요구한다. 이것은 보험료가 서비스에 연동되어 조정되지 않기 때문에 발생되는 전형적인 거리감(*remoteness*) 문제이다.

가입자의 도덕적 해이는 본인부담금제도 등으로 어느 정도 해결이 가능하나 나머지는 의료산업, 혹은 독점적 국민건강보험구조의 개혁 없이는 불가능하다. 국민건강보험 재정통합은 사실상 건강보험제도에서 나타날 수밖에 없는 다양한 도덕적 해이를 유발시켰다. 즉, 가입자들이 어떤 의료구매행위를 하더라도 보험료에 영향이 없고, 의료공급자들은 본인들의 비용이 수가에 반영되지 않기 때문에 왜곡된 행태를 보여서 재정

---

26) 김원식, 2001 참조.

이 악화된다. 이러한 도덕적 해이는 결과적으로 편중된 의료행위를 낳아서 의료시스템도 사실상 위기에 놓이게 했다. 의약분업은 '처방은 의사, 조제는 약사가' 하는 전문화를 표방한 단순한 제도 변화가 아니다. 이 제도를 강행하는 과정에서 피해를 보지 않으려 하거나 오히려 이익을 취하려는 이해당사자의 입장을 반영하다 보니 오히려 의료비용을 증대시키는 결과를 낳았다. 따라서 현재와 같은 재정구조와 의약분업시스템을 유지하는 한 국민의료비의 증대는 피할 수 없을 것으로 본다.

국민건강보험은 병의원, 의사, 제약회사, 약사, 의료기기회사, 의료기사 등 모든 의료서비스 관련공급자들이 제도 내에 들어와서 보험제도 운영에 영향을 미친다는 점에서 다른 사회보험과 성격이 다르다. 따라서 국민건강보험의 정책과제는 첫째, 보험자인 국민건강보험공단이 효율적으로 보험서비스를 하도록 하는 것 둘째, 의료공급서비스의 양과 질을 효율적으로 통제하는 것, 그리고 가입자들이 건강을 효율적으로 관리할 수 있도록 하는 것을 들 수 있다. 국민건강보험의 회귀는 이미 있었던 사회경제적 환경변화로 더 큰 혼란을 초래할 수 있다. 따라서 의료체계 및 국민건강보험의 지배구조를 근본적으로 변화시켜야 한다. 국민건강보험의 정책방향은 다음과 같이 요약할 수 있다.

첫째, 국민건강보험의 저부담·저급여·저수가 정책으로 인하여 보험의 재정불안정요인은 상대적으로 낮다. 그러나 앞으로 양질의 의료에 대한 수요증가에 어떻게 효율적으로 대처할 것인가, 하는 문제에서 한계가 있다. 게다가 보험자중심적 수가결정은 의료공급을 수익이 많은 쪽으로 유도하여 의료시스템을 붕괴시킬 가능성이 높다. 국민소득수준의 향상과 함께 의료수요가 소득탄력적으로 증가하면서 의료급여뿐 아니라 새로운 의료수요도 큰 폭으로 증가할 것이다. 저수가 문제는 의료기관의 수지를 열악하게 하기 때문에 수입증대를 위하여 과잉진료 및 보험적용이 되지 않는 진료를 유도한다. 따라서 의료수가의 결정을 무조건 억제하기보다는 전체 의료시스템의 유인에 맞추어 조정하는 것이 필요하다.

둘째, 의료공급서비스의 효율적 관리는 보험자를 다원화함으로써 가능하다. 통합건강보험을 광역별 건강보험체계, 혹은 조합별 건강보험체계로 전환하는 것이 필요하다. 이에 따라 다수의 보험자가 서비스공급자를 다면적으로 감시 통제할 수 있다. 이는 보험자나 서비스공급자들이 서로 경쟁하도록 한다. 그리고 보험가입자들도 자신에게 적합한 상품을 적정가격으로 구입할 수 있다. 보험자를 선택하도록 할 경우 보험자들 간에 경쟁도 가능하게 한다.

셋째, 지방자치단체도 지역건강보험정책에 관여할 수 있도록 해야 한다. 이를 위하여 국민건강보험은 광역자치단체별로 운영해야 한다. 서울과 지방 간 의료시설불균형은 같은 보험제도시스템에서 지역주민 간 서비스불균형을 낳는다. 지역의료시설이 주민유치를 위한 주요수단이라는 측면에서도 이 사실은 매우 중요하다. 따라서 국민건강보험을 지역별로 운영하고 지역이 의료시설을 확충하는 데 중앙정부가 유인정책을 동원하여 지원해야 한다.

넷째, 가입자들이 국민건강보험의 본인부담액과 비보험급여를 충당할 수 있도록 민영건강보험을 활성화해야 한다. 이 경우 민영건강보험회사도 보험급여심사에 참여하고, 가입자의 건강관리에 참여하여 질병을 억제하는 데 기여할 수 있다. 민영건강보험의 형태로서 호주에서 운영하고 있는 생애건강보험(*Lifetime Health Cover*)은 우리나라에서도 매우 효과적인 제도가 될 수 있다. 즉, 생애건강보험을 매우 낮은 가격으로, 가능하면 젊은 가입자를 중심으로 판매하도록 하고, 가입자에 대하여 정부는 보조금을 지급한다. 그리고 이 제도를 승인하는 과정에서 정부는 이들이 보험정보를 공유하도록 한다. 이는 그동안 보험회사 간 경쟁심리로 인하여 수집되지 않았던 민간의료보험에 관한 개인별 자료를 통합할 수 있는 계기가 될 수 있다. 결과적으로 건강보험에 관련된 민간의료보험산업의 역할을 제고하여 국민의료비의 효율성을 높일 것이다.

다섯째, 영리병원을 허용해야 한다. 우리나라에서 의료기관의 90%

〈그림 6-4〉 다층구조의 진료체계

보장단계		보장대상	재원조달 방식
3층	Major risk	중증질환 (고액진료비)	조세(목적세) 공적 건강보험
2층	↑	중증질환 (간단한 입원 및 고액외래)	공적 건강보험
1층	↓	경증질환 (소액진료비)	노인: 장기노인요양보험 일반: 민영건강보험
건강증진	Minor risk	생애주기별 (유아, 청소년, 중장년, 노년) 건강관리 프로그램	조세(일반재정)/저소득층

이상은 민간이 운영하고 있다. 이는 사실상 선진국의 어느 나라에서도 찾아볼 수 없는 현상이다. 공공의료분야의 역량을 제고하기 위하여 정부가 일부러 더 많은 공공병원을 만드는 것은 큰 자원낭비이다. 따라서 민간부문 의료산업의 역할을 인정하고 이들이 더 나은 의료서비스를 제공할 수 있는 유인을 제공해야 한다. 영리병원을 허용하여 투자기금을 유치하고 의료기술개발도 용이하도록 해야 한다. 영리병원을 통한 의료서비스 개선은 고소득층만을 위한 것이 아니라 저소득층도 정부의 지원과 연계하여 혜택을 받을 수 있다. 따라서 영리병원의 허용은 저소득층이 양질의 의료서비스를 받을 수 없게 될 가능성과는 관계가 없다. 오히려 더 좋은 의료서비스를 제공받을 수 있는 기회이다.27)

여섯째, 국민건강보험으로 집중되어있는 건강관리체계를 이제는 효율성을 제고하는 방향으로 유도하지 않으면 안 된다. 이에 따라 건강보험에 다층보장시스템을 도입하는 것이 필요하다. 단일한 공적보험으로 다양한 경로의 국민의료비부담을 책임지는 것은 비효율을 낳는다. 따라서 원인별·진료비 부담별로 다층보험시스템을 구축한다. 현재의 건강보험

27) 영리병원의 필요성에 대하여는 김원식, 2008 참조.

은 중증질환에 대하여는 과소보험을, 경증질환에 대하여는 과대보험을 하고 있다. 따라서 공적건강보험은 진료비부담의 최후 조달원으로 삼고, 경증진료에는 민간이 선택적으로 보험을 가입하도록 유인한다.[28]

2008년부터 도입된 노인장기요양보험은 노인요양비용에 대하여 급여가 제공되고 있다. 그러나 노인요양은 진료가 함께 되어야 비용을 효율적으로 억제할 수 있다. 따라서 노인장기요양보험에 진료급여가 함께 지급되도록 하는 것이 필요하다. 2000년도에 장기요양보험제도를 시작한 일본도 앞서 언급한 문제에 당면하여 고령자를 국민건강보험 적용대상에서 제외시켰다. 우리나라도 노인장기요양보험제도에 노인진료를 포함시키고 국민건강보험에서 일정연령 이상의 고령자들을 제외시키는 것이 바람직하다고 본다.

(3) 고용보험

고용보험은 실업급여를 중심으로 한 실업급여제도와 고용정책을 통합하여 운영함으로써 실업을 최대한 억제하고자 하는 제도이다. 고용보험의 급여대상인 실업은 고용(혹은 취업)과 반대되는 개념으로서 실업억제는 곧 고용증대와 같은 효과를 낳는다. 따라서 고용보험은 고용정책의 핵심적 역할을 수행해야 한다. 최근의 청년층 실업만연 및 저임금근로자 증가는 향후 우리사회의 고용창출능력을 제고하고 양질의 일자리(*decent work*)를 확대할 필요성을 높이고 있다. 따라서 고용보험의 발전방향도 이러한 사회적 욕구에 따라 조정될 때가 왔다. 정부는 이에 따라 2011년부터 고용보험제도의 틀을 대폭 개혁할 예정이나 노동공급자 문제뿐 아니라 노동수요자인 기업들의 요구를 어떻게 제도에 접목시킬 것인가에 정책을 집중시킬 필요가 있다. 고용보험제도는 고용안정을 위한 제도임에도 불구하고 실질적인 고용창출능력을 가지고 있는 것은 아니다. 고용

---

28) 김원식, 2002 참조.

창출 문제는 오히려 경기나 기업의 사업의지에 크게 의존해 있다. 따라서 고용보험은 이러한 기업의 고용수요에 따라 직업능력을 개발하도록 하거나 적합한 근로자들을 소개하는 역할에 머물 수밖에 없다. 따라서 고용보험의 목적은 산업의 수요를 보다 정확히 파악하여 근로자들에게 전달하고 지원하는 데 집중되어야 한다. 또한, 고용보험은 최근의 실업사태에 대응하여 어떻게 하면 고용을 더 많이 유지할 것인가, 하는 단기적 목표도 만족시켜야 한다. 그러나 고용정책에서 사회적 일자리에 대한 집착은 자칫 노동생산성을 낮추는 결과로 이어질 수 있다.

한편 고용보험에서 도덕적 해이를 어떻게 최소화시킬 것인가, 하는 문제도 있다. 허위로 취업한 후 실업급여를 신청한다거나, 직업훈련에 거의 참여하지 않고 훈련수당을 신청하는 경우가 늘어나고 있다. 따라서 고용보험서비스를 전달하는 체계의 효율화가 절실하다.

첫째, 경험보험료율제도 도입이 필요하다. 일반적으로 인식되는 고용보험제도의 한계는 고용주나 근로자에게서 나타나는 도덕적 해이이다. 고용주는 고용보험을 구실로 하여 부담 없이 근로자를 해고할 가능성이 있다. 근로자는 쉽게 실직상태로 전환하여 실업급여를 받으려고 하거나 고용을 위한 구직 노력을 게을리할 가능성이 높다. 경우에 따라서는 고용주와 피용자의 묵시적 합의에 의하여 실업급여 수급의 극대화를 꾀할 수도 있다. 따라서 도덕적 해이에 따른 실업억제를 위한 수단으로 경험보험료율제도를 도입하는 것이 필요하다.[29] 그리고 최근 문제가 되고 있는 비정규직고용을 억제하기 위하여 비정규직을 많이 고용하고 있는 사업장에 대하여는 높은 보험료율을 부과함으로써 노동시장의 정상화에 기여할 수 있다고 본다.

둘째, 장기실업자나 저소득실업자를 위하여 실업부조제도를 도입해야 한다.[30] 이들은 사실상 고용보험 원리로 보호받기 어려우므로 정부가 조

---

29) 김원식, 1999.

세로 재원을 마련하여 노동시장 범주에서 관리할 필요가 있다. 이 제도 속에 기초생활보장제도의 자활사업대상자를 수혜자로 포함시키고, 이들을 고용보험체계 내에서 효율적으로 관리해야 한다.

셋째, 고용지원센터 상담원을 중고등학교의 청소년 직업교육에 참여시켜서 자신의 진로를 조기에 결정하고 준비할 수 있도록 해야 한다. 초·중등교육에서 직업교육이 부실한 탓에 성인이 되어서도 직업 진로를 결정하지 못하는 현상이 반복되고 있다. 따라서 조기에 직업적성을 발견하여 노동시장에서 효율적으로 인력을 배치하는 기능을 이들에게 부여해야 한다.

넷째, 최근 문제가 되고 있는 비정규직보호법을 폐지하는 대신 비정규직을 고용보험의 적용대상에 포함시켜야 한다. 비정규직 급여비를 충당하기 위하여 비정규직이 많은 기업에는 보험료를 노무비에 기초하여 징수하는 것도 고려해야 한다. 그리고 경험료율제를 도입하는 과정에서 비정규직 비율이 높은 기업들은 경험료율을 높이도록 조정한다. 비정규직 근로자들의 실업에 대하여는 본인들이 보험료를 정액으로 납부하도록 하고, 납입액 혹은 기간에 따라 급여를 지급받도록 한다.

다섯째, 노동시장의 중요한 환경변화인 고령화에 대비한 적극적 고용보험정책을 수행해야 한다. 사회전반적으로 의료와 건강의 개선에 따라 개인의 평균수명이 길어지고 이에 따라 예상치 않게 노령기간이 길어지게 된다. 따라서 노령기간을 위한 생계비를 조달하기 위하여 퇴직시점을 늦추거나 퇴직 후 다시 직업을 가져야 하는 경우가 발생한다. 고령근로자들이 노후생계비를 조달할 수 있도록 적극적으로 고용기회를 제공하는 것이 필요하다.

30) 김원식, 2000.

(4) 산재보험

산재보험에서 향후의 문제는 직업병에 대한 인식이 확산되어 산재급여 대상이 급속하게 확대될 가능성이 높다는 것이다. 1960년대 초에 시작되었음에도 산재보상범위가 협소하여 산재판정에 대한 문제가 많이 제기되었다. 그리고 산재문제가 법정다툼으로 갈 경우 법원은 일반적으로 산재근로자를 보호하는 결정을 많이 내리고 있기 때문에 산재보험의 재정부담이 증가하고 있다.

산재보험의 또 다른 문제는 앞서 언급한 문제와 함께 산재가 급속히 증가하고 있음에도 불구하고 산재억제 유인이 크지 않고, 산재예방을 위한 노력이 부족하다는 것이다. 그리고 산재를 당하고서 이들이 직장에 복귀할 유인이 모자라기도 하다. 근로환경에 대한 관심이 높아지면서 최근에 들어서야 산재보험에 관한 문제들이 심각하게 노출되고 있다. 그럼에도 불구하고 산재율이나 중증재해율은 개선되지 않고 있다. 따라서 단편적 제도개선보다는 근본적인 개혁을 통하여 산재를 억제하고 산재환자를 직장으로 복귀시키는 정책방향을 설정해야 한다.

첫째, 재해근로자에 대한 사후관리를 강화해야 한다. 재해근로자가 치료종결 후 정신적·신체적·사회적으로 적응하여 조속한 사회복귀를 진행할 수 있도록 적극적 지원이 필요하다. 사용자가 재해근로자의 직장복귀를 위해 훈련적 취로를 보장하고, 재해근로자가 요양을 종료한 후에는 직장복귀를 의무화해야 한다. 이는 사용자의 부담을 증가시키나 사용자로 하여금 산재억제에 적극 참여하도록 하는 계기가 된다.

둘째, 산재보험제도를 산재 예방과 관련된 한국산업안전공단의 업무와 직접적으로 연계하여 운용해야 한다. 이 경우 기업은 산재보험의 적용과 함께 다양한 산업안전공단 프로그램의 혜택을 받을 수 있다. 산업재해(산재)를 억제하기 위해서는 작업환경 개선이 필수적이다. 따라서 노동부는 끊임없이 작업장을 감독하고 합리적인 작업장 개선 유인을 제공해야 한다. 특히 중소기업을 대상으로 하는 작업환경개선사업은 산재

억제뿐 아니라, 3D업종에 대한 기피현상도 줄이는 이중효과가 있다. 산업안전은 산재를 줄여서 산재보험재정을 안정시키고 근로자를 건강하게 하여 생산성을 증대시킨다. 산재보험의 핵은 '산업안전'이다. 이러한 관점에서 근로복지공단과 산업안전공단을 통합 혹은 연계시켜야 한다. 두 단체를 통합하는 일은 조직의 통합을 통하여 관리인력 및 시설을 절감할 수 있어 관리비용을 절감할 수 있고, 보험과 예방업무를 통합함으로써 일관적 체계에 기반한 당근과 채찍 전략으로 산업안전업무의 효율성과 효과성을 제고시킬 수 있다.

셋째, 산재보험의 운영에 경쟁체제를 도입해야 한다. 산재보험서비스를 민영보험회사도 공급할 수 있도록 하여 산재보험료율을 낮추고 서비스의 질도 개선할 수 있다. 산재보험의 경쟁논리는 다음 관점에 근거하고 있다. 첫째, 경영효율성 측면에서 볼 때 근로복지공단의 단독운영체제로는 최저비용으로 제도를 운영할 유인이 없다. 둘째, 민영보험과의 경쟁을 통하여 보다 양질의 서비스를 제공할 수 있고, 민영보험회사는 보완적 기능의 보험을 제공할 수 있다. 셋째, 민영보험회사는 비교적 정확한 수지상 등의 원칙에 의거하여 운영될 수 있으나, 근로복지공단에 의한 운영으로는 공공성에 입각한 시혜적 정책으로 건전한 재정 유지가 어려워 정부의 재정지원이 이루어지고 있다.

넷째, 산재보험과 건강보험의 연계성을 강화해야 한다. 작업장환경은 근로자들의 건강과 직접적인 관계가 있다. 산재 성격을 가지고 있는 질환이 산재로 인정되지 않으면 건강보험의 수혜자가 될 가능성이 높다. 이에 따라 산재에 대한 부실한 관리가 건강보험의 재정악화로 이어질 수 있다. 작업장 환경을 개선할 뿐 아니라 근로자에 대한 건강관리 책임을 고용주에게 부과할 수 있는 제도의 개선이 필요하다. 이를 위하여 산재보험의 진료위험과 건강보험의 질병위험을 통합관리하는 모형을 개발해야 한다.

(5) 장기노인요양보험: 제5사회보험

고령화에 따라 치매 등 장기질환을 앓는 고령자들이 증가하고 간병수요도 급증하였다. 이러한 장기간병노인에 대한 보호는 지금까지 가족중심으로 이루어졌으나 사실상 핵가족사회에서 더는 이러한 환자들의 간병을 가정 내에서 담당하는 것이 불가능하게 되었다. 즉, 장기간병이 필요한 경우 가족공동체 중 누군가가 이들을 돌보게 되어 간병을 담당하는 가족의 소득창출기회를 줄이고, 비전문적 간병으로 보호 당사자들도 불편해하는 문제가 발생하였다. 사회활동을 해야 하는 근로계층이 가정에 매달리게 되어 발생하는 비용이 컸다. 이러한 점에서 장기노인요양보험 도입은 어떤 제도보다 사회적 수요에 적극 부응하는 제도다.

문제는 이 서비스가 일단 시작되면 개인들의 수명이 다할 때까지 지속될 가능성이 높고, 의료기술 혹은 요양기술의 발달로 요양단가가 지속적으로 증가한다는 것이다. 이러한 측면에서 이 제도는 국민연금과 국민건강보험제도의 재정악화요인들을 모두 가지고 있다고 해도 과언이 아니다. 즉, 평균수명 증가로 요양서비스기간이 무한히 늘어날 수 있고, 요양단가 증가로 매년 요양비가 큰 폭으로 상승하게 된다. 따라서 장기노인요양보험의 재정안정 방안은 도입 초기인 지금이라도 마련되지 않으면 정부의 부담이 급증하게 된다. 현재 장기노인요양보험의 재정은 도입된 2008년에 보험료수입은 4784억 원, 급여비는 4268억 원의 흑자였으나, 2009년 바로 적자로 반전되어 보험료수입은 1조 2059억 원, 급여비 1조 7369억 원이 되었다.[31] 2010년에도 보험료는 인상되었으나 보험재정이 균형을 찾을 것으로 보이지는 않는다.

현재의 장기노인요양 보험제도가 가진 또 다른 문제점은 요양과 진료를 분리하고 있다는 것이다. 노인들은 거의 장기질환을 앓고 있기 때문에 진료가 함께 병행되어야 한다. 그러나 요양에 대해서만 급여가 지급

---

31) 보건복지부, "2009년 장기노인요양보험 주요통계", 2010.

되고 있어서 질환에 대해서는 따로 건강보험의 적용을 받아야 한다. 이는 요양기관과 병의원들이 수급자를 별도로 관리하여 비효율이 발생한다는 것을 의미한다. 이러한 부작용을 해소하기 위하여 일본의 경우는 75세 이상의 고령자에 대하여는 별도의 노인건강보험으로 관리하고 있다. 장기노인요양 보험제도는 요양시설을 이용하는 데 대해서도 급여를 지급하는데 요양시설이 지역적으로 편중되어 있어 원하는 서비스를 해당 지역에서 받기가 힘들다. 지방자치단체가 적극적으로 지역의 요양수요를 흡수할 수 있는 시설의 확보나 관리에 나서야 한다.

(6) 기업복지제도: 제 6사회보험

근로복지제도는 단순히 근로자들의 복지뿐 아니라 생산성을 유지하게 하여 기업이 안정적으로 업체를 경영하게 하는 다중적 목적을 수행한다. 우리나라의 주요 기업복지제도는 〈표 6-11〉과 같이 요약된다. 근로복지제도를 활성화하기 위하여 정부는 〈근로복지기본법〉을 운영하고 있으며 이에는 근로자의 주거안정, 근로자의 생활안정, 근로자의 재산형성, 우리사주제도, 사내근로복지기금제도, 선택적 복지제도, 근로자지원프로그램, 근로자복지시설의 설치 및 운영, 근로복지사업에 드는 재원 조성 등에 대한 내용을 포함하고 있다. 이러한 점에서 근로복지제도는 4대 사회보험 외에 5번째인 장기노인요양보험을 잇는 제 6의 사회보험이라고 할 수 있고, 사회진화를 위해 가장 중요한 사회적 인프라(*social infrastructure*)이자 자산(*assets*)이다. 그러나 우리나라에서는 정부주도의 복지제도가 확대되었고 기업들은 근로자 복지비부담을 줄이기 위하여 근로복지제도의 확산을 도외시해 온 것이 사실이다. 이는 기업환경 악화, 기업에 대한 사회적 불신, 노사갈등의 증대 등이 큰 원인이다.

이미 정부중심의 사회복지제도가 한계에 도달해 있음이 드러난 만큼 근로복지제도를 활성화하여 복지갭(*welfare gap*)을 메우는 정책을 추구해야 한다. 불경기일수록 근로환경을 개선하여 이들이 사회적 생산성을 유지하

〈표 6-11〉 기업복지제도의 주요항목별 분류

현물급여	퇴직금비용	법정복리비	법정외복리비
통근정기승차권 회수권 자사제품의 제공	퇴직금 명예퇴직금	국민건강보험 산재보험 국민연금 고용보험 장애인고용촉진 기금 연월차 휴가	주거비용 의료보건비용 식사비용 문화, 체육, 오락 보험료지원금 경조비 재형저축장려금 학비보조비용 사내근로복지기금 출연금(선택적 복지제도 포함) 보육비지원 근로자 휴양비 종업원지주제 지원금 기타법정외복리비

자료: 김승훈, "사내근로복지기금운영실무", CFO아카데미, 2004. 일부 보완함.

도록 하는 것이 지속적 경제발전에 바람직하고, 사회경제적 위기에서 사회를 리셋시킬 수 있는 가장 효율적 수단이다. 기존의 근로자복지제도는 열악한 근로환경 속에서 근로자를 보호하기 위하여 법적 강제력과 규제 속에서 발전하였다. 그러나 다양한 사회경제적 환경변화로 근로자복지제도에 대한 만족도나 효율성이 하락하기 시작하였다. 지금까지의 근로복지제도를 점검하면서, 현재의 사회경제적 환경변화에 따른 근로복지제도 개혁방안을 모색해야 하는 시점이 왔다. 우리나라에서 생산성중심의 기업복지가 활성화되지 못한 이유는 다음과 같이 요약될 수 있다.[32)]

첫째, 임금중심의 획일화된 보상체계이다. 우리나라의 근로보상체계는 그동안 현금중심으로 이루어졌고, 복지 역시 임금에 기초하여 일반 종업원복지에 대한 인식이 부족했다.

둘째, 앞서 언급한 것처럼 사회보험제도 중심의 사회보장체제가 일방

---

32) 김승훈, 2004: 78~83.

적으로 구축되었기 때문이다. 근로복지를 통한 근로자 보호 혹은 생산성제고를 위한 근로자 유인이 없었던 관계로 경제성장에 따라 정부가 직접 근로자 복지에 개입하여 정부중심의 사회보험 및 사회보장체계가 형성되었다. 이에 따라 법정복리비의 비중이 증대하였다. 자연히 기업노무비는 증가했고 정규직에 대한 고용기피현상이 생겨 비정규직을 늘렸다.

셋째, 퇴직금제도를 중심으로 한 종업원복지제공이다. 임금에 비례한 획일적이고 강제적인 퇴직금제도는 기업에게 부담이 커서 기타 종업원복지제도를 소홀히 하게 했고, 근로자들은 퇴직금을 주요 종업원복지제도로 인식하면서 중간정산 등으로 수급한 퇴직금을 실직시의 생계비, 주택자금, 의료비, 교육비 등으로 사용했다.

넷째, 조세지원의 미흡이다. 복지에 대한 근로자들의 수요가 팽창함에도 불구하고 기업에게 복지확충은 곧 인건비 상승을 뜻했기에 복지비를 확대시킬 유인이 부족했다. 생산성제고 중심의 조세지원이 있었다면 인건비의 상승에도 불구하고 복지비용을 증대시켰을 것이다. 따라서 정부차원에서 획일적인 공공복지보다 자발적으로 근로자들의 복지를 해결할 수 있는 유인이 더 마련되어야 한다. 기업복지제도는 기업의 특성에 따라 다르게 도입 운영되기 때문에 제도의 운영이 매우 포괄적이고 융통성 있게 지원되지 않으면 안 된다. 2000년대부터 활성화되기 시작한 선택적 근로자복지제도를 확대하고 우리사주제도를 널리 운용하여 근로자의 재산형성을 지원하는 일이 현재로서는 가장 바람직하다고 본다.

선택적 근로자복지제도(*Cafeteria plan*)는 기존의 일방적인 기업복지제도와 달리 기업이 다양한 복지제도를 제시하고 이에 맞추어 근로자들이 본인이 원하는 복지제도를 선택하여 만족도를 높이는 제도이다. 이 제도의 도입에는 외부보험기관이나 근로복지관련 자문회사들의 사업화가 매우 중요하다. 이들 기업에 대한 지원이 활성화될 필요가 있다. 그리고 기존의 기업복지제도를 선택적 근로복지제도에 포함시키는 데 지원을 강화할 필요가 있다.

우리사주제도는 우리나라 기업들의 법인화가 촉진됨에 따라 법인의 이익을 근로자들에게 배분할 수 있는 기회를 제공함으로써 근로의욕을 높이고 자산형성을 지원하는 제도이다. 2007년 말 현재, 예탁조합 936개사, 예탁조합원 32만 3천 명, 예탁주식수 3억 7100만 주, 주식(취득)가액 4조 3200억 원인데 이 제도가 활성화되기 위해서는 주식에 대한 대출을 확대하고 세제를 지원하는 등의 제도적 지원이 함께 있어야 한다. 아울러 협력회사 근로자들도 우리사주의 조합가입을 허용하여 하청관계의 중소기업 근로자 및 비정규직 근로자들이 참여할 수 있는 여지를 넓히고, 현재 600만 원인 매수선택권 부여한도를 폐지하여 제도의 활용도를 높일 필요가 있다. 또한 우리사주배당을 추가로 하는 방안이나 우리사주를 매각하여 얻은 금액을 종업원의 퇴직연금계정에 이전할 경우 세제혜택을 부여하는 방안 등이 있다.

3) 결어

펠스타인(2005)은 사회보험 환경이 도입당시와 매우 다르다는 것을 전제로 하여 사회보험개혁을 위한 원칙을 3가지 제시하였다. 비록 미국 제도에 초점을 맞춘 원칙일 수 있으나 우리나라에도 충분히 반영될 필요가 있다.

첫째, 개인적 선택을 허용해야 한다. 개인들은 사회적 위험에 대하여 서로 다른 기피성향을 갖고 있을 뿐 아니라 시간선호, 재화나 여가에 대한 선호도 모두 다르다. 개인들이 그들의 선호를 반영하여 제도를 선택할 수 있도록 사회보험의 선택폭을 넓혀야 한다.[33]

둘째, 제도 투명성을 높여야 한다. 사회보험은 일반적으로 복잡한 급

---

33) Martin Feldstein, "Rethinking Social Insurance", *Working Paper* 11250, March 2005.

여산식이나 보험료산식을 가지고 있거나 급여와 보험료의 관계가 복잡하다. 그래서 국민들이 그 제도를 이해하기가 매우 어렵고 어떻게 제도의 변화에 대처할지 모르는 경우가 많다. 제도가 복잡해지면 보험료와 급여의 관계가 모호해져서 사회보험료를 단순히 세금으로 인식하게 되고 보험료인상시 저항이 커지게 된다. 이는 정치적 입장에서 제도를 운영하는 일을 힘들게 한다.

셋째, 정치적 역동성을 인식해야 한다. 일반적으로 제도가 도입되면 국민들은 그것이 영원히 지속될 것으로 생각한다. 그러나 제도는 항상 변화하고 제도개선 초기의 환경도 변화한다. 그리고 이는 지속적으로 나타난다. 따라서 제도를 도입할 때는 그러한 제도개선이 다른 대안보다 더 안정적이어야 한다는 점을 인식해야 하고, 어떻게 제도가 더 개선되어야 하는지를 예측하고 있어야 한다.

또한, 펠스타인은 사회보험의 경제학적 원칙으로서 다음의 네 가지를 제시하고 있다. 첫째, 사회보험급여와 보험료의 경제적 효과를 정확히 예측할 수 있어야 한다. 일반적으로 사회보험제도는 수급자들의 행태나 경제에 영향을 거의 미치지 않는다고 생각한다. 그러나 사회보험은 우리가 인식하지 못하는 사회경제적 부정적 효과를 낳는다. 예를 들면, 국민연금의 경우 근로자들의 조기 퇴직을 유도하고, 국가저축을 줄인다. 고용보험은 실업률을 높이는 부작용을 낳으며, 국민건강보험은 의료비부담을 높이고 민영건강보험을 위축시킨다. 즉, 사회보험의 가장 큰 문제들은 도덕적 해이와 공공부문에서 나타날 수 있는 비효율이라고 할 수 있다. 따라서 사회보험제도의 도입이나 확대는 이러한 문제들을 반드시 고려해서 실행되어야 한다.

둘째, 사회보험제도는 사회적 위험으로부터의 보호와 경제적 왜곡 간 균형을 지키도록 만들어져야 한다. 일반적으로 사회보험은 보호와 경제 왜곡 간의 상충문제를 낳는다. 거의 모든 사회보험제도는 개인들을 사회적 위험으로 보호하고 있으나 또한 자원이 비효율적으로 사용되게 하는 경향이 있다. 예를 들면, 조기퇴직이나 저축률 하락, 실직기간 연장, 의료과소비 등이다. 사회보험으로 사회적 보장수준이 높아지면 높아질수록 사회보험의 한계가치가 떨어지고 사회적 비용은 증가한다. 따라서 사회보험의 목적은 사회적 보장수준을 높이는 것이 아니라 사회적 위험에 가입자들이 노출되지 않도록 제도를 개선하는 것이어야 한다.

셋째, 사회경제적 환경변화, 새로운 기술, 사회보험제도에 의한 개인행태변화 등에 따라 제도가 개선되어야 한다. 사실 지금 운용되고 있는 사회보험제도를 도입할 당시와 비교하면 현재의 상황은 매우 크게 변해 있을 뿐 아니라 앞으로도 끊임없이 변화하게 될 것이다. 우리나라에 국민연금이 도입되었던 1980년대 후반은 기금의 투자수익률도 10%대로 지금보다 훨씬 높았을 뿐 아니라 평균수명도 현재보다 낮았다. 그러나 현재는 이와 같이 높은 투자수익률은 거의 기대할 수 없을 뿐 아니라 평균수명도 앞으로 어느 정도 연장될지 아무도 예측하지 못한다. 새로운 금융관리기법과 정보처리기술 개선, 의료기술의 향상 때문에 기존의 사회보험제도의 틀을 획기적으로 전환시키지 않으면 안 된다. 이 급속한 변화에 적응할 수 있는 시스템을 도입해야 한다.

넷째, 사회보험으로부터 소득재분배기능을 분리시켜야 한다. 사회보험은 소득조사에 따라 급여가 지급되지 않는다. 즉, 사회보험급여는 수급자들의 소득이나 자산규모와 관계없이 일정하게 지급된다. 그리고 실제로 사회보험은 저소득층에게 소득을 재분배해 주는 기능을 갖고 있지도 않다. 오히려 고소득층은 건강해서 더 오래 살기 때문에 더 많은 연금혜택을 받는다. 또한, 그 때문에 장기노인요양보험의 혜택도 더 많이 받는다. 고용보험도 고소득근로자들이 더 많은 실업급여를 받으며, 실업급여 수급자격을 만족시키기 쉽다.[34)]

34) 이상의 관점에서 펠스타인은 실업보험저축계정, 개인퇴직계정, 개인퇴직건강계정 등을 도입할 것을 제안하고 있음.

5. 고용 · 학습 · 복지 연계서비스를 통한 중산층 육성

1) 현황

이 절에서는 고용, 학습 그리고 복지정책들이 연계되어 효율적으로 운영되어야 한다는 전제하에 이에 연계된 문제들을 우선 점검한다.

(1) 실업자 훈련

지금까지 우리나라 실업자훈련의 문제는 취업연계가 미약하다는 것이었다. 과거 산업화시대에 진학하지 않은 청소년을 대상으로 짧게는 몇 개월에서 길게는 1~3년 동안 직업훈련을 실시하던 '양성훈련' 전통이 우리나라 훈련시장에 그대로 남아 있다. 그 결과 실업자훈련의 경우에도 실업자의 직업능력과 취업할 곳에서 필요한 직업능력을 비교하여 부족한 부분을 단기간에 맞춤식으로 제공하지 않고, 직업능력이 상당한 수준에 있는 사람이나 거의 없는 사람이나 같은 훈련과정으로 모집하여 장기간 훈련하는 관행이 반복되고 있다.

이에 따라 실업자에 대해 취업과 직결된 훈련을 실시하는 것이 아니라 일단 국비무료 직업훈련과정을 모집하여 장기간 훈련을 실시하고 나서 취업알선을 하는 식의 훈련이 반복되고 있다. 그러다 보니 훈련받은 직종으로 취업하는 자는 소수이고 대부분은 실업상태이거나 훈련받은 직종과는 관계없는 직종으로 취업하고 있다. 이에 따라 실업자훈련의 효과성이 매우 낮다는 문제점이 발생한다.

지금까지 우리나라 실업자훈련은 정부가 표준훈련비 산출방식에 따라 직업훈련기관에 훈련직종별 훈련생 1인당 정해진 훈련비를 지급하는 방식으로 추진되었다. 그 결과 민간 직업훈련기관은 더 많은 국비 무료훈련생을 모집하는 데만 급급하였으며, 취업과 직결된 훈련이나 취업 이후 고용유지를 위한 추가적 직장적응훈련이나 업무에 맞는 체계적 현장훈련

등이 이루어지지 못하여 훈련비 낭비가 심하고 취업효과가 미흡하였다. 국비 무료직업훈련을 내세워 훈련을 실시하면 무조건 정부로부터 위탁훈련비를 지원받았기 때문에 훈련내용이 산업수요에 맞든지 그렇지 않든지 크게 개의치 않았다. 이른바 '훈련을 위한 훈련'을 실시해온 셈이다.

실업자훈련의 성과를 분석한 기존 연구들은 우리나라 실업자훈련이 취업에 미친 효과가 통계적으로 유의하지 않거나 심지어 음(陰)의 효과가 있는 것으로 나타났다고 결론짓고 있다.

(2) 노동시장의 유연성과 이동성

우리나라는 그동안 취약계층이 노동시장에서 상향이동할 통로가 미흡하였다. 〈표 6-12〉에서 보이는 것처럼 비정규직에서 정규직으로, 저임금계층에서 고임금계층으로의 이동이 OECD평균의 절반수준에도 미치지 못하였다. 이러한 사실은 우리나라의 기존 노동시장구조가 1차 노동시장과 2차 노동시장으로 분절되어 있으며, 2차 노동시장에서 1차 노동시장으로의 이행을 지원하기 위한 고용서비스와 직업훈련의 효과가 미흡하였다는 것을 의미한다.

여러 연구들은 한국노동시장의 유연성 정도를 OECD 국가 중 중간 정도로 평가하고 있다. OECD가 2008년에 30개 회원국의 법·제도상 고용보호지수를 산출하여 고용보호수준을 평가한 데 따르면 한국 정규직은 18위, 임시직은 16위, 집단해고는 3위, 종합평균 13위로 평균적 보호수준을 보이고 있다. 그러나 문제는 법·제도와 현실 간에 큰 격차가 있어, 대기업과 유노조기업은 법·제도 이상으로 경직되고 과도하게 보호받는 반면 영세기업과 무노조기업은 법과 제도가 제대로 적용되지 못하여 실제보호수준이 크게 미약하다는 사실이다.

이러한 상황에서 대기업의 이익을 대변하는 경영단체는 대기업·유노조 기업을 기준으로 노동시장유연성 제고를 주장하는 반면에 노동계는 비

〈표 6-12〉 취업취약계층의 1년간 고용상태 이행률의 국제비교

	덴마크	네덜란드	독일	프랑스	한국
실업에서 취업으로의 이행	21.1	15.5	13.9	14.1	12.4
취업유지	92.6	93.7	91.5	92.4	89.7
비정규직에서 정규직으로의 이행	36.3	44.9	37.2	20.7	13.8
저임금계층에서 더 높은 임금 계층으로의 이행	36.2	29.4	25.4	34.5	16.2

자료: European Commission, 2005; *Employment in Europe*, 2005; 한국노동연구원, 2005.

정규근로자·중소기업근로자 등 주변근로자의 사각지대 방치를 거론하며 노동시장의 안전성 강화를 주장하고 있다. 그런데 노동시장의 유연성과 안전성은 대립적인 것이 아니라 상호보완적이며, 유연안전성은 양자의 조화를 통해 더 좋은 일자리를 더 많이 창출하기 위한 전략이다. '유연성'은 단순히 수량적 고용조정만이 아니라 근로시간·작업조직의 유연성과 근로자와 기업이 환경변화에 적응할 수 있는 능력(*adaptability*)을 제고하는 일체의 전략을 의미한다. '안전성'은 단순히 고용보장이나 소득지원을 의미하는 것이 아니라 직업능력개발, 실업급여, 고용지원 등을 통해 변화에 대한 적응과 원활한 이동을 포함한다.

(3) 평생학습체계

세계화·지식정보화 사회에서 기업 경쟁력을 향상시키기 위해서는 노동시장진입 이전 단계에서 정규교육뿐만 아니라 노동시장진입 이후 근로자의 직업능력개발을 위한 평생학습이 체계적으로 이루어져야 한다. 그러나 이를 위한 시스템이 매우 부족하다. 우리나라는 대학진학률이 2009년에 81.9%이고, 사교육비도 매우 높아 학령기 교육에 대한 투자는 세계최고 수준이다. 반면에 고용안정 및 경쟁력강화와 직결된 노동시장

〈그림 6-5〉 성인의 평생학습 참여율 국제비교

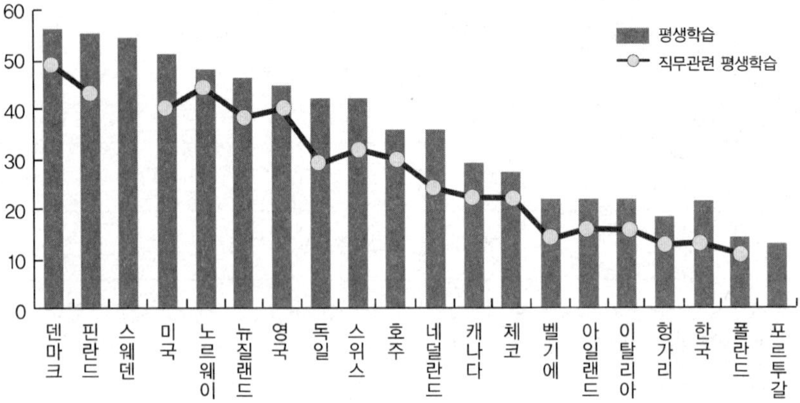

자료: OECD, *Education at a Glance*, 2002; 통계청, 〈사회통계조사〉, 2004.

내 인적자원에 대한 투자는 〈그림 6-5〉에서 보는 것처럼 다른 경쟁국에 비하여 매우 낮은 수준에 머물러 있다. 2004년 현재 한국은 성인의 평생학습참여율이 21.6%에 그치고 있어, 평생학습참여 희망률 58.7%에 비해 현저하게 낮을 뿐만 아니라 OECD 국가들에 비해서도 크게 낮다. 특히 근로자 숙련과 직결되는 직무관련 훈련참여율은 12.7%에 불과하여 최하위수준에 머무르고 있다. 2008년 현재 직업훈련에 대한 공공지출액은 OECD 국가 평균의 4분의 1에 불과하고, 국민들의 직업능력개발을 위한 평생학습참여율은 선진국의 3분의 1에 불과하다.

노동시장진입 이전 단계에서는 과도할 정도의 투자가 이루어지고 있으나 기업 생산성제고 및 경쟁력강화와 밀접하게 연관된 노동시장에서의 인적자원개발 투자는 매우 취약한 실정이다. 노동시장에서의 인적자원개발에 적게 투자하게 되면 근로자들이 급변하는 경제사회환경에 제대로 적응하지 못해 실직이나 고용불안정 등 노동시장에서 직면하는 위험에 능동적으로 대응하지 못하게 하고 기업의 경쟁력도 약화시킬 수 있다. 따라서 노동시장에 진입한 이후부터 근로생활의 전 기간에 걸쳐 근로자

직업능력을 체계적으로 신장시키기 위해 사회적 인프라확충과 기업 및 근로자의 참여를 유인하는 제도적 장치가 시급하다.

(4) 교육시장과 노동시장의 연계

우리나라는 세계 최고 수준의 교육수준을 보이고 있으나 대학을 졸업하고 취업하는 데 평균 13개월이 소요되고 있다. 4년제 대학을 졸업하는 데도 군복무기간을 제외하고 평균 5년 기간이 필요하다. 대학을 졸업하려면 채워야 하는 학점을 모두 이수하고도 노동시장에 나가는 것이 두려워 졸업사정을 요청하지 않고 한 과목 정도 수강하면서 취업준비를 하고 있는 대학생이 갈수록 증가하고 있다. 대학교육이 산업계 수요를 충족시키지 못하고 있다.

산업인력양성을 목적으로 설립된 전문계고교도 졸업자 대학진학률이 2008년에 72.9%인 사실은 이들 고교 역시 대학진학을 목적으로 하는 학교로 변질되었다는 점을 보여준다. 전문대학 · 폴리텍대학도 대부분 4년제 대학을 모방하여 산업수요와는 괴리된 교육을 실시하고 있다. 청년실업문제를 해결하고 기업경쟁력을 높이기 위해서는 각급 교육훈련기관에서 교육훈련을 산업수요에 맞게 하여야 하고, 근로자의 평생학습을 견인할 수 있어야 하지만 현실은 반대로 가고 있다.

지식정보화사회에서는 교육훈련시장과 노동시장이 긴밀히 연계되어야 한다. 즉 '학교에서 노동시장으로의 이행'(*school to work transition*)은 물론 '노동시장에서 학교로의 이행'(*work to school transition*)이 원활하게 이루어질 수 있도록 제도적 보완이 이루어져야 한다.

(5) 실업자 직업훈련

2008년 하반기부터 정부는 실업자를 대상으로 능력개발계좌제를 시범적으로 도입하였다. 고용지원센터에서 심층상담을 거쳐 훈련이 필요한 실업자에게 능력개발계좌를 발급하여 실업자가 훈련기관을 선택할 수 있게 하고 있으며, 2010년부터 전면적으로 시행하고 있다. 능력개발계좌제는 실업자에게 연간 200만 원 내의 계좌를 발행하여 실업자가 본인에게 적합한 훈련기관과 훈련과정을 선택하게 하는 수요자중심의 실업자훈련제도이다. 그뿐만 아니라 훈련기관이 훈련생을 직접 모집하지 않고 정부가 훈련계좌를 취약실업자에게 발급하여 정보의 비대칭문제를 상당부분 해소할 수 있다.

그러나 직업훈련에 대한 상담이 형식적으로 이루어지고 있어 훈련을 받을 필요성 진단과 적합한 훈련과정안내가 제대로 이루어지지 않고 있다. 이에 따라 취업의지가 없는 가정주부 등 다수의 사람들이 취미삼아 훈련계좌를 발급받아 실업자훈련을 받고 있다. 또한, 산업수요와는 관계없이 훈련희망자가 원하는 직종을 그대로 인정하여 훈련계좌를 발급해주고 있어서 일부 서비스직종으로 실업자훈련이 편중되어 인력수급의 불균형을 심화시키고 있다. 따라서 이러한 문제점을 해소하고 능력개발계좌제의 취지에 맞게 실업자훈련이 실시되기 위해서는 고용지원센터에서의 훈련상담이 제대로 이루어져야 한다.

2) 정책과제

(1) 고용·학습·복지 연계 사회안전망의 구축

'고용·학습·복지 연계 사회안전망'이란 일할 수 있는 복지수혜자에게는 개별 복지수요자가 처해 있는 어려움을 심층상담을 통해 진단한 후 취업에 필요한 일체의 서비스를 복지서비스와 연계하여 개별 수요자의 특성에 맞는 맞춤식 원스톱서비스를 제공하여 자립할 수 있도록 지원하는 복지체계이다. 우리나라에서 고용·학습·복지 연계 사회안전망의 구축이 필요한 이유는 향후 복지재정지출의 증가가 불가피하기 때문이다. 복지비지출이 국민경제에 부담을 주지 않으려면 복지수혜자들이 적극적으로 자립하기 위해 노력할 수 있게끔 유도하고 지원해야 한다. 우리나라의 낮은 고용률을 선진국 수준으로 높이기 위해서도 필요하다. 고용·학습·복지 연계 사회안전망에서는 무조건 저소득층을 보호하는 것이 아니라 개별 복지수혜자의 구체적 어려움을 파악한 후 취업알선, 직업 및 진로지도와 상담, 고용정보 제공, 직업능력개발을 위한 직업훈련, 실업급여, 기타 공적부조 등 고용과 관련된 일체의 서비스를 통합하여 고객 특성에 맞게 관련기관 또는 전문가들이 연계하여 통합적으로 제공한다.

이러한 서비스를 제공하려면 자연히 전통적인 복지서비스와 노동시장 서비스 간 연계가 불가피해지고, 경우에 따라서는 복지서비스 제공기관과 고용서비스 제공기관이 통합되기도 한다. 또한 개별 수요자에게 서비스를 맞추려고 하다 보면 서비스가 전문화되고 한정된 예산과 인력의 제약 때문에 민간 및 지역의 다양한 파트너기관과의 연계가 이루어져 지역단위 파트너십(*local partnership*)이 발전할 계기가 된다. 이러한 고용·학습·복지 연계 사회안전망을 구축하기 위해서는 기존의 고용서비스·직업교육훈련체계·사회보장체계의 패러다임 변화가 필요하다.

(2) 취업과 연계된 맞춤식 실업자훈련의 실시

직업훈련이 취업에 직결되도록 하기 위해서는 실업자를 심층적으로 상담하여 취업할 곳을 먼저 물색해야 한다. 그리고 취업할 곳에서 요구하는 직업능력에 비하여 실업자의 직업능력이 얼마나 부족한지를 평가하여 부족한 직업능력을 개발하도록 지원하는 맞춤식 직업훈련을 실시하여야 한다. 이를 위해서는 실업자와 심층상담을 할 수 있는 전문상담자를 양성하여야 하고, 언제든지 실업자의 특성에 맞는 훈련과정을 제공할 수 있도록 모듈(*module*)화된 훈련과정을 개설하여 개인별 특성에 부합하는 훈련서비스를 공급할 수 있는 훈련과정유연화가 이루어져야 한다.

직업교육훈련의 궁극적 목적은 취업에 있으므로 취업과 직결된 훈련을 실시하여야 한다. 직업훈련기관에서 국비무료직업훈련생을 모집하는 식으로 훈련대상자가 몇 번씩이나 취미삼아 훈련을 받게 할 것이 아니라 훈련이 필요한 사람인지를 진단하여 성과를 담보할 수 있는 훈련을 실시하여야 한다. 이론적으로 직업훈련의 민간위탁이 성공하기 위해서는 ① 민간기관이 지속적으로 성과를 높이도록 유인할 수 있는 효과적인 '인센티브 메커니즘'(*incentive mechanisms*)의 구축, ② 민간기관의 도덕적 해이와 역선택의 문제가 발생하지 않도록 하기 위한 효율적인 '정보 메커니즘'(*information mechanisms*)의 구축, ③ 훈련서비스 질을 높이면서도 민간기관의 자율성을 저해하지 않을 정도의 합리적인 '통제 메커니즘'(*control mechanisms*)의 구축 등 3가지 조건이 충족되어야 한다.

먼저 인센티브 메커니즘으로서는 민간훈련기관이 지속적으로 양질의 훈련서비스를 제공할 동기를 갖도록 위탁비용지불체계를 구축하여야 한다. 민간훈련기관에 대한 위탁비용의 지불은 훈련기관이 훈련실시를 위해 필요한 고정비용을 지급하는 정액의 착수비(*commencement fee*)와 훈련기관의 취업성과와 연계하여 지급하는 성과보너스(*performance bonus*)로 구분할 수 있다. 착수비 비중에 비하여 훈련성과보너스 부분의 비중을 더 높여 민간훈련기관이 한 사람을 취업시켜 이들의 고용을 일정기간 이상 유지할 때마다 '한계인센티브'(*marginal incentives*)를 받는 구조로 설계하여야 한다. 이러한 성과연계 훈련비지급메커니즘은 민간훈련기관이 지속적으로 성과를 높이기 위해 노력하도록 하는 유인체계로 작동하여 실업자 훈련 민간위탁의 당초 목적을 달성하는 중요한 기제로서 작동할 것이다.

둘째, 정보 메커니즘 관점에서 보면 직업훈련의 민간위탁사업은 주인(*principal*)인 정부와 대리인(*agent*)인 민간훈련기관 간 정보의 비대칭성과 이해관계의 상충으로 인해 이른바 '주인 - 대리인 문제'(*principal-agent problems*)가 발생하게 된다. 민간위탁훈련시장에서 실업자에 대한 '크리밍'(*creaming*)과 '파킹'(*parking*) 현상이 발생하지 않도록 하기 위한 제도적 장치를 갖추어야 한다.

지금까지의 우리나라 실업자훈련은 정부가 실업자의 취업난이도에 따라 구분하고 취업이 어려운 사람을 선별하여 위탁하는 것이 아니라 훈련기관이 직접 훈련생을 모집하여 훈련을 실시하였기 때문에 정말 어려운 실업자에게는 훈련기회도 충분히 확보되지 못한 반면에 상대적으로 양호한 상황에 있는 실업자는 여러 차례 훈련을 받는 모순이 발생하였다. 따라서 공공고용서비스기관인 고용지원센터에 구직등록을 한 실업자 중 심층상담을 거쳐 직업훈련이 필요한 실업자를 선별하고, 다시 취업과 연계된 훈련을 수강할 수 있도록 전문적인 훈련상담에 임하는 등 근본적으로 접근방법을 달리하여야 한다.

이를 위해 현재 직업훈련에 관한 전문성이 전혀 없는 계약직직원을 직업훈련상담원으로 활용하고 있는 후진적인 인적인프라부터 개선해야 한다. 능력개발계좌제가 기업수요에 맞는 훈련 대신 훈련생수요에만 맞추어 일부 직종에 대한 과잉훈련 혹은 과소훈련이 발생하지 않도록 훈련에 대해 상담함으로써 산업수요에 맞는 훈련이 되도록 하여야 한다. 우리나라의 직업능력계좌제와 유사한 제도를 시행하고 있는 미국·독일 등에서는 산업계의 훈련수요를 잘 파악하고 있는 현장전문가들이 직업훈련상담자로 나서서 실업자에 대한 훈련상담과 훈련알선을 담당하고 있음을 타산지석으로 삼아야 한다.

셋째, 통제 메커니즘 관점에서는 민간위탁훈련에 대한 모니터링과 평가를 통해 훈련기관이 창의적 훈련과정을 개발하고 성과지향적 훈련을 하게 하는 것이 중요하다. 지나치게 경직된 정부의 훈련지침은 민간기관의 창의적인 훈련과정개발을 저해하지만 민간훈련기관이 취약할 경우에는 정부의 가이드라인이 필요한 경우도 있다.

직업훈련기준은 비진학청소년을 대상으로 하는 양성훈련일 때에는 어느 정도 타당성이 있지만 실업자훈련이나 재직자훈련일 경우에는 훈련과정의 다양성과 유연성이 중요하다. 개별 실업자의 특성과 직업능력수준을 진단하고 취업하고자 하는 직무를 수행하는 데 부족한 직업능력이 무엇인지를 파악하고 부족한 부분을 훈련하여 취업에 이르도록 하는 것이 효율적이다. 개별 훈련생의 직업능력수준에 맞춰 모듈화된 훈련과정의 일부 모듈을 선택하여 수강할 수 있는 유연한 훈련체제가 필요하다. 우선 양성훈련 위주의 훈련과정을 버리고 개별 실업자의 직업능력과 취업할 일자리에서 요구하는 직업능력의 격차를 분석해야 한다. 실업자에게 부족한 부분을 단기간에 채워주는 맞춤훈련을 실시하여 취업성공률을 높인다. 그 후 취업한 훈련생의 작업현장에서 필요한 직업능력을 야간과 주말을 이용하여 개발시켜주는 모듈식 훈련과정을 개발해야 한다. 이를 위한 정부의 적극적인 투자가 필요하다.

(3) 평생학습과 지식근로자 육성을 통한 노동시장 유연안전성의 추구

세계화, 지식정보화 및 기술진보의 가속화로 인해 경영계의 노동시장에 대한 유연화 요구가 계속되고 있다. 반면에 노동계는 노동시장 유연화는 곧 고용불안을 야기한다며 강하게 반발하며 노동시장의 안전성을 더욱 강화하여야 한다고 주장한다.

우리나라에서 근로자의 평생직업능력개발을 지원하는 핵심적 제도는 고용보험제도 내 직업능력개발 사업이다. 고용보험제도 내에 직업능력개발 사업을 포함한 것은 고용보험제도로 단지 실업자의 생계를 보장하는 데 그치지 아니하고 직업생활 전 기간에 걸쳐 체계적인 직업능력을 개발하고 기업을 학습조직으로 만들어 기업 경쟁력을 강화하면서도 근로자의 고용안정을 도모하기 위한 것이다. 직업능력개발 사업은 우리나라의 핵심적인 근로자 평생학습지원 제도로서 활용실적이 지속적으로 증가하였다. 그러나 양적 확대에도 불구하고 직업능력개발 사업은 사회취약계층인 중소기업근로자, 비정규직근로자, 여성, 저학력·저숙련근로자, 자영자 등에게 훈련기회를 충분히 보장해주는 데는 미흡하다는 지적을 받고 있다.

고용보험제도 내 직업능력개발 사업만으로는 직업능력개발 기회의 양극화를 해소하는 데 한계가 있다. 왜냐하면 고용보험제도는 기본적으로

피용자를 적용대상으로 하고 있어 전체취업자 2,360만 명의 약 40%인 950만 명만 고용보험 피보험자이다. 660만 명의 자영자와 무급 가족종사자, 690만 명의 임시근로자 및 일용근로자 다수가 사실상 훈련정책의 사각지대에 놓여 있다. 경제위기 때마다 가장 타격을 크게 받고 있는 이들 취약계층에게 직업능력개발 기회를 제공하여 전직과 전업을 원활하게 지원하고 피용자로서 취업하는 것을 지원할 필요가 있다. 또한 이들 사각지대에 놓여 있는 계층에게는 고용안정 사업을 통한 취업지원서비스도 필요하다.

노동시장의 당면문제를 효율적으로 해결하기 위해서는 고용안정 사업·직업능력개발 사업 등 적극적 노동시장정책을 고용보험적용 여부에 국한하지 말고 모든 경제활동인구를 대상으로 추진할 필요가 있었다. 그러나 고용보험의 고용안정 사업과 직업능력개발 사업의 재원은 사업주가 부담하는 고용보험료를 재원으로 하기 때문에 피용자 이외의 계층에 대한 고용안정 및 직업능력개발의 재원으로 고용보험기금을 활용하는 데는 노사의 반발이 예상된다. 고용안정·직업능력개발 사업 재원문제에 대해서 논란의 여지를 없애는 방법은 독일과 같이 노사가 비용을 절반씩 부담하는 방법, 일본과 같이 근로자지원은 노사가 비용을 부담하는 실업급여 재원에서 조달하도록 하는 방법, 그리고 정부가 일반재정에서 직업능력개발비용 일부를 지원하는 방법이 있다. 그런데 독일식은 이미 사업주만 부담하고 있는 직업능력개발 비용부담체계에서 근로자에게도 비용을 부담하게 하는 것이 용이하지 않을 것으로 보인다.

일본식으로 하는 방법은 실현가능성은 높지만 자영자나 고용보험 피보험자 이외의 자에 대한 직업능력개발에 소요되는 비용을 피보험자가 부담한다는 정책논리를 뒷받침할 만한 근거가 미약하다는 단점이 있다. 고용안정·직업능력개발 사업 재원일부를 일반재정에서 부담하게 하면 고용보험피보험자나 피보험자였던 자 이외의 사회취약계층을 지원하는 논리적 정당성을 확보할 수 있다. 그러므로 고용안정 사업·직업능력개발

사업 고용보험기금 수입에 상응하는 금액을 일반회계에서 매칭펀드로 조달하는 방식으로 재원을 확충해야 한다. 이렇게 하여야 고용보험을 적용하느냐의 여부와 관계없이 모든 경제활동인구를 대상으로 평생직업능력개발 사업을 추진할 수 있고 결과적으로 모든 사람에게 평생능력개발기회를 제공하는 것을 목표로 하는 견고한 사회학습망(*social learning net*)을 구축할 수 있을 것이다.

(4) 교육훈련과 노동시장의 연계

4년제 대학·전문대학·폴리텍대학 등이 산업수요에 맞는 교육을 실시하여 졸업자의 취업률을 높이고, 재직근로자의 평생학습을 견인할 수 있도록 하기 위해서는 강의를 중심으로 한 일방적인 교육방식을 문제해결중심의 창의적인 교육으로 전환하여야 한다. 우리나라 대학교육이나 전문대와 폴리텍대학의 교육은 이러한 문제해결중심의 교육으로 전환하여야 한다. 재직근로자에 대한 평생학습의 활성화를 위해 각 경제권역별로 대학과 대기업 및 중소기업이 공동으로 근로자교육훈련 프로그램을 개발하여 훈련을 실시하는 한국기술교육대학교의 BRIDGE 모델을 확산할 필요가 있다. BRIDGE 모델은 대학이 대기업과 중소기업을 연계하여 산업현장에서 필요한 직무능력향상 교육과정을 개설하고 대기업과 협력업체근로자들이 함께 교육받도록 하여 대학과 대기업, 중소기업의 상생협력관계를 구축하는 프로그램이다.

대학은 대기업으로부터 산업현장의 고급설비를 제공받아 실습하기 때문에 산업현장에 맞는 교육을 저가로 제공할 수 있고, 현장 엔지니어들과 함께 교육과정을 설계하고 강의하면서 산업현장의 수요를 알 수 있게 되어 교육의 내실화를 기할 수 있고 산학협력이 자연스럽게 이루어질 수 있다. 대기업은 대학시설을 이용하여 첨단교육을 저가로 실시함으로써 본사근로자 및 협력업체근로자의 능력을 향상시켜 경쟁력을 높일 수 있다. 중소기업은 모기업인 대기업근로자와 함께 교육을 받기 때문에 대기업과의 협력은 물론 현장기술 애로사항을 해결하고, 모기업이 대학과 주도가 되어 교육훈련을 실시하기 때문에 자기 근로자가 적극적으로 훈련에 참여하도록 독려하게 되어 직업훈련의 사각지대문제를 해소할 수 있으며, 중소기업의 경쟁력을 높이고 대기업과의 상생협력관계를 자연스럽게 형성할 수 있다. 이러한 BRIDGE 모형을 전국적으로 확산할 필요가 있다.

4년제 대학과 한국폴리텍대학 및 전문대학의 교육을 연계할 필요가 있다. 특히 e-러닝을 활성화하여 이론교육은 주요대학이 분야별로 컨소시엄을 형성·개발하여 온라인으로 배우고, 실습은 각 지역별로 소재한 한국폴리텍대학과 전문대학이 연계하여 지역혁신 클러스터에서의 재직근로자 및 실업자 직업훈련을 전문분야별로 교육할 수 있도록 네트워킹을 강화할 필요가 있다.

전문계고교의 직업교육을 내실화하여야 한다. 전문계고교가 대학입시위주의 학교로 전락하여 산업인력 부족을 가중시키고 있으므로 전문계고교는 대학진학보다는 졸업 후 바로 산업현장에 취업할 수 있도록 제도를 개선해야 한다. 그리고, 이들의 계속교육을 지원하기 위해 일정기간 산업체근무경력이 있는 재직근로자에게 대학특례입학제도를 도입하고, 이들에 대해서는 주말과 야간을 이용하여 산업현장에서 근무하면서 저렴한 비용으로 교육을 받을 수 있도록 할 필요가 있다.

(5) 결어

복지문제는 그 속성상 포퓰리즘으로 흐르기 쉽다. 선거 때만 되면 정치인들은 다양한 복지확충에 대한 공약을 내걸고 표심을 잡기 위해 노력한다. 그러나 복지정책이 원칙과 철학 없이 인기 위주의 정책을 남발하다 보면 선진국이 경험한 것과 같은 '복지병'의 대가를 치르게 되어 있다. 따라서 복지정책에는 원칙이 있어야 한다. 복지정책은 고령자·중증장애인·아동 등 근로능력이 없어 스스로 자립할 수 없는 사람에 대해서는 국가가 생계보호를 책임져 이들의 인간다운 삶을 보장해주고, 근로능력이 있는 사람에게는 자립정신을 함양하고 직업능력을 배양하는 교육훈련 기회를 제공한다. 스스로 열심히 구직활동을 하도록 유도하고 취업을 알선하여 스스로 경제적으로 자립할 수 있도록 하되, 취업을 위한 준비과정에서 생계를 보장해주어 자립하도록 하는 것을 원칙으로 하여야 한다. 취업한 사람 중에서도 저소득과 고용불안으로 안정된 생활을 하지 못하는 근로빈곤층과 차상위계층에게는 교육훈련 등을 통해 더 나은 일자리로 상향이동해 갈 수 있도록 국가가 지원하여야 한다.

누구나 열심히 노력하면 소박한 꿈이 이루어져 국민 모두가 더불어 잘 사는 국가가 우리가 지향하는 지속가능한 복지국가모델이라고 할 수 있다. 따라서 모든 저소득층을 대상으로 무제한적으로 물고기를 주어 보호하는 것이 아니라 스스로 물고기를 잡을 수 있는 능력을 배양하도록 해야 한다. 이러한 복지국가에서는 근로능력이 있는 사람에게 복지수혜자 스스로 자립하기 위해 적극적으로 노력하기를 요구한다. 전통적인 복지국가에서는 국가만 일방적으로 복지서비스를 제공할 의무가 있었고 복지수혜자는 국가가 제공하는 복지급여를 받을 권리가 보장되었다. 그러나 이러한 복지제도는 '복지병'을 유발하여 장기실업과 과도한 재정부담을 초래하는 등 경제성장을 어렵게 하는 요인이 되었다. 우리가 지향하는 고용·학습·복지 연계 복지국가모델에서는 국가는 복지서비스를 제공할 의무가 있고 일할 수 있는 복지수혜자는 스스로 자립을 위해 열심히 노력하여야 하는 상호의무(*mutual obligation*)가 요구된다.

복지정책도 이러한 효과성과 효율성을 동시에 충족해야 지속가능하고 당초 의도한 효과를 거둘 수 있을 것이다. 고용·학습·복지 연계 사회안전망은 바로 복지정책의 효과성과 효율성을 동시에 달성하여 국민 모두의 행복과 사회통합을 지향해야 한다.

6. 사회복지 전달체계

앞으로 복지부문에 대한 대규모의 양적·질적 수요에 부응하기 위해서는 효율적 전달체계가 확립되고 복지사업이 산업으로서 굳어져야 한다. 이는 복지부문에 효율성과 민간 경영마인드·경영기법을 적극 채용해야 함을 의미한다.

특히 복지산업은 서비스공급이 원활하지 못하면 가격이 상승하고, 정부는 국민에 대한 책임 때문에 엄청난 복지예산을 지출할 수밖에 없어서 규모가 거대하게 팽창하고 만다. 따라서 복지를 공급하는 공급자들이 효율화되어 있지 않으면 비용은 비용대로 커지면서 복지생산량은 지속적으로 줄어들게 된다. 더 큰 문제는 생산에 필요한 재원까지도 고갈시킬 수 있다는 점이다.

1) 현황

사회복지 전달체계는 복지서비스가 공급자로부터 소비자에게로 전달되는 과정의 원활화, 복지서비스제공자들 간의 연계 등을 통해 복지서비스공급자와 수요자를 조직적으로 연결시키기 위한 체계이다(최성재·남기민, 2009). 따라서 체계적인 사회복지 전달체계 구축은 사회복지정책목표 및 운영효율성을 확보하기 위한 핵심적 요인이다.

최근 들어 복지정책의 효과성을 제고하고 제한된 복지자원을 효율적으로 활용하기 위해 전달체계 개선이 필요하다는 주장이 제기되었다. 이러한 문제제기는 정부의 국정과제에도 반영되어 국민편의 원스톱서비스 제공을 위한 '희망복지129센터(가칭)의 설치'가 핵심과제로 선정되기도 하였다.

현행 사회복지 전달체계는 경직되고 비효율적이어서 복지환경의 변화에 유연하게 대응하지 못한다는 평가를 받고 있다. 특히, 신빈곤층의 대두, 저출산, 고령화 등의 사회경제적 환경변화에 대응하여 국가가 복지정책과 예산을 지속적으로 확대해 왔음에도 불구하고 복지서비스전달체계는 국민들의 체감 만족도를 향상시키지 못하고 있다는 문제점이 지적되고 있다. 이러한 문제점은 복지서비스에 관한 정보의 분산, 복잡한 서비스 전달과정, 서비스 이용자에 대한 통합적 관리체계 부재, 공공과 민간·민간 시설들 사이의 미흡한 연계체계 등으로 서비스가 누락되거나 중복되는 문제가 발생하는 데서 비롯된다.

공공부문의 경우, 사회복지 전달체계 개선을 위해 보건복지사무소 시범사업(1995.7~1999.12)·사회복지사무소 시범사업(2004.7~2006.6) 등을 실시하였으나 현실적인 제약으로 인해 제도로서 정착되지 못하였다.[35] 또한 2006년 7월부터 주민생활지원서비스 전달체계 개편이 실시되었으나, 지방자치단체의 행정조직개편에 치중하고 있어 서비스누락 및 중복, 복지시설 간 서비스연계 및 조정, 그리고 민·관 협력체계 등에 대한 실질적 개선은 이루어지지 않았다.

민간부문은 일선현장에서 복지서비스공급의 주된 역할을 담당하고 있으나, 공공부문과 연계가 미흡하거나 복지서비스가 비효율적으로 전달되는 등 문제점이 지적되었다. 특히, 복지·보건·고용 관련 민간서비스 시설 유형이 118개에 달하고 있고, 특정한 기능을 수행하는 소규모 센터들이 크게 늘어남으로써 서비스전달의 효율성이 저하되고 있다. 이는 과거 장기적·종합적 계획이 미비한 상태에서 복지시설이 양적으로 크게 증가하고 세분화·전문화됨으로써 시설유형 간에 업무중복문제가 발생하고 있기 때문으로 파악된다.[36] 또한 개인 특성 및 환경을 고려한 전문화된 서비스를 받고자 하는 수요가 늘어나고 있으나, 공급자중심의 획일적이고 파편적인 서비스제공에 치중하여 수요와 공급의 불일치가 발생하

35) 노현송·강혜규, 1997과 강혜규 외, 2005 참조.

36) 류명석, 2008 참조.

고 있는 실정이다.

따라서 현행 사회복지 전달체계의 구조를 수요자중심, 맞춤형서비스 제공, 통합 관리체계 구축을 목표로 개선해야 한다. 이를 위해서는 복지서비스에 대한 주민들의 욕구를 충족시킬 수 있는 수요자중심의 서비스 통합 및 효율화방안 마련, 지역 간 서비스공급 불균형과 시설유형 간 기능중복문제 해소 등이 필요하다. 이러한 목표는 제한된 복지자원을 효율적으로 활용하고 복지서비스의 공급확대 방안을 모색하며, 민간기관에 대한 지원을 강화하고 복지서비스 전달의 책임성과 전문성을 제고할 수 있는 제도적 방안을 강구하는 한편 지역복지발전을 기하는 데 필요한 공공과 민간의 역할을 분담하고 협력체계를 강화하는 현실적 모형을 개발함으로써 달성가능해진다.

(1) 공공 사회복지 전달체계의 현황과 문제점

공공 사회복지행정은 보건복지가족부-지방자치단체(시 · 군 · 구, 읍 · 면 · 동)의 행정계통을 통해 집행되고 있으며, 지역사회를 중심으로 시 · 군 · 구와 읍 · 면 · 동이 주된 행정기능을 담당하고 있다. 시 · 군 · 구에서는 사업기획 및 관리와 자원발굴 및 관리를 담당하고 있으며, 2006년 주민생활지원개편에 따라 통합조사팀, 서비스연계팀이 신설되어, 대상자에 밀접하게 접촉해야 하는 조사를 담당하고 있다. 읍 · 면 · 동에서는 지자체 집행업무 가운데 직접 주민을 대면하는 서비스의 접수, 상담, 서비스연계 제공, 대상자 사후관리(확인조사를 통한 급여변동 확인, 중점관리대상의 사례관리 실시)를 담당하고 있다. 읍 · 면 · 동의 복지직 현원을 파악한 결과 〈표 6-13〉에서와 같이 복지직 배치인원은 대부분 1~2명이었으며, 특히 면사무소의 3분의 2가 1명의 복지직이 배치된 것으로 파악된다.[37][38]

---

37) 강혜규, 2008 참조.

〈표 6-13〉 읍·면·동 주민생활지원팀 복지직 현황

구분	계	복지직 0명	복지직 1명	복지직 2명	복지직 3명	복지직 4명	복지직 5~6명	복지직 7~13명
읍	211	—	26개	76개	63개	27개	17개	2개
면	1196	15개	712개	399개	64개	5개	1개	—
동	2109	42개	967개	780개	191개	71개	37개	21개

주: 1) 복지직 인원수별 읍·면·동 각각의 개수임.
2) 5개 출장소를 제외함(복지직 0명 1개소, 1명 2개소, 2명 1개소, 3명 1개소).
자료: 복지부 지역복지과 취합자료(2008년 7월 현재).

지난 정부는 2006년 7월부터 〈주민생활지원서비스 행정 개편〉을 추진하였는데, 이는 '주민생활지원'의 개념으로 협의의 사회복지를 넘어서는 통합적 공공서비스 중심의 지방행정기능 재편이었다. 주민생활지원서비스 체계로의 개편은 의욕적으로 실시되었으나 근본적인 한계가 있었다. 대부분의 지방자치단체가 급격하게 확대된 복지재정 및 사회정책분야 업무확대에 대응하는 자체적 혁신에 노력을 기울이지 못했고, 지역별 여건을 감안한 설계 및 준비도 미흡했으며, 지역 특성을 고려한 조직모형도 없었다. 전문성을 극대화할 업무분담 및 복지직의 보직배치도 충분히 적절하지 못했고, 복지담당공무원 업무가 복지대상자 자산조사 및 급여지급 등에 집중됨으로 인해 자활, 보호 및 서비스, 교육 등의 통합적 사례관리가 부족했던 점도 지적할 수 있다.[39]

또한 현행 지방행정체계의 특성상 시·군·구(232개)는 관할 범위가 너무 크고 읍·면·동(3,600여 개)은 너무 작아서 읍·면·동에 적정규모의 인력을 배치하려면 매우 많은 인력이 필요하고, 시·군·구를 중심

38) 복지직 배치현황을 보면, 동 지역은 1명 배치 967개(45.9%), 2명 배치 780개(37.0%)이며, 면 지역은 1명 배치 712개(59.5%), 2명 배치 399개(33.4%)임.

39) 강혜규, 2008과 보건복지가족부, 2008b 참조.

으로 하기엔 접근성이 문제가 되는 한계가 있다. 주민생활지원 개편에 따라 행정직이 보강된 읍・면・동 주민생활지원팀의 평균 인력도 동주민센터 3.2명, 읍사무소 4.6명, 면사무소 2.8명에 불과(배치 현원, 2008년 7월 현재)한 실정이다. 이 중 사회복지직은 동주민센터 1.9명, 읍사무소 2.7명, 면사무소 1.4명이다.

현행 공공사회복지 전달체계의 주요문제점을 기능과 구조의 측면에서 정리하면 다음 〈표 6-14〉와 같다.[40] 정부는 〈사회복지 전달체계 개선 종합대책(총리실, 2009. 6.12.)〉의 시・군・구별 조직・인력 개선방안관련 후속조치로서, 특히 사회복지 통합관리망 본격가동을 앞두고 이에 적합하도록 업무프로세스와 조직, 기능, 인력을 정비함으로써 정보시스템 사용의 효과성을 높이고, 업무효율성을 향상시키고자 개편을 추진하고 있다.

개편의 주요내용으로서는 첫째, 복지급여대상자 수혜자격의 적정관리 업무를 시・군・구(본청)로 일원화시킨다. 현행 통합조사팀을 '통합조사관리팀'으로 확대개편하여 복지급여・서비스 대상자에 대한 소득・재산조사, 대상자 선정, 자격관리를 전담케 함으로써 기초생활보장・기초노령・보육 등 급여자격 판정을 위한 자산조사 및 변동 관리를 전담하여 기준적용 편차를 제거하고 전문성을 확보할 것으로 기대된다.

둘째, 복지대상자 발굴, 사례관리 등 수요자중심 대민서비스기능을 강화한다. 즉, 읍・면・동은 상담・신청을 접수하고 지원이 필요한 가구를 발굴하여 찾아가는 서비스 기능을 강화하고, 시・군・구 서비스연계팀은 민관 및 자원을 이어주고 사례관리를 통해 집중적인 보호가 필요한 가구를 중점 관리한다. 특히, 읍・면・동의 사회복지 담당공무원들은 사회복지통합관리망 구축과 업무프로세스 개선으로 업무부담이 경감될 것으로 예상됨에 따라 복지수요자를 위한 상담 및 서비스안내, 지역사회지원이 필요한 가구 발굴 등 찾아가는 서비스가 강화될 것으로 기대된다.

---

40) 강혜규, 2008 참조.

셋째, 시 · 군 · 구 서비스연계팀의 지역 내 자원관리능력과 민관협력확대를 위해 위기가구에 대한 사례관리, 보건복지콜센터와 연계한 상담안내서비스를 실시하고 있다. 현재 중앙의 보건복지콜센터(희망의 전화 129)

〈표 6-14〉 현행 공공복지수행 체계의 문제점

문제점	실태
기초보장 사후관리 취약	읍 · 면 · 동 복지직이 가구방문 등 관리업무 수행 곤란
확대되는 서비스 수요에 대한 공적 대응 취약 서비스기획, 수요자 욕구사정, 민간과의 협력을 통한 맞춤형 서비스 제공 여건 취약	기초보장(현금급여 · 자산조사) 중심의 업무가 우선되고, 서비스관련 욕구파악, 서비스연계 미흡
복지서비스 간 연계제공 미진	대상자별, 서비스 간, 공공 민간기관 간 협력기반으로서의 전산시스템 미비
복지급여 통합처리 어려움	행정전산시스템 고도화과정에서 통합적 업무수행 지원기반이 미비
민간서비스 기관에 대한 모니터링 기제 부재	복지'시설'에 대한 감독중심, '사업, 서비스'에 대한 모니터링은 불가
확대된 서비스사업에 대한 기획력, 수행체계 부재	시 · 군 · 구단위 사업 기획의 필요성은 높아가나, 재정력 · 기획 경험의 부재로 중앙정부 정책변화에 조응하기 어려움
주민생활지원국 내 과 간, 팀 간 업무협력 어려움	기능별(통합조사, 서비스연계), 대상별(노인, 장애인.) 팀 간 업무연계가 유기적이지 않음(대상별 사업팀의 대상자 관리기능 취약)
"주민생활지원과"와 "사회복지과"의 역할 왜곡	복지 업무가 기타서비스 영역과 분리되는 현상
읍 · 면 · 동 주민생활담당의 역할 취약	복지업무에 대한 행정직의 사명감, 업무이해가 미흡하여, 복지직 1인과 동일 역할 어려움
유관 공공기관, 민간기관과의 "협력업무" 취약	지역사회복지협의체가 운영되고 있으나, 고용지원기관, 보건소, 민간복지기관 등과의 구속력을 가진(재정이 결합되거나 규제가 따르는) 업무협력이 어려움

와 시·군·구를 연계하는 상담·안내시스템을 구축하여 운영 중이다(2009년 9월).

넷째, 노인·장애인 등 각 사업담당별로 수행하던 사회복지시설과 법인의 지원·관리업무를 통합하도록 개선함으로써, 사회복지시설 정보시스템을 기반으로 하여 시설수급자 및 관련서비스 연계, 보조금관리를 강화하고, 신축·개보수 등 기능보강사업 등을 통합하여 수행할 수 있게 되었다. 또한 담당부서별로 분산되어 수행되던 자활·일자리 지원사업, 융자·대출업무, 지역사회서비스 혁신사업(보육바우처 제외)을 총괄하여 통합 관리할 수 있는 체계로 개선하였다.

(2) 민간 사회복지전달 체계의 현황과 문제점

복지·고용·보건 관련 민간서비스시설의 유형은 2009년 현재 총 118개(복지부 소관은 103개)로서, 이 중 장애인관련 시설유형이 22개로 가장 많고 아동시설 21개, 가족과 노인 관련 시설유형이 각각 16개 순으로 분포하고 있다. 보건복지가족부 소관 103개 시설유형의 전체 시설의 수는 경로당과 보육시설을 제외하고 15,989개이다.[41] 민간복지시설의 운영 현황을 보면, 인력은 시설 종사자 규모가 1~5명인 시설이 전체의 44.4%를 차지하고 있으며, 연간 예산이 1억 원 이하인 시설이 전체의 32%를 차지하고 있다, 특히, 재정은 시설유형 간 또는 시설유형 내에서 재정규모의 차이가 상당히 큰 것으로 파악되었다.[42]

민간복지시설의 재정구조를 보면, 세입에서 보조금이 차지하는 비중은 58.7%이며 사업수입은 9.9%, 법인전입금 5.3%, 후원금 8.0%로서, 민간 복지시설의 보조금에 대한 의존 정도가 높은 것으로 나타났다. 세출은 인건비 비율이 43.5%로서 가장 높고 그 다음이 사업비, 운영비순으로

---

41) 보건복지가족부, 2009 참조.

42) 류명석, 2008의 내용 중 일부이며, 자세한 내용은 2008년 서울복지재단에서 실시한 〈전국의 민간 사회복지서비스시설 실태조사〉 참조.

나타났다. 민간 복지시설부문은 서비스의 다양화 추세에 따라 특정기능을 수행하는 소규모센터들이 대폭 증가함으로써 서비스전달의 효율성이 저하되고 있다. 이는 과거 장기적이고 종합적인 계획이 미비한 상태에서 복지시설이 양적으로 크게 증가하고 세분화·전문화됨으로써 시설유형 간에 업무의 중복문제가 발생하고 있기 때문이다. 또한 민간전달체계는 공공전달체계와 유기적으로 연계되지 못하고 있으며, 민간기관 간에도 통합되지 못함으로써 사회복지서비스의 효과성과 효율성은 높지 못한 실정이다. 이러한 양적 증대에도 불구하고, 종합사회복지관이 설치되지 않은 시·군·구가 73개나 되며, 서울시에는 1개 구에 10개의 종합사회복

〈표 6-15〉 민간 복지시설 현황(보건복지가족부 소관)

2009년 4월 현재

구 분	시설유형 수	시설 수	시설유형
계	103	15,989	
지역	1	410	종합사회복지관 410개소
가족	16	680	각종 가족복지관련 기관 및 시설
아동	21	3,768	지역아동센터 2,618개소, 민간보육시설 14,408개소 등
청소년	11	1,285	청소년수련관 143개소 청소년공부방 502개소 등
노인	16	6,781	노인요양시설 1,112개소 경로당 56,480개소 등
장애인	22	2,171	장애인복지관 157개소 장애인주간보호시설 289개소 등
노숙인	4	149	노숙인쉼터 75개소 부랑인 복지시설 52개소 등
자활	2	270	지역자활센터 242개소
정신보건	10	475	정신보건센터 151개소 등

* 경로당 57,930개소, 보육시설 33,499개소 제외.

지관이 있는 것으로 파악되었다. 이와 같은 사회복지기관 및 시설의 편중 현상은 지역의 균형적 복지수준의 향상에 커다란 장애가 되고 있다.

한편 사회적 변화에 따라 개인의 특성 및 환경을 고려하게끔 전문화된 서비스에 대한 욕구가 증가하고 있으나, 공급자중심의 획일적이고 파편

〈표 6-16〉 시설유형별 기능조정 방안

○ 병 합

<table>
<tr><th>분야</th><th>대상시설유형</th><th>시설유형
(안)</th><th>분야</th><th>대상시설유형</th><th>시설유형
(안)</th></tr>
<tr><td rowspan="9">가족</td><td rowspan="2">건강가정지원센터</td><td rowspan="3">양 시설명칭
병렬표기
(별도명칭결
정시까지)</td><td rowspan="9">장애인</td><td>지체장애인생활시설</td><td rowspan="7">장애인
거주시설</td></tr>
<tr><td>시각장애인생활시설</td></tr>
<tr><td>다문화
가족지원센터</td><td>청각언어장애인
생활시설</td></tr>
<tr><td>모자보호시설</td><td rowspan="3">모자가족
보호시설</td><td>지적장애인생활시설</td></tr>
<tr><td>모자자립시설</td><td>중증장애인생활시설</td></tr>
<tr><td>모자공동생활가정</td><td>장애영유아생활시설</td></tr>
<tr><td>부자보호시설</td><td rowspan="3">부자가족
보호시설</td><td>장애인유료복지시설</td></tr>
<tr><td>부자자립시설</td><td>장애인보호작업장</td><td rowspan="2">장애인직업
재활시설</td></tr>
<tr><td>부자공동생활가정</td><td>장애인근로사업장</td></tr>
<tr><td rowspan="3"></td><td>미혼모자시설</td><td rowspan="3">미혼모자
가족보호
시설</td><td rowspan="6">정신질환자</td><td>생활시설
(입소, 주거제공)</td><td rowspan="6">생활시설
직업재활시설
종합시설</td></tr>
<tr><td>미혼모자
공동생활가정</td><td>지역사회재활시설
(주간재활, 심신수련,
공동생활가정)</td></tr>
<tr><td>미혼모
공동생활가정</td><td>직업재활시설</td></tr>
<tr><td rowspan="3">노숙인</td><td>노숙인
상담보호센터</td><td rowspan="3">홈리스상담
센터
홈리스복지
시설</td><td>중독자재활시설</td></tr>
<tr><td>노숙인쉼터</td><td>생산품판매시설</td></tr>
<tr><td>부랑인복지시설</td><td>종합시설</td></tr>
</table>

○ 흡 수

분 야	흡수대상시설	흡수시설
종 합	재가복지봉사센터	종합사회복지관
아 동	아동직업훈련시설	아동양육시설
	자립지원시설	
청소년	청소년공부방	지역아동센터
자활	청소년자활지원관	지역자활센터
정신질환자	아동청소년정신보건센터	정신보건센터

○ 정 리

분야	대상시설 유형	구체적 내용
아동 청소년	아동단기보호시설	법적근거 삭제
	아동전용시설	
	아동복지관	
	가정위탁지원센터	사회복지 시설유형 에서 제외 *사업수행 기관으로 존속
	청소년수련원	
	청소년특화시설	
	청소년야영장	
	유스호스텔	
	청소년활동진흥센터	
	청소년문화의집	
	청소년수련관	
	청소년상담지원센터	
	청소년지원센터	

분야	대상시설 유형	구체적 내용
가족	한부모가족 복지상담소	법적근거 삭제
	여성복지관	
	가족상담센터	사회복지 시설유형 에서제외
장애인	장애인체육시설	법적근거 삭제
	장애인수련시설	
	점자도서관	법적근거 삭제
	점자도서 및 출판시설	
	장애인 자립생활센터	사회복지 시설유형 에서제외 *사업수행 기관으로 존속
	지체장애인 편의시설 지원센터	
노인	노인전문병원	법적근거 삭제
	노인휴양소	

화된 서비스제공에 치중하여 수요와 공급이 불일치하는 현상이 광범위하게 발생하고 있다. 현재 보건복지부가 개선하고자 하는 민간전달체계 개선의 주요내용은 시설유형별 기능조정(병합, 흡수, 정리)이다. 시설유형별 기능 및 중복성 분석을 토대로 지역, 가족, 노숙인, 아동·청소년, 장애인, 노인 분야의 기능통합을 실시할 경우 전체시설유형은 〈표 6-16〉에서와 같이 103개에서 55개(48개, 46.6%감소)로 조정 가능하다. 즉, 기능조정은 동일대상에게 유사한 서비스를 제공하는 시설유형들을 단일한 시설유형으로 통합하는 것이다. 이러한 기능조정을 통해 기관의 다기능화가 이루어짐으로써 현재 복지시설의 다양성이 부족한 지역들은 복지수요에 대해 보다 신축적으로 대응할 수 있을 것으로 기대된다.

2) 사회복지 전달체계 개편 방향 및 과제

사회복지 전달체계의 개선을 위한 주요 과제는 다음과 같다.

첫째, 통합서비스제공체계의 구축이다. 즉, 통합서비스체계의 설치를 통해 접수(*intake*) → 자산 및 욕구조사 → 급여와 서비스 계획작성 → 급여와 서비스제공 → 환류의 과정을 통합하는 서비스체계를 구축하는 것이다. 또한 보건·복지·고용을 통합하여 복지수요자에게 맞춤형서비스 제공이 가능하도록 해야 하며, 특히 민간과 공공이 협동하여 서비스를 제공하는 체계를 구축해야 한다. 이로써 복지정책집행의 기초단위인 시·군·구를 중심으로 대민서비스기능을 향상시키고 일선창구의 초기상담기능을 강화하는 한편 사례관리를 활성화시키게 되고, 민간과의 협력을 통해 맞춤형서비스·통합서비스를 확대시킬 수 있다.

둘째, 민간복지기관의 기능을 조정해야 한다. 민간기관에서 제공하고 있는 서비스 중 중복서비스는 축소하고, 민간기관 간 연계를 보다 강화해야 한다. 특히 복지자원이 상대적으로 풍부한 대도시의 경우 민간기관을 종합서비스전문기관으로 분화시키고, 사례관리를 담당하게 해야 하며, 상대적으로 복지자원이 부족한 중소도시나 농촌지역은 종합서비스 기관으로 전환시켜야 할 것이다. 또한 민관협의기구를 효율적으로 활용하여 조정능력을 강화해야 한다. 민간기관의 역할을 조정하여 사례관리 체계를 정착시켜야 하며, 이를 위해 공공과의 적절한 역할분담구조가 마련되어야 한다.

셋째, 사회복지통합관리망의 효율적 관리 및 적정급여관리체계의 구축이다. 사회복지통합관리망이 본격적으로 가동되면 소득·재산 정보가 실시간으로 제공되고 법정급여의 자격조회가 자동화되는데, 여기에는 개인별 복지욕구 및 제공 가능한 서비스정보를 종합하여 제공할 수 있는 통합DB의 구축이 전제되어야 한다. 특히 최근 들어 증가하고 있는 부정수급단속기구의 강화가 필요하다. 이로써 공공복지행정에서의 자산조사 부담 및 중복행정부담을 감소시킬 수 있으며, 공공~민간 서비스연계·사례관리기반 구축·부정수급근절 등이 가능할 것이다.

넷째, 공공정책의 주요 목표로서 탈빈곤·탈수급을 위한 체감도 높은 서비스를 제공하기 위하여, 기초생활보장수급자와 기타 저소득층(법정급여대상자인 차상위계층), 긴급지원이 필요한 대상자 등에 대한 사례관리가 강화되어야 한다. 또한 비수급빈곤층(법정급여비대상인 저소득층)에 대해서도 사회안전망의 사각이 발생하지 않도록 관리해야 한다.

사회복지서비스의 효과성을 제고하기 위한 사회복지 전달체계 개편의 기본방향은 다음과 같이 설정되어야 한다.[43] 첫째, 조사, 중앙정부 보고, 행정, 예산따기 중심의 지방행정을 서비스중심(*service-oriented*)으로 전환하여 공공의 책임성을 제고시킨다. 이는 중앙정부정책을 단순히 집행하는 것이 아니라 지역단위복지수요 및 공급관리에 기반하여 지방자치단체의 주도적 사업기획·관리능력을 향상시키는 일과 관련되어 있다.

둘째, 주민 복지수요에의 대응성(*responsiveness*)을 강화한다. 이는 주

---

43) 강혜규, 2008 참조.

민들이 복지전달체계에 보다 쉽고 편리하게 접근할 수 있는 환경을 조성하고 보다 다양한 서비스를 적절한 시기에 제공하는 것이다.

셋째, 욕구에 맞는 급여·서비스 제공 및 체계적인 사후관리(*case management system*)로 문제를 사전에 예방하고 사회통합에 기여한다.

넷째, 서비스에 관한 정보제공, 찾아가는 서비스, 신속한 서비스, 통합적인 서비스로 수요자중심의 접근(*any-stop services*)을 강화한다. 이는 초기상담(*intake*) 창구를 다원화하고 콜센터의 기초민원 대응기능을 강화함으로써 가능할 것이다.

다섯째, 민관협력(*partnership*) 서비스의 공식화와 민간자원의 연계(*networking*)를 강화한다. 이 요소는 민간서비스기관이 유관공공기관과 다양한 방식으로 협력(인력 파견, 정보공유·교류, 공통서식 활용 등 전산기반 마련)하는 것과 관련되어 있다.

이상의 전제조건을 바탕으로 사회복지 전달체계를 효율적으로 구성하기 위해서 우선 지역별 복지전달체계를 확립하고 다층적 복지전달체계를 구성한 뒤 최종적으로는 복지와 산업을 연계하는 방식으로 발전된 복지산업화를 이룩한다.

(1) 지역별 복지전달체계

복지전달체계는 지역에 기반하는 것이므로 지역별 기능조정 방안이 제대로 수립되지 않으면 안 된다. 이를 위한 모델은 다음과 같다.

① 대도시형: 전문화

대도시의 경우 기초생활수급자 등 저소득층의 자활 및 지원 수요가 증가하고 있으며, 장애인 및 노인, 만성질환자의 재활과 기능회복에 관한 전문서비스 수요가 상대적으로 높게 나타나고 있다. 또한 대도시는 복지수요대비 시설배치수준이 전반적으로 가장 우수하며, 시설유형별로 골고루 분포하고 있어 서비스접근성이 상대적으로 좋다. 종합사회복지관의 설치비율이 다른 지역에 비해 높은 수준을 나타내고 있어 종합서비스시설과 소규모시설에 서비스가 중복공급되는 문제가 상대적으로 두드러진다. 이러한 특징을 바탕으로 대도시의 복지시설기능 조정을 위해서는 서비스의 전문성을 강화시켜 효율성을 제고하고, 종합사회복지관이 지역사회 거점기관으로서 역할을 수행할 수 있도록 하며, 노인 및 장애인복지관을 대도시의 중심센터로서 역할을 늘리고, 서비스역량을 전문화하는 시설에 인센티브를 제공하는 등 현행 시설평가제도를 개선하는 일이 필수적이다.

② 농어촌형: **다기능화**

농어촌지역의 경우 결혼이민자가족이 집중거주하고 있어 이들이 적응할 수 있도록 지원하는 일이 필요하고, 의료서비스가 양적·질적으로 부족하기 때문에 방문간호 및 연계서비스 수요가 크다. 또한 지역사회의 거점기관인 종합사회복지관과 노인복지관, 장애인복지관의 배치규모가 대도시 및 중소도시에 비할 수 없이 작으며, 아동과 청소년 인구비율이 낮기 때문에 지역아동센터 등 관련시설의 수요대비 배치수준은 대도시에 비해 양호한 편이나 접근성이 떨어지는 형편이다. 따라서 농어촌지역에서는 지역사회에 필요한 복지시설을 추가로 설치하는 것이 우선적으로 고려되어야 할 것이다. 그러나 복지예산을 고려할 때보다 현실적이고 단기적인 방안은 현재 운영 중인 복지시설을 다기능화하는 것이다. 특히 기존 복지시설을 다기능화하여 서비스공급을 늘리기 위해서는 인력과 비용이 추가적으로 소요되므로 이에 대한 충분한 지원이 수반되어야 할 것이다.

한편 농어촌지역 복지시설의 다기능화를 통해 서비스를 공급할 때 반드시 고려되어야 할 점은 공간적 접근성이다. 즉, 농어촌지역의 경우 면적이 넓고 교통이 불편하기 때문에 서비스접근성이 떨어지기 쉬우며, 이 경우 시설의 추가설립이 불가피할 것이다.

③ 기능대체형

지역사회에서 부족한 서비스 공급을 해소하기 위해 복지시설을 다기능화하는 구상이 실질적으로 적용되기 위해서는 특정시설에 기능대체시설이 지정되어야 한다. 특정 지역사회에서 기능대체시설을 선정하는 일은 지역의 복지수요와 서비스공급실태에 기초하여 이루어져야 타당하다.[44)]

국민의 복지욕구를 효과적으로 충족하기 위한 사회복지 전달체계의 개선은 복지정책 실효성을 확보하는 데 핵심적 요인이다. 특히 사회경제적 환경변화에 대응하여 국가의 복지정책과 예산은 지속적으로 확대되었음에도 불구하고 국민의 복지체감도가 높지 않다는 점은 전달체계의 문제점을 단적으로 나타낸다. 이러한 문제점은 복지서비스정보의 통합적 제공, 서비스전달 과정의 단순화, 서비스이용자에 대한 통합적 관리체계구축, 공공과 민간 혹은 민간시설들 간의 연계체계형성 등으로 해결할 수 있다.

공공부문에서는 사회복지 통합관리망을 운영하고 통합서비스 제공체계를 구축하면 공공사회복지 전달체계가 개선될 수 있을 것으로 기대된다. 특히, 사례관리강화를 기반으로 하여 맞춤형서비스를 제공한다면 국민들의 복지체감도 향상에 크게 기여할 것이다. 그러나 이를 위해서는 복지담당 공무원의 확충, 일선 행정조직인의 동의와 확대 개편, 사례관리를 위한 전문인력 확보가 핵심요건이라고 할 수 있다. 민간부문의 기능조정을 통한 전달체계 개선은 서비스누락 및 중복방지, 복지시설 간 서비스연계 및 조정, 새로운 민관협력체계 구축에 긍정적 영향을 미칠 것으로 보인다. 특히, 수요자중심의 서비스통합, 지역 간 서비스공급 불균형, 시설유형 간 기능중복문제 제거 등은 제한된 복지자원의 효율적 활용에 크게 기여할 것이다.

민간과 공공 간에 연계체제를 구축하고, 민간기관 간에도 네트워크체

44) 류명석, 2008 참조.

계를 형성하여 민간·공공 통합적 사회복지서비스 전달체계를 구축해야 한다. 따라서 향후 추진될 새로운 전달체계의 개편에는 민간과 공공이 연계되고, 민간기관은 사례관리기관과 전문서비스 및 지원서비스 기관으로 기능이 구분되어 연계협력체계를 구축하는 일이 무엇보다 우선시되어야 한다. 이런 방식으로 지역복지발전을 위해 필요한 공공과 민간의 역할분담 및 협력체계강화가 가능할 것이다.

(2) 다층적 복지전달체계

그동안 개별적으로 도입된 복지제도의 비효율적 운영과 자원낭비를 막기 위해서도 이제 정부는 사회보험을 포함한 복지서비스의 민영화를 촉진하고, 이들과 경쟁하면서 공공과 민간 간의 효율적 복지체계를 구성해야 한다.

개인, 기업 그리고 정부를 중심으로 한 다층복지체계의 확립은 개인이 스스로 사회적 위험을 통제하도록 하여 그동안 정부중심이 되었던 사회복지지출을 억제하는 효과가 있다. 다양하고 급변하는 사회경제적 환경에서 예측불가능한 사회적 위험에 적극적으로 대응할 수 있는 집단적 기본단위는 기업밖에 없기도 하다. 기업은 생산성증대를 통하여 시장에서 생존한다. 생산성증대는 대부분 근로자들의 역할에 의존한다. 근로자들이 더 높은 생산성을 유지하도록 하기 위하여 지속적으로 안정적 복지제도를 보장해야 한다. 따라서 사회복지는 기업복지를 중심으로 재편되어야 한다. 그래야 복지가 된다. 기업도 생존의 대가이자 사회적 책임으로서 근로자를 위하여 고용확대 및 고용안정에 최선을 다해야 한다.

사회보장제도의 일환으로 사회경제적 인프라도 갖추어지지 않은 상태에서 전 국민을 대상으로 획일적 단일보험료율을 적용하여 도덕적 해이에 빠진 사회보험은 국민경제의 성장잠재력까지 잠식할 수 있다. 따라서 사회보장시스템에서 국가, 기업 그리고 개인 등 이해당사자 간의 역할을 명확히 하는 효율적 복지시스템을 구축해야 한다.

〈표 6-17〉 다층적 사회복지 체계

기초보장	생계급여	- 급여액을 국민연금 평균수급액에 연동 (보충적연금제도화) - 주거비지원과 아울러 공공영구임대주택 확충	의료보호	- 의료바우처 도입 - 저소득층노인 간병서비스 도입 - 공공 호스피스 활성화	장애인 지원	장애인연금	자활사업	실업부조 전환	
보장방법 \ 보장내용	소득		의료(노인요양포함)		산업재해		고용		공통
정부	국민연금	- 기초부분 및 소득비례 부분 연금의 재정 운영 분리, 기초노령연금 통합 - 연금기금의 독립적 운영	국민건강보험	- 직장·지역 분리운영 - 의료보험료·의료수가 지역별 차등화 - 정부부담 전문병원 (암, 치매 등) 도입 - 의료수가 정액 상환 - 노인 장기요양보험에 의료 포함	산업재해보험	- 산재연금 기금 설치 - 근로복지공단과 산업안전공단 통합	고용보험	-경험요율제도 도입 -훈련기관 평가 및 교사양성 지원 -실업부조제도 도입 -대학 인턴제 지원 -청소년 직업진로 교육 강화	-보험료 부과 기준 통일 -사회보험의 비정규직근로자 적용 확대 -저소득층 사회보험료 보조 -부정수급 감독 기관 설립 -선택형근로 복지제도의 활성화 - 건강보험, 산재보험, 자동차보험 진료비 통일
기업	퇴직연금/퇴직금	- 퇴직연금 활성화 - 국민연금의 소득비례 부분의 적용 제외 - 근로복지기금의 퇴직 연금화 지원 - 금융교육 강화	민간의료보험	- 의료수가 결정에 민간보험 참여 - 기업의료보험도입 - 민간 노인요양보험 도입 - 복권에 건강세 부과	민간산재보험	- 민간산재 보험 활성화 - 산재판정 전문법원설치 - 고용주 책임보험	퇴직금	퇴직연금화 유도	
개인	개인연금/저축	개인연금의 소득비례 연금 적용 제외	MSA	- 민간의료저축제도 도입 - 질병소득손실보험 도입					

〈표 6-17〉은지금까지 논의한 개념을 바탕으로 구축한 사회보장모델의 예시이다. 비용효과적이고 개인 선택을 존중하는 새로운 복지체계를 구축하기 위해서는 사회보험과 성격을 같이하는 민간사회보험제도를 확립해야 한다. 이는 기업의 적극적인 참여에 의하여만 가능하다. 왜냐하면 기업은 공적사회보험에서 쉽게 낭비되는 비용을 줄이고, 더 나아가서 민간사회보험제도 내에서 근로자의 생산성을 제고할 수 있는 중요한 수단을 보유하고 있기 때문이다. 이제 기업도 정규직만을 포함하는 복지정책이 아니라 비정규직을 포함한 모든 근로자를 중심으로 기업복지정책을 재구성해야 한다. 시장에서 서비스산업비중이 확대되면서 어차피 비정규직 근로자들의 비중도 증대할 가능성이 높다. 정규직근로자들을 중심으로 한 복지우대는 비정규직 근로자들의 사기저하로 이어지면서 기업성장의 발목을 잡을 것이다. 이것은 경제성장에도 장애가 된다.

(3) 복지 산업화: 복지와 산업 간 네트워크 형성[45]

2011년도 복지예산규모는 적어도 약 80조 원 이상이 될 것이다. 복지사업은 복지산업이다. 어느 산업도 복지산업만큼 규모가 크지 않다. 이러한 복지산업은 정부의 서비스공급이 원활하지 못하면 그 규모가 더 팽창한다. 복지공급자시장이 효율화되어 있지 않으면 비용은 비용대로 커지면서 수요가 감소하여 복지생산량은 지속적으로 줄게 된다. 따라서 복지정책은 우리나라 산업인프라에 기반하여 점진적으로 수행되어야 한다. 이를 위해서는 복지산업과 일반산업 간의 네트워크를 〈그림 6-6〉에서와 같이 치밀하게 구성해두어야 한다. 그리고 공공성을 제고하는 차원에서 산업에 대한 규제도 완화해야 한다.

일반적 복지체계는 첫째, 노후소득보장을 위한 소득보장축과 둘째, 건강 및 의료를 중심으로 한 의료보장축으로 대비할 수 있다. 그림에서

---

45) 김원식, 2007 참조.

종축(세로축)은 소득보장축으로 취업 및 고용안정을 통한 소득확보와 이를 노후기간에까지 연계시키는 보장제도가 성립되어야 함을 보인다. 횡축(가로축)은 건강 및 의료 축으로 일상생활과 작업장에서의 건강관리와 산재억제 및 의료산업 효율화가 필요함을 보인다.

첫째, 소득보장축에 있어서는 안정적 고용이 보장되지 않고는 노후소득의 원천인 저축이나 다른 방법으로 자산을 증식시키기 힘들기 때문에 정부가 아무리 합리적인 연금정책을 편다고 해도 한계가 있다. 따라서 고용과 연금이 연계된 정책방향이 설정되어야 한다. 특히 고령자의 고용증대는 연금자산 축적을 촉진하면서 직접적으로 연금수급을 줄인다. 기업부문에서의 근로자연금지원은 고령자에게 고용안정을 지원하도록 유도함으로써 더욱 효과적일 수 있다. 퇴직연령을 늦추거나 임금피크제 등으로 고령자의 고용을 지원하는 대신 연금수급권을 일부 제한한다면 근로자는 최적의 퇴직연령과 연급수급연령을 결정할 수 있을 것이다. 이에 따라 고령근로자의 고용환경이 유연한 노동시장을 형성하는 것이 앞으로의 가장 큰 정책과제가 될 것이다.

둘째, 의료보장축은 일상적인 의료산업경쟁력 강화, 건강관리 개선, 산업안전 제고가 필요하다는 점을 나타낸다. 고령화는 근로기간 동안 무시되었던 질병 혹은 잠재적 건강부실이 질병으로 현실화되는 시기를 늘린다. 소득이 증가하고 그에 따라 건강에 대한 관심이 커지면 개인은 일상적으로 건강을 관리하여 의료부분에 소요되는 재원도 늘어난다. 또한 건강수명을 연장시키면서 질병예방적 조치를 늘린다. 이는 바로 고령자의 고용가능성을 높이는 상승작용으로 이어진다. 이와 같이 〈그림 6-6〉에서의 건강보장축과 소득보장축의 상관관계는 점차 상승할 것이고, 고령화가 진행될수록 더 심화될 것이다.

〈그림 6-6〉에서 외곽 동그라미는 복지분야에 대하여 재화와 서비스를 제공할 산업환경을 나타낸다. 연금과 건강보험은 모두 안정적이고 효율적인 금융시장과 의료시장을 필요로 한다. 그리고 연금자산을 축적하기

위해서는 고용을 극대화할 수 있는 유연한 노동시장이 전제되지 않으면 안 된다. 또한, 산업안전을 제고하여 사회적 위험에 당면할 근본적 요인을 제거하는 것이 필요하다. 따라서 외곽 동그라미에 연결된 산업들은 사회보장, 특히 고령화사회 속 사회보장의 핵심이 되는 관련시장이라고 본다. 내부 동그라미는 사회보험을 중심으로 한 복지시스템을 의미한다. 그리고 이 내부 동그라미와 외부 동그라미를 민간사회보험제도가 연결한다. 사회보험은 사회적 위험의 효율적 관리를 위하여도 민간부문 간의 조화가 필요하다고 본다.

공공과 민간의 사회보험제도 간의 조화(*Public-private mix*)로 근본적인 사회적 위험이 해결되지 않을 경우 기초생활보장제도를 통한 사회보장이 불가피하게 된다. 문제는 고령사회가 도래하면 사회적응능력이 떨어지

〈그림 6-6〉 복지 네트워크 모델

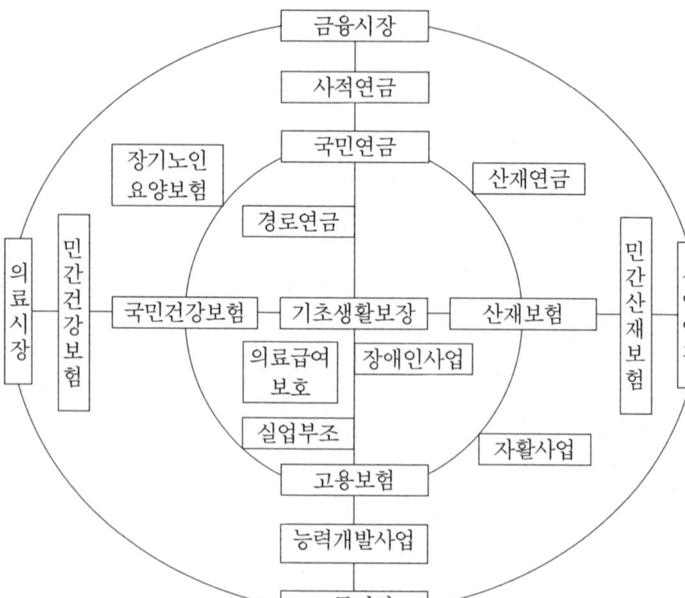

고령근로자가 증가하여 기초생활보장에 의존하는 고령자의 비율이 상승할 것이라는 것이다. 따라서 고령사회에서 기초생활보장의 문제는 단순히 저소득층을 중심으로 한 제도보다는 고령자를 위한 제도로 변화되어야 한다. 그리고 상대적으로 공공과 민간 간의 사회보험체계가 효율적으로 운영되고 각 관련시장이 그 운영을 뒤따르면서 개인이 합리적인 판단을 할 수 있는 일관성 있는 정책이 정착된다면 기초생활보장의 수요는 최소화할 수 있게 된다. 이는 정부의 재정 부담을 줄임으로써 성장잠재력을 키운다. 정부는 고가의 복지정책상품을 내세울 것이 아니라 우선 각 개인이 자발적으로 사회적 위험에 대처하도록 유인체계를 구축해야 한다. 이것은 단일한 시스템의 사회보험으로는 사실상 불가능하다. 지역화된 혹은 직역화된 사회보험이나 민간사회보험이 더 효과적이다.

2008년 도입된 장기노인요양보험을 포함 5대 사회보험과 사회보장성격의 민간보험, 그리고 기초생활보장제도는 상호 배타적인 관계를 설정해야 함에도 불구하고 중복되는 경향이 많다. 이는 중복된 수혜를 받으려고 하거나 보다 나은 수혜를 받으려는 한계수혜자를 양산하는 문제를 키운다. 사회보장체계의 개선을 위한 기본원칙은 장기노인요양보험을 포함한 5대 사회보험의 위험을 민간부문에서 대체할 수 있는 환경을 만들면서 기업의 효율적 근로자복지관리가 가능하게 하고, 이에 대체가 불가능한 부분은 사회보험 및 기초생활보장으로 보호한다는 것이다. 그리고 이러한 복지체계에 맞게 정부부처 간 업무재조정이 이루어져야 한다. 제도의 운영에 알맞은 책임을 서로 분산해서 가져야 한다. 그리고 여기에는 각 부처 간 혹은 기관 간에 견제와 균형(*check and balance*)이 가능해야 한다. 이와 상반되는 대표적인 예가 건강보험과 의료시장의 책임을 보건복지부가 함께 가지고 있는 것이다. 의료시장과 건강보험을 하나의 부처가 함께 관리하게 되면 생산자와 공급자를 동시에 만족시켜야 하므로 이해가 상충한다. 최근 건강보험재정의 규모가 크게 늘고 있는 것은 우연이 아니다.

부연컨대, 복지는 예산만으로 해결되는 것이 결코 아니다. 개인들이 사회복지제도의 혜택을 받지 않아도 되는 예방적 차원에서 정부가 사회적 위험을 효율적으로 통제할 수 있다면 복지예산을 지금보다 더 줄여도 국민의 만족도는 훨씬 높을 수 있다.

정부와 민간을 포함하여 다원적 운영을 위한 복지서비스 공급자에는 정부 외에 가정, 지방자치단체, 종교사회단체 등이 있다. 이들은 서로 다른 역할을 통하여 복지부문에 기여한다. 가정은 가장 생산적인 사회단위이다. 가정이 파괴되면 가족 간 협력시스템이 붕괴되어서 근로자들의 생산성을 낮춘다. 한국에서 기혼자들의 소득이 독신근로자들의 소득보다 낮은 것으로 나타나고 있는 것도 이를 반증한다. 우리사회에는 다양한 가정파괴제도 및 결혼세제도가 숨어 있다. 기초생활보장제도는 가족이 소득이 있을 경우 보장급여를 반환하도록 요구한다. 국민연금분할도 부부가 쉽게 이혼하도록 하는 제도로서 황혼이혼을 낳는 등 가정의 유지를 어렵게 하는 제도이다.

지방자치단체는 중앙정부와 달리 복지정책에 참여할 기회가 적다. 자치단체는 예산도 없고, 창의적으로 정책을 시도할 유인도 없기 때문이다. 그럼에도 불구하고 자치단체는 지역주민의 복지를 책임질 의무가 있다. 자치단체는 중앙정부가 주도하는 5대 사회보험 및 기초생활보장제도를 보충하는 복지제도를 도입할 수 있어야 하며, 중앙정부는 이를 매칭(*matching*)으로 지원하는 것이 필요하다. 종교사회단체와 민간 자원봉사자 및 단체도 복지공급체계를 구축하는 데 일익을 담당해야 한다. 일정규모 이상 종교시설에 일반국민들이 이용할 수 있는 양로원을 운영할 수 있도록 지원한다. 그리고 정부는 자원봉사자 · 기부자 등이 사회복지서비스의 수혜를 추가적으로 받을 수 있도록 보장해야 한다.

7. 결론: 자동안정적 복지시스템의 확립

우리나라가 1995년에 OECD에 가입한 지 벌써 15년 이상이 지났다. 경제적으로 OECD의 30여 개 국가 가운데 우리는 이미 중간 수준의 경제력을 가지고 있으나 사회복지수준은 100년 이상의 전통을 가진 선진국들과 질적으로나 양적으로 아직 상당한 격차가 있다.[46]

기초생계비보다 소득이 낮은 취약계층을 위하여 기초생활보장제도를 운영 중이고, 근로자들을 위하여 4대 사회보험 및 장기노인요양보험이 전 국민을 대상으로 운영되고 있다. 그러나 아직도 많은 저소득층들이 이러한 제도들의 대상에서 제외되어 있고 다수의 근로자들은 다양한 사회적 위험에 노출되어 있다. 정부는 복지지출부담을 최소화하기 위하여 소득재분배의 성격이 강한 사회보험시스템을 도입하고 저소득층에 확대하여 적용하기를 강행하였다. 이는 곧 인건비 부담이 큰 영세기업들이 사회보험료 부담을 기피하여 사실상 저소득 근로자들이 사회안전망에서 배제되는 결과를 낳곤 했다.

복지제도가 일견 완전히 정착된 것처럼 보여도 공공복지비지출 수준은 다른 어떤 OECD 선진국보다 낮다. 예를 들면 2005년 기준으로 우리나라의 공공복지비는 국내총생산의 6.9%로, 일본 18.6%, 미국 15.9%, 독일 26.7%, 영국 21.3% 등과 큰 차이가 있다. 이는 근본적으로 아직 연금을 비롯한 우리나라 복지시스템이 성숙되지 않았기 때문이다. 그러나 전반적으로 사회복지제도가 성숙기에 이를 것으로 예상되는 2020년 이후 우리나라의 복지비수준은 이들 국가의 수치를 추월할 것이다. 또한, 시간이 갈수록 정부재정이나 경제발전에 큰 부담이 될 수 있다.

우리나라 사회복지제도의 가장 큰 문제는 단기간의 정착과정에서 과거의 잘못된 서구식 제도를 답습하고 있다는 것이다. 이러한 점에서 우리나

---

46) 김원식, “국제적 스탠더드: 복지”, 《월간조선: 별책부록》, 2010. 4.

라 사회복지제도는 현재 선진 OECD 국가가 운영하는 것과 상당히 큰 차이가 있다. 선진국들은 전통적으로 유지되어 온 복지제도문제들이 성장에 장애가 된다는 것을 인식하고 신자유주의에 입각한 새로운 복지체계를 이미 80년대부터 재구축하였다. 영국은 1980년대 초 대처수상 시절부터 복지제도를 대폭적으로 축소하면서 고용을 우선시하는 정책을 시도해왔다. 이에 자극을 받은 다른 유럽국가들은 지속적으로 복지제도 운영에 경쟁개념을 도입하고, 민간부문과 정책공조를 시도해왔다.

이들 선진국들이 복지제도를 서둘러 개혁하게 된 계기는 기존 제도가 가정한 사회적 배경이 현재와 달라졌기 때문이다. 즉, 기존 제도는 제 2차 세계대전 이후 선진각국이 경쟁적으로 복지제도를 도입했던 시기에 형성되어 유지되어 온 것이다. 첫째, 당시에 여성은 앞으로도 가사만을 담당할 것이라고 가정했다. 이에 따라 여성에 대한 일자리창출보다 여성이 가정을 유지하도록 하는 데 많은 지원이 집중되어왔다. 그러나 현대의 여성은 일과 가정의 양립을 원한다.

둘째, 자본시장의 활성화로 근로자들의 자본소득비중이 높아지고 있음에도 개인의 소득은 주로 근로소득으로 구성된다고 가정하였다. 이에 따라 아직도 자본소득을 포함한 전체소득이 아닌 근로소득에만 기초하여 사회보험료 및 급여가 책정되고 있다.

셋째, 저소득층도 고용이나 취업기회가 주어지면 계층 간 상승을 할 수 있음에도 복지제도는 저소득층자녀의 교육이나 취업교육, 다양한 사회경제적 정보로부터 소외되는 현상에 무관심하다.

넷째, 인구가 지속적으로 증가한다고 가정했다. 그래서 선진각국은 국민연금을 부과(*pay-as-you-go*) 방식으로 운영해 왔다. 이제는 인구가 정체되거나 오히려 감소하는 추세로, 공적연금의 적자가 눈덩이처럼 커져서 국가재정뿐 아니라 경제에 큰 부담이 되고 있다. 이러한 공적연금시스템은 1992년에 이탈리아가 외환위기에 빠지게 했고, 최근에는 그리스 등 PIGS 국가들이 국가부도의 위기에 직면하는 원인이 되었다. 그리고 이들 국가들은 세계경제마저도 뒤흔들었다.

다섯째, 인간의 평균수명이 지금처럼 빠르게 늘어나지 않을 것으로 생각했다. 기존의 복지제도는 1930년대의 평균수명인 45세에 기초하여 만들어졌는데 지금은 이보다 적어도 30년 이상 연장되어 있다. 더욱이 의료기술은 날마다 발전하여 앞으로 평균수명이 얼마나 더 늘어날지는 예상하기조차 불가능하다.

이러한 가정들을 바탕으로 운영된 복지제도는 사실상 사회전반에 걸쳐서 도덕적 해이를 낳고, 결과적으로 복지예산의 낭비와 정부지출 증대로 이어지면서 근로계층의 부담을 높였다. 이러한 관점에 따라 선진국들은 복지제도를 근본적으로 변화시키고 있다.

우선 여성들이 마음 놓고 사회활동을 할 수 있도록 지원하기 위하여 출산 및 육아에 대한 정부지출을 확대하고 있다. 그리고 저소득층 자녀에 대해서는 양질의 공공교육을 제공하여 보다 나은 일자리를 얻도록 하고 있다. 개인의 노후생계를 보장하기 위하여 국민연금·기업연금(우리나라의 퇴직연금)·개인연금을 중심으로 한 3층보장연금시스템을 확립하고, 기업연금을 활성화하여 민간부문연금자산의 축적을 독려하고 있다. 호주나 홍콩 등은 모든 근로자들에게 기업연금을 의무화하고 있고 영국·독일·미국 등은 개인들을 대상으로 하는 민간연금제도에 다양한 세제혜택을 부여하고 있다. 이렇게 형성된 기업연금기금은 자본시장을 활성화시키고 경제성장에 기여하는 등 이미 보이지 않는 효과를 거두고 있다. 미국·독일·스웨덴 등의 국민연금은 평균수명에 따라 수급연령을 높인다. 개인들이 공적연금수급 전까지 더 오래 일할 수 있는 환경을 마련해 주어서 더 많은 기간 동안 연금을 적립할 수 있도록 유도하고 있다.

의료부문은 고령화와 함께 고가 의료기술이 발달하여 국민의료비의 증가 추세가 너무 빠르다. 그래서 각국이 가장 많이 신경을 쓰는 분야 중 하나이다. 그러한 와중에 다양한 의료전달체계 및 공적 건강보험제도의 개선이 시도되고 있다. 건강보험에 가입하지 않은 인구가 전체의 20%

(약 4,700만 명)가 넘는 미국은 메디케이드와 같은 의료보호의 적용범위를 늘리면서 강제적으로 저가의 건강보험을 민간부문에서 구입하도록 하여 공공의료부문과 민간보험 간의 조화를 꾀하고 있다. 독일은 공적건강보험에 대하여 경쟁체제를 도입하였고, 호주는 생애보장 민영건강보험 구매를 정부가 지원하고 있다. 그들 국가는 건강보험에 있어서 민간부문과 공적부문이 잘 조화(*Public-private mix*)되어 있다고 본다.

복지 측면에서 볼 때, 노동시장개혁은 "고용이 최고의 복지"라는 점에서 매우 중요하다. 선진국의 비교적 안정된 고용구조와 기업복지제도는 복지시스템의 한 축을 담당하고 있다. 우리나라 노동시장의 특성은 우선 어떤 다른 나라보다 자영자 비중이 높고, 근로자의 경우에는 비정규직 비중이 높다. 따라서 자영자들을 기업부문으로 유도하고 기업부문에서도 정규직 비중을 높여서 고용안정을 꾀하는 것이 필요하다.

기업 경영환경이 점차 경쟁적이 되어 지속적 고용유지가 불가능해짐에 따라 기업들은 각자의 특성에 맞는 형태의 고용시스템을 유지하게 된다. 정부가 일방적으로 정규직 등 특정한 고용형태를 강요할 경우 노동시장은 경직될 수밖에 없다. 이는 기업경쟁력의 하락을 낳는다. 따라서 정부가 기업들에게 직접적으로 고용간섭을 하는 것보다는 고용을 보장하도록 간접적 유인을 제공하고 근로자들을 중심으로 한 기업복지체계로부터 사회안전망을 제공하는 것이 더 바람직하다. 고용을 창출하기 위해서 노동시장을 유연화하면서 정부는 저소득층을 중심으로 사회안전망을 보다 철저히 짜야 하게 되었다. 우리나라의 경우 다양한 근로자복지제도가 있으나 그다지 많지 않은 기업들이나 근로자들이 참여하고 있을 뿐이고, 그나마 공적 사회보험제도가 확대됨에 따라 전체 노무비에서 차지하는 비중이 하락하고 있다.

1980년 초반에 국민건강보험을 시작으로 지속적으로 확대되어온 우리나라의 사회보장제도는 지금까지 효율성을 확인할 겨를도 없이 확대 일변도로 성장해왔다. 즉, 공평성에 기초하여 지나치게 소득분배적인 목적의 복지정책이 전반적으로 보편화되었다. 그러다 보니 도덕적 해이와 제도운영의 관료화현상 등이 나타나면서 보험재정의 낭비가 적지 않다. 이제는 사회복지시스템 구조가 어느 정도 효율적인지를 검증하면서 질적 개선을 도모해야 할 때이다. 사회적 변화에 따라 발생하는 다양한 욕구에 부응할 수 있는 사회보장제도가 지속가능하고 효율적으로 사회안전망이 되어 주기 위해서는 우선 전체적 방향이 설정되어야 한다.

첫째, 사회적 위험을 효율적으로 억제하고 빈곤층의 자립능력을 제고할 수 있도록 개혁하는 데 초점을 맞추어야 한다. 즉, 빈곤의 박멸(*poverty eradication*)을 복지의 최우선정책으로 해야 한다. 이는 사회보험 발전과 정착을 저해할 수 있는 교란요인을 제거하는 것이다.

둘째, 국민소득 증가에 동반되는 사회보장서비스 수요증가에 대비하여 사회보장의 양적·질적 공급을 확대해야 한다. 이를 위해서는 사회보장인프라의 효율적 공급을 위한 통폐합뿐 아니라 민영화도 과감히 추진해야 한다. 사회보험서비스가 충분히 공급되지 않으면 서비스 단가가 올라서 구매가능한 서비스의 양이 줄어든다. 그리고 사회보험서비스의 효율성이 올라가면 관련된 서비스산업의 경쟁력도 자연스럽게 상승한다. 즉, 국민연금제도가 안정적으로 정착한다면 금융산업경쟁력이, 국민건강보험이 발전한다면 우리나라 의료산업경쟁력이 성장하는 것이다.

셋째, 기존의 사회복지시스템 및 투자 방향은 단순히 수혜확대중심으로 설정하기보다 서비스의 지속가능성을 제고하는 방향으로 유도되어야 한다. 서비스가 질적으로나 양적으로 제대로 제공되지 않으면 사회보험을 믿지 못하게 되고, 동시에 정부의 신뢰도 떨어져서 정책 전반으로 불신이 퍼진다.

넷째, 통일에 대한 전제가 있어야 한다. '무상복지'와 같은 포퓰리즘 복지정책이 정치권에서 난무하면 통일이 되기도 전에 우리경제는 지탱할 수 없는 상태에 이를 것이다. 그러한 상황에서 통일은 사실상 우리경제에 사형선고를 내리는 것과 같다. 따라서 사회보장제도는 사회보장지출에만 집착하면 안 된다. 국민들이 자율적으로 참여하고 재정면에서 자동 안정적으로 운영되도록 구축되어야 한다.

사회보장시스템 개혁에 필요한 과제는 사회안전망에 참여할 수 있는 모든 주체를 포함하는 시스템을 구성하는 일이다. 정부뿐 아니라 기업, 자치단체, 개인이 유기적이고 적극적으로 사회보험서비스의 제공에 협력하고 질을 극대화하는 데 최선을 다해야 한다.

첫째, 정부는 사회보험정책에 선도적 역할을 담당하면서 사회보험으로 발생할지 모르는 위험요인을 최소화시켜서 사회보험제도가 지속가능하게 해야 한다. 이 경우 국민들은 사회보험료 부담을 최소화하면서 개인들의 만족도를 극대화시킬 수 있다.

둘째, 기업복지제도를 활성화하여 다층적 사회보험제도를 구성할 필요가 있다. 지금까지의 사회보험은 정부가 모든 국민들에게 획일적인 제도를 적용한 것에 가깝다. 따라서 각 개인들의 사정에 따라 다르게 발생하는 사회적 위험에 대비하는 데에는 한계가 있다. 따라서 각 개인들이 속한 직장이나 협회가 개입된 2차적 사회보험제도로 이를 보완할 필요가 있다. 즉, 민간 사회보험제도로서 민영건강보험, 퇴직연금, 생명보험, 민영산재보험 등을 활성화해야 한다. 민간사회보험이 중심이 된 기업복지제도는 생산성을 제고하기 위해 기업들이 도입하게 된다. 이는 한편으로 공적 사회보험제도의 부담을 덜어주면서 위험을 분산시킨다.

셋째, 공적부조 및 사회보험을 운영하면서 지방자치단체의 참여를 늘리고 운영주체를 다원화할 필요가 있다. 공적부조와 사회보험은 지역의 환경에 따라 다양한 형태로 운영되는 것이 효과적이다. 이를 위하여 사회보험제도를 자치단체에서 시의적절하게 운영할 수 있도록 해야 한다. 이 경우 자치단체는 지역주민의 보호를 위하여 능동적으로 다양한 복지투자를 하게 될 것이다. 이는 지역 간 격차를 줄이는 부수적 효과도 낳는다.

넷째, 자발적 복지시스템을 발전시켜야 한다. 사회보험은 노동집약적 사회서비스의 성격이 강하다. 따라서 사회보험서비스를 시장성에 의지하여 제공할 경우 비용상승요인이 크다. 따라서 지역의 자원봉사나 비영리 기관들의 참여를 유도하여 저가로 서비스가 제공될 수 있도록 할 필요가 있다. 사회적 위험은 모든 국민들이 언제든지 당면할 수 있는 보편적 위험이다. 이 보험을 정부에게만 책임지도록 한다면 국가재원이 사회안전 부문에만 편중되어 경제성장에 장애요인이 될 수 있다. 따라서 사회적 위험을 적절히 억제하면서 자원을 분산시킬 수 있는 공공과 민간 간의 역할 분담이 필수적이다. 또한, 사회보험 관련서비스가 언제든지 원활히 공급될 수 있는 시장이 전제되어야 제도가 지속가능하다. 아무리 급여의 보장성이 높다고 해도 서비스공급이 제대로 되지 않으면 사회보험은 제 역할을 할 수 없다. 따라서 사회보험개혁에 있어서 지속가능성을 위해서는 민간과 공공 간의 조화와 서비스의 민간참여활성화는 필수다.

마지막으로, 지금까지의 논의에 따른 우리나라 사회보험의 개선방향을 설정하면 다음과 같다.

첫째, 우선 사회보험에서 가능하면 근로자와 지역가입자 간 혹은 정규근로자와 비정규근로자 간 재정을 분리해야 한다. 우리나라 사회보험은 정규직근로자들을 중심으로 운영되고 있다. 비정규직을 사회보험에 편입시키기 위해 다각적인 노력을 해왔으나 소득파악이 어렵고 보험료부담을 기피하여 가입이 정체되어 있다. 따라서 사회보험적용을 확대하되 비정규직이나 지역가입자를 위해 변형된 제도를 마련할 필요가 있다. 예를 들면, 저소득근로자나 자영자를 위하여 국민연금이나 국민건강보험은 소득파악 없이 정액보험료로 제도를 운영한다. 고용보험에서도 자영자나 비정규직근로자의 경우 정액보험료를 납부하도록 하여 제도의 혜택을 받도록 한다. 그리고 이에 따른 재정부담은 정부가 부분적으로 지원하도록 한다.

둘째, 투명성이 제고되어야 한다. 제도의 투명성은 국민들의 이해를 돕고 참여를 이끌어내는 데 매우 중요하다. 현재의 보험료수준이 급여와 어떠한 관계가 있는지 가입자들이 쉽게 판단할 수 있어야 한다. 국민연금 및 국민건강보험 보험료를 징수하기 위해 자영자의 소득을 파악하는 일에는 항상 많은 문제가 제기된다. 그리고 건강보험에서는 보험진료와 비보험진료 간의 구분이 불명확하며 가입자들의 이해를 얻기가 힘들다.

셋째, 전달체계의 효율성이 필요하다. 고용보험제도에서는 실직자가 취업하기까지의 과정에 고용안정센터가 기여하는 역할이 미미하다. 그리고 직업교육은 중등학교부터 시작되어야 함에도 불구하고 대학 이후에도 자신의 직업을 선택하지 못하거나 방황하는 경우가 많다. 이러한 점에서 고용안정센터는 청년층의 진로에도 관심을 가져야 한다. 국민건강보험제도에서도 가입자들은 거의 대형병원을 선호하는 추세로 사실상 의료서비스 전달체계가 온전히 작동하지 않고 있다. 이런 이유로 발생하는 비용은 의료비 상승의 주된 요인이다.

넷째, 사회보험 서비스의 운영주체(*governance*)를 개선해야 한다. 우리나라 사회보험은 단일운영주체가 단일제도로 운영하고 있다. 그러나 건강보험제도는 의료서비스 공급자의 입지가 다르고 지역 간 특성이 다르기 때문에 단일보험료나 단일급여제도로 운영될 경우 가입자 간 형평성문제가 제기될 수 있다. 따라서 특성별로 운영주체를 다원화할 필요가 있다.[47] 사회적 위험을 보호하는 역할을 정부가 독점하여 관리하는 데는 한계가 있다. 정부에게만 사회보험 운영을 맡길 경우 극심한 사회적 위험에 대하여 정부부담이 과대해질 수 있다. 정부의 입장에서는 불경기 등 위기가 발생했을 경우 정부가 책임져야 할 계층을 명확히 함으로써 한계계층을 줄이고 정책대상을 집중화시켜야 한다. 따라서 민간기관도 사회적 위험을 분담하여 관리하는 것이 바람직하다. 다층 사회보험시스템을 구성해야 하는 것이다. 이 경우 경제위기에 대한 대응효과를 극대화하는 원리로서 적시성(*timely*), 대상집중성(*targeted*), 일시성(*temporary*)이 적용되기가 용이하다.

---

47) 이에 대해서는 국민건강보험개선 논의에서 구체적으로 밝힘.

다섯째, 사회보험은 필연적으로 다양한 급여를 전 국민에게 제공하는 제도이다. 따라서 이 급여들을 원활하게 제공할 수 있도록 충분한 공급자가 시장에 존재해야 한다. 그리고 공급자들은 경쟁관계로서 저가로 양질의 서비스를 공급하고 가격이 안정될 수 있도록 노력해야 한다. 예를 들면, 국민건강보험을 위해서는 충분한 양질의 의료기관이, 국민연금을 위해서는 경쟁력 있는 금융시스템이 뒷받침해 주어야 한다. 사회보험관련서비스의 공급이 원활하지 못하면 급여공급은 제한될 수밖에 없고, 가격이 상승하여 사회보험예산이 팽창할 가능성이 높다. 이는 현금급여의 경우 수급자의 실질적 근로가치가 하락하는 것을 의미한다.

공적부조에서는 기초생활보장제도를 개혁해야 한다. 현재 제도는 저소득층에게 현금을 급여하는 형태로 운영되고 있다. 그러나 현금급여가 이들에게 필요한 소비에 이용되지 않고 있다. 특히 복지서비스전달체계와 공급구조가 확립되지 않은 상태에서 이들은 거의 방치된 채 있다고 본다. 따라서 현금보다 저소득층 특성별로 복지서비스를 제공해야 한다. 그러기 위해 현재의 복지전달체계를 개선하고 이를 단순히 복지뿐 아니라 고용·교육과 연계시켜야 한다. 또한 해당 부처들 간의 이기주의를 해결할 근본적 대안을 마련하지 않으면 안 된다.

■ 참고문헌

강혜규(2008), "사회복지서비스 공공 전달체계 개선방안", 〈'희망복지' 전달체계 개편방안에 관한 공청회〉 자료집.

______·노현송(2007), 〈시범 보건복지사무소의 운영평가 및 개선방안〉, 한국보건사회연구원.

______·이현주·최균 외(2008), 〈사회복서비스 공공 전달체계 개선방안 연구〉, 보건복지가족부·한국보건사회연구원.

______ 외(2005), 〈사회복지사무소 시범사업 1차년도 평가연구〉, 한국보건사회연구원.

금재호(2009. 4. 10), "고도경기불황기의 노동시장 정책과제", 〈고도경기불황기의 사회안전망〉, 한국사회보장학회 · 국회 시장경제와사회안전망포럼.

김수현 · 이현주 · 손병돈(2009), 《한국의 가난》, 한울.

김원식(1996), 〈개인연금제도의 정착을 위한 정책방안연구〉, 금융연구원.

______(1999), "고용보험제도하의 경험보험료율제도 도입과 미국의 경험", 〈사회보장연구〉, 16(1).

______(2000), "실업부조제도의 도입방향에 관한 연구", 〈공공경제〉, 제5권 제1호.

______(2001), "국민건강보험과 민간건강보험의 균형적 발전방향", 〈보험개발연구〉, 13(3).

______(2002), "건강보험재정의 건실화 방안", 〈21세기 한국 보건의료정책 개혁방향〉, 한국의학원.

______(2006), "'고령사회' 어떻게 준비해야 하나: 연금제도간 역할 분담시스템 도입 필요", 〈나라경제〉, 6월호.

______(2007), 《지속가능한 평생복지사회의 구축》, 한반도선진화재단.

______(2008. 12), "신(MB)정부의 보건의료정책과 의미: 민영건강보험의 활성화와 영리병원의 허용", 〈보건행정학회지〉, 18(4).

______(2009), "기초생활보장제도의 개선방향: *New paradigm*의 모색", 〈사회과학연구〉 제23집, 건국대학교 사회정책연구소.

______(2009), "4대 사회보험제도 및 운영에 대한 비판 및 개혁 대안", 〈시대정신〉, 43집, 여름: 78~113.

______(2010. 12. 22), "포퓰리즘 정책으로 재정적자 증폭; 경제기반 흔들릴 수 있다", 〈한국경제신문〉.

김태완 외(2008), 《2008년 빈곤통계연보》, 한국보건사회연구원.

김태일(2009), "불균형성장론 관점에서 본 정부의 역할", 〈정부학연구〉, 15(2): 217~236.

노동부, "고용형태별근로실태조사", http://www.kosis.kr/

______(2009. 2. 15), 〈2008회계연도 고용보험기금 결산보고서〉.

류명석(2008), "사회복지서비스 민간 전달체계 개선방안", 〈'희망복지' 전달체계 개편방안에 관한 공청회〉 자료집.

보건복지가족부(2008), 〈'희망복지' 전달체계 개편방안〉 자료집.

_______, 〈'희망복지' 전달체계 개편방안〉, 내부자료.

_______(2009), 〈민간복지서비스 전달체계 개선계획〉, 내부자료.

안혜영 외(2008), 《지방자치단체 사례관리 업무매뉴얼》, 한국보건복지인력개발원.

유경준(2009), "우리나라 빈곤변화 추이와 요인 분석". 〈KDI정책포럼 제 215호〉, 한국개발연구원.

이현주 · 김태완(2009. 4. 10), "경제위기 시 사회현상 진단과 사회안전망의 과제 점검", 〈고도불황기의 사회안전망〉, 한국사회보장학회 · 국회시장경제와사회안전망포럼.

최성재 · 남기민(2009), 《사회복지행정론》, 나남출판.

Baumol, William J. (1967), "Macroeconomics of Unbalanced Growth: The Anatomy of the Urban Crisis", *American Economics Review*, 57: 415~26.

______(1993), "Social Wants and Dismal Science: The Curious Case of the Climbing Costs of Health and Teaching", *Proceedings of the American Philosophical Society*, 137: 612~37.

Esping-Anderesen, G. (1999), 박시종 역(2006), 《복지체제의 위기와 대응》, 성균관대학교출판부.

Feldstein, Martin(March 2005), "Rethinking Social Insurance", *Working Paper 11250*, NBER.

OECD(2009), *Education at a Glance 2009*, OECD INDICATORS.

필자 약력

머리말

박세일 (朴世逸)

서울대학교 법학과 졸업. 일본 도쿄대학 대학원 경제학과, 미국 코넬대학 대학원 경제학 석사 및 박사. 한국개발연구원 연구위원, 서울대학교 법학과 교수, 김영삼 대통령 정책기획수석비서관, 사회복지수석비서관, 경실련 경제연구소이사장, 17대 국회의원, (재) 여의도연구소 소장, 한나라당 정책위원회 의장 역임. 현 서울대학교 국제대학원 교수, (재) 한반도선진화재단 이사장. 주요 논저: 《법경제학》, 《대한민국 선진화전략》, 《선진화 혁명: 이번이 마지막 기회》(공저), 《공동체 자유주의》(공저), 《대한민국 국가전략》 등.

제 1장 총론: 문명사적 전환과 새 항로의 모색

손동현 (孫東鉉)

서울대학교 철학과 졸업. 독일 마인츠(Mainz) 대학에서 철학, 교육학, 신학 수학. 철학 박사. 마인츠대학 및 미국 브라운(Brown) 대학 초빙교수, 성균관대학교 학부대학 초대학장, 한국철학회 및 한국교양교육학회 회장, 경제인문사회연구회 인문정책자문위원 역임. 현 성균관대학교 철학과 교수. 주요 논저: *Die Seinsweise des Objektivierten Geistes*, 《역사의 인식》, 《비판이론》, 《존재론의 새로운 길》, 《문화학이란 무엇인가》 등.

제 2장 21세기 한국 정신자본의 발전방향

이홍규 (李弘圭)

서울대학교 정치학과 졸업. 미국 오리건대학 MBA 및 한국외국어대학교 경영학 박사. 한국정보사회학회 회장, 정부 경제자유구역위원회 위원, 산업자원부 국장, 한국정보통신대학교 경영학부 부장, 산업기술평가원비상임감사 역임. 현 한국과학기술원(KAIST) 경영과학과 교수. 주요 논저: 《뉴미디어 시대의 비즈니스 모델》(공저), 《대통령의 성공조건》(공저), 《대통령직인수의 성공조건》(공저), "Network Neutrality Debate: an End User's Perspective" 등.

제 3장 20세기 경제발전과 인적자본

강정모 (姜正模)

서울대학교 농경제학과 졸업. 미국 노던일리노이대학 경제학 박사. 한국개발연구원 주임연구원, 경희대학교 교무처장 · 사회과학대학 학장 · 테크노경영대학원 원장, 한국동북아경제학회 회장, 한국비교경제학회 회장, 통일경제연구협회 회장 역임. Marquis Who's Who in the world에 등재. 현 경희대학교 경영학부 교수. 주요 논저: *The East Asian Model of Economic Development and Essays on Korean Economy by Jene Kyun Kwon*(편저), 《신동북아경제론》(공저), 《국제경제학》(공역), 《장보고와 동북아경제중심 전략》(공저) 등.

제4장 21세기형 경제전략

강석훈(姜錫勳)

서울대학교 경제학과 졸업. 미국 위스콘신대학 졸업, 경제학 박사. 대우경제연구소 연구위원 역임. 현 성신여자대학교 경제학부 교수. 주요 논저: 《세계화 2막 - 한국형 세계화의 새 구상》(공저), 《시장경제적 관점에서 보는 한국경제의 발전경험 평가와 정책제언》(공저), 《한국산업의 나아갈 방향과 새로운 산업정책 과제 모색》, "개방화, 기술진보와 노동소득분배율", "인구구조와 자산수요변화", 등.

김종석(金鍾奭)

서울대학교 경제학과 졸업. 미국 프린스턴대학 경제학 박사. 미국 다트머스대학 교수, 한국개발연구원 연구위원, 한국규제학회 회장, 한국경제연구원 원장 역임. 현 홍익대학교 경영대학 교수. 주요 논저: 《맨큐의 경제학》(공역), 《독립규제위원회의 발전방향》, "규제개혁의 과제와 방향", "세계화: 도전과 기회" 등.

신인석(辛仁錫)

서울대학교 경제학과 졸업. 미국 스탠퍼드대학 경제학 박사. 한국개발연구원(KDI) 연구위원, ASEAN+3 전문가그룹 의장 역임. 현 중앙대학교 경영학부 교수. 주요 논저: *The Korean Economic Crisis: Before and After*(편집), 《경제위기 이후 한국경제 구조변화의 분석》(공편), "Understanding State Intervention in the Financial System", "Stock Market Opening and the Cost of Capital", "한국외환위기 발생메커니즘에 관한 일고" 등.

이 영(李榮)

서울대학교 경제학과 졸업. 미국 미시간대학 경제학 박사. 미국 메릴랜드대학 경제연구소 연구위원, 한국개발연구원 부연구위원, 세계은행 자문관 역임. 현 한양대학교 경제금융학부 교수. 주요 논저: 《로젠의 재정학》, 조세의 경제성장 효과, 조세의 기업 재무구조 효과, 교육제도 효과분석 등에 대한 여러 논문들을 *Journal of Public Economics*, *Economics of Education Review* 등의 학술지에 게재.

제5장 지식생태계를 선도하는 고등교육 혁신

박정수 (朴釘洙)

서울대학교 경제학과 졸업. 미국 피츠버그대학 정책학 박사. 한국조세연구원 연구위원, 서울시립대학교 교수, 국회예산정책처 예산분석심의관 역임. 현 이화여자대학교 사회과학부 행정학전공 교수, 한국조세연구원 공공기관정책연구센터 소장. 주요 논저: 《한국교육 거듭나기》, 《평생학습사회 만들기: 교육에서 학습으로》, 《글로벌 경쟁력 강화를 위한 고등교육의 질 제고》 등.

김승보 (金承保)

연세대학교 경영학과 졸업. KDI국제정책대학원 박사. 교육혁신위원회 상임전문위원, 교육과학기술부장관 정책보좌관 역임. 현 이화여자대학교 교육대학원 겸임교수, 한국직업능력개발원 연구위원, 교육개혁포럼 총무이사. 주요 논저: 《평생학습사회 만들기》, 《고등교육의 글로벌 경쟁력 강화방안》, "한국 대학의 서열과 경쟁", "Family Control and Expropriation of Not-for-Profit Organizations: Evidence from Korean Private Universities" 등.

양정호 (梁汀鎬)

고려대학교 교육학과 졸업. 미국 미시간대학 교육학 석사. 미국 위스콘신대학 교육학 박사. 한국대학교육협의회 고등교육연구소장 및 입학전형지원실장 역임. 현 성균관대학교 교육학과 교수, 교육과학기술부 정책자문위원, (재) 행복한학부모재단 이사. 주요 논저: 《평생학습사회 만들기》(공저), 《선진 한국을 위한 정책방향과 과제》(공저), 《능력과 학벌에 대한 일반 국민과 기업 인사담당자의 인식경향》(공저), 《글로벌 경쟁력 강화를 위한 고등교육의 질 제고》(공저), "평준화와 학업성취", "사교육비 지출에 대한 종단적 연구" 등.

류지성 (柳志成)

고려대학교 경영학과 졸업. 고려대학교 경영학 박사. 교과부 고등교육정책 자문위원 역임. 현 삼성경제연구소 연구전문위원 및 교육혁신센터장. 주요 논저: 《대학혁신: 7대 유형별 전략》(공저), "대학혁신과 경쟁력", "두뇌강국으로 가는 길", "청년고용확대를 위한 대학교육 혁신방안", "글로벌 경쟁력 강화를 위한 대학의 학사구조 개선 및 특성화 전략" 등.

한유경 (韓裕京)

이화여자대학교 교육학과 졸업. 미국 위스콘신대학(메디슨) 교육행정 석사 및 박사. 한국교육개발원(KEDI) 연구위원 역임. 현 이화여자대학교 교육학과 교수. 주요 논저: 《대학교육의 질 제고를 위한 대학평가 연계방안 연구》, 《정부 교육개혁 현장착근을 위한 실행방안 모색》, "Secondary Education and Teacher Quality in the Republic of Korea", "How Does Money Affect Teacher's Career Choices? Evidence from NLS-72", "Teacher's Salaries in Korea, 1985~2007: an In-depth Analysis and Policy Recommendations" 등.

천세영 (千歲英)

서울대학교 교육학과 졸업. 동 대학원 교육학 석사 및 박사. 한국교육개발원 부연구위원, 미국 조지메이슨대학 교환교수, 청와대 대통령실 교육비서관 역임. 현 한국교육학술정보원 원장, 충남대학교 교육학과 교수, 한국교육재정경제학회 회장. 주요 논저: 《한국교육 60년》(공편), 《한국교육재정현상탐구 I, II》, 《한국교육과 교육재정연구》, 《교사와 윤리》, 《정보사회교육론》 등.

제6장 신복지모델 모색: 공생적 발전 – 성장과 분배 간의 조화

김원식 (金元植)

서강대학교 경제학과 학사. 동 대학원 경제학 석사. 미국 Texas A&M 대학교 경제학 박사. KDI 연구원, 독일 프리드리히 에버트 재단(FES) 주한사무소 초빙연구원, 21세기근로복지연구회 초대회장, 한국사회보장학회 회장, 한국연금학회 초대회장, 대통령직속 사회통합위원회 위원 역임. 현 건국대학교 경제학과 교수. 주요 논저: 《외국의 고용보험제도》, 《한국의 퇴직금제도와 기업연금제도 도입방안》, 《2000년대를 위한 사회보험제도》 등. SBS FM "김원식의 경제레이더" 진행.

김태일 (金泰逸)

서울대학교 경제학과 졸업. 미국 카네기멜론대학 정책학 박사. 경희대학교 조교수 역임. 현 고려대학교 행정학과 교수, 정부학연구소 소장. 주요 논저: 《복지재정과 시민참여》(공저), "복지에 대한 정부역할 인식의 비교 분석", "한국 사회서비스의 특징과 전망", "불균형 성장론 관점에서 본 정부의 역할" 등.

신의철 (申義澈)

가톨릭대학교 의과대학 졸업. 동 대학원 예방의학 박사. 현 가톨릭대학교 예방의학/보건대학원 보건행정 및 관리학 교수, 미국 노스캐롤라이나대학 보건정책 및 행정학 객원교수. 주요 논저: 《국가경영의 변화와 미래전략》, 《우리나라 의료제공체계의 주요 이슈와 개선책》, 《국민건강보험공단의 효율적 관리운영모형》, 《노인요양보장체계의 효율화에 대한 소고》, 《경제자유구역 내 외국인병원 진입유형 및 접근전략》, 《병원조직관리론》(역서), *World Health System* 등.

유길상 (柳吉相)

고려대학교 경제학과 졸업. 미국 하와이대학 경제학 박사. 고용보험연구기획단 총괄간사, 한국노동연구원 부원장, 한국사회보장학회 회장, 한국이민학회 회장 역임. 현 한국기술교육대학교 테크노인력개발전문대학원 교수. 주요 논저: 《고용보험제도 도입방안 연구》, 《고용보험제도와 적극적 노동시장정책》, 《실업급여 수급자의 특성과 재취업 행태》, 《고용보험제도의 평가와 발전방향》, 《실업급여 수급요건의 국제비교》, 《실업자 사회안전망의 국제비교》 등.

최 균 (崔鈞)

서울대학교 사회복지학과 졸업. 동 대학원 석사 및 박사. 한국사회복지학회 이사 역임. 현 한림대학교 사회복지대학원 원장, 저출산고령사회대책위원회 위원, 사회통합위원회 계층분과 위원, 국가보훈위원회 위원, 재정정책자문회의 위원. 주요 논저: 《한국 사회복지의 이해》(공저), 《분배적 정의와 사회복지》(공저), 《노인의료보장론》, "복지의식의 경향과 특징", "차원계수방식에 의한 다차원적 빈곤측정" 등.

최영기 (崔榮起)

서울대학교 경제학과 졸업. 미국 텍사스대학(오스틴) 경제학 박사. 한국노동연구원 연구위원 및 원장 역임. 현 경기개발연구원 초빙연구위원. 주요 논저: 《'87년 이후 한국의 노동운동》(공저), 《한국의 노동법개정과 노사관계》(공저), 《외국인 직접투자와 노동정책 과제》(공저), 《한국형 노사관계모델 연구》(공저), "경제위기와 한국형 사회모델" 등.